애니 엘러스

한국에 온 첫 여의료 선교사

애니 엘러스

김혜경·이희천 엮음

홍성사

의료선교사 페르시아를 준비하던

애니 엘러스(Annie J.Ellers)는 1860년 8월 31일 미국 미시건주 버오크(Burr Oak)에서 태어났다. 그녀의 아버지는 장로교회 목사였고, 그녀는 8형제의 하나로 자라났다. 그녀는 일리노이주 록포드(RockFord)에 있는 록포드 대학을 다녔고, 1881년 졸업했다.[1] 1882년에 보스턴시립병원 간호사양성학교에 입학하여 1884년에 졸업을 하였다.[2] 그리고 보스톤에 있는 의과대학에 진학했다. 의과대학 재학 중인 1885년 가을 페르시아에서 휴가를 맞아 고향에 온 한 선교사를 만났다. 그 선교사는 그곳에서 학교를 맡아 교육 선교를 하고 있었다. 그 선교사가 속한 선교회는 여성 병원을 설립하고 있었기 때문에 앞으로 여의사가 필요했다. 그 선교사는 그녀에게 장차 페르시아에 가서 새로 지어질 병원에서 의료 선교를 할 것을 권했다. 1886년 봄 그녀는 미 북장로회 선교부에 페르시아 의료 선교사로 지원을 했고, 다음 해에 페르시아 테헤란의 여성 병원 책임을 맡은 의사로 의료선교를 나갈 수 있도록 허락을 받았다. 그녀는 페르시아에 대한 자료를 연구하며 그 나라 여성들에게 도움이 될 사역을 준비하고 있었다.

그때 미 북장로회 해외선교부 엘린우드(W.W.Ellinwood)[3]로부터 연락이 왔다. 지금 조선으로 의료선교를 가 줄 수 있느냐는 요청이었다. 그녀로서는 전혀 생각하고 있지 않았던 뜻밖의 요청이었다. 뿐만 아니라 아직 아무런 준비가 되어 있지 않았기 때문에 이 요청을 거절했다. 그러나 얼마 후 또 다시 엘린우드로부터 조선으로 가 주기를 거듭 부탁하는 전신이 왔다.

애니 엘러스 1860년 8월 31일 미국 미시간주 버오크에서 장로교 목사의 딸로 출생하였다. 1881년 일리노이주 록포드 대학을 졸업하고, 보스턴 의과대학에서 수학하던 중 미 북장로회 선교본부로부터 조선 의료선교사로 초청받았다.

알렌 입국

조미수호통상조약[1]이 체결된 것은 1882년 5월이다. 이어서 1883
년 조선 미국공사관이 한양에 설치되면서 초대 미국공사 푸트
(L.H.Foote)[2]가 부임하였다. 조선정부는 이것에 상응하는 조치로
1883년 7월 사절단인 보빙사(報聘使)[3]를 미국에 파견했다. 감리교
목사인 가우처(J.F.Goucher)박사는 민영익 등 조선에서 온 보빙사를
만나게 되고 이야기를 나눈 후 조선 선교를 결심했다. 그는 일본에
가 있는 맥클레이(R.S.Maclay) 목사에게 편지를 보내 조선 선교를 위
한 예비 답사를 요청했다. 맥클레이는 1884년 6월 24일에 조선을
방문해서 고종으로부터 교육과 의료사업을 해도 좋다는 윤허를 받
았다. 맥클레이는 미국공사 푸트를 만나 장차 선교사가 조선에 들
어왔을 때 거주할 주택을 미국공사관 옆에 마련해 달라는 부탁을
하고 일본으로 되돌아갔다.[4]

그러나 조선에 선교사를 먼저 파송한 것은 미 북장로회였다. 미 북
장로회 내에서 조선 선교가 아직 시기상조라는 의견이 우세한 가
운데 해외 선교부 총무 엘린우드는 선교가 즉시 시작되어야 한다는

생각을 갖고 있었다. 그는 기금을 모으고 선교 사역을 구체화시키기 시작했다. 1884년 4월 24일 헤론(J.W.Heron)을 의료 선교사로 임명하고 조선의 상황을 지켜보며 파견할 준비를 시켜 놓고 있었다.

그런데 1883년 10월 이미 중국에 파견되어 있던 알렌(H.N.Allen)이 조선에서 선교 사역을 하고 싶다는 의견을 미 북장로회 선교본부에 보내 왔다. 선교본부는 이를 허락했고 1884년 9월 20일 알렌이 제물포에 도착하게 됨으로써 우리나라에 온 최초의 선교사가 되었다. 미국공사 푸트는 알렌을 무급의사로 임명하였다.[5] 공개적인 선교 사역을 하기 어려웠던 상황에서 조선에 합법적으로 거주할 수 있는 적절한 직함이었다.

갑신정변(1884년 12월 4일)

1884년 12월 4일 저녁에 일어난 갑신정변(甲申政變)은 알렌으로 하여금 조선 정부와 밀접한 관계를 맺게 해 준 예기치 못했던 사건임과 동시에 애니 엘러스를 입국시키는 계기를 마련한 사건이었다.

국내외의 유력인사와 외교관들이 초청된 우정국 개국 축하연에서 김옥균, 박영효, 서광범 등의 급진 개화파가 민씨 정권의 인사들을 제거하기 위해 칼로 죽이는 과정에서 왕비(명성황후)의 조카인 민영

알렌 1884년 9월 우리나라에 최초로 입국한 의료선교사. 1884년 12월 4일 저녁에 일어난 갑신정변의 와중에 명성황후의 조카인 민영익을 치료하여 완쾌시켰다. 이후 조선 정부의 신임을 얻어 우리나라 최초의 근대식 병원인 제중원을 설립하였다.

익도 전신에 칼을 맞아 깊은 상처를 입고 생명이 위독하게 되었다. 미국공사 푸트와 세관고문 묄렌도르프[6]는 알렌에게 통지하였고 그는 이전까지 조선에서 이루어지던 재래 의술과 구별되는 다른 형태의 의술로 민영익을 완쾌시켰다. 갑신정변의 혼란 중에 대부분 외국인이 서울을 떠나 피신한 것과 달리 서울에 남아 있으면서 다친 사람들을 치료한 알렌은 조선 정부의 신임을 얻어 고종과 왕비의 시의(侍醫)로 임명되었다. 알렌은 1885년 1월 22일 미국 공사관 대리공사 폴크(G.C.Foulk)[7] 중위를 통해 서양식 병원의 설립안을 조선정부에 제의하였다. 그 사이 1883년 5월 13일 부임했던 미국 공사 푸트는 미국 정부가 공사 서열을 변리공사 겸 총영사로 낮추자 1885년 1월 19일 휴가를 명목으로 제물포를 떠나 미국으로 가버렸다. 그때 보빙사 일행을 따라 해군 무관 직책으로 내한해 있던 폴크가 미국의 임시 대리공사가 되어 있었다.

언더우드 입국(1885년 4월 5일)

1885년 4월 5일에는 미 북장로회에서 파송한 목사인 언더우드 (Horace G. Underwood)가 도착하였다. 언더우드는 1881년 뉴욕대학교를 졸업하고, 네덜란드 개혁교회 계통의 뉴브룬스윅(New Brunswick)

언더우드 1885년 4월 미 북장로회에서 파송한 목사. 1881년 뉴욕대학교를 졸업하고, 네덜란드 개혁교회 계통의 뉴브룬스윅 신학교에서 목사 안수를 받았다. 입국 후 제중원에서 근무하다가 나와 교육 선교에 전념하였다. 언더우드 학당을 만들어 운영하였으며 이것이 발전하여 경신학교가 되었고 후에 연희전문학교가 설립되는데 모체가 되었다.

신학교에서 목사안수를 받았다. 그가 선교사로 나가려고 작정했을 때, 조선 선교사로 지원하는 사람이 없다는 것을 알고 네덜란드 개혁교회에 가서 조선 선교를 신청하였다. 그러나 그 교회는 기금이 없어 새로운 선교지 개척이 불가능하다는 통보를 보내왔다. 그래서 북장로회를 찾아가서 허락을 받아 조선 선교사로 임명되었다.

감리회 선교사 아펜젤러(H.G.Appenzeller)와 함께 제물포에 도착했지만 미국 공사관 대리공사 폴크 중위는 아펜젤러 부인이 임신한 상태였기 때문에 갑신정변 이후 불안한 정국을 고려하여 일단 언더우드만 입국을 허락하였다. 그러므로 목사로서는 처음으로 언더우드가 조선에 입국한 선교사가 되었다.

제중원 개원(1885년 4월 10일)

알렌은 정부가 병원을 설립해 준다면 그 병원을 기꺼이 맡아 무료로 봉사할 것이며, 자신에게 필요한 것은 단지 건강에 좋은 장소에 위치한 큰 조선 가옥 한 채와 연간 운영비라고 요청 하였다. 또 개원 후 6개월 이내에 의사 1명을 더 초빙할 것이며, 그 의사도 무급으로 일할 것이라고 하였다. 고종은 알렌의 이러한 병원 설립 안을 받

재동 제중원 재동에 있던 제중원은 원래 갑신정변의 주모자로 살해당한 홍영식의 집이었다. 수술실 겸 약국이 있었고 외래 진찰실도 있었다. 전체 병상의 숫자는 약 40개 정도였던 것으로 추정되며 의학교 설립에 따라 병원이 확장되어 처음 600평 정도에서 862.16평으로 늘어났다.

아들였고 언더우드가 입국한 직후인 1885년 4월 10일에 조선 최초의 서양식 병원인 광혜원(廣惠阮)이 개원되었다. 병원은 2주일 뒤인 4월 26일 제중원(濟衆阮)으로 개칭되었다. 제중원은 병원운영에 필요한 경비와 건물 등 외형적인 것은 조선정부가, 의료와 같은 내용적 부분은 미 북장로회 선교부가 담당하였다. 제중원은 갑신정변의 주모자로 살해당한 재동(齋洞) 홍영식의 집을 개조해서 사용하였다.

헤론 입국(1885년 6월 21일)

제중원이 개원한 후 1885년 6월 21일 미 북장로회 선교의사로 준비하고 있던 헤론이 조선에 도착하여 제중원에 합류하였다.

미 북장로회에서 파견된 세 사람은 1885년 10월 정식으로 조선에 선교지부를 조직하였다. 위원장은 알렌, 재무담당은 언더우드, 서기는 헤론이 각각 맡았다.[8]

조선정부의 후원으로 세워진 제중원은 미 북장로회로 하여금 조선에서 뚜렷한 입지를 확보할 수 있게 하였다. 또한 왕과 왕비를 포함한 왕실 가족을 진료함으로써 왕실의 호의를 받을 수 있었다. 아직 선교를 제대로 할 수 없는 조선의 상황에서 왕실과의 관계는 매우

헤론 1885년 6월 제중원을 운영하던 알렌에 의해 의료선교사로 초청되었다. 1883년 테네시 의과대학을 수석으로 졸업하고 모교로부터 교수직을 제의받았지만 의료선교사가 되기 위해 이를 거절하였다. 1885년 4월 존스보로에서 개업하고 있을 때 깁슨과 결혼하였다. 1886년 6월 14일 정3품 통정대부를 받았고, 1888년 1월 6일 종2품 가선대부를 제수받았다. 알렌이 1887년 10월 참찬관의 자격으로 미국으로 귀국하자 헤론이 제중원의 2대 원장이 되었다.

중요한 것이었다.

알렌은 입국 후 계속해서 왕족을 치료하고 있었다. 그러나 조선의 전통적 유교 사회에서 남녀가 같은 곳에서, 남자 의사가 여자 환자를 진료 하는 것이 어려웠다. 당시 봉건적인 조선 사회에서 외국의 낯선 남자가 여자들의 몸을 진찰할 수는 없었다. 알렌은 고종의 어머니를 진료하기도 했다. 그러나 집을 방문해서 방에 들어간 알렌은 환자가 커튼을 가리고 안에 있어서 모습을 볼 수가 없었고, 환자의 팔목 일부분만 보았는데 그가 맥을 짚어야 하는 곳 이외에는 손 전체가 완전히 붕대로 감겨 있었다.[9] 이와 같은 조선의 상황에서 여성만을 위한 병원과 여성을 진료 할 여자 의사가 필요했다. 왕비의 진찰을 위해서도 마찬가지였다. 알렌은 미 선교본부 엘린우드에게 여의사 파송을 요청했다. 그러나 미 북장로회 선교본부가 위험하고 낯선 조선으로 파견할 여의사를 구하는 것은 쉬운 문제가 아니었다.

한편 미 북감리회는 스크랜튼 의사가 1885년 5월 3일 입국 후 제중원에서 근무 하다가 나와 9월 10일에 정동에서 우리나라 최초의 민간인 진료소인 정동병원을 시작하였다.[10]

알렌은 여성병원을 갖춘 종합병원이 절실히 필요했기 때문에 그 제안서를 고종에게 제출하였다. 그러나 여의사를 구하는 것이 문제였다. 감리회 선교부에서는 상대적으로 풍부한 재정을 바탕으로 여성전용병원 건립을 계획하고 여의사를 초빙하러 일본에 사람을 보내놓고 있었다. 알렌은 이전 해 일본에서 여의사 포터(Mrs, Dr. Poter)를 오게 하려고 노력했지만 실행되지 않았었다. 만일 감리회에 먼저 여의사가 파송되어 오면 정동병원에 여성전용병원을 마련할 수 있게 되는 것이었다. 그러면 제중원이 아닌 미 북감리회가 운영하는 병원이 여성전용병원을 갖춘 종합병원이 되어 일반 여성들은 물론 왕궁의 여자들이 미 북감리회 선교부 병원의 여의사로부터 치료를 받게 되는 것이었다. 그러면서 그 여의사가 왕궁 사람들과 친해지면 미 북감리회 선교부의 입지가 상승할 것이었다. 알렌은 이 점을 우려했다. 그러므로 알렌은 여성전용병원을 제중원에 설치하여 조선에서 의료사역의 주도권을 미 북장로회에서 계속 갖고자 했다. 그러기 위해서는 감리회 선교부보다 먼저 여의사를 확보해야 했다. 이처럼 미 북장로회나 미 북감리회나 여의사를 먼저 확보하는 것은 매우 중요한 문제였다. 알렌과 헤론은 계속해서 선교본부에 여의사 파송을 요청했다.[11]

한편, 조선으로부터 계속해서 여의사 파송을 요청받던 미 북장로회 선교부 총무 엘린우드는 조선으로 파송할 여의사를 구하려고 노력했지만 도저히 구할 수가 없었다. 하는 수 없이 그는 다음 해 페르시아 선교를 희망한 애니 엘러스에게 연락을 해서 조선으로 의료 선교사로 가 줄 것을 부탁했다. 그녀는 거절했다. 그러나 조선으로부터 계속 연락이 오고 그도 상황이 급박함을 알았기 때문에 하는 수 없이 또 다시 그녀에게 부탁 했다. 현재 조선의 상황이 다급하므로 일단 그녀가 조선으로 떠나면 곧 여성병원 책임을 맡을 여의사를 뒤따라 파송하겠고, 또 2년 동안만 조선에 있는 병원에서 의료 실습을 하면서 동시에 의료 선교를 한 후에 돌아오면 의사 학위를 받게 해주겠다는 제의를 했다. 그러면 학위를 받은 이후에 페르시아로 가면 되지 않겠냐는 것이었다. 그렇더라도 그녀는 그때까지의 모든 계획을 갑자기 포기하고, 또 학위도 받지 않고 떠날 수는 없었다. 그러나 엘린우드는 거듭 부탁했다. 그녀는 엘린우드의 거듭된 간곡한 부탁에 많은 망설임과 기도 끝에 마침내 승낙을 했다.

엘린우드는 조선 선교지부의 알렌, 헤론, 언더우드에게 곧 여의사를 보낼 것이라는 통보를 했다. 1886년 4월 8일 헤론은 엘린우드 총무에게 여의사를 보내준다는 소식에 정말 기쁘다고 답장을 보냈다.[12]

조
선
으
로

출
발

1886년 5월 22일 애니 엘러스는 조선으로 출발했다. 'City of Pekin'이라는 이름의 이 증기선에는 육영공원[1] 교사로 초빙된 세 사람, 벙커(D.A.Bunker), 헐버트(H.B.Hulbert), 길모어(G.W.Gilmoer) 그리고 길모어 부인이 함께 타고 있었다. 벙커는 1883년 오버린(Oberlin)대학을, 길모어는 1882년 프린스턴(Princeton)대학을, 헐버트는 1884년 다트머스(Dartmouth) 대학을, 각각 졸업하고 모두 뉴욕의 유니온 신학교에 들어가 벙커와 길모어는 졸업반에 있었고, 헐버트는 2학년에 재학 중이었다. 1884년 9월 고종은 미국 공사 푸트에게 조선 학생들을 교육시킬 교사를 파송해 줄 것을 요청하였다. 미국무장관은 교육국장인 이튼(John Eaten)에게 의뢰하였고, 그는 외국에 파송할 교사는 신앙이 두터운 신학생이 적당하다고 생각하고 장로회 외국선교회와 협의하여 뉴욕에 있는 유니온 신학교 학생들을 선발하였다. 처음에는 헐버트, 길모어 그리고 본(H.E.Bourne) 등 세 사람이었다. 출발을 앞두고 있던 상황에서 조선에 갑신정변이 일어나 정국이 불안하자 출발이 연기되었다. 조선의 정국이 다소 안정이 되어 출발하려고 했을 때는 본이 중도에 포기하고 그 대신 벙커가 합류하게 되어 이 세 사람이 떠나게 되었다. 그녀가 조선 선교를 승낙하자마자 출발해야 했던 것은 이미 육영공원 교사로 파견될 교사들의 출항 일정이 잡혀 있었고, 그녀를 그들과 함께 가도록 일정을 잡았기 때문이었다.

당시 조선은 이제 막 개항을 하기 시작한 낯설고 잘 알려지지 않은 나라였다. 그녀는 마음이 들떴다. 장차 이룰 훌륭하고 멋진 업적과 미지의 사역에 대한 동경과 희망으로 가득 찼다. 일찍이 경험하지 못했던 모험이었다. 조선은 아주 먼 곳에 있어 집에 부쳐질 편지는 일단 날짜변경선인 경도 180도에 우편함이 있어서 거기에 보관되었다가 온다는 말도 있을 정도였다. 배는 맑고 푸른 대양을 향해 나아갔다. 배의 구명보트에는 중국인 시신이 있었다. 그 시신은 매장을 위해 고향으로 운반되는 중이었다. 중국인들은 시신이 고향에 매장되어야 그 영혼이 가족들을 괴롭히지 않으며 고향에서 안식할 수 있다고 믿고 있었다.

그들을 태운 배는 21일의 항해 끝에 6월 12일 일본의 요코하마에 도착했다. 항구를 통과할 때 아름다운 후지산이 보였다. 한 번에 모든 각도를 볼 수 있는 파리와 같은 눈을 가지고 싶을 정도로 사람들은 흥분했다. 그 산은 이제껏 그런 전율을 느껴보지 못했을 정도로 새롭고 기이했다. 배가 항구에 정박했다. 그녀는 배에서 내려 인력거를 탔다. 인력거 앞에는 옷도 제대로 입지 않은 갈색 피부의 남자가 끌고 갔고 다른 남자가 뒤를 밀고 갔다. 그들로부터 동양의 기묘한 냄새가 났다. 그 냄새로 인해 울 때까지 웃었고, 웃으면서도 울었다. 그런 냄새는 그녀가 이전에 한 번도 느껴본 적이 없던 것이었다. 그녀는 미 북장로회 소속으로 일본에 파송되어있던 선교사 헵번 박사를 만났다. 흰 수염을 길게 기른 나이가 지긋하게 보이는 노신사였다. 헵번 박사는 그녀의 손을 잡고 친절하게 그녀를 바라보았다. 그녀는 그의 집으로 인도되었다. 그녀는 그 집에서 조선에서의 생활을 준비하는 두 주간의 시간을 보냈다. 그녀는 헵번 박사와 함께 지내면서 그로부터 많은 감명을 받았다.

6월 26일 그녀는 다시 나가사키로 가서 잠시 헤어졌던 네 사람을 다시 만났다. 그들은 후세이 선장이 지휘하는 쓰루가마루호를 타고 부산으로 향했다.² 부산에 잠시 정박했던 배는 다시 제물포를 향해 갔다. 파도가 일었고 배는 느릿느릿 나아갔고 그들은 심한 배 멀미에 시달렸다.

일주일의 항해 끝에 배는 마침내 7월 3일 제물포의 항구에서 3마일 떨어진 곳에 닻을 내렸다.

당시 제물포에 도착한 선교사들의 눈에 그곳은 임시 오두막집 행렬과 하역 하는 인부들, 품팔이 인부들, 가마꾼들에 의해 점령된 항구처럼 보였다. 진흙 벽과 초가지붕이 땅의 것들과 별 차이가 없었다. 언덕과 산들은 외곽선이 불규칙하고 매우 가파르고 바위가 많았다. 한양까지는 약 26마일의 거리에 있었고 육로가 나있었다. 주로 작은 나귀가 산길을 걸어 승객과 물건을 실어갔다. 서울이라고 더 나을 것이 없었다. 언덕에서 보면 마치 겨울에 내다놓은 건초더미 같이 보였다. 서민들의 초가지붕 속에 군데군데 양반의 기와집도 보였다. 그것들은 마치 불결한 거리에 버섯이 피어있는 형상 같았다.

그녀의 배에서는 여기저기 작은 언덕과 같은 희미한 윤곽밖에 볼 수 없었다. 앞으로 그녀가 조선에서 살게 될 집을 상상했다. 진흙으로 된 방공호를 닮지 않았을까 하고 생각되었다. 그녀는 쌍안경으로 그 광경을 다시 보았다. 그러자 저 만치 떨어져 있던 풍경은 시야 가까이에 들어오면서 더욱 흥미로워졌다. 여기저기에 나무들이 있고 초가지붕들이 보였다. 그 때 그들에게 이상하게 생긴 작은 배가 다가왔다. 배에 타고 있는 사람들은 길게 검은 머리를 등까지 땋아 늘어뜨리고 옷도 입지 않고 있었다. 아주 사나워보였다. 그들은 특이한 방식으로 노를 비틀어 돌려서 배를 빠르게 나가게 하였다. 어떤 남자들은 머리 위에 이상한 매듭을 하고 있었으며 맨발이었다. 그들은 서로 이야기하며 소리치고 있었다. 한때 흰 색이었을 그들의 옷은 원래 색을 전혀 유지하고 있지 않을 정도로 더러웠다. 일부 배들은 뭍에서 큰 배로, 또 다른 배들은 큰 배에서 뭍으로 옮길 짐을 싣고 있었다.

그녀는 오전 내내 이 광경을 지켜보고 있었다. 저기 시야에 보이는 그들 중 누가 그들을 뭍으로 데려갈 것이었다. 점심을 먹으러 식당으로 가자 테이블 위에 몇 개의 황갈색 사과가 있었다. 그녀는 사과를 좋아했으므로 기쁘게 사과 껍질을 깎기 시작했다. 그러나 이내 그것이 사과가 아닌 것을 알았다. 그것은 배였다. 그녀는 배를 좋아하지 않았다.

점심 식사 후에 세 남자들은 육지로 갈 준비를 했다. 그 중 한 사람은 권총을 가지고 갔다. 그들은 작은 배를 타고 뭍을 향해 갔다. 그녀와 길모어 부인은 근심스러운 눈으로 그들의 모습을 바라보았다.

제물포 1890년 제물포 전경. 앞에 널려 있는 빨래는 1895년에 설립된 인천 천주교회 부속 고아원의 세탁물이다. 이즈음 전국에 전염병이 창궐하여 고아가 많이 생겨났다. 애니 엘러스는 1886년 7월 4일 이곳으로 입국했다.

그들은 이내 시야에서 사라졌다. 더 이상 그들이 보이지 않게 되었다. 그녀는 사라진 쪽을 보며 초조하게 그들이 돌아오기를 기다렸다. 지루한 오후가 지나가고 있었다. 그들은 저녁 무렵이 되어서 돌아왔다. 그들은 무엇보다 토착민들이 친절한 기질을 가진 사람들이어서 권총 같은 것은 필요하지 않다는 것을 말해주었다. 또 어떤 영국인을 만났는데 그가 내일 아침에 육로로 서울로 가려고 하고 있어서 그들도 같은 때 가기로 했다고 하였다. 두 대의 인력거를 예약하고, 조랑말 다섯 마리를 빌려 놓았다고 했다. 그 중 세 마리는 남자들이 타고, 두 마리는 짐을 실을 것이었다. 결과적으로 그 짐들은 장마철 동안 모래톱에 빠져있었기 때문에 세 달 동안 그것들을 보지 못했다. 그녀는 일찍 잠자리에 들었다.

7월 4일 그들은 아침 일찍 일어났다. 이른 시간인데도 태양은 뜨겁게 내리쬐고 있었다. 부르고 소리치고 더욱이 말다툼이 오가는 한복판에서 그들을 태운 배는 육지로 가까이 다가가서 정박했다. 그들은 배에서 내렸다. 그들은 갯벌을 지나 평지로 올라섰다. 여기저기에 큰 바위들이 있었다. 그들이 바위 위에 발을 딛으려 할 때에 갑자기 사람들이 몰려와 그들의 짐을 잡았다. 그녀는 짐을 빼앗기지 않기 위하여 있는 힘껏 당겼다. 손가방도 잃어버릴 뻔했을 정도로 결사적으로 끌고 당기는 소란이었다.

마침내 그 혼란을 빠져나와 스튜어드(E.D.Steward) 호텔을 향해 언덕을 올라갔다. 그곳에서 영국인 안내원을 만났다. 남자들은 조랑말에 타고, 나머지 조랑말에 짐을 실었다. 그녀와 길모어 부인은 인력거에 탔다. 그러나 얼마 가지 않아 인력거꾼들이 자신의 작업에 익숙지 못하다는 것을 알았다. 그가 갑자기 손잡이를 놓치는 바람에 그녀는 엉덩방아를 찧었다. 서둘러 가지 않는데도 밭고랑을 알아채지 못하여 도랑에 갑자기 바퀴가 빠져버려서 그녀들은 이리저리 부딪치기도 했다. 하는 수 없이 짐들을 인력거에 싣고 그녀들은 조랑말을 타기로 했다. 그러나 조랑말 위에 놓여 진 안장은 나무 짐 같은 것을 운반하기 위한 것이지 사람들을 위한 것이 아니었다. 그래서 아주 투박하고 딱딱했다. 그 후유증으로 도착 후에 길모어 부인과 그녀는 각각 일주일과 3일 동안 침대에 누워있어야 했다.

여행 내내 경치는 찬연했다. 구릉과 낮은 계곡, 산기슭 언덕에 있는 조그마한 마을들, 멋진 소나무들과 버드나무와 그 밖의 이름 모를 나무들이 밝은 햇살 아래 피곤한 그들의 눈을 쉬게 해 주었다. 커다란 소매가 달린 긴 코트를 입고 있는 보행자들은 주머니에 무언가의 다발을 가득 넣고 있었다. 알고 보니 그것은 살아있는 닭이었다. 기이한 모자와 빨대 달린 병들, 이상한 신발 등 모두 낯선 것들이었다. 모든 것들이 새롭고 기이해서 그녀는 아주 다른 세계에 와있는 것처럼 느껴졌다. 한참을 와서 그들은 배에서 미리 준비해 온 점심을 먹기 위해 어느 집에 멈추었다. 허나 그들에게는 물이 없었다. 물론 커피도 차도 없었다. 그들은 아무 물이나 마시지 말라는 경고를 이미 들은 터였다.

어떻게 해야 할까? 두 남자가 물을 찾으러 갔다. 이내 남자들은 기쁜 얼굴로 돌아와서 물 문제가 해결되었다고 했다. 샘을 발견했다는 것이다. 물은 버드나무가 드리워진 거대한 바위가 있는 경사면 기슭에 있었다. 그들이 떠온 물은 차가웠다. 감사의 말이 저절로 나왔다. 물을 들이키자 차가운 냉기가 뱃속의 깊은 곳까지 서늘하게 적셨다. 다시 한 남자가 그 샘에 갔다. 그는 굳은 얼굴로 돌아왔다. 그 샘은 바위 밑에 놓여 진 질그릇 항아리이며, 언덕으로부터 스며 나온 것이 흘러넘친 것이라고 말했다. 그들은 오염되었을지 모를 물을 먹은 것이었다. 서로를 바라보는 그들 사이에 침묵이 흘렀다. 그러나 이미 벌어진 일이었다. 그들은 다시 여정을 시작했다. 피곤이 몰려왔다. 타는 듯한 갈증 속에서 그들은 길을 재촉해야 했다. 성문을 닫으면 서울 도성 안으로 들어갈 수 없기 때문이었다.

발길질하며 울부짖는 조랑말을 나룻배에 태우고 한강을 건넜다. 강 건너에서 그들을 기다리고 있는 인력거는 더 이상 새로운 것이 아니었다. 거기서 한 사람은 짐과 함께 남았다. 그리고 네 사람은 한양으로 향해 갔다. 마침내 도시 외곽을 두룬 성벽이 보이기 시작했다. 막 땅거미가 지고 있었다. 그들은 성문을 통과했다. 그녀는 조랑말을 멈춰 세우고 뒤에 있는 거대한 성문을 바라보았다. 성문의 종탑에서 작은 종소리가 울리기 시작했다. 도시를 내려다보고 있는 산에 타오르고 있는 세 개의 봉화가 보였다. 그 때 나서 도시 한가운데서 거대한 종이 울렸다. 조용히, 낮게 관통하는 음조였다. 그러자 성문의 한 쪽을 닫고 있던 두 남자는 다른 한쪽 문의 고리를 풀고 문을 당겨 닫았다. 그리고 나서 거대한 철제 걸쇠를 자물통 속에 밀어 넣었다. 성문은 꽉 닫혀 잠겨버린 것이다. 그들은 갇혀버린 것이다. 나갈 수 있는 길은 없어지고 그들과 언어가 소통되지 않는 이 백성들과 함께 감옥에 갇히듯 갇혀버린 것이었다. 지치고, 더럽고, 땀에 젖은 - 그녀의 마음에는 어떤 열정도 남아있지 않았다.

조랑말 위에 앉아 가는 그녀의 귀에 바람의 울음소리와 울부짖는 소리가 들렸다. 여기저기를 둘러보다가 그녀는 어둠 속에서 바람이 부는 대로 앞뒤로 흔들리고 있는 뒤죽박죽으로 쌓여있는 형상들을 보았다. 그 물체는 무엇이었던가. 도처에 있는 낮은 초가지붕과 기와지붕의 집들, 도로의 앞 쪽과 아래쪽으로는 고약한 냄새가 나는 하수도가 열려 있고, 도로는 여기저기 쓰레기 더미로 덮여 있었다. 그들은 어디에 있는 것인가? 이 모든 것이 나쁜 꿈을 꾸고 있는 것일까? 그녀는 일종의 마취상태에 있는 것처럼 느껴졌다. 지나가던 한 여자와 두 남자는 이 좁은 도로를 따라 말을 타고 한 줄로 줄을 지어 내려가던 그들을 보고 멈추어 호기심을 가지고 바라보았다. 의심할 바 없이 그들은 더러운 방랑자처럼 보였을 것이다. 그녀는 바람소리와 울음소리가 무엇인지 물었다. 돌아온 대답은 "콜레라, 콜레라요, 마시는 물을 조심해야 해요"였다.

그들은 오는 길에 마셨던 질그릇 항아리에 고여 있던 물을 생각했다. 그래! 콜레라! 사람들은 매일 3~400명씩 죽어나가고 있었다. 그들은 알렌 의사와 언더우드 박사가 있는 안락한 숙소로 가는 가장 빠른 길을 찾아갔다. 도착해서 그들이 배운 첫 조선말은 '물', 두 번째는 '어름', 세 번째는 '가져 오너라', '어름을 가져오너라', '더워!', '더 더워!', '가장 더워!'였다.

그녀의 평생에 가장 더운 독립기념일이었다.[1]

모든 것이 낯설다

애니 엘러스는 알렌 가족이 사는 주택에 살게 되었다. 치안이 불안한 상황에서 외국인 여자 혼자서 지내는 것도 어려웠고, 안전한 가옥을 구입하는 것도 쉬운 일이 아니었다. 더군다나 옆에 헤론과 언더우드가 살고 있어서 그들로부터 보호도 받고, 제중원에 함께 가서 진료를 해야 하는 면에 있어서도 편리했다.

알렌의 주택은 그가 1884년 9월 조선에 도착하자마자 미국공사 푸트에 의해 미공사관 옆의 주택을 소개받아 구입한 것이었다. 원래 이 주택은 미 북감리회 선교사 맥클레이가 장차 입국할 선교사를 위해 미국공사 푸트에게 부탁한 것이었다. 그러나 푸트는 맥클레이가 일본으로 돌아간 사이 알렌이 입국해서 그가 살 주택을 부탁하자 공사관 옆에 의사가 있는 것이 유리하다고 판단했기 때문에 맥클레이에게는 만족할만한 다른 주택을 소개할 것을 염두에 두고 알렌에게 이 주택을 소개했다. 미공사관 담과 인접한 서쪽 지역이었다. 미공사관이 옆에 있으므로 치안에 유리하였고, 또한 남향 구릉 위에 위치해 있으면서 도시의 주요한 도로에 인접해 있었다. 왕궁과의 거리도 가까워 그는 이 주택이 여러 면에서 최적의 조건이라 여겼다. 그는 장차 이곳에 사택을 비롯하여 병원, 교회와 학교를 세울 계획을 하였다. 그는 1884년 10월 28일 부동산 권리증을 취득했다. 가옥 대금은 365달러, 환화로는 450,000냥이었다.[1]

미 북장로회는 알렌 주택의 서쪽 옆을 차례로 구입하여 각각 헤론, 언더우드의 주택이 위치하여 미 북장로회 구역을 형성하게 되었으며, 길 건너 남쪽 미 북감리회 구역과 구별되게 되었다.

언더우드를 비롯한 미 북장로회 선교지부는 애니 엘러스를 비롯하여 육영공원 교사들이 배를 타고 도착한다는 소식을 전해 듣지 못해 제물포로 마중 나가지 못한 것을 매우 미안하게 여겼다.[2]

그녀는 고생 끝에 도착했지만 곧 주변에 대해 호기심을 가졌다. 그녀는 현지 사람들을 좀 더 가까이 보고 알고 싶었다. 그녀는 알렌 박사에게 서쪽 넘어 산책을 갈 것이라고 말했다.

"오, 안 됩니다."

알렌 박사가 말했다.

"당신 혼자 갈 수 없습니다. 기수를 보내겠습니다. 위험에 대비해서 경호원으로 당신은 항상 그를 데리고 다녀야 합니다."

며칠 후에 그녀를 호위할 기수가 왔다. 당시 조선에서 기수는 매우 중요한 사람들을 수행하고 있었다. 그 기수는 이후 그녀를 8년간 수행했다.[3]

거리에 양반들은 큰 소매가 달린 코트를 입고 다녔다. 그들은 그 주변이나 가까운 곳에서 일어나는 사소한 일에는 전혀 주의를 기울이지 않을 정도로 점잖고 자신의 신분에 긍지를 가지고 있었다. 보빙사로 미국에 갔던 조선 사람들은 대양을 건너는 동안 그리고 샌프란시스코에서도 새롭거나 신기하게 보일만한 것에도 결코 눈을 돌리지 않았다. 다만 펠리스 호텔의 엘리베이터를 타고, 그들이 위로 들어 올라가자 '아이고 하늘로 가겠소'라고 말했다고 하였다.

거리에 상점들은 물건을 가게 앞에 전시해 놓았다. 커다랗고 둥글고 얇은 밀집으로 된 가장자리가 말려 올라간 멍석에는 곡식류, 콩류 그리고 야채들이 놓여있었다. 그 보다 더 조그맣게 말려 올라간 멍석에는 소금, 양념류, 갈아놓은 후추, 밀가루가 놓여있었다. 멍석은 밑에 돌을 놓고 바닥에서 올려 진 두꺼운 판자 위에 올려 있었다. 철제류, 양동이 주방 도구들이 가게에 걸려있었다. 어떤 사람은 황소의 등에 장작을 쌓아놓고 손님을 기다렸다. 그 황소 주인은 하루 종일 장작을 사러 올 손님을 기다리며 끈기 있게 황소와 함께 서 있었다. 구멍이 뚫린 구리 동전은 환전의 매체였는데 한 줄에 250개씩 묶여 있었다. 10줄 한 묶음은 시장에서 물건을 산 후 운반하는 노무자에게 주는 데 필요한 액수였다.[4]

그녀는 미혼 선교사의 봉급인 800달러와 화물 운송비와 수리비로 각각 700달러, 의료비로 250달러를 지급받았다. 수리비는 헤론의 주택과 연결된 적당한 숙소에 시설을 갖추는 데 사용될 예정이었다. 의료비에는 가마꾼, 남자 하인, 시중드는 사람의 비용이 포함되었다.[5]

그녀는 조선의 여건이 마음에 들었다. 그러나 그녀가 도착할 무렵 재동에 있던 제중원은 아직 그녀가 일할 만한 시설이 마련되지 않아서 그녀는 병원 일을 할 수 없었다. 그녀가 도착한 조선은 그녀에게 모든 것이 새롭고 낯설었다.

> 제가 무사히 도착한 것을 선생님께 알리고자, 이렇게 새 펜을 들고 몇 줄 씁니다. 저는 선생님이 제가 올 거라고 발표하신 도착 날과 거의 딱 맞게 도착을 했습니다. 오는 과정은 소포가 부쳐지듯 이리저리 들러서 겨우 도착하여 그저 웃음만 나왔듯이 길었지만, 이 분 저 분의 친절한 도움을 받아 드디어 알렌 선생님 댁에 무사히 도착했습니다. 여기서 시작될 제 일은 매우 즐거울 것 같습니다.
> 고통을 당하고 있는 여성들의 짐을 조금이나마 덜어줄 수 있기를 원합니다.
> 이 모든 일들이 우리 주님의 성령과 자비로 이루어지길, 그리고 그분에게 영광과 존귀를 돌릴 수 있기를 기도합니다. 어제 여기 병원은 일들이 잘 진행되고 있었습니다. 빨리 일이 시작되길 기다립니다. 하지만 정부에서 빨리 건물을 고쳐야만 제가 일을 시작할 수

있다더군요. 조선에 대한 제 첫 인상은 별말 안 적습니다. 모든 것이 새롭고 낯설기만 합니다. 하나님께서 항상 저를 지켜주시고 올바른 길로 인도하시길 기도합니다. _1886.7.10 애니 엘러스

그녀는 한양에 도착하고 일주일이 지난 7월 11일 헤론의 집에서 진행된 노춘경의 세례식에 참석했다.[6] 언더우드 목사가 노씨에게 세례를 베풀었다. 하인들을 모두 심부름을 보낸 후 선교사들은 조용히 모였다. 문들을 굳게 닫고 커튼을 쳤다. 선교사들은 조선에서 가르치고 설교만 하도록 되어 있었다. 그렇다 하더라도 그 허용의 범위가 어디까지 인지 모호한 상태였다. 그러므로 세례식이 발각이 되면 어떤 대가를 치르게 될지 몰랐다. 세례식을 거행하는 동안 그리스도는 그들과 함께 거기에 계셨고, 그들 모두는 노씨의 믿음을 보면서 고양되었다. 조선인으로서 최초의 세례식이었다.

어느 날 그녀는 선교사 주거지 돌계단에 어떤 선교사가 조선인들에게 둘러싸여 있는 것을 보았다. 선교사는 작은 책을 낭독하고 있었다. 그리고 그는 노래를 부르기 시작했다. 사람들이 많아지기 시작했다. 조선인들은 노래에 대해 신기해하면서 계속 듣고 싶어 했다. 이후 그런 광경은 자주 목격되었다. 길가의 여관 앞에서 시장의 가장자리에서 또는 시골길에서 종이나 책을 읽었다. 또 언문으로 내용을 쓰려고도 하였다. 그 일에 흥미가 없는 사람들은 어깨를 한 번 으쓱하고 '예수쟁이'하고 지나쳤다. 어떤 사람은 그에게 가서 질문도 하고 그가 나누어 주는 소책자를 받아 갔다. 그는 계속해서 그 책을 읽었다. 점점 많은 사람들이 그의 주위로 모여들었다.[7]

큰 거리를 따라 커다란 동대문 쪽으로 왕의 어가행렬이 지나간다는 소식이 들려왔다. 그녀와 선교사들은 왕의 행렬을 보기 위해 길가로 나갔다. 어떤 사람은 낮은 집의 지붕에 올라가 앉았다. 그들은 덮개와 쿠션을 갖고 있었고 지붕의 경사가 적기 때문에 아주 편안했다. 한참 지나도 행렬은 오지 않았다. 그 사이 그들은 며칠 동안 그들이 경험했던 재미있고 신기한 일들에 대해서 이야기했다. 세관 관리의 저녁 초대에 대해서, 고기를 굽고 이웃의 조선 사람들에

게 고기를 가져가자 놀란 이웃 주민 앞에 구운 로스트 고기를 놓은 것에 대해 이야기를 했다. 어느 점심 식사에 초대 받은 조선 사람은 그의 테이블에 놓여있던 최상의 음료수 잔들을 보고 놀랐었다. 어린 조선인 방문자는 자기 근처 테이블에 놓여져 있던 케잌을 전부 먹으려고 시도했다. 그는 갑자기 음식을 세게 당겨 방에 깔려있던 깔개가 위로 들쳐 올려졌다. 그들은 계속 이야기를 했다. 큰 나무 한 부분을 가져가려다 실랑이가 벌어 졌던 집 밖의 남자에 대해, 붙잡힌 그가 제발 머리를 자르지 말아달라는 애원을 한 것에 대해, 노래를 부르며 거리를 걸어가는 즐거움에 대해, 모든 하인들을 심부름 내보내고 잠겨 진 문 뒤에서 세례의식을 거행했던 놀라운 사건에 대해, 소년들을 위한 학교를 개교한 것에 대해, 거기까지 이야기 했을 때 마침내 저 멀리 그들의 시야로 행렬의 첫 모습이 보이기 시작했다. 그쪽으로 이어진 넓은 도로는 거리 전체로 울려 퍼지는 귀에 거슬리는 외침소리와 함께 이리저리 밀고, 당기는 잡다한 군중들로 꽉 들어찼다. 병사들은 행렬이 지나가는 길을 깨끗하게 정돈하기 위해 노력했다.

이제 더 많은 행렬들, 더 많은 깃발들, 더 많은 큰 우산들이 다가왔다. 외침은 점점 더 커졌다. 행진하는 사람들과 구경꾼들의 거대한 주체하기 힘든 몸체들이 서서히 앞쪽으로 움직임에 따라 사람들은 서로 부르고 밀쳤다. 이 행렬은 흔하지 않은 것이어서 이 행렬이 있을 때는 도시에 있는 모든 사람들이 밖으로 나왔다. 작은 아이들은 엄마의 치마에 매달리고, 구슬로 된 줄이 걸려있는 최상의 비단 모자를 쓴 아버지, 모든 부류의 일군들, 나뭇단을 얹은 황소잡이조차도 행렬을 보기위해 군중들 가장자리에 바싹 달라붙었다. 이 거리를 따라 있는 상점들은 문을 닫았다. 모든 사회계층의 사람들이 밖으로 나와서 색채 찬란한 영광을 앞세우고 지나가는 그들 국왕의 장대한 행렬을 보기 위해 가장 좋은 자리를 차지하려고 했다.

선두에는 기를 든 병사들이 걸었다. 기 장식리본들과 거대한 우산들과 어두운 밤에 돌아갈 때 사용할 등들이 있었다. 국왕의 일대기와 그의 영광스러운 업적들에 대해 한자로 쓰여진 깃발들과 기 장식리본들이 있었다. 이어서 나무로 만든 커다란 동물들, 말들, 거세하지 않은 수양들, 양떼들 그리고 어떤 것들은 너무 생소해서 그것이 무엇인지 그들이 알지 못하는 것들이 따라왔다. 군중들은 왕을 기다렸다. 수 백 개나 되는 더 많은 깃발들이 지나고, 더 큰 환호갈채가 일어나고 왕을 가까이 보기 위한 군중들의 큰 소동이 일어났다.

"왕! 왕이다!"

모든 곳에서 큰 소리가 일었다. 왕궁의 수장들인 궁중관리들은 가마를 타고 있거나 조랑말 등에 앉았는데 모두 가슴에 호화로운 비단흉배를 붙인 흐르는 듯한 관복을 입고 있었다. 조랑말 등 위에 앉은 사람들은 말 안장 위에 둥그렇게 구부리고 양 옆의 가신들에 의해 보호받고 있었다. 이 가신들은 또한 색색의 옷을 입고 있는데 정수리의 관이 너무 작고 얕아서 그들의 머리 위에 올려지기 어렵게 보였다. 관모는 검은 펠트로 되어 있고 왕관 둘레에 장식 끈이 있는데 붉은 비단의 굵은 실로 된 두 개의 무거운 장식 술들이 붙어 있었다.

"왕이다!" "왕이다!"

모든 곳에서 큰 외침이 들렸고 군중들은 더욱 행길 쪽으로 몰려들어 바로 중앙에는 얼굴들의 바다를 이루었는데, 그 바로 옆에는 약 30명, 그 바로 뒤에는 약 50명 정도의 사람이 너무 가까이 붙어 있어서 그 전체가 한 덩어리로 보였다. 이 사람들의 어깨위에는 긴 막대봉들이 놓여져 있는데 그것은 너무 촘촘하게 매여 있어서 그 묶여진 막대봉 사이로 단지 머리들만 보일 정도의 공간뿐이었다. 수많은 얼굴들 중앙에 큰 장식 술이 달리고 호화롭게 장식된 일 인승 가마 안에 왕이 타고 있었다. 매달려 늘어진 것들과 모든 커튼들은 노란색의 아름답고 엄숙한 무늬를 넣어 짠 비단으로 되어 있었다. 그 행렬이 지나가는 것을 그들은 오래 쳐다보고 있었다. 그러나 깃발들과 기장식 리본들은 그렇게 많고 그렇게 촘촘해서 그들은 아주 조금 밖에 볼 수 없었다. 그러나 그들은 단번에 가마에 앉은 풍채를 알아보았다. 그는 그의 정교한 궁중 의복을 입고 앉아 계셨다. 그는 자비로운 얼굴이셨고 매우 즐거운 얼굴을 하고 계신 것으로 보였다.

그는 언제나 그렇게 즐겁고 그렇게 기뻐해서 다른 사람들에게 자신을 잘 나타내보였다. 친절한 왕!

차츰 행렬에 젊은이가 눈에 많이 띄기 시작했다. 그들은 곧 그 이유를 알게 되었다. 이어지는 깃발들, 이어지는 우산들, 더 많은 휘날리는 표지기들 그러나 이번에는 모든 것이 붉은 색이고 많은 인부들이 메고 있는 두 번 째 일인승 가마에는 12살 소년이 있었다. 바로 왕세자였다. 이 왕세자는 이 나라에서 매우 중요한 분이라는 것을 왕의 가마에 가까이 함으로서, 그리고 그들의 외침으로서 이것을 나타내 보였다. 많은 무리들이 있었다. 행렬을 뒤따라가며 구경하는 사람들, 도중에 군중들이 사먹을 수 있는 맛있는 음식들을 파는 사람들, 행렬이 지나고 난 다음에 거리를 청소하기 위해 기다리는 사람들, 이 모두가 구경꾼들이 집으로 돌아가고 난 후 까지 움직였다. 더럽고 배고프고 지친 지붕위에 있던 그들 역시 집으로 방향을 돌렸다. 이렇듯 실제로 동양의 광채를 보는 것은 모든 편안치 못함을 감수할 가치가 있는 것이었다. 그래서 그들 모두는 즐거운 얼굴로 집을 향해 발길을 돌렸다.

집에 오는 길에 그녀는 매년 이 나라의 선비들이 왕 앞에서 치루는 시험인 과거에 대한 이야기를 들었다. 이 시험방법은 957년에 중국 학자인 김성에 의해 도입된 것이라고 했다. 모든 응시자의 편에서는 엄청난 흥분과 열성적인 노력이 결실을 맺는 시기였다. 이 대단한 행사를 위하여 모든 선비들은 나머지 가족들과 많은 다른 친척들과 함께 서울로 올라와서는 각자 자신의 장래에 최선을 다하여 매진했다. 이 대단한 날은 2주 동안 행해진다고 들었다. 그녀는 과거를 보는 곳에 참석하고 싶었고, 마침내 허가를 받았다.

과거는 북궁의 뒤에 있는 커다란 광장에서 행해졌다. 과거를 치루는 자리는 제비로 뽑았다. 과거를 보는 사람들은 왕이 앉아계신 큰 천막의 가까운 앞 쪽에 자리를 차지하는 것을 좋게 여겼다. 큰 천막이 광장의 동쪽 편 테라스 위에 놓여졌다. 거기에 모든 관리들이 착석했다. 그 아래, 구역들이 구분되어지고, 과거를 보기위한 사람들은 자신의 자리를 배정받고 햇빛을 가리기 위해 우산을 펴고 바닥에는 면 옷을 펼쳐 놓았다. 이윽고 시험 문제가 발표 되고 그들은 쓰기 시작했다. 때때로 운이 좋은 사람들 몇 명은 어떤 문제가 출제 될 지 사전에 미리 알았다는 소문이 있기도 했다. 그래서 그녀는 그런 면에서 이 나라도 고국에서와 아주 똑같은 것처럼 보였다. 중요한 시험에 있어서는 언제나 몇 몇은 문제를 미리 알았다고 말하지 않는가?

내리쬐는 태양을 우산으로 가리고 하루 종일 이 학자들은 썼고, 썼고 그리고 또 썼고 곧 전체 광장은 버려진 종이들로 뒤덮였다. 모두가 시도하고 그리고 다시 또 시도하고 다시 또... 그들의 자세는 너무 진지해서 극도의 인내만이 궁극적인 희망으로 보였다. 응시자는 마침내 완성한 답안지를 꼭 꼭 둥글게 말아서 관리들과 응시자들을 분리시키는 밧줄 앞으로 나아가서 그 두루마리를 왕이 앉아계신 의자에 할 수 있는 데까지 가까이 던지게 되었다. 이 과거를 관람하던 중 한 번은 벙커가 밧줄 근처를 걷고 있었는데 나이 많은 선비 한 사람이 그에게 와서 그의 손에 두루마리를 넘겨주며 자기를 위해 그것을 던져 달라고 부탁했다.

"나는 수년 동안 던져왔지만 아직 한번도 성공하지 못했습니다. 만약 대인이 나를 위해 그것을 던져주신다면 이번에는 성공할 것입니다."
벙커는 그의 요청에 기꺼이 동의했고 그 두루마기는 왕의 의자 밑 발아래에 떨어졌다. 그 나이 많은 학자는 기쁨으로 환하게 웃었고 "자, 나는 성공할 것입니다"라고 말했다.

각기 다른 지방에서 사람들이 그들의 출세를 위해 올라왔다. 이 시험을 통과한다는 것은 관직에 나아간다는 것을 의미했고 현금 봉급과 쌀 외에 사회적 지위를 얻는다는 것을 의미했다. 흥미로운 점이 있었다. 많은 종들을 거느린 사람들은 자신의 시험지와 필기도구들과 파이프를 가져오지 않았다. 이들은 종들에게 가져오게 했고 그를 위해 작은 테이블 위에 놓았다. 또한 그 사람이 상류계층이라면 양쪽에 하인들에 의해 그의 자리까지 도움을 받았다. 이 하인들은 그들 주인의 코트를 받아 올리고 그가 자리에 앉도록 도우며 근처에 대기하다가 답안지 작성이 끝나면 그것을 제출하는 것을 도울 수 있었다. 그러나 답안지를 던져 넣는 것은 하지 않았다. 그것은 응시자 본인이 해야 하는 일이었다. 모든 응시자 중에 가장 좋은 최고의 답안지를 작성하기 위해 애쓰면서 쓰고, 쓰고 또 쓰는 많은 젊은 사람들이 있었다. 아아, 실패한 많은 사람들. 그러나 희망은 영원히 샘솟아나면서 많은 사람들은 다시 또 시도했다. 이번에는 반드시 꼭 이루어낼 것이라는 기대를 했다.[8]

그녀가 거리에 다닐 때는 반드시 기수를 수행시켜야 했다. 한 번은 그녀와 벙커가 한강으로 가는 중에 기수가 어떤 사람을 갑자기 공격하고 거세게 때리는 것을 보았다. 벙커가 왜 그러느냐고 물었다. 기수는 만일 그 남자가 부인에 대해 무어라고 말했는지 아셨다면 벙커도 공격했을 것이라고 했다.[9]

화폐 가치는 1달러가 엽전 2,500냥부터 3,500냥에 이르기까지 오르락내리락 할 정도로 초기 몇 년간은 매우 불안했다. 이 엽전은 동화(銅貨)였는데 가운데 구멍이 나 있었고 새끼줄에 매달고 다녔다. 벙커의 한 달 월급은 조랑말 다섯 마리가 헉헉대고 버둥거리면서 등에 싣고 올 정도였다. 그 엄청난 엽전을 쌓아 올려 멕시코 달러로 환전하는데 얼마나 많은 시간을 보냈던지. 그래서 화폐감정인에게 얼마나 많은 가짜 달러가 있는지가 아니라 얼마나 많은 진짜 달러가 있는지 확인해야 했다.[10]

여의사를 보내주십시오

다른 선교사들과 마찬가지로 애니 엘러스는 조선어를 빨리 익혀야 했다. 선교사들이 선교지의 언어를 배우는 것은 선교사들에게 큰 어려움 중의 하나였다. 조선의 언어를 사용해야만 그들 속으로 가까이 갈 수 있었다. 당시 조선에는 한문과 언문을 사용했다. 한문은 상류층에서 사용되는 언어였다. 그것은 일상적인 말이 아니라 출세를 위한 수단이 되는 언어였다. 더군다나 한문은 쉽게 읽고 쓰게 되어있는 편리한 고안물이 아니었다. 선교사들에게는 더 높은 장벽이었다. 선교사들은 언문을 통해 사람들에게 가까이 다가갔다. 선교사들에게 언문을 가르쳐주던 교사들이 먼저 선교사들과 친해졌고, 개종자가 되었다. 그럴지라도 체계적인 교육기관이 없는 상태에서 선교사들이 언문을 배우는 것도 쉬운 일이 아니었다. 평범한 노력으로 만족하게 습득되어 지지 않았다. 여러 해 동안 노력을 통해 습득해야만 했다. 후에 도착한 헤이든이 말했듯 '믿음과 열성적인 마음으로 이겨내야 하는 큰 산'이었다. 당시 조선에는 영한사전이 없었다. 단지 로마 카톨릭 성직자들이 예전에 가지고 왔던 불한사전이 있었다. 마침 그녀는 불어를 잘 알았기 때문에 그 사전은 언어를 배우는데 많은 도움이 되었다.

> 조선어 선생님과는 무더운 시간을 피하고자 새벽 5시부터 아침 시간인 10시까지 공부를 하고 있습니다. 저는 한국어를 좋아하고 곧 능숙하게 구사할 것이라고 생각됩니다. 제가 불어를 능숙하게 구사할 수 있는 덕분에 한불 문법사전을 사용할 수 있어 많은 도움이 됩니다. _1886.7.25. 애니 엘러스

1886년 3월 29일 알렌이 정부의 후원을 얻어 우리나라 최초의 의학교인 제중원의학교를 설립하였다. 교수진으로 알렌이 화학을, 헤론이 의학을, 언더우드가 영어 등을 맡아 가르쳤다.

그녀는 2년 간 조선에서 알렌과 헤론을 지도 교수로 의학 강의도 듣고 실습을 하면서 병원에서 일을 돕는 조건으로 입국했다. 알렌 등 북장로회 선교지부의 사람들은 그녀가 도착하기 전 엘린우드가 보낸 편지를 통해 그녀에 관한 이러한 약속을 미리 알고 있었다.

그러나 미 북장로회 선교지부는 미 북감리회에 앞서 여의사를 왕과 왕비에게 소개하고 궁궐의 여자들을 진찰하게 하는 것이 시급했다. 알렌은 그녀가 도착하자마자 왕궁으로 데리고 가서 왕궁 사람들을 소개시킬 생각을 했다. 알렌은 통역자를 구했더라면 도착한 4일째 되는 7월 8일에 왕비를 만나러 가려고 했었다. 마침 왕비가 손가락이 베었기도 했다. 그러나 아직 그녀의 옷이 도착하지 않고 있었다.[11]

그녀의 뒤를 이어 여의사 파송을 계획하고 있었던 엘린우드는 여전히 파송할 여의사를 구할 수 없었다. 엘린우드는 애니 엘러스가 의료선교 사역을 잘하지 못할 것을 염려했다. 그러나 알렌과 헤론은 그녀가 충분히 능력이 있다는 것을 알았다. 알렌은 그녀가 잘 적응한다고 여겼다. 그녀는 신학적 지식도 풍부했다. 그녀는 대학에서 의학강의도 듣고 실습을 해왔기 때문에 여자 환자를 돌보는 일에 자신을 갖고 있었고, 재능도 있어서 그녀가 충분히 자격이 있다고 여겼다. 알렌은 그녀가 언더우드와 결혼하기를 바랐다. 헤론도 그녀를 좋아했다. 후임 여의사가 올 때까지 그녀가 직분을 잘 감당할 것이라 여겼다. 헤론은 그녀가 2년 이내에 고국에 돌아갈 수 있도록 그때까지 새로운 여의사가 1년 정도 언어와 사역을 미리 준비한 후 파송되어 오기를 바랐다.[12]

옷이 도착하자 그녀는 왕비를 비롯한 왕궁의 여자들을 진료하러 갔다. 알렌은 그녀가 학위가 없는 것을 알면서도 왕궁 사람들에게 여의사라고 소개했고, 그녀에게도 그렇게 해달라고 부탁 했다.

> 오늘 아침에 받은 5월 17일자 선생님의 편지를 보며 제가 너무나 황급하게 서둘러 급히 이곳으로 보내졌는지 한탄해마지 않았지만 주님의 인도하심을 믿기에 저는 그저 기쁩니다. 현재 알렌 선생님과 함께 지내고 있고 여기 있는 동안 계속 선생님과 지냈으면 합니다. 알렌 선생님 내외는 너무나도 친절한 분들입니다. 지금으로서는 주어진 객실을 서재와 의상실로 사용하고 있습니다. 한 주간의 적응 시간을 가진 후 어학 공부를 시작했습니다. 요즘은 아주 더운 날들이 지속되고 있고, 특히 저 같은 외국인들에게는 가장 고통스러운 시기이기도 합니다. 조선어 선생님과는 무더운 시간을 피하고자 아침시간인 새벽 5시부터 10시까지 공부를 하고 있습니다. 저는 한국어를 좋아하고 곧 능숙하게 구사할 것이라고 생각됩니다. 제가 불어를 능숙하게 구사할 수 있는 덕분에 한불 문법사전을 사용할 수 있어 많은 도움이 됩니다. 짧은 기간이지만 제가 일본에 들렀다가 왔기 때문에 선교사들에 관한 많은 것들에 대해서 제 눈이

뜨였으며 우리는 결코 능력 있는 천사가 아님을 알게 되었습니다. 하나님을 의지하여 제 스스로가 바로 서도록 노력할 것입니다.

이곳에서의 제 위치를 말씀드리면, 제가 출발할 때 저의 위치가 이상할 것 까지는 아닐지라도 기분 상할만한 것이 될 수 있다는 말은 들었지만 2년 만기가 지나고 나면 돌아가서 이것을 토대로 학위를 딸 수 있는 것으로 되어있었습니다. 저는 지금까지의 훈련과정 외에도 2년간의 의학 강의와 실습을 해왔습니다. 저는 제가 여성을 위한 병원을 세우고 이끌어나가는 일과 알렌과 헤론 선생님이 아픈 상류층 귀부인들을 돌볼 때 자문역할을 맡아주는 일에 대해 정말 자신 있습니다. 비록 지금은 공부를 아주 조금밖에 못하고 있지만 알렌 선생님과 여전히 조금씩 하고 있습니다. 바라기는 모든 것에 대해 충분한 지식을 습득할 수 있기를 원하고 있으며, 아직은 젊으니까 고국에서 1년이면 충분히 학위를 취득할 수 있다고 제 자신도 믿고 있고, 선교회도 이미 그렇게 하겠노라고 약속했습니다.

선교회의 어떤 분이 조선인을 안심시키기 위해서는 저에게 의사 호칭을 사용하는 것이 현명하리라 여겨서 이제 저의 호칭이 Dr.Ellers로 불리고 있습니다. 예전에 알렌 선생님의 문제에 관한 편지에 제가 간단히 애니 엘러스라고 서명했는데 알렌 선생님께서 의사라는 호칭을 쓰라고 권하셨기에 제가 의사 호칭을 사용했습니다. 아마 보시기에 당연히 이상하게 여기실 것 같아 설명을 덧붙입니다.

만약 페르시아의 테헤란에서 온 슈벅양을 만나시면 제 안부를 들으실 수 있을 것입니다. _1886.7.25 애니 엘러스

애니 엘러스는 본의 아니게 의사로 지칭되게 되었다. 그녀는 어쩔 수 없이 그렇게 된 것에 대해 불편해했다. 그녀는 조선에서 선교 상황을 이해할 수 없는 것은 아니었지만 자신의 위치가 이상해지자 선교본부에 그녀 자신이 조선에 여의사로 온 것이 아니고 의사를 도우러 온 것이며, 의료실습 과정과 의학강의를 듣고 돌아간 이후에 의사 학위를 받을 목적으로 왔다는 것을 다시 확인시켰다.

그녀는 뒤를 따라 여의사가 곧 파송되어 와서 그 여의사가 여성병원 책임을 맡고 그녀는 그 옆에서 공부하게 되기를 기다렸다. 알렌과 헤론은 진료하는 것만도 너무 바빠서 정작 그들로부터 강의는 거의 듣지 못하고 있었다. 이러한 모든 상황들은 그녀가 조선으로 올 당시의 계약과 어긋난 것이었다. 그녀는 학위를 받기 위해서 그냥 돌아가기로 했다. 그러나 그녀가 당장 떠나면 그녀가 맡아하던 여성 의료사역을 대신할 사람이 없었으므로 그냥 떠날 수 없었다. 그녀는 선교본부에 속히 여의사를 파송해 줄 것을 요청했다.

제가 의식하기에는 제가 간호사로 자격이 없다고 고국에서는 여기는 것 같다는 인상입니다. 하지만 그것은 그렇지 않습니다. 제가 알아주시길 바라는 것은, 제가 2-3년 후에 다시 돌아가 제 학위를 취득한다는 약속으로 왔다는 사실입니다. 그렇지 않으면 경력기간에 상관없이 그런 일은 제게 현재로는 아무런 부질없는 일이 될 것입니다. _1886.9.11. 애니 엘러스

매일 매일 여기 말을 배우고 있는데 꽤 많이 늘고 있습니다. 이곳 선교현장에 새로 여의사가 오고, 제가 원하던 교육을 받으러 고국으로 돌아가게 되면. (중간. 판독 불가) 저는 지금 많은 즐거움을 누리고 있습니다. 만물을 다스리시는 하나님께서 제 발걸음도 인도해 주실 것이라 믿습니다. _1886.10.2 애니 엘러스

제가 바라는 여의사 선생님은 언제 오시게 되는지요? 저는 제 학위를 받을 수 있기를 간절히 원해왔습니다. 그 분이 와야 제가 돌아가게 됩니다. 그래야 저도 마음 편하게 제 분야로 돌아가서 주님의 일에 쓰여 질 수 있을 것입니다. 저는 학위를 받고자 합니다. _1886.10.4 애니 엘러스

제가 일을 할 수 없어서가 아니라 단지 저는 다른 여의사가 오시기 전까지 자리를 메우고 있는 줄로 알고 있습니다. 그래서 여의사를

속히 보내주시기를 간청하는 바입니다. 아시다시피 저는 고국으로 돌아가 학위를 받고자 합니다. 하나님께서 항상 저를 놀라울 정도로 잘 보살펴 주셨으며 받을 자격도 없는 저에게 너무 많은 은혜를 베푸신 것에 어찌 다 감사를 드릴 수 있을지 모르겠습니다.

언제나 주님께 가까이 있기를 간구합니다. 편지 주셔서 감사합니다. _1886.11.8 애니 엘러스

선교본부가 얼마나 빨리 여의사를 보낼 수 있습니까? 그분은 반드시 전문의여야 합니다. _1887.1.23. 애니 엘러스

그럴지라도 선교본부는 파송할 여자 의료선교사를 구할 수 없었다. 더군다나 그녀는 이미 왕비의 신임과 사랑을 받고 있었으므로 그러한 덕분에 미 북장로회 선교지부가 왕실로부터 큰 호의를 받고 있는 면이 있었다. 그러므로 선교부로서는 그녀의 귀국은 절대 허락하고 싶지 않은 일이었다. 엘린우드는 그녀에게 왕비가 당신을 매우 신임하고 있으므로 귀국하는 것은 잘못된 생각이라며 만류했다.[13] 그러나 그녀는 파송될 당시의 약속이 이루어지지 않는 것과 무엇보다 견디기 힘든 선교지부내의 분위기로 인해 조선에 있고 싶지 않았다. 그녀는 계속 여의사 파송을 요청했다. 그러나 후임 여의사는 오지 않았다.

풍토병

조선은 방역 시설이 매우 취약했다. 그로 인해 선교사들도 여러 가지 질병에 걸릴 위험에 심각하게 노출되어 있었다.[14]

많은 선교사들이 병에 걸렸다. 헤론부인은 자주 아프다가 1888년 무렵 1년 정도 죽을 만큼 무섭게 생사의 기로를 헤맸다. 헤론도 '주님을 위해 영혼을 구하겠다는 희망이 없었다면 하루도 조선에서 살 수 없었을 것이며, 여름 사역은 너무 힘들고 지난 3주 동안 걸음 힘조차 없어 약 없이는 지낼 수 없었다.'고 말할 정도로 건강에 위협

을 받았다. 결국 그는 1890년 7월 이질에 걸려 사망했다. 헤이든과 그녀의 남편 기포드는 1900년 역시 이질에 걸려 사망했다. 1887년 10월 미 북감리회 여자해외선교회에서 파송한 여의사 메타 하워드(Meta Howard)는 건강이 나빠져 1889년에 본국으로 돌아가는 등 풍토병은 선교사들에게 있어 큰 위협이 되었다.

애니 엘러스는 도착한 지 얼마 되지 않은 시기에 말라리아에 걸렸다. 또한 이후에 폐출혈을 할 정도로 건강에 위협을 받았다. 한 번은 결혼 직전이었고 다른 한 번은 결혼 이후였다.

> 무더운 날씨가 계속되고 있고, 콜레라가 맹렬하게 기승을 부리고 있습니다. 저는 언어공부에만 집중할 수 없는 상태입니다. 알렌 선생님의 부인이 콜레라에 걸려서 누워있습니다. 저는 알렌 선생님을 가만히 놓아두는 것이 현명하게 여겨질 정도로 알렌 선생님을 잠시 잊고 있었습니다. _1886.8.18 애니 엘러스

> 불행히도 저번 두 주간은 건강이 여의치 못해서 공부를 못했습니다. 말라리아 열병에 제 온몸을 꼼짝 못하게 옥죄어 왔는데 이것을 떨쳐버릴 수 없을 것만 같습니다. 지금도 열병으로 인해 고생하고 있습니다. 곧 다시 공부를 시작할 수 있기를 바랍니다. _1886.11.8 애니 엘러스

> 여기는 날씨가 참 좋습니다. 그래서인지 걸렸었던 말라리아도 나았습니다. 그래서 월요일에는 다시 제 공부도 시작할 예정입니다. _1886.11.19 애니 엘러스

알렌이 애니 엘러스를 왕비에게 데리고 가는 데에 어려움이 있었다. 왕궁에 있는 조선의 한의사들은 자신들의 입지가 좁아질 것을 우려해서 서양의사들이 진료하는 일을 반대했기 때문이었다. 하지만 왕비는 낫지 않고 계속 아팠다. 알렌은 애니 엘러스가 왕비를 치료하기 위해 입궐을 허락해주지 않으면 의약품을 보내지 않겠다고 하였다. 그러자 왕궁에서는 알렌과 애니 엘러스의 입궐을 허락했다.[1]

이른 오후에 그들은 가마에 타고 기수와 함께 궁으로 출발했다. 기수는 그들 앞서 달리면서 그들이 순조롭게 진행할 수 있도록 거리를 정돈했다. 그녀의 가슴은 격렬하게 쿵쿵거렸고 그렇게 심한 단련을 어떻게 견뎌야하는지 모를 정도였다. 가마에 탄 사람은 일정한 반경만 볼 수 있었는데 그 반경은 대개 길의 한 편을 따라가는 것이었다. 모든 물은 근처에 있는 우물에서 가져왔기 때문에 물을 운반하는 사람은 그들의 물동이를 어깨에 대나무 막대에 얹어 멜빵으로 메고 같이 동행했다. 그들의 부모와 같은 형태의 옷을 입고 있는 소년들이 가마를 따라 왔다. 소년들은 가마에 앉은 외국인을 보기 위하여 기수의 눈을 피해 갑자기 앞으로 뛰어 들었고 가마의 채를 잡으면서 들여다보았다. 그리고 나서 "나는 그녀를 봤다"라고 외쳤다. 그녀는 그들이 보기를 원했기 때문에 앞에 있는 커튼을 올렸다. 모든 것이 그렇게 새롭고, 그렇게 기이하고, 그녀가 이때껏 보았던 거리의 광경과 사뭇 달랐다. 특이한 신발, 깜짝 놀랄만하게 재미있는 모자들을 쓴 남자들, 도망쳐 사라져버리는 여자들의 머리에는 바깥쪽으로 붉은 선을 두른 소매가 달린 초록색 가운을 덮어쓰고 있었다.[2]

그들은 성벽의 바깥 쪽 문 밖에 도착했다. 거기서부터는 가마에서 내려서 1/4 마일이나 되는 영빈관까지 걸어야 했다. 궁에 가까이 가서 민영익을 만났다. 그는 외국 여행을 많이 다녀서 외국인의 관습을 어느 정도 알고 있었다. 그는 영어도 아주 조금 구사할 줄 알았다. 그는 그들에게 궁정 정원의 아름다운 곳들을 보여주었다. 그리고 인공호수 주변을 돌아보게 한 후에 그들을 대기실까지 안내했고 거기서 그들은 외국음식과 조선 과일 및 견과류를 대접받았다.

곧 궁중 복식을 차려입은 전령이 그녀에게 왔고 민영익은 그녀와 함께 알현실을 향해 출발했다. 그들은 먼저 넓게 열려있는 마당을 가로질러 갔다. 그 마당의 세 변으로는 거대한 화분에 심겨진 식물들이 있었지만 흔히 볼 수 있는 잔디의 모습은 보이지 않았다. 넓적한 돌들이 깔려진 길을 한 걸음씩 올라가면서 좁은 베란다를 건넜다. 높은 문턱을 넘어서자 마루 바닥에 부드럽고 아름다운 조선 깔개가 넓고 긴 홀의 저 끝까지 닿아있었다. 그 깔개는 아주 멋진 작품이었다. 깔개가 이어진 홀의 저 먼 쪽 끝에는 많은 조선인 남자들과 여자들과 어린 소녀들이 그들을 기다리고 있었다. 그녀는 나아가면서 세 번 절하고 그리고 나서 그녀는 많은 사람들 중에 둘러 쌓여 있는 자신을 발견했다. 그녀는 떨려서 주변을 제대로 볼 수도 없었다. 그런 중에서 그녀는 왕비를 구별할 수 있었고 그 방문의 나머지 시간 동안 왕비 외에 누구에게도 눈길을 돌릴 수 없었다.

나중에 그녀는 환관과 관료를 구별해내는 법을 배웠고 또한 특이한 머리장식과 얇은 비단으로 된 멋진 치마로서 시녀들을 구별해내는 법을 배웠다. 이 숙녀들이 머리에 장식한 거대한 쪽머리는 그 크기뿐 아니라 반짝이는 밴드와 함께 얼마나 정교하게 감겨지고 꼬여

44

진 것이었는지 너무나 경이로운 것이었다. 이 머리 장식들은 모양이 다양했다. 때로는 가느다랗고 길며 다시 커다란 측면 고리가 있기도 했다. 어느날 저녁에 궁에서 무희들에 의해 즐겁고 기이한 자세의 춤을 관람하는 동안 그녀는 그들 중 한 무희에게 쪽머리가 무겁지 않은가 물었다. 무희는 "오, 이것은 너무 무거워서 두통까지 있다"고 말했다.

왕비는 1851년생으로 애니 엘러스보다 아홉 살 위였다. 키는 자그마했고 하얀 피부와 검은 눈동자, 검은 머릿결을 지니고 있었다. 칠흑같이 검은 머리타래에 진주 줄로 장식하고 있었다. 왕비는 거대한 머리장식을 하지 않았을 뿐 아니라 빛나는 머리타래를 매듭이 되도록 꼬지도 않고 머리카락을 목까지 자연스럽게 드리워 놓았다. 그녀는 앞머리 위에 그녀의 신분을 나타내는 첩지를 얹고 있었다. 왕궁의 다른 여자들도 비슷한 장식을 얹고 있었으나 등급과 세공이 달랐다. 왕비의 얼굴은 특히 웃고 있을 때에는 더욱 인자하게 보였다. 왕비는 특별한 여인이었고 강한 의지와 매우 친절하면서도 위대한 힘이 있는 성격으로서 사람들에게 깊은 인상을 주었다. 왕비는 얇은 비단 치마로 아름답게 차려 입고 있었고 항상 그녀를 친절하게 맞이했다. 왕비는 그녀가 잘 지내고 있는지를 처음 질문한 후에 몇 살 인지, 부모님은 어떠신지, 그녀가 형제와 자매가 있는지 그들은 어떤지, 그들이 조선으로 선교 사역을 떠난 그녀에 대해 어떻게 생각하고 있는지, 그녀가 처음 도착했을 때 알렌 의사가 그녀에게 물었던 것처럼 그들도 그녀에게 여러 가지를 물었다. 또한 왕비는 그녀가 온 것이 매우 기쁘고 그녀가 이 나라를 좋아하기를 희망한다고 말했다. 이러한 모든 대화는 문 뒤에 서서 볼 수는 없고 들을 수만 있는 허리가 두 배로 굽은 통역자를 통해 이루어졌다. 그녀는 왕비에 대해 매우 많이 감탄했고 커다란 존경심을 가졌다.[3]

왕비 뒤에 소파가 있었다. 왕비는 그녀에게 그 소파에 앉으라고 말하고 그리고 나서 진찰을 하도록 몸짓으로 알려주었다. 고종과 동궁은 아플 때가 많았다. 특히 왕비는 다리 통증, 불면, 안질, 감기, 복통을 자주 앓는 등 건강이 좋지 않았다. 그녀는 왕비의 맥박과 체온을 측정했다. 황후의 혀도 진찰했다. 그리고 나서 몸을 진찰하기 시작했다. 왕비는 재빨리 손을 내밀었다. 왕비의 몸짓이 너무 빨라서 그녀는 놀랐다. 그녀는 왕비에게 다치게 했는지 물었다. 왕비는 아니라고 대답했다. 허락 없이 왕비를 만진 것에 놀란 것이었다. 왕비는 빈혈이 있었고 소화불량으로 고생하고 있었다. 그녀는 매일 세 번 우유를 마시라고 추천했다. 통역자는 그 말을 전달하지 않았다. 그녀는 통역자에게 왜 그 말을 전달해주지 않느냐고 하자 그는 그녀가 말한 내용을 그대로 말하면 목이 달아날 것이라고 했다. 소의 우유를 마시라는 것은 양반도 그것을 마시지 않는, 하층 계급에서 행하는 일이어서 상상 못할 불경죄라고 했다.[4]

진료가 끝나자 민영익은 그녀에게 대기실로 돌아가도록 지시했다. 그녀는 거기서 고종을 알현하고 있는 알렌을 기다렸다. 알렌이 돌아왔을 때 그녀는 그로부터 그녀의 대화 내내 참석했던 분이 왕과 왕자라는 것을 알게 되었다. 그녀는 자신이 그 두 신사 분들이 누구인지 알지 못했던 것을 매우 기뻐했다. 왜냐하면 미리 그 사실을 알았더라면 그녀는 두려워서 침착함을 유지하기가 어려웠을 것이기 때문이었다.

그들은 좀 더 많은 음식과 과일을 대접받은 후에 돌아가는 것이 허락되었다. 몇 명의 군인이 그들을 수행했다. 어두워졌기 때문에 등불을 든 수행원도 있었다. 바깥쪽에 붉은 색과 초록색 얇은 비단으로 싸여진 조선 등불의 광경은 매우 아름다웠다. 텅 비고 깜깜한 길 양쪽 편으로 검고 낮은 집들이 있었다. 서양 남자를 수행하는 권총을 지니고 있는 군인들, 등불 잡이를 앞세우고 가는 외국 여자를 태운 가마의 행렬은 사람들의 흥미를 끌만큼 진기한 광경을 이루었다. 그들이 지나가는 길을 따라 많은 사람들은 그 모든 것이 무엇을 의미하는지 호기심을 가졌다. 그래서 문과 창문을 통하여 희미한 머리 그림자들이 엿보며 내다보고 있었다.[5]

기수는 그녀의 가마 앞에 걸었고 간혹 여러 사람들이 길에 흩어져 있으면 길을 정돈하고 소리를 쳤고 그러면 사람들은 재빨리 다른 쪽으로 비켜섰다. 그녀는 문득 여기저기에 작은 초롱의 옅은 불빛을 볼 수 있었다. 그 초롱불을 들고 있는 주인공은 작은 소녀들이었다. 소녀들은 밤의 이때에 거리에 대해 특권이 있었는데 이는 남자들은 모두 10시까지는 외출이 금지되었기 때문이었다.

거리는 기묘하게 보였다. 그녀의 앞에 네 개의 붉고 푸른 궁중 등불에서 나오는 희미한 광선들이 그녀가 지나가는 길 위로 비침에 따라 귀신같은 형상들이 휙 지나가는 것처럼 보였다. 집들의 창문들에는 불빛이 없었고 문에도 거리 어느 곳에도 불빛이 없었다. 상상 속의 이상한 바로 그 짙은 어둠만이 가득 차 있었다. 어딘가에 피난처를 찾아야할 것 같은 느낌이 들게 하기에 충분했다. 그래서 그녀는 앞에 있는 커튼을 급히 내렸고 즐거운 것들에 대한 기억만 떠올렸다. 얼마나 괴기한 장면인가. 어둡게 그림자가 드리워진 낮은 집들, 간혹 몸종을 데리고 모여 있는 여인들 외에 모든 사람들은 집안에 있고, 개들은 자기 집으로 날쌔게 뛰어 들어가서는 날카롭게 짖어대는데 이는 등불과 기수를 앞세우고 가는 가마가 그들에게는 일상적이지 않았기 때문이었다. 멋진 보행자길이나 가로수가 심겨진 도로는 없었고 모두 밋밋하고 휑했다, 오, 정리된 것은 없었다. 여기 저기에 쓰레기 더미들이 있었고 길 건너편과 도로 옆에 있는 도랑에서는 악취가 진동했고 조용하고 깊은 심연과 그림자들이 어른 거렸다. 인부들이 가마를 선교사 구역 안쪽에 내려놓았을 때에야 비로소 그녀는 심호흡을 제대로 할 수 있었다.[6]

고종과 왕비는 가족들이 회복되었음에도 그녀와 알렌을 적어도 하루 걸러 오게 하였다. 매번 방문 때마다 반나절의 시간이 걸렸다. 왕비는 그녀를 매우 친근하게 대했다. 왕비는 그녀에게 조선이 얼마나 아름다운지, 조선에 사는 것이 좋은지 등에 대해 물었다.

저는 중국 외교관의 부인을 다섯 번 진찰했는데 지금은 다 나았고, 여섯 번 방문했던 왕비는 그렇게 많이 아픈 것은 아니지만 제가 그녀를 보러 가는 것을 좋아합니다. 그녀는 더 건강해졌고 저는 곧 그녀가 완전히 좋아지기를 바랍니다.

첫 만남에서 왕비는 저에게 조선을 어떻게 좋아했느냐고 물으며 제가 조선을 많이 좋아하기를 바란다고 말했습니다. 또한 그녀는 저의 조국과 기후가 많이 다르지만 제가 잘 지내기를 바란다고 말했습니다. 저는 편하게 인도되었습니다. 제가 방에 들어갔을 때, 장롱에 기대어 있는 숙녀와, 한편에는 시녀가 서있었으며, 남자가 서있었고, 명성황후의 주변 도처에 사람들이 앉아있는 것을 보았습니다.

저는 왕비 옆자리로 인도되어서 그녀를 진찰하고 난 후 밖으로 나가고, 밖에 있던 알렌이 들어와서 앉아있던 남자들을 진찰했습니다. 그리고 알렌이 밖으로 나와 다시 저를 다시 들어가라고 해서 들어갔는데 샌프란시스코 출신이냐는 질문을 받았습니다. 그런 종류의 이야기를 좀 더 나눈 후에 저는 다른 장소로 가라고 했는데, 저는 그들이 왕의 친척을 살려낸 알렌 선생님의 이야기를 하는 것으로 짐작이 되었습니다. 저는 전에 미숙하고 낯설었을 것이라고만 여겼기 때문에 이런 것이 편하고 기뻤습니다. 제가 왕궁으로 불려갈 때마다 같은 두 사람이 저를 비공식적으로 맞이했습니다. 제가 그들을 만날 때 그들은 일어서서 영어로 'Good Day'라고 말했습니다. 그 다음 계속되는 방문 때 모두 일어서서 저에게 인사를 했고 제가 떠날 때는 'Good bye'라고 말했습니다. 그들은 이 인사를 매우 좋아했습니다. 고종은 1-2-3을 셀 줄 알게 되었고, 그럴 때마다 그는 마치 집에 있는 어린아이처럼 즐거워했습니다. 그들은 매우 친절했고, 저는 왕비를 매우 좋아합니다. 그녀는 여섯 사람이 드는 아주 좋은 가마를 주었고, 저는 왕비의 부름을 받아 왕궁에 갈 때 그것을 사용했습니다. 또한 저에게 다른 선물도 주었습니다.

_1886.8.18 애니 엘러스

그녀가 본 왕비는 능력 있는 여성이었다. 왕비는 정치에도 관여하여 정사를 결정하기도 하였다. 품위 있고 인자한 왕은 왕비가 지도적 지위에 있는 것을 기뻐하고 좋아하는 것 같았다. 하루는 그녀가 있을 때 중국 사신이 왕과 왕비를 알현한 적이 있었다. 그가 가져온 문서가 왕에게 건네졌다. 왕은 그것을 정독하고는 그 사안에 대해 말하려고 할 즈음, 왕비가 왕의 팔을 가볍게 건드리며 "Come un tup seh tah(그만둡시다)"라고 황후 스스로 지시를 내렸다. 왕은 웃으며 왕비의 결정을 따랐다.[7]

고종과 왕비는 서양에서 온 이들로부터 진찰 받으면서 바깥 세상 물정을 질문 형식으로 물었고, 그들의 조언을 받아들이기도 했다. 왕비는 조선말을 빠르게 배우는 애니 엘러스와 자주 이야기를 나누었다. 왕비는 그녀에게 진료를 받는 직업적 관계를 떠나 그녀와 교제하는 것을 매우 좋아했다. 왕궁에서 모든 외국인들이 서있어야 할 때 놀랍게도 그녀는 앉도록 하였다. 왕실 가족은 그녀 주위에 긴 의자를 놓고 앉아서 그녀에게 조선말을 가르치고, 동시에 그녀는 그들에게 영어를 가르쳤다.[8]

그녀는 사교적인 성격이어서 조선에 오기 전에 친구들이 많이 있었고, 다른 나라에서 사역을 하는 선교사들과 자주 편지를 주고받았다.

외국의 선교사에게

이번이 첫 만남이지만 당신과 저는 낯선 사람이 아닌 듯합니다. 당신께서 다정히 보내주신 모든 편지들을 매우 즐겨 읽고 있습니다. 그 즐거움이 제 쪽에만 있는 것만 같아 좀 불공평하다는 마음에 그리고 제가 다소 이기적인 것 같아 약간의 짬을 내어 당신의 즐거움을 위해 우리 아기들이 왕과 왕비를 알현한 이야기를 간단히 적습니다.

Harry와 Morris Allen 은 각각 2살, 그리고 2개월 된 아기들인데, 왕께로부터 부르심을 받았습니다. 우리 아기들이 대궐에 갈 수 있다니요! 우리는 많이 놀랐습니다. Mrs. Allen과 Mrs.D 와 Mrs.W와 저는 궁전에 그 다음날 오도록 초청을 받았기 때문에 저는 아기들이 갈 수 있을 것으로 알고 있었습니다.

Harry에게 이 일의 중요성을 먼저 가르치고 옷을 입혔습니다. 아기 Morris는 제일 좋은 옷을 입히자 마치 무슨 일인 줄 알기라도 한 듯이 기뻐 소리치며 웃기도 하였답니다. 준비를 마친 후 가마를 타고 왕비께서 내려주신 가마에 제가 Harry를 데리고 타고 왕궁으로 들어갔습니다.

Harry는 처음에는 수줍음을 많이 타서 전하와 친분을 쌓기를 거부했지만, 왕과 모두의 노력 끝에 Morris Allen은 마치 보통 사람들을 대하듯 왕족들과 웃으면서 즐겁게 놀게 되었습니다. 아기 Morris는 전하의 얼굴을 바라보며 실제로 미소까지 지었습니다. 왕비께서는 아이들 각자에게 장난감을 하사하셨고, Harry는 받자마자 사람들에게 돌아다니며 자랑하기 시작했고, 심지어는 왕과 세자 저하에게 하나를 건네 드려 두 분께 즐거움을 안겨드렸습니다.

알현을 마친 후 우리는 남아서 베풀어주신 연회에 참석했으며 아기들은 Harry와 Morris Allen 외에는 다시 집으로 데려갔습니다. Judge and Mrs.D, Dr.and Mrs.H, Mr. and Mrs.W, Dr.and Mrs.Allen 과 제가 연회에 초대받았는데 Mr.and Mrs. W 는 참석하지 않으셨습니다.

참으로 호화로운 대접을 받았는데, 만찬 도중에는 대궐의 악사들과 춤꾼들이 공연한 음악과 춤으로 인해 모두 흥겨워했습니다. 연회가 끝난 후 저희들은 각 가정으로 무장된 군사들이 호위하여 데려다 주었고, 가는 길을 밝힌 것은 커다란 등불이었습니다. 이 등불은 이곳에서는 대단한 것으로 제일 큰 등불로 인도 되는 분이 제일 높은 분이랍니다.

당신과 저는 비록 너무 멀리 떨어져있지만 당신에게 조금이나마 즐거움을 줄 수 있다면 저는 언제든 소식을 전하겠습니다. _1886.9.17
애니 엘러스

왕비는 그녀가 조선에 대해 궁금해 하는 것만큼 그녀에 대해 호기심을 가지고 있었다. 왕과 왕비는 '양귀(洋鬼)'들이 얼음 위에서 걷고 미끄러질 수 있게 해주는 신발을 가지고 있다는 소문을 듣고는 그 미끄러지고 걷는 것을 실제로 보고 싶어 했다. 그래서 빙판을 타기 위해 그녀와 친구들은 궁궐로 갔다. 그들은 그 신발을 가지고 가서 경회루 앞에 있는 호수의 빙판 위에서 정자를 주위를 돌며 스케이트를 탔다. 그들 중 몇 명은 스케이트를 환상적으로 잘 탔다. 왕족들은 이 모든 광경을 정자 안에서 지켜보았다. 그날 저녁 그들은 궁에서 저녁 만찬을 함께 했다. 그날 식사는 서양식이었다.[9]

> 왕비와의 바로 지난 번 만남에서 왕비께서 궁 안 거처 앞에 있는 인공호수에서 스케이트 타는 모습을 보고 싶다고 하셔서 저와 제 몇몇 친구들을 궁으로 초대해주셨습니다. 선교회에서는 알렌 선생님과 R 그리고 저와 그 이외에 11명의 친구들이 함께 갔으며 스케이트를 탄 후에 왕비께서 연회를 베푸셨고 저희 모두 즐거운 시간을 보냈습니다. _1887.1.23. 애니 엘러스

어느 날 그녀는 궁궐에서 학춤 공연을 관람했다. 길이 약 12피트에 너비 8, 9피트 정도 되는 낮은 테이블의 주위를 낮은 난간이 있고, 그 위에 약간 높게 무대가 설치되었다. 무대 양쪽 끝 중앙에는 조금 큰 연꽃이 있었다. 자갈로 표시된 오솔길과 작은 관목들 그리고 화초들이 작은 정원처럼 에워싸인 공간을 만들었다. 궁중악사들은 신비로운 현으로 연주를 시작했다. 그 때 한 문에서 큰 학 한 마리가 나왔다. 학은 음악에 맞추어 나아갔다 물러났다 했다. 나아가고 물러서고를 반복하면서도 차츰차츰 조금씩 앞으로 나아가고 있었다. 곧 먼 쪽에 있는 다른 문에서 두 번째 학이 나왔다. 그는 앞으로 많이 나오더니 다시 뒤로 물러나, 그들 둘 모두가 정원 안에 있게 되었다. 학들은 머리를 좌우로 돌리거나 위아래로 심하게 흔들기도 하고 때로는 긴 부리를 벌리기도 했다. 그들이 전진할 때마다 큰 연꽃에 점점 가까워졌다. 곧 첫 번째 학이 그 쪽에 있는 꽃을 쪼기 시작했고 음악의 박자가 점점 빨라졌다. 학은 보다 빠른 전진을 했고, 더 심하게 꽃을 쪼았다. 그러다 갑자기 꽃봉오리가 열렸고 한 번 더 쪼자 더 넓게 벌어지더니 또 한 번 쪼았을 때는 열린 꽃봉오리에서 선명한 붉은 옷을 입은 남자아이가 뛰어나왔다. 그들 모두 얼마나 박수를 쳤는지! 그리고 또 다른 학이 다른 쪽 꽃을 더욱 격렬하게 쪼자 그쪽의 꽃봉오리가 열리기 시작하더니 곧 밝은 빛깔의 치마를

입은 여자아이가 뛰어나왔다. 오, 세상에, 아이들은 너무나 귀여웠고, 그들 모두는 몹시 흥분했다! 그것은 굉장히 아름다운 광경이었다.[10]

왕비는 그녀를 매우 좋아했다. 고종도 그녀와 알렌에 의해 다른 전체 왕실 가족들이 질병에서 완쾌된 것에 감사해하고 있었다. 고종은 그들에게 각각 아름다운 비단자수요 및 방석 2장, 호피 한 장, 수백 야드의 각종 옷감 즉, 무명 및 명주, 그리고 검소한 누비 이불 등 많은 선물을 하사했다. 왕비는 아플 때마다 그녀를 불러서 진료하게 하였다.[11]

> 왕비는 다시 아프기 시작했으나 저희가 그녀를 치료해서 이제 좋아졌다고 들었습니다. _1887.11.20 애니 엘러스

일반적으로 왕궁에 들어갈 때면 성벽 바깥쪽 문밖에서 말이나 가마에 내려 걸어 들어가야 했다. 그러나 나중에는 애니 엘러스가 가마를 타고 거대한 정문을 통과하여 궁정 뜰로 들어가 대기실 문까지 갈 수 있도록 하였다. 거기에 도착하면 언제나 차, 커피, 과일을 대접받았다. 그리고 나서 연락이 오면 그녀는 왕비가 있는 곳으로 안내되어 갔다. 고종과 태자는 항상 함께 계셨다.[12] 애니 엘러스는 왕비의 시의로 있으면서 처음으로 직접 왕비를 진찰한 사람이었다. 그녀는 1926년 순종이 승하하자 이에 대한 안타까움과 이미 1895년에 죽은 왕비를 다시 추모하는 글을 남겼다. 그녀는 왕비가 결혼 선물로 내린 금팔찌를 이후 평생 끼고 있었고, 죽을 때도 그 팔찌를 끼고 죽겠다고 하였다. 그녀가 느꼈던 왕비는 지성적이며 위엄을 갖춘 밝고 총명한 여성이었다. 왕비는 백성들이 굶주리지 않고, 평화롭고 안정적으로 살며, 인생을 행복하게 살수 있는 방안을 진취적으로 생각하고 있었다. 그녀는 왕비가 아마 그리스도를 믿었을지도 모른다고 여겼다. 그것은 왕비가 그녀가 믿는 그리스도에 대해 관심이 많았기 때문이었다. 그녀는 왕비가 얼마간 신약성경을 읽었다는 것을 알고 있었다. 왕비는 성경 말씀에 감동을 받아서 조용한 신자

가 된 것이 가능하지 않을까? 그녀는 그렇다고 생각했다.

이왕전하의 빈천하신 말씀은 들을수록 슬픈 일이올시다. 나는 일개외국여자의 몸으로 파란 많은 이왕가와는 매우 깊은 인연을 맺고 있습니다. 특히 이조 500년 사상에 일대 괴변으로 사기의 한 페이지를 떨게 한 당대 여걸 명성황후는 나의 일생을 통하여 가장 잊지 못할 사람 중에 첫손가락을 꼽을 어른이겠습니다. 나는 8년간의 긴 세월을 명성황후를 모시는 직임을 맡았던 까닭이올시다.

서력 1886년 7월 4일, 허혼의 애인 벙커 씨를 따라 수륙 만리를 격한 조선제물포두부(인천)에 내릴 때는 나도 24세의 꽃 같은 처녀였습니다. 그런 것이 조선의 고르지 못한 풍운을 따라 이제는 파파노파가 되었습니다. 생각하면 여름 구름같이 솟아오르는 감개는 그야말로 무량합니다.

나는 1888년 3월부터 여관의 직임을 띠고 나의 본직은 의사로서 황후의 옥체를 시술하게 된 것은 그 때나 지금이나 나로서는 무한한 영광으로 생각할 수밖에 없습니다. 명성황후께서는 남자를 능가하실만치 기개가 ○○하시어 그야말로 여걸이셨습니다. 그런 반면에는 백장미 같으신 고결하시고 아랫사람을 대하여는 부드럽기 짝이 없으시기 때문에 황송하나마 친어머니를 대하는 듯한 카인드리한 태도로 모시게 되었습니다. 몹시 인정이 많으셔서 나를 대할 때마다 나의 몸을 어루만지시며 말씀을 하셨습니다. 그리고 며칠만 입시를 아니하여도 보시고 싶으시다고 어사를 보내실 때 참으로 감사히 생각하였습니다. 우리 부처가 결혼할 때는 나에게는 순금 완환을 친히 주셨습니다. 내가 40년간 한시도 내 몸에서 떠나지 않은 내 왼팔뚝에 끼워있는 것은 즉 하사된 그것입니다. 나는 죽을 때에도 그것만은 끼고 죽으려합니다.

민비께서는 황공하오나 그야말로 조선여성으로의 모든 미를 구비하신 미인이셨습니다. 크지도 작지도 않으신 키, 가느다란 허리시며 희고 갸름하신 얼굴 총명과 자애의 상징인 흑진주 같으신 눈, 칠같이 검으신 구름 같으신 머리, 이 모든 영자가 아직도 내 눈에서 사라지지 않은 듯싶습니다. 그리고 취미에 부하심은 우리 미국 여성을 엿볼 수 있었습니다. 어착의며 어화장, 어오락 등 가지가지로 취미 다양하셨습니다. 여가만 계시면 가무음곡을 어전에 연주케 하고 흠연히 구경하시는 것을 보았습니다. 얼마 후에 나는 세부란스 병원사로 근시의 임을 못하게 되어 사퇴하려 하였으나 명성황후는 간곡히 만류하심으로 부득이 최후까지 모시게 되었습니다.

30여년을 지낸 지금에 추억하여도 눈물을 막을 수 없는 땅이 꺼지는 듯한 895년 10월 8일의 대변은 그 때 나의 가슴을 몹시 아프게 하였습니다. 바로 대변이 있기 2주전일 9월 25일 나는 입시하여 배알하였으나 좀 분망하신 일이 있으시다 하여 오래 모시지 못하고 어전을 물러나올 때 민비께서는 긴장하시던 옥안을 놓치시고 흠연히 손을 내어 내 손을 힘껏 쥐시며 수일 간 또 들어오라고 소안으로 나를 보내실 때 나는 그것이 민비를 뵙는 최후의 순간이었음을 꿈에나 생각하였겠습니까? 아아 슬퍼요 끝없이 슬퍼요. 2주일 후 믿으려 해도 믿어지지 않는 천추의 대변을 기별로 들은 것은 지금 생각만 하여도 온 몸이 떨립니다. 대변 후 나는 마지막 봉사로 황후 빈전을 지키게 되었습니다. 그리고 인산 당일에도 참례하여 영구가 대지에 안장되는 것까지 보았습니다. 국장에 참례한 사람으로는 내외백관이며 외국사절도 많았으나 여자로서 참례한 것은 나의 친구 원두우 목사 부인과 나 두 사람뿐이었습니다.

이같이 이왕가와 인연이 깊은 나로서 이제 민비의 가장 사랑하시던 아드님이신 이왕전하의 인산을 당하니 무량한 회고지심과 아울러 눈물이 흐릅니다. 내가 처음으로 입궐할 때에 이왕전하는 ()산 십 이삼세의 소년이었습니다. 나로서 이왕전하를 생각하자면 내가 입궐할 때마다 옥수를 내밀어 악수를 청하시던 매우 착하신 어소년 왕자님을 추모하게 됩니다. _1926.4.25 순종인산일 즈음, 애니 엘러스

애니 엘러스가 왕비를 치료해서 고친 소식이 많은 사람들에게 알려
졌다. 이 소식은 왕실에 있는 사람들은 물론 일반 백성들에게까지 알
려져 그녀의 의술을 칭찬하고 감사해했다.[1]

그녀는 1887년 11월 23일(음력)에 정2품 정경부인의 직첩을 받았
다.[2] 같은 날 헤론도 종2품 가선대부 품계를 받았다. 이 헤론의 품계
는 알렌이 받았던 것과 같은 품계였다.[3]

승정원일기 2948책(탈초본 135책) 고종 23년 5월 13일 을사 1886년 光緒(淸/德宗) 12년 요목

以濟衆院別單, 傳于朴奎燦曰, 督辦交涉通商事務金允植, 熟馬一匹賜給, 主事成翊永·金奎熙·金良默·徐相薰·朴永培·李承雨·秦學明·朴準禹·申洛均·孫鵬九, 竝陞六, 金宜煥陞敍, 學徒李宜植, 主事陞差, 美醫安連憓論, 竝業精志善, 施療衆民, 特加堂上階, 以表嘉奬之意.

일성록(1887년 11월 23일, 음력)

金鍾遠今日政六品職擬入又敎日美醫師憓論效勞旣多甚庸嘉尙特授二品階又敎日美女醫師特授正二品貞敬夫人職牒文蹟勿爲頒布 美醫師憓論單付嘉善大夫

56

제
중
원
부
녀
과

제중원의 개원 후 외래 환자와 입원환자가 증가하자 장소가 협소해졌고, 병원 확장을 모색하게 되었다. 알렌은 1886년 8월 14일 '공립병원 이건확장(移建擴張)에 대한 건의'를 조선 정부에 제출하였다. 알렌은 그 장소로 남별궁[1]이 적지라고 여겼다. 고종은 알렌의 건의를 받아들여 이 일을 감독할 관리를 임명했다.

이러한 일들은 애니 엘러스가 입국하여 왕궁에서 왕비를 진찰한 이후에 이루어졌다. 고종은 왕비뿐만 아니라 가족에 대한 진료를 고맙게 받아들이고 있었으며, 왕비는 애니 엘러스를 아주 좋아해서 그녀를 오랜 시간 옆에 있게 하고 있었다. 왕비는 훌륭한 가마도 그녀에게 주었는데, 그 가마는 왕비가 왕궁 뜰에서 타고 돌아다닐 때 사용하던 것이었다. 이 외에도 많은 선물을 주었다. 알렌은 지금까지 조선에서 미 북장로회의 선교활동이 성공적이라고 엘린우드에게 보고했다. 이런 분위기 속에서 알렌은 고종을 진료할 때 제중원 확장 이건을 건의했고, 고종은 훌륭한 새 병원을 약속했다.[2]

새 병원 부지를 선정하기 위한 관리로 임명 된 김윤식은 옮겨갈 부지로 구리개를 정하고 공사에 들어갔다. 제중원이 구리개로 이건 확장하면서 새로 부인과가 설치될 예정이어서 장차 그녀는 그곳에서 병원근무를 시작할 예정이었다. 그녀는 입국해서부터 그때까지 제중원에 여성들을 진료할 시설이 마련되어 있지 않아서 왕비와 궁중의 여성들의 진료만 하고 있었다. 그녀는 병원이 이건 확장해서 여성을 위한 병동이 만들어지면 거기에서 일 할 많은 기대를 갖고 있었다.

지금은 정부에서 새로운 병원을 위한 건물을 수리하는 일에 열심을 다하고 있어서 곧 저는 그곳에서 저의 일을 맡아 행복할 것입니다. 그래서 저는 지금 열심히 공부하고 있고, 고아원에서 열심히 가르치고 있습니다. _1886.9.11. 애니 엘러스

새 병원에 대해 정부에서는 적극적으로 일을 진행하였다. 이건할 새 병원은 현재의 을지로에서 명동 성당에 이르는 언덕 위에 위치하여 전체 도시와 외곽을 관망할 수 있는 곳이었다. 바람이 잘 통하는 큰 교실도 마련하고 있었다. 이러한 규모는 알렌이 처음에 기대했던 것보다 훨씬 훌륭한 것이었다.[3]

구리개 제중원 제중원은 개원 후 환자가 증가하자 1886년 8월 알렌은 고종에게 이건확장을 건의하여 재동에서 구리개로 이건하게 되었다. 현재의 을지로에서 명동 성당에 이르는 언덕에 해당하며 부지는 재동의 862.16평에 비해 1810평으로 두 배 이상 확장되었고 부녀과도 신설되는 등 개원 1년 남짓하여 종합병원의 성격을 띠게 되었다. 초기에는 운영에 필요한 경비는 조선 정부가 부담하고 진료는 의료선교사들이 맡아 근무하였다. 이후 1894년 9월 제중원의 행정, 재정적 기능이 선교부에 이관되어 미 북장로회 소속병원이 되었다.

지금은 제 마음을 많이 추슬러가고 있으며, 그리고 제가 쓰임을 받을 수 있는 곳에 있을 수 있어서 너무나 기쁘고 감사합니다. 이곳 일은 매우 좋은 일이어서 저도 차츰 여기 일에 대한 열정이 살아나고 있습니다. 다음 주 화요일에는 병원이 새 건물로 이사할 예정이며 그렇게 되면 저 또한 일을 곧 시작할 것입니다. _1886.10.2 애니 엘러스

제중원은 1886년 10월 5일에 구리개로 이전하였다. 이삿짐을 옮긴 후 다시 업무를 시작하기 위한 준비를 하였다. 건물과 대지의 비용 이외에 수리비용만 3,000달러 이상 들었다. 기구들은 외제로 구입하였다.[4] 이렇게 한 달 정도의 준비 과정을 거쳐 11월 8일 구리개 제중원에서의 공식적인 업무를 시작하였다.

오늘 처음으로 병원에 공식적인 방문을 하였습니다. 우리는 아주 잘 지내고 있습니다. 여기 의사 선생님들이 병원침대와 침구류를 저희가 준비할 수 있도록 자금을 선생님께 서면으로 요청할 것입니다. 모든 일 처리가 3주면 마무리 되어 입원 환자들을 받았으면 합니다. _1886.11.8 애니 엘러스

마침내 그녀는 구리개 제중원에서 일을 시작하였다. 그녀가 진료하는 환자는 하루에 두 명에서 아홉 명 정도였다. 또한 알렌 박사에게 화학 수업도 듣기 시작했다.

기쁨으로 몇 자 적습니다. 저는 지난 2주 동안 병원에서 일을 했고, 또 그 일이 저에게 잘 맞는 것 같습니다. 어제와 오늘 알렌 선생님의 화학 수업을 들었고, 또 선생님의 외래환자도 제가 돌보게 되었습니다. 오늘 아침 한 가난한 여인이 아기를 데려와 아기가 많이 나아졌다고 기뻐했을 때, 저도 그녀와 같이 너무 기뻐했습니다. 환자들은 두 명 이하인 적이 없고, 제일 많을 때는 아홉 명도 되었습니다.

병원에 아직 침대용 침구류가 도착하지 않아서 환자들이 들어오려

고 대기 중이지만 입원환자는 없습니다. 건물의 시설은 더 이상 쓸 수 없어서 하는 수 없이 Mr.A 집에서 사람들을 돌보고 있습니다. 하나님이 저에게 보다 큰 만족함을 주셔서 너무나도 감사합니다. 또 주님께 대한 더 큰 믿음과 신뢰를 갖기를 원하며 하나님을 더욱 사랑하기를 원합니다. _1886.11.19 애니 엘러스

제중원은 구리개로 이건한 이래 빠르게 확장되고 있었다. 헤론은 하루 평균 55명의 환자를 진료했지만 많을 때는 90명의 환자를 진료할 때도 있었다. 팔과 발을 잘라내는 수술도 하였고, 결과도 좋았다. 여성을 담당하는 부속건물이 있었고, 거기에는 6개의 침대가 있었다. 그녀는 하루에 110명이상 진료하기도 했다.[5] 조선 사람들에게는 서양식 병원은 낯선 것이었다. 어떤 여성은 작은 수술을 받은 후 수술 부위를 붕대에 잘 싸매서 침대에 눕혀졌는데, 그 여성 환자는 퇴원하지 않고 계속 머무르고 싶다고 했다. 그 여성에게는 침대가 신기하고 편안한 것이었다. 어떤 날은 한 여성이 심한 두통을 호소하며 전 날 처음 왔을 때보다 상태가 좋지 않다고 했다. 그 여성에게 약을 어떻게 복용했는지 물으니 그 여성은 '전부 한꺼번에 먹었어요. 한 번에 전부 먹으면 더 빨리 나을 것이라고 생각했거든요'라고 했다.

애니 엘러스는 18개월 동안 제중원의 여성 주치의로 있었다.[6]

저는 최근에 기도의 응답을 받아 하나님이 약속하신 약속에 대한 더욱 더 확고한 신념이 생기게 되었습니다. 지난주에 겪어 잃었던 환자와 너무나도 비슷한 상황에 처한 다른 환자를 이번에는 저에게 보내주셨습니다. 그 여자는 매우 상황이 좋지 않았으며 저 또한 그녀에 대한 희망이 거의 없었습니다. 저는 그녀를 최고의 의사 선생님께 보냈으며 빠른 쾌유를 기도했습니다. 그녀는 곧 움직일 수 있게 되었고 지금은 상태가 매우 좋습니다. 그러므로 모든 만물을 주관하시는 하나님께서 제 기도에 응답해주신 것으로 인해 너무 감사를 드립니다. _1887.3.7 애니 엘러스

미 북장로회 교육사업은 언더우드 목사가 처음 시작하였다. 그는 1885년부터 자신의 집 건너편에 고아원을 마련하고 남자 아이들을 데려다 키우며 가르치고 있었다.[1] 알렌은 언더우드에게 학교의 교사라는 공식 직함을 주어 신분을 안정시켜 줄 것을 정부에 건의하였다.[2] 애니 엘러스는 제중원 업무가 없고, 언더우드가 바쁜 날에는 고아원에 가서 아이들을 가르쳤다.[3]

미 북감리회는 아펜젤러 목사가 1885년 4월 5일 언더우드 목사와 함께 조선에 도착했다. 그러나 그는 조선 정세의 불안으로 입국하지 못하고 다시 일본으로 되돌아가야 했다. 그 해 5월 3일 목사이며 의사인 스크랜튼(W.B.Scranton)이 감리회 선교사로서는 처음으로 입국하여 서울로 왔다. 일본으로 갔던 아펜젤러 목사는 6월 26일에 다시 입국하였다. 이때에 미국 부인외국선교회(Woman's Foreign Mission Society)에서 파송한 스크랜튼의 모친 메리 스크랜튼(M. F.Scranton)도 함께 입국하였다.[4]

스크랜튼은 미공사관과 인접한 미 북장로회 건너편 언덕 일대에 전통 가옥 한 채를 먼저 구입했다. 아펜젤러 부부도 바로 이웃에 거처를 마련하였다. 그리고 1886년부터 그들은 용기를 내어 동쪽으로,

남쪽으로, 북쪽으로 부지를 확장해갔다. 서쪽으로 가는 것은 불가능했다. 이 도시의 성벽을 살 만한 능력은 없었기 때문이었다. 미 북감리회 부인외국선교회로서는 스크랜튼 대부인의 최선에 의해 훌륭한 사업 부지가 마련된 셈이었다.

아펜젤러는 입국해서부터 제중원에서 일했던 언더우드와는 달리 처음부터 교육 사업에 몰두했다. 미 북감리회는 먼저 폴크 공사에게 조선에서 교육활동을 시작해도 괜찮은지에 대한 문의를 했다. 고종은 선교사들이 조선인들을 가르치는 일을 매우 훌륭한 생각이라고 여기고 있었다. 이런 고종의 의견을 아는 폴크 공사는 아펜젤러에게 학교 사역을 시작해도 좋을 것 같다는 의견을 보냈다. 북감리회의 아펜젤러는 꾸준히 교육 사업을 확장시켜 1887년 1월에 약 45명 정도 학생이 그가 운영하는 학교에 다니고 있었다. 학생들의 절반 정도는 학비를 낼 수 있었고, 나머지는 학비를 보조해 주었다.[5] 또한 8월에는 큰 학교 건물을 마련하기 위해 벽돌을 쌓아올리는 공사가 진행되고 있었다.[6]

메리 스크랜튼은 여학교를 세웠다. 그녀가 시작한 미감리회 여학교의 재산은 미 북장로회 선교지부의 전 재산보다 더 값이 나갈 정도로 많았다. 알렌은 미 북장로회보다 훨씬 앞서는 그들의 재정 능력을 부러워했다. 경쟁적인 입장에 있는 미 북감리회에 대해 그들은 지나칠 정도로 대지를 엄청나게 구입하여 대대적인 개량공사를 하여 심한 구설수에 올랐으며 추방당할까 매우 걱정하고 있고, 왕궁보다 더 높은 곳에 큰 규모의 건물을 지어 관리가 싫어할 정도라고 미 북장로회 선교본부에 보고하였다.[7]

언더우드는 미 북감리회처럼 정식학교를 시작하고 싶어 했다. 그렇지만 학교를 운영할 자금이 지원 되지않고 있었다. 그가 운영하는 고아원에 학생이 왔지만 예산이 없었으므로 감리회 학교로 넘겨주어야 했다. 그는 감리회처럼 장로회도 최소한 기독교 교육 기관의 기초라도 놓을 수 있는 시점이 되었다고 보았다. 조선 정부에서는 학교가 개설되기를 바라지만 기독교를 가르치는 것은 원하지 않고 있었다. 하지만 그는 미래에는 학교에서 기독교를 가르칠 수 있을 것으로 보았다. 일단 현재는 학교를 시작할 수 있는 문이 열려있으므로 장로회도 어서 학교를 시작해야 한다고 요청했다. 조선의 학교 사업에서 북감리회가 저 멀리 앞서 가있어 북장로회도 곧 시작하지 않으면 따라 잡기 어려울 것으로 보고 했다. 그는 선교본부에 간절하게 예산을 요청했다.[8]

그는 여학교 사역도 이루어져야 한다고 여겨 여학교 개교도 계획하고 있었다. 그러나 장로회에 온 첫 여학생도 여학교가 마련되지 않아 감리회 여학교로 넘겨줄 수밖에 없었다. 그는 선교본부에 여학교에서 가르칠 여자 선교사를 요청했다. 애니 엘러스는 만일 여학교가 시작되면 거기서 일하고 싶다고 말했지만 언더우드는 그녀가 가정을 갖게 되면 여학교에 많은 시간을 낼 수 없을 것이라고 여겼다. 그는 선교본부에서 파송시켜 줄 여선교사로는 여학교를 위해서 전적으로 맡을 미혼 여 선교사이어야 하며 과부나 중년 여성으로 경험이 많은 부인이면 더 좋을 것이라 요청했다.

언더우드 고아원에는 여자 아이들이 있었는데, 이 중 여섯 명 정도가 가르칠 나이에 있었다. 애니 엘러스는 이 여자 아이들을 데리고 여학교를 시작하고 싶어 했다. 여학교를 시작하기 위해 그녀는 미국의 친지들에게 편지를 보내서 기금을 받아놓고 있었다. 그녀는 선교본부에 자신의 뜻을 보내고 자신의 요청이 받아들여지기를 간절히 바랐다.

> 고아원에 있는 여자 아이들을 위해 해야 할 일이 많습니다. 고국에 편지를 보내 고아원 부지에 있는 현 건물을 수리하기 위해 돈을 좀 보내달라고 해서 받았으며 헤론 부인과 다른 여러 사람들이 편지를 보내와 만일 여자 아이들을 위한 사역이 시작되면 자기네들도 돕겠다고 했습니다. 일을 시작할 수 있도록 허락받기를 원하고 있습니다. 제가 혹 여섯 명이라도 돌보게 된다면 이 여섯 명이 저희 일에 영향력을 행사해서 마침내는 제한 받지 않고 일하는 데까지 나아가게 될 것입니다.
>
> 이처럼 저는 이 일에 골몰해왔으며 많은 기도를 했고 저는 선생님

의 답변을 간절히 기다릴 것입니다. 저는 이 문제를 두고 생각하고 기도해왔으며 그런 노력으로 그 자체의 가치를 지닌 일이 될 것으로 확신합니다. _1887.1.23 애니 엘러스

그러나 헤론도 언더우드와 마찬가지로 애니 엘러스가 여학교에서 가르치는 것에 대해 부정적이었다. 결혼 한 상태에서 여학교를 전담하며 가르치는 것이 어렵다고 보았기 때문이었다.[9] 그러나 헤론에게는 다른 의도가 있었다. 자신의 부인에게 여학교를 맡게 할 계획이었다. 헤론 부인은 집에서 여자 아이들을 가르치고 있었다. 그녀는 여학교 개교를 위하여 이미 여성들의 지원서도 받아 놓고 있었다. 그녀는 자신의 아이가 있었지만 아이가 많이 컸기 때문에 문제가 없다고 여기고 있었다. 헤론은 언더우드 고아원 한 곳의 오두막집에서 여학교를 시작할 것이며 선교본부에서 연락이 올 때까지 필요한 유지비를 개인적으로 책임진다고 하였다. 그러면서 여학교를 위한 재정을 청구했다. 학교 건물 구입 대금과 비품, 그리고 학비를 낼 수 없는 여학생에 대한 후원금에 대한 것이었다. 헤론은 애니 엘러스가 여학교 사역을 희망하는 것을 알고 있었다. 헤론은 애니 엘러스가 열정과 능력이 있다는 것을 알고 있었기 때문에 여학교 사역에서 자신의 부인과 경쟁이 될 것을 우려했다. 그래서 애니 엘러스가 결혼을 하면 아예 선교부에서 일하지 않을 것을 원했다.

알렌도 그녀가 여학교에서 가르치는 것을 반대했다. 제중원의 여성 병원 사역에 반드시 그녀가 필요하기 때문이었다. 그는 그녀가 결혼 후에도 병원 사역에 참여해 줄 것을 원했다.[10]

이런 상황 속에서 1887년 3월 헤론 부인은 언더우드 고아원에 있던 여섯 명의 소녀를 데리고 여학교를 시작했다. 애니 엘러스가 여학교를 시작하고 싶어 했던 바로 그 소녀들이었다. 애니 엘러스는 배제된 상태였다. 보모 한 명이 헤론 부인의 일을 도왔다. 헤론은 선교본부에 여학교를 함께 할 여선교사 파송을 요청하면서 선교본부에 여학교 설립에 관한 허락을 요청했다.[11]

그러나 헤론 부인은 곧 건강이 나빠졌다. 헤론은 자신의 부인이 아

무런 도움 없이 여학교를 세우고 수고하느라 과로로 인해 병이 생겼다고 선교본부에 보고했다. 그녀는 6주 정도 만에 가르치던 일을 포기하고 여학생들을 감리회 선교회의 스크랜튼 부인의 여학교에 보냈다.[12]

여학교를 열망하던 애니 엘러스는 1887년 6월 고종으로부터 하사받은 정동길 22번지 부근의 주택에 교사(校舍)를 마련하고 여학생들을 가르치기 시작했다. 정동여학당의 시작이다. 감리회 여학교 서쪽 인접 지역이었다.

> 정부는 벙커(Bunker) 부부가 결혼했을 때 살도록 그들에게 집을 사 주었단다. 3달 내로 흥미로운 사건이 벌어질 것이다. 그것은 한국과 관련된 상당히 큰 사건이 되겠지. 그들은 일본으로 갈 것이다.
>
> (중략)
>
> 벙커(Bunker)와 그의 아내가 여름에 자신의 집으로 입주하면 나는 그 때 우리가 지내야 할 다른 하숙집을 구해야 한다. _1887.3.16
> 헐버트가 누이동생에게 보낸 편지

동학교의 역사를 되짚어 올라가면서 회고하건대 지금 앉아서 감개무량한 감이 없을 수 없으니 처음에 선교사들이 포교하려고 조선에 나와 만 가지 고생을 하던 끝에 여자들을 모아놓고 교육을 베푸는 동시에 선교를 하자는 것이 목적이면서도 실로 교육이나 선교를 하기가 얼마나 어려웠다는 것은 지금은 상상 못할만하게 어려웠던 것입니다.

정동에 병원을 설치하고 무료로 치료하면서 병자들께 포교를 하자니 별 괴악한 일이 다 많다는 욕설이 빗발치듯하였으니 그것은 안질 있는 사람의 눈을 진찰하려면 눈을 빼고 미국 눈을 넣고 진찰대에 뉘고 진찰을 하려면 배속 창자를 꺼내서 약을 만든다는 등 욕설이 자자하여 돌팔매를 던지고 말은 통하지 못하면서 적개심을 가진 이 조선에 무슨 한으로 여학교를 설치할 수가 있었겠습니까마는 그들의 꾸준한 노력으로 어쨌든 지금 정동심상소학교(貞洞

尋常小學校)자리에 집을 하나 짓고 지금 죽첨정에 있는 벙커 부인이 결혼하기 전에 설립자가 되어 1887년에 고아 하나와 바로 학교 앞에 조선집에 놀러오는 아이를 붙잡아 두 아이를 데리고 성경을 전공으로 가르쳤던 것입니다. _1935.6.27 동아일보

8월 혜론 부인은 건강이 회복되자 다시 여학교를 시작할 계획을 하였다. 혜론은 선교본부에 여학교를 위해 나이가 많거나, 젊다면 1년 안에 결혼하지 않고, 선교의 열정이 가득하고, 주변의 유혹에 끌려 변심할 것 같지 않은 여선교사를 파송해 줄 것을 요청했다. 그러나 혜론 부인의 여학교는 이번에도 잘 이루어지지 않았다.[13]

장로회 소속 여학교가 시작되기를 희망하는 언더우드는 가을에 소녀 한 명을 애니 엘러스가 맡고 있는 여학교에 보냈다. 소녀의 조모는 스스로도 먹고 살 형편이 되지 못하여 그녀에게 어린 손녀를 넘겨주었던 것이다. 그녀는 소녀를 데리고 와서 이로 가득 찬 헝클어진 머리카락을 잘라주고, 씻기고 깨끗한 옷을 입혔다. 소녀는 사랑스럽고, 귀여웠다. 소녀는 자립심도 있었다. 그 소녀는 그 후 그녀의 여학교를 계속 다녔던 첫 학생인 '정네'였다. 그러나 아직 선교부에 등록된 여학교가 아니었다.[14]

애니 엘러스는 여의사가 파송되어 오면 자신은 여학교를 위해 전념하고 싶다는 뜻을 선교본부에 보냈다.

> 우리는 지금 아주 잘 지내고 있습니다. 일도 잘 진행되고 있습니다. 저는 언더우드 선생님이 계시지 않을 때 고아원에서 매일 한 시간씩 가르치고 있습니다. 저는 언더우드 목사님이 떠난 목적을 잘 완수하기를 희망합니다.
>
> (중략)
>
> 저희는 학교 사역에서 곧 지원이 오리라고 여기고 있습니다. 만일 지원이 없다면 저는 호튼이 온 후에는 여학생들을 위해서 제가 할 수 있는 모든 일을 시도하고 행할 것입니다. _1887.11.20 애니 엘러스

애니 엘러스는 함께 입국해서 육영공원 교사로 근무하고 있는 벙커와 1887년 1월 약혼을 했다. 그러나 결혼식은 여의사가 파송되어 온 후에 하기로 했다. 결혼을 하게 되면 제중원과 왕궁에서 여성들에 대한 진료를 잘 할 수 없게 될 수 있기 때문이었다. 그녀는 결혼한 후에도 미 북장로회 선교부를 떠나지 않고 계속 사역하기를 희망했다.

제 소식은 별로 없습니다. '백지장도 맞들면 낫다'라는 생각에 또 적어도 지혜만큼은 과연 그렇다는 것을 알기에 벙커 목사님께 부인이 되겠다고 약속을 했습니다. 목사님께서는 회중교인이시고 또한 국가가 고용한 선생님 중 한 분이십니다. 그 분은 조선에 남아서 길이 열린다면 선교회에 가입해서 사역을 하실 작정입니다.

솔직히 말씀드리면 저희 선교회 내부의 그 문제가 그 분에게 좋은 인상을 주지 못했지만, 그 문제는 하나님의 손에 전적으로 맡겨지게 될 수 있습니다. 저는 적어도 다른 여의사가 와서 일을 인수할 때까지는 선교회를 사임하지 않을 것이며 결혼도 하지 않을 것입니다. _1887.1.23 애니 엘러스 육영공원은 1886년 9월에 세워진 후에 학생들의 열의 부족과 정부의 부패한 관리들 때문에 제대로 운영되지 못하고 있었다. 정부가 교사들과 재계약할 것도 확실치 않고 학교가 폐교될 것으로 예상되고 있었다.

미 북장로회는 미 북감리회에 비해 교육 사업의 규모와 지원이 훨씬 미약해서 벙커가 사역을 할 여건이 별로 마련되어 있지 않았다. 그럼에도 애니 엘러스는 결혼 후 자신도 미 북장로회 선교부에서 계속 일을 하고, 벙커도 미 북장로회 선교부원이 되어 함께 일 하기를 원했다. 그러나 선교지부의 알렌과 헤론, 언더우드의 불화로 인한 여파는 벙커가 미 북장로회 선교부에 들어오는 것을 어렵게 했다. 사사건건 의견이 부딪치는 다른 문제들과 마찬가지로 벙커를 미 북장로회 선교부원으로 참여시키는 것에 대해서도 의견이 달랐다. 알렌은 적극적으로 환영했지만 헤론은 그렇지 않았다.

알렌은 그녀의 약혼을 반겼다. 알렌은 그 즈음에 미국으로 귀국할 생각을 갖고 있었으므로 그가 떠나면 그녀가 결혼 후 자신의 주택에 들어와 살 것을 권했다. 알렌은 벙커가 매우 학구적이며, 조선어를 잘 하고, 주의 깊고, 성급하지 않으며 양심적이고 모든 면에서 성숙한 사람이라고 보았다. 알렌은 그들이 결혼 후 함께 미 북장로회 선교부에 참여하면 애니 엘러스가 조선을 떠나지 않고 선교 사역에

벙커 미국 오버린 대학을 졸업하고 뉴욕 유니온 신학교 졸업반이던 그는 육영공원 교사로 조선에 파견되어 나중에 애니 엘러스와 결혼하였다.

확고히 참여할 수 있을 것이므로 이것은 미 북장로회 입장에서는 바람직한 것이라 여겼다. 알렌은 애니 엘러스 부부로 인하여 조선을 떠나는 부담이 많이 줄어들었다고 여겼다.[1]

그러나 헤론과 언더우드는 벙커가 결혼 후 미 북장로회 선교부에 들어오는 것을 원하지 않았다. 알렌과 대립하고 있던 그들은 벙커가 선교부에 들어오면 애니 엘러스와 함께 선교지부에 새로운 세력을 형성한다고 보았다. 헤론과 언더우드는 그것을 원치 않았다.[2]

> 여기 모여 있는 사람들의 관계는 좋습니다. 매우 화평하고 또 잘 맞습니다. 저는 너무나 많은 이유로 인해 감사하고 있습니다. 그 중 가장 저와 관련이 깊은 것은 벙커 씨가 저희 선교부에 들어오시게 되었다는 것입니다.
> 소문에 의하면 정부가 운영하는 육영공원은 곧 없어질 것이란 말이 있습니다. 그러면 벙커 씨는 더 빨리 저희와 함께 하게 될 것입니다. 그 분은 훌륭한 기독교인이며 그분을 받아들이는 것이 저희에게 도움이 될 것입니다. 선교부는 보다 더 많은 일꾼들이 필요합니다. _1887.2.14 애니 엘러스

그러나 선교본부로부터도 벙커를 선교부 일원으로 허락한다는 연락이 오지 않았다. 선교본부는 이 문제를 쉽게 정리할 수가 없었다. 헤론과 언더우드가 벙커의 선교부 합류를 반대하고 있었기 때문이었다.

고종과 왕비는 그녀의 약혼 소식을 듣고 매우 기뻐했다.

> 현안문제에 대해서는 저는 물론 제가 선교지부에서 제 일을 떠나지 않고 도와줄 수 있는 다른 사람을 데려올 생각을 하고 있습니다.
> 혹 벙커 씨가 선교부의 일원이 되어도 정부가 운영하는 육영공원에서 계속 선생님으로 일할 수 있는지 궁금합니다. 저희는 벙커 씨가 선교부원이 되기 위해서는 조금 더 기다려야 한다는 것을 알고 있지만 저희의 결혼 전에 선교부원이 되었으면 해서 개인적인 이유

로 여쭈어 봅니다.

(중략)

현재 저는 의사소통에 매우 어려움을 겪고 있으나 언어공부가 잘
되어가고 있으며 곧 자유롭게 대화할 수 있기를 소망합니다.

선생님께서 보내주신 편지에 감사드립니다. 왕비께서는 매우 인자
하시고 친절하게 대해주십니다. 제 약혼소식을 들으시고 몹시 기뻐
하셨으며 고종께서는 매우 경사스러운 일이라고 하시며 기쁘다고
말씀하시며 즐거워하셨습니다.

이곳 조선에서는 결혼하지 않는 것을 그들의 눈에는 하나의 수치
로 여기고 있습니다. 그 일은 불명예스러운 일도 아니었으며 또한
이곳에 도착하고 나서 조금 시간이 지난 후에야 결혼의 가능성이
보였습니다. 영광스럽게도 벙커씨는 저의 진실한 기독교 신앙을 보
고 반했다고 말해주었습니다. 정말 좋은 끌림이 아니겠습니까? 제
삶의 모든 다른 면에서처럼 결혼 생활에서도 인도해주시는 하나님
의 손길에 모든 것을 맡기고 가까이 따르고자 합니다. _1887.3.7 애
니 엘러스

그녀는 조선으로 올 때는 이곳에서 결혼할 생각이 없었다. 결혼은
선교사역에 불편을 초래할 수 있었다. 당시 조선에서는 결혼 적령기
를 넘었는데도 결혼하지 않은 것을 불명예스럽게 여기고 있었다. 그
러나 이런 점이 그녀가 결혼을 하기로 결심한 원인은 아니었다.

그녀는 조선에 2년간 머물면서 의학실습을 하고 다시 본국으로 돌
아가 의과대학을 마치고 학위를 받을 계획으로 왔었다. 그리고 나
서 페르시아 선교를 떠나려고 했었다.

그러나 그녀가 조선에 도착한 때부터 파송될 때 제시되었던 모든
약속이 지켜지지 않았다. 의학공부도 이루어지지 않고, 뒤이어 바
로 여의사가 파송되지 않았다. 더군다나 본의 아니게 알렌에 의해
왕궁에 학위를 가진 의사로 소개되어 불편한 심경에 놓이게 되었
다. 그녀는 즉시 본국으로 돌아가고자 했다. 그러나 그녀는 자신이
맡고 있는 왕궁과 제중원에서 의료 활동을 놔두고 그대로 돌아갈

수 없었다. 여의사 파송을 간절하게 요청했다. 그러나 여의사는 오지 않았다. 더군다나 선교지부의 선교사 간의 심각한 갈등 속에 견디기 힘든 고통을 받았다. 어쩔 수 없이 머물러있어야 하는 낯설고 의지할 곳 없는 조선에서 그녀는 혼자 지내는 것이 너무 힘들었다. 그녀는 '백지장도 맞들면 낫다'는 생각으로 약혼을 했다. 곧 후임 여의사가 파송되어 올 것이라고 했지만 파송은 이루어지지 않고 기약이 없었다. 그녀는 견디기 힘든 상황에서 결혼을 더 이상 미룰 수 없었다. 마침내 결혼을 하게 되었다. 결혼은 혼자가 아니라 둘이 하나 되는 것이었다. 이제 남편 벙커와 함께 지내야 할 것이기 때문에 결혼은 그녀가 애초에 조선에 온 목적인 의사 학위를 받는 것과 이후 페르시아로 선교를 떠나는 것을 포기하는 것이었다. 그녀는 조선으로 파송될 당시의 꿈을 접고 조선에 계속 남아 사역할 것을 소망하며 선교 동역자인 벙커를 배우자로 맞이했다.

왕비는 그녀를 왕궁으로 불렀다. 일상의 대화를 나눈 후 왕비는 붉은 비단으로 포장된 작은 상자를 그녀에게 건넸다. 왕비는 그녀 곁에 서서 상자를 열어보라고 몸짓으로 말했다. 그녀는 상자를 열었다. 거기에는 금으로 만든 팔찌가 들어있었다. 섬세한 무늬가 장식되어 있는 팔찌였다. 조선인이 귀중하게 여기는 특별한 보석이 박혀 있었다. 왕비는 그것을 끼어보라고 했다. 그녀는 팔찌를 끼려고 했다. 팔찌가 손을 넘어 손목까지 들어가지 않을 것 같았다. 조심해서 겨우 팔찌를 끼었다. 그러나 다시 빼기가 어려웠다. 이런 모습을 지켜보던 왕비는 어린 소녀처럼 기뻐했다. 마실 차가 나왔다. 왕비는 그녀에게 주변의 사물들을 영어로 말하게 했고 그 단어를 발음하면서 즐거워했다.[3]

왕비는 그녀에게 결혼 후 살 집에 대해 물었다. 그리고 고종과 상의한 끝에 집을 하사하기로 했다고 말했다. 그녀는 놀랐다. 그녀는 사양했지만 이미 결정된 일이니 어떤 집이었으면 좋겠느냐고 물었다. 그녀는 결혼을 한 후에 집에서 여자 아이들을 가르치기를 희망한다고 말했다.[4]

애니 엘러스는 1887년 7월 5일 화요일 저녁 결혼식을 하였다. 서울에서 열린 외국인 첫 결혼식이었다. 결혼식은 알렌의 주택에서 거행되었다. 애니 엘러스가 조선에 온 이후 머물러 온 곳이었다. 주례는 길모어 목사가 섰다. 약 50장의 초대장을 모든 외국인 거주자들과 몇 사람의 조선인들에게 보냈다. 거의 모든 사람이 초대에 응했다. 많은 사람들이 참석하기를 원했지만 집이 협소한 관계로 그러지 못했다. 결혼 잔치는 하지 않았다. 왕비가 악단을 보내려고 했지만 정중히 거절했다.

미국, 영국, 독일, 러시아, 일본, 중국의 외교관들이 조선에 거주하는 자기 나라 사람들과 함께 참석했다. 왕비는 시녀 6명을 보내서 결혼식을 축하하고 자신에게 결혼식 상황을 보고하도록 하였다. 이 시녀들은 다른 사람들의 눈에 띄지 않게 하기 위해 방에 숨어들어 몰래 결혼식을 지켜보았다. 하객 중에서는 세관의 총세무사와 그의 부인이 가장 돋보였다. 러시아 공사의 어린 아들과 세관 직원으로 있는 한 사람의 예쁜 딸이 함께 신랑 신부가 행진하는 길 위에 꽃을 뿌렸다.

보름달이 떴고, 저녁이라 서늘했으며 많은 청사초롱이 부드럽고 붉은 빛을 사방에 비추었다. 예식장 중심에 임시로 분수를 만들고 주위에 꽃을 놓아 화사한 분위기를 만들었다.

모든 사람들이 선물을 가지고 왔다. 왕실에서는 미리 그들이 살 주택을 하사했다. 또 비단과 표범 가죽, 많은 부채, 은장식이 있는 담배 상자들을 선물로 가지고 왔다. 중국 공사는 여러 무늬로 수를 놓은 약 60cm 정도 되는 비단을 선물했다. 이외에 여러 개의 아주 아름다운 차 세트, 커피 세트, 일본의 고급 식기류 한 벌, 그 외에 다른 많은 예쁘고 비싸고 고급스러운 물건들이 있었다.

결혼식 직후에 행복한 부부는 가마를 타고 고종이 하사한 주택으로 갔다. 그들은 장차 그 주택에서 조선에서 엄청난 유익을 가져올 일을 시작할 것이었다.[5]

결혼한 지 얼마 후 왕비는 그녀에게 웨딩드레스를 입고 입궐하라고 사람을 보내왔다. 그녀는 왕궁으로 갔다. 그녀는 왕비의 개인실 중 한 곳으로 안내되었다. 왕비는 그녀가 입은 옷을 보았다. 옷의 겉모

양은 물론 안쪽부분까지 자세히 보았다. 일주일 후에 다시 왕궁에서 연락이 왔다. 그리고 또 다시 왕비의 개인실 중 한 곳으로 안내되었다. 그곳에는 왕비와 신부예복을 입고 있는 세자빈이 함께 있었다. 세자빈은 그녀가 결혼하기 얼마 전에 결혼을 했었다. 세자빈은 혼인날 입었던 혼례복을 그대로 입고 서있었다. 눈을 감고 뺨과 이마에 연지곤지를 찍고 머리카락은 이마 바로 아래로 끌어내려져 있었다. 왕비는 그녀에게 조선의 혼례복을 자세히 구경하라고 하였다. 그녀가 옷을 관찰할 동안에 왕비는 웃고 있었다.[6]

알렌은 애니 엘러스 결혼식을 많이 도와주었다. 그는 결혼식 일 뿐만 아니라 그녀가 조선에 도착해서 지내는 동안 모든 일에 호감을 갖고 대해주었다. 그는 그녀가 결혼 이후 임신을 하면 왕궁에 갈 수 없을 것을 걱정하였다. 미 북장로회 선교본부에서 여의사를 곧 파송할 것이라는 연락이 오기는 했어도 감리회에 여의사가 파송되어 오기 전에 에 앞서 오기를 원했다. 감리회 선교회에 먼저 여의사가 오면 그 여의사가 왕궁에 출입하면서 이번에는 감리회의 입지가 높아질 것을 다시 우려했다.[7] 애니 엘러스는 여의사가 파송되어 오면 여학생들을 가르치는 동시에 남자 의사를 도우며 일하기를 원했다.

> 알렌 선생님께서 엘린우드 선생님께 저희 결혼식에 대한 모든 것을 알려주셨으니 결혼에 대해 더 이상 언급하지 않겠습니다. 결혼한 지 얼마 되지 않은 지금 환자들이 많이 늘었습니다. 지금이 환자들이 가장 많은 시기일지도 모릅니다. (중략)
> 알렌 선생님께서 제 일을 많이 도와주셨습니다. 모든 사람이 친절했습니다. 저희들은 매우 놀랐습니다. 선교본부는 저에게 일을 할 수 있는 특권을 주시겠죠? 그리고 저희들이 그렇게 기다리던 여자 의사 선생님이 옵니다. 그렇게 되면 제가 동시에 남자 의사들도 도와줄 수 있을 것입니다. _1887년 7월 5일 이후 애니 엘러스

그녀를 파송했던 선교본부 위원회에서는 그녀가 결혼했다는 소식을 듣고 섭섭하게 여겼다. 그러나 위원회에 속한 사람들은 그녀가

조선에서 처해있는 어려운 상황을 알 리 없었다. 그녀는 결혼 후에
도 변함없이 열심히 사역할 것이라고 다짐했다.

저는 저를 파송했던 Silb.B 위원회의 부인들이 저의 결혼소식을
듣고 조금 화를 내었고, 제가 결혼 전만큼 열심히 일하지 않을 것
이라 생각한다고 여깁니다. 저는 열심히 하고 있고 결혼 전보다 더
많은 일을 갖고 있습니다. 선생님이 그들에게 이해시켜주실 수 없
겠습니까? 선생님은 이런 상황을 이해하시지만 그분들은 이해하
는 것처럼 보이지 않습니다. _1887.11.20 애니 엘러스

혜론은 1887년 여름 자신의 부인이 병으로 여학교를 포기하게 되자 여학교를 위하여 선교본부에 여선교사 파송을 요청했었다. 그러나 아직 여선교사가 파송되어 오지 않고 있었다. 혜론은 여선교사가 파송되어 오지 않으니 여학교를 시작할 방도가 없다고 하였다.[1] 애니 엘러스는 고종으로부터 하사 받은 주택에서 여학교를 시작할 예정이었다. 이 주택은 외딴 곳에 있고, 다른 사람들이 들여다 볼 수 없으며 문도 뒤편으로 나있어 조선의 다른 사람의 이목을 받지 않은 곳이어서 여학교를 운영하기에 매우 적합한 장소였다.

그러나 혜론과 혜론 부인은 애니 엘러스가 이렇게 학교를 시작할 좋은 조건을 갖추었음에도 불구하고 그녀를 배제하고 그들이 여학교를 시작하고 싶어 했다. 혜론 부인은 다시 여학교 개교를 준비했다. 그러나 한 달 정도 여학교 준비를 진행하다가 다시 그만두었다. 이번에는 여학교를 위해 선교부 예산도 사용했기 때문에 지출한 돈을 어떻게 처리해야 할지 난처해했다.

호튼 여사가 올 때까지 저는 저의 맡은 일을 다 하고 있으며 사람들과 화목하게 지내고 있습니다. 혜론 선생님은 마음이 편협하셔서 대단히 유감입니다. 그는 심지어 저와 왕비의 친분까지 시기하고 있습니다. 저는 제가 할 수 있는 한 아무런 문제가 없도록 노력했습니다. 저희 집은 너무 외딴 곳에 있어서 저희가 무엇을 하고 있는지 아무도 볼 수 없으며 저희 또한 다른 사람을 볼 수 없습니다. 또한 저의 집은 뒤편으로 문이 나있습니다. 저는 여자들 그리고 소녀들과 일하고 싶습니다. 언더우드 씨는 그의 형제들이 보내준 돈으로 집을 샀으며 저는 곧 그들과 함께 마가복음을 이번 주부터 읽기 시작할 것입니다. 언더우드 씨가 산 집이 중심가에 있지 않기 때문에 헤론 선생님은 그의 부인과 마찬가지로 이에 반대하고 있습니다. 이 말은 그 분이 어떤 분인지 잘 알게 합니다. 그의 부인은 선교사를 자원했음에도 불구하고 모임에 단 한번도 오지 않을뿐더러 어떠한 투표도 하지 않습니다. 하지만 헤론 선생님이 바라는 대로 이루기 위해서 그녀는 투표에 열심히 참가해야 하며 그럼으로써 하나님의 길이 열릴 것입니다.

저는 그들이 헤론 부인이 여성을 위한 사역을 떠맡기를 바라고 있으며 제가 그 사역을 하지 않기를 원하고 있다는 것을 압니다. 하지만 하나님의 영광은 저의 것입니다. 이것은 옳지 않은 행동에 대한 저의 단호한 생각입니다. 헤론 부인은 방을 수리하는 여자들에게 좋은 옷을 주며 함께 은밀히 일을 시작했습니다. 그들은 한달 정도 일을 하다가 그만둬야 했습니다. 다음 선교사 모임에서는 이 일에 대한 남은 돈을 어떻게 사용할 것인지에 대해 투표를 하기로 되어 있습니다. 헤론 선생님은 약 30달러 정도의 영수증을 다소 어색하게 가지고 와서 자신의 부인이 선교일로 쓴 것이라고 말했습니다. 헤론 부인도 그리고 다른 여자들도 그 일에 함께 할 수 없었습니다. 그리하여 없던 일로 되었습니다. 알렌 선생님과 저는 이번 모임에서 이 일에 관해서 처음 들었던 것이었으며 헤론 부인이 왔을 때 저는 헤론 선생님께 제가 이 일을 매우 잘 할 수 있다고 이야기 했었습니다. 저는 선생님께 불평하는 것이 아니라 단지 그들이 어떻게 일하는 지 알려주고 싶었을 뿐이며 선생님께서 이 편지 내용을 비밀로 지키실 것이라는 것을 잘 알고 있습니다.

언더우드 씨나 알렌 선생님도 재정적으로 넉넉하지 못합니다. 알렌 선생님께서 저보다 훨씬 더 설명을 잘 해 주실 것입니다. 보다 나은 선교를 위해서 알렌 선생님은 꼭 돌아오셔야 합니다. 모든 조선인들이 알렌 선생님을 좋아하며 헤론 선생님은 그다지 인기가 없습니다. _1888.1.15 애니 엘러스

헤론 부인이 여학교를 포기하게 되자 속히 여학교를 개교하고 싶어하는 언더우드는 애니 엘러스가 운영하는 학교를 선교부에 등록시키고자 했다. 헤론도 자신의 부인이 여학교 개교에 거듭 실패하자 더 이상 반대할 수 없었다. 마침내 1888년 3월 12일 미 북장로회 선교부는 애니 엘러스가 그녀의 주택에서 가르치는 여학교를 선교부에 정식으로 등록시켰다. 조선인 보모가 함께 기숙하며 학생들을 데리고 있었고, 그녀가 매일 내려가서 가르쳤다.[2]

미 북감리회는 선교본부에서 선교사를 조선에 파송할 때부터 여학교 사업을 계획하고 사업비를 가지고 입국해서 여학교를 시작했었다. 운영에 있어서도 선교본부의 충분한 지원을 받고 있었다. 반면에 장로회 최초의 여학교인 정동여학당은 선교사 애니 엘러스 개인의 의지와 노력으로 시작되어 선교부에 등록되고 지원을 받기 전까지 그녀 개인에 의해 유지되었다. 그녀는 선교부에 등록되어 시작된 여학교 일에 애정을 갖고 전력을 다했다. 선교부가 학교에 필요한 경비만 충당해 준다면, 자신은 월급을 받지 않겠다고 하였다. 여의사 호튼이 곧 파송되어 올 예정이었다. 그러면 그녀는 모든 시간을 여학교 사업에 쏟을 수 있었다. 여학생은 한 명 더 늘어 세 명이 되었다. 그러나 언더우드는 미혼여교사가 파송되어 오고, 미 북장로회 소유로 된 학교 건물을 마련해서 더 큰 규모를 갖춘 여학교를 운영하고 싶어 했다.[3]

지난 1월 1일자 서신은 잘 읽어보았습니다. 선생님께서 제게 편지 해주셔서 너무나 즐거웠습니다. 언더우드 목사님이 여학생들을 가르치는 일이 시작되었다고 선생님께 편지 드린 것으로 생각됩니다.

지난 주간엔 학생들을 매일 가르쳤는데 저는 이 사역이 참 맘에 듭니다. 저의 급여에 대해 한 말씀드리고 싶습니다. 저는 앞으로는 이 사역에 대해 어떠한 보수도 받고 싶지 않습니다. 제가 바라는 것은 단지 이 일에 수반되어 지불되는 비용만 충당되는 것입니다. 저와는 상의하지도 않고 사람들이 고국에 보내는 결정을 내려서 선교본부로 하여금 이 문제에 대해 선교지부에 지시해주도록 요청을 하였습니다. 저와 먼저 상의했다면 제가 다 설명을 했을 것입니다. 현재 가르치고 있는 여학생들의 수가 더 많아져서 담당 선생님이 오실 때 가르칠 수 있었으면 합니다. _1888.3.19 애니 엘러스

아직 여학교는 자리가 잡히지 않고 불안정했다. 학생은 다시 두 명이 되었다. 그녀는 언더우드 목사가 다른 지역에 선교활동을 떠날 때에는 계속 고아원에 가서도 가르쳤다.

저는 매일 두 여학생을 가르치고 있으며 곧 고아원에서도 가르칠 예정입니다. 언더우드 박사님은 북쪽으로 곧 떠날 생각이십니다. 주일에는 3명이 세례를 받았고 18명이 주님의 만찬에 참여하였습니다. 그 사람들 사이에 각성의 역사가 있었습니다. _1888.4.2 애니 엘러스

미 북장로회와 미 북감리회는 각각의 자신의 사역에 최선을 다 하고 있었다. 그러나 같은 조선의 사역지에서 같은 의료와 교육에 관한 사역은 서로 경쟁이 되었고, 선교 초기부터 충돌을 일으켰다. 감리회 선교사들이 입국하자마자 1885년 5월 엘린우드는 감리회가 기지를 너무 크게 확장시키는 것에 대해 못마땅하게 여겼다. 감리회는 의료사역에 있어서 장로회의 유리한 위치를 예민하게 반응하고 있었다. 아펜젤러는 알렌이 고종과 왕비를 치료하고 있어 고위 관리와 친밀한 관계를 맺고 있어서 의료사역을 그들의 뜻대로 원활하게 운영 하는 것으로 보았다. 두 선교회 사이의 경쟁은 1886년 여의사를 확보하는 문제에서 정점에 달했었다.

이러한 경쟁은 두 교파간의 문제를 넘어서 교파 안에서도 심각하게 일어나고 있었다. 구조적으로 장로회가 불안정했다. 감리회는 아펜젤러가 남자 교육사역을, 스크랜튼이 의료사역을, 메리 스크랜튼이 여자 교육사역을 각각 맡고 있었다. 반면에 장로회는 알렌과 헤론이 같은 의사로서 의료사역을 함께 맡고 있었다. 이들은 서로 도우며 협력할 수 있었으면 더할 나위 없이 좋았을 것이었는데, 그렇지 못했다. 언더우드가 교육사역을 맡고 있었지만 알렌은 의학교에 관해서는 자신의 관할 하에 두고자 했다. 거기다 재정적 지원에 있어서 감리회보다 턱없이 모자랐다.

헤론은 테네시 의과대학을 수석으로 졸업했고, 모교의 교수직을 제의 받는 등 의사로서 여러 모로 우월감을 갖고 있었다. 나이는 알렌보다 두 살 위였다. 헤론과 헤론 부인은 조선에 오기 전 알렌이 위험을 무릅쓰고 사람들을 치료한 공으로 왕실의 신임을 받아 그의 제안으로 국립병원이 설립된 것에 대해 들었고 그런 그와 합류하는 것을 자랑스러워했고, 조선에서 의료 사역을 희망적으로 기대했다. 조선에 입국하기 전 머물던 일본에서 그들은 알렌으로부터 친절한 편지를 받았고, 도착해서 따뜻한 환영을 받았다.

헤론이 조선에 도착하기 전에 선교부 총무 엘린우드는 알렌에게 헤론을 그의 의료 사역을 도와줄 사람으로 소개했고, 알렌은 헤론을 그의 조수로 여겼다. 반면에 헤론은 알렌을 파트너라고 생각하고 입국 했다. 그러나 이미 제중원을 개원시킨 알렌 아래에서 근무하는 상황이 되어버렸다. 이렇게 만난 두 의사는 곧 서로가 맞지 않는다는 것을 알았다. 헤론은 도착 한 후 겨우 2달 후에 알렌이 묄렌도르프로부터 1년에 720불을 받고 진료하는 것을 두고, 그가 돈을 위해 일을 한다고 비난하였다.

알렌은 병원 등의 문제에서는 헤론과, 의학교 문제에서는 언더우드와 의견이 달라 다투었다. 알렌은 헤론을 극도로 완고하고 시기심이 강하다고 보았고 헤론은 알렌이 의료 사역에 대해서 예산을 독점하고 사적인 유용을 한다고 비난했다. 언더우드는 교육 사업에 있어서 알렌이 제중원 부속 의학교를 독단적으로 운영하고 있고, 헤론을 무례하게 대한다고 보았다.

엘린우드는 애니 엘러스를 파송시키면서 이런 조선의 선교지부 상황을 염려했다. 엘린우드는 그녀가 조선으로 떠나기 전에 선교사들과 잘 지내라고 부탁했다. 편을 나누지 말고 어느 한편에 속하지 말라고 당부를 했다. 조선의 선교지부의 상황을 모르는 그녀로서는 엘린우드의 그러한 부탁을 일반적인 충고로 여겼다. 그녀는 조선에 도착해서 알렌의 주택에 머물게 되었다. 알렌은 그녀를 반겼다. 헤

론과 언더우드를 의식해서 그녀에게 더욱 친절하게 대해주었던 것
같다.

> 우리는 모두 잘 있습니다. 알렌선생님과 선생님 부인을 저는 매우
> 좋아합니다. 그리고 여기 있는 동안 그분들 가족과 함께 있기를 원
> 합니다.
> 저는 이미 어떤 문제에 있어서 어느 한편에 치우치지 말라는 당신
> 의 충고가 중요하다는 것을 압니다. 그것에 대해서 저는 이미 일본
> 에서 보고 들었습니다. 저는 이미 선교사가 천사라는 생각을 버렸
> 습니다. 우리는 인간입니다. 제가 도중에 만난 유일한 성인은 햅번
> 박사입니다. 그의 영혼을 축복합니다. 사랑과 더불어 저의 펜이 자
> 동적으로 써지는 것을 용서하십시오. 찬양과 더불어 축복이 있기
> 를 빕니다. _1886.8.18 애니 엘러스

조선의 선교를 처음 개척한 선교사들의 불화는 그렇지 않아도 선교
본부로부터의 미약한 지원으로 인해 간신히 이어가고 있는 장로회
선교 사업을 더욱 위태롭게 했다.
그녀는 도착하자마자 선교지부의 선교사간의 갈등을 바로 느꼈다.
전혀 예상치 못한 뜻밖의 분위기였다. 그녀는 이러한 불화에 깊게
실망했고 불명예스럽고 은혜롭지 못하다고 여겼다. 이 불화의 분위
기는 그녀가 제대로 지내기 어려울 만큼 고통스러운 것이었다. 그래
서 그녀는 짐을 싸서 다른 일을 찾아보려고도 했다. 그러나 제중원
이 구리개로 이건할 준비를 하고 있었으며 거기에 부인과 병원이 생
기면 장차 그녀가 그곳에서 의료 사역을 하게 될 것이라는 기대를
갖고 어려운 상황을 잊으며 열심히 준비를 했다.

> 어느 한편에 속하지 말라고 당신이 제게 충고했을 때 그때는 그 말
> 들의 의미를 잘 몰랐었으나 지금은 압니다. 그래서 저는 어느 한편
> 에 속하지 않기 위해 노력합니다. 이곳의 상황은 선교사역에 있어
> 서 불명예스러울 뿐 아니라 은혜롭지 못합니다. 기독교적인 자비심

의 부족함에 대해 얼마나 깊게 실망했는지 당신에게 다 말씀드릴 수 없습니다.

선교사역에 해를 입히지 않기 위해서는 어떤 조치가 필요하고 또 곧 문제가 해결될 것입니다. 저는 그분들이 제게는 아주 친절하고 예의바르기 때문에 두 분을 다 좋아합니다. 인간의 본성은 조화롭지 못하고 그래서 인간은 모든 면에 있어서 의견의 일치를 보인다는 것에 동의하지 않습니다.

저는 짐을 싸서 다른 일을 찾아볼까도 생각해왔습니다. 하지만 지금은 정부에서 새로운 병원을 위한 건물을 수리하는 일에 열심을 다하고 있어서 곧 저는 그곳에서 어떤 일을 맡아 행복할 것입니다. 그래서 저는 지금 열심히 공부하고 있고, 고아원에서 열심히 가르치고 있습니다.

저는 주님이 현재의 어려움으로부터 나오는 길을 열어주시고 소망을 주시고 우리들 간의 연합이 잘 이루어지게 하실 것을 원합니다.

_1886.9.11 애니 엘러스

갈등은 파국으로 치달아 1886년 9월 17일 헤론과 언더우드가 미 북장로회 선교사직 사임 안을 선교본부에 발송하였다. 그리고 감리회 쪽으로 지원서를 냈다. 네 사람으로 이어가던 선교지부에 두 사람이 감리회로 간다는 것은 장차 장로회의 사역이 제대로 이루어질 수 없는 상황에 처한다는 것을 뜻했다. 그러자 알렌은 자신이 조선을 떠나 미국으로 가겠다고 하였다.

이런 갈등의 회오리 속에서 애니 엘러스는 자신은 어떻게 해야 하는지, 계속 조선에 남아있어야 하는 것인지, 그녀는 어찌할 바를 몰랐다.

선생님께 제가 잘 지낸다고 알려드리고 싶습니다.

처음에 여기에서 겪은 선교지부에서의 문제로 인해 심적으로 너무나 힘들어서 여기 남는 것이 매우 힘들었습니다만 지금은 제 마음을 많이 추슬러가고 있으며, 그리고 제가 쓰임을 받을 수 있는 곳에 있을 수 있어서 너무나 기쁘고 감사합니다. 이곳 일은 매우 좋은 일이어서 저도 차츰 여기 일에 대한 열정이 살아나고 있습니다.

_1886.10.2. 애니 엘러스

선교지부의 불화는 너무 심각하여 옆에 있던 제3자들도 불쾌하게 바라볼 정도였다. 미국 공사관 대리공사 포크는 불화가 심한 선교사들 속에서 자신을 더럽히지 않기 위해서 서로 미워하고 있는 선교사들과의 관계를 끊어야겠다고 여겨 주일날 예배드리는 장소로 제공하던 공사관 사무실을 폐쇄하기도 하였다. 여기에 중재자로 조선에 오려고 했던 햅번(J.C.Hepburn)은 알렌은 능력 있는 사람이고, 사회적 지위가 높아지자 형제들에게 대해야 할 대접의 정도를 잃어버린 것처럼 보인다고 했다. 또한 헤론에게는 관대한 마음을 가질 것을 부탁했다.

헤론과 언더우드가 감리회로 가려고 하고, 알렌은 본국으로 귀국하려고 하고 있었기 때문에 그렇게 되면 애니 엘러스는 혼자 남게 되는 것이었다. 그녀는 암담한 미래가 너무도 걱정되었다. 그녀는 어떻게 해야 할지 몰랐다. 그녀는 선교지부의 상태가 원만하게 회복되어지기를 간절히 바랐다.

현재 여기에서 일어나고 있는 문제에 대해서 몇 말씀드리고자 합니다. 선교회의 한 일원으로서 또한 기독교인으로서 저도 이해관계가 있는 당사자입니다. 어떤 식으로든지 어떤 변화가 반드시 이루어져야만 합니다. 헤론 선생님과 언더우드 선생님은 감리회에 가입하고자 원서를 내 놓은 상태이며, 이것이 받아들여지면 감리회로 가겠다는 의도를 제게 알려주셨습니다.

이곳 장로회 선교부의 미래는 참으로 암울합니다. 알렌 선생님은 곧 떠나실 예정이고 그러면 저 혼자 이곳에 남게 될 것입니다. 평소에 저는 겁쟁이가 아니지만, 제 두려움이 현실화 되어 제가 선교현장을 떠나게 될까 두렵습니다. 또한 지식이 많지 못하여 제가 하는 일이 진정한 선교사역이 되지 못하는 것 같습니다. 알렌 선생님은 여기의 선교 일이 늘어나면서 잠시 쉬실 것 같습니다.

여기 선생님들께서는 제게 너무나 친절하시고 또 잘해주십니다. 그래서 그 분들의 불화가 저로서는 더 이해가 안 되는 것입니다. 알렌 선생님이 한 1년 동안만이라도 떠나셨다가 오시면 문제는 가라앉을 것 같고, 선생님의 기분도 나아질 것으로 생각됩니다. 지금으로서는 그것만이 유일하게 가능성이 있는 좋은 방법일 것 같습니다. 그렇게 하시면 적어도 해가 되는 일은 없을 것입니다. 만물을 다스리시는 하나님께서 모쪼록 선생님에게 지혜를 주셔서 조선에서 선교사역을 최상의 상태로 회복시켜주시기를 굳건히 믿으며 간절히 기도드립니다. _1886.10.4 애니 엘러스

그들의 좋지 않은 관계는 일상생활에서도 서로에게 배려를 함이 없이 감정적으로 대했다. 한 예로 헤론과 언더우드 집에는 우물이 없었다. 알렌의 집에는 좋은 우물이 있었다. 그들이 이 우물로 가기 위해서는 알렌의 마당을 지나야 했다. 그런데 알렌은 그들이 마당을 가로 질러 물을 길어가지 말아 달라고 했다. 하는 수 없이 그들은 문밖으로 나와 언더우드 주택의 담을 따라 꽤 먼 길을 돌아서 물을 길어가야 했다.[1]

선교본부 총무 엘린우드는 애니 엘러스에게 편을 나누는 것을 피하며 선교사들과 친하게 지낼 것을 거듭 부탁했다.

저번 우편물에 선생님께서 친히 보내주신 9월 10일자 편지를 받았습니다. 제가 여기에 잘 도착한 것에 대해 선생님의 소식을 듣게 되어 기뻤습니다. 제가 도착한 것과 거의 동시에 선생님의 첫 충고의 편지도 함께 도착했습니다. 그리고 그 충고들 덕분에 저는 지금 모든 선교지부의 사람들과 친절한 관계를 누리고 있습니다. 선생님의 말씀대로 편을 나누는 것은 피하려 노력하고 있습니다. 선생님께서 보내주신 두 번째 편지에도 좋은 충고의 말씀이 적혀 있더군요. _1886.11.8 애니 엘러스

알렌은 1886년 12월 13일 선교지부 회의를 소집해서 내년 10월에 조선을 떠날 것이며 자신이 가진 의료 사역에 관한 모든 권한은 헤론에게 넘긴다고 발표했다. 그러자 헤론과 언더우드는 알렌의 이 발표가 선교본부에 보내지는 것을 확인하고 감리회 쪽으로 옮기는 것을 취소했다.

이곳에 있는 장로회 선교지부 모임에서 오늘 오후 알렌 선생님께로부터 다음과 같은 중대한 메시지가 저희에게 전달되었습니다. 회장이신 알렌 선생님께서 읽으신 뒤, 언더우드 목사님이 이 일은 성급히 결정할 수 없는 일이며 이 일에 대해 더 자세히 논의해보자고 동의하셨고, 그 동의안이 재청되고 가결되었습니다. 언더우드 목사님은 의장에게 바라는 요망사항에서 이 메시지가 고국으로도 전달되어야 한다고 동의안을 내놓았고, 이 동의안도 재청 및 가결되었으며 사본을 남기도록 지시되었습니다. _1886.12.13.

형제 여러분,
선교본부에서 온 편지에서 제가 받은 느낌은 언더우드 목사와 헤론 박사가 장로회를 떠나서 감리회로 들어가고자 한다는 것이었습니다. 이 편지의 목적은 그런 행동이 필요하지 않다는 것을 알리기 위함입니다.
여러 가지 설명하고 싶은 사항들이 많이 있지만 더 이상의 문제를 야기 시키는 것을 피하고 격렬한 논쟁을 방지하기 위해 과거에 대해서도 필요 이상으로 언급하지 않을 것이며 제 뜻을 편지에만 국한 시키고자 합니다.
저는 선교 사역에 양심적인 동기를 가지고 들어왔습니다. 그러나 제가 조선에서 매우 우대를 받아왔음에도 제 자신이 지속적인 불화의 원인이 된 것은 제가 가진 기회들이 제게 허락한 위치 때문이었음을 알고 있습니다. 그러므로 장로회와 다른 교단의 선교사역의 이익을 최대로 증대시키고 조화로운 여건을 가져오고자 하여 저는 미국으로 내년 10월에 돌아가기로 결정했음을 선언하는 바입니다. 제가 그 날짜를 미리 정한 것은 다음과 같은 이유에서입니다. 첫째, 저의 아기가 그 때까지는 조선인 유모에게서 젖을 뗄 수 없기 때문입니다. 둘째로 제가 병원과 학교, 왕궁과 외교상의 업무를 저의 후임인 헤론 박사에게 최대한으로 가르쳐 인계하고 싶기 때문입니다. 이러한 조치는 자발적으로 결정한 일이며, 제가 의료 선교 사역을 준비하며 6년 동안 학업에 전념하도록 이끌어준 것과 똑같은 동기에서 취해진 것입니다.

저는 제가 많은 기회를 버리는 것이라는 것을 알고 있습니다. 그리고 저는 제가 선교회를 떠나서 이곳에서 독립해서 의사로서의 전문직을 개업한다면 분명히 최소한 일 년에 3000불씩 벌 수 있으며 어쩌면 외부일도 두 배나 늘릴 수 있다는 것을 압니다. 그럼에도 불구하고 저는 후자를 택한 결정이 옳다고 생각하며 선교회에서는 제가 집으로 돌아가는 비용을 대 줄 것으로 믿고 이같이 실행할 것입니다.

H.N.Allen M.D

애니 엘러스 드림

_1886.12.13 애니 엘러스

알렌이 해결책을 내 놓아 일단 불화가 마무리된 것처럼 보였지만, 이후도 불화가 끊이지 않았다. 이 불화는 업무에 관한 공적인 일뿐만 아니라 사생활에 관해서도 서로 비난할 정도에 이르렀다. 알렌은 헤론과 언더우드가 무도회에서 남녀가 춤을 출 정도로 경박하다고 비난을 했고, 아들의 세례를 언더우드에게 부탁하지 않았다. 또한 헤론이 애니 엘러스를 매우 불친절하게 대하고 있다고 했다. 알렌은 그녀가 헤론과 지내는 것이 어려우니 자신이 미 북장로회 선교부를 떠나 미국으로 돌아갈 때, 함께 귀국시키는 것이 좋을 것이라고 했다.[2] 갈등이 여전히 해소되지 않고 끊임없이 계속되자 헤론과 언더우드도 다시 미 북감리회로 소속을 옮길 것이라고 선교본부에 통보했다.[3]

미 북장로회 선교본부 총무 엘린우드는 선교 사역을 원활하게 운영하기위해서는 알렌과 같이 업무 능력을 갖춘 사람이 필요하다고 여겼다. 반면에 헤론에게는 사소한 감정에 치우치지 말 것을 부탁했다. 이에 언더우드는 엘린우드에게 선교본부가 조사도 하지 않고 자신과 헤론에게 문제가 있는 것처럼 지적하는 것은 독단적인 조치라고 반발하였다. 헤론은 엘린우드가 알렌의 말만 듣고 조선의 상황을 파악하고 있으므로 편견에 치우쳐 있다고 불만을 토로했다. 그녀는 선교지부내의 불화의 분위기가 해결되기를 고대했다.

이렇게 세 사람이 첨예하게 대립된 상황 속에서 미 북장로회 선교지부 의료 사역에 대해 알렌에게 계속해서 전권을 인정하느냐에 대한 계획안에 동의를 묻는 회의가 열렸다. 한 사람씩 의견을 분명히 밝혀야 했다. 그녀는 어느 한편을 선택해야 했다. 그녀도 어쩔 수 없이 선교지부 내의 불화의 분쟁 속에 휘말려 들어갔다. 그녀는 친절하게 대해주고 한 집에 살고 있는 알렌에 대해 찬성하는 의사를 밝히지 않을 수 없었다.[4] 이 일이 있은 후 그녀는 알렌의 반대편에 서 있는 헤론과 언더우드로부터 미움을 받기 시작했다. 마치 그녀를 알렌과 한 편인 것처럼 대했다. 이제는 그녀에 대해서도 적대적으로 대하기 시작했다.

그녀는 이 어려운 상황 속에서 혼자 견디는 것이 힘들었다. 그녀는 곁에 함께 있을 사람이 필요했다. 그 선택은 약혼이었고, 함께 미국을 떠나 온 육영공원 교사 벙커였다.

> 여기에서 일어나는 어려운 문제들이 해결되어서 기쁩니다. 그리고 어떤 다른 사람이 개입해서 해결된 것이 아니라 내부에서 해결해서 또한 다행이라 생각되고 또 선교부로서 우리에게도 더욱 더 영광입니다.
>
> 이제는 모든 일이 순조로울 것이라고 생각합니다. 저는 개인적으로 불화를 싫어하며 따라서 하나님의 도우심으로 어떠한 논쟁에도 결단코 어느 쪽을 편드는 일 같은 것은 하지 않을 것입니다. _1887.3.7
> 애니 엘러스

헤론은 그녀가 결혼을 하게 되면 병원 사역에 시간을 들여 헌신할 수 없을 것이라고 선교본부에 보고했다. 그러면서 새로운 여의사 파송을 더욱 강력하게 요청했다.[5]

또한 헤론은 알렌이 1887년 8월 참찬관으로 임명되어 선교사직을 사임하고 미국으로 가는 것이 결정되자 자신의 사임을 철회하였다. 10월 25일 알렌이 미국으로 가자[6] 헤론이 제중원 책임자가 되었다. 이로써 미 북장로회 선교지부 인원은 한 명이 줄어 헤론 부인, 언더우드 목사, 애니 엘러스 등 4명으로 되었다.

언더우드는 교육사업에 전념하고 있었지만 감리회 선교부에 비해 훨씬 열악한 지원으로 사업에 어려움을 겪고 있었다. 감리회 선교부는 1887년 10월 29일 의사 메타 하워드와 교사 루이자 로스웨일러가, 1888년 1월 프랭클린 오링거 부부가, 5월에 조지 하버 존스 등이 보강되었다. 특히 1887년 10월에 입국한 메타하워드는 시병원에서 사역을 하다가 이듬해 정동에 여성만을 위한 병원인 보구여관에서 의료사역을 하게 되었다.

선교지부의 노력으로 조선에서 미 북장로회 병원과 학교 사역은 날로 확장되고 있었다. 그러나 알렌이 미국으로 떠나자 선교지부는 늘어야 할 인원이 오히려 줄어들고 말았다. 남, 여 의사 각 1명과 목사 1명으로 조선 선교사역을 아슬아슬하게 지탱해 가고 있었다. 그럼에도 엘린우드는 조선의 미래가 불확실할 것이므로 장차 사역을 확장하는 것이 그렇게 지혜롭지 못하다고 보았다. 그러나 선교지부는 그러한 선교본부의 시각이 잘못된 것이라고 하였다. 언더우드는 자신이 파송되어 온 지 2년 반이 지났고, 복음 전도의 길이 아주 빠르게 열려 교육 사역을 시작하였고, 그 사역은 최소 네 사람이 필요하다고 보았다. 그러나 인원이 보강되지 못한 상황에서 몸에 무리가 갈 정도로 전심을 다해 일을 하고 있었다. 그러나 미장로회에서는 선교사 파송이나 기금을 원활히 지원해 주지 않고 있었다. 조선에서 선교 기금의 지원에 있어서는 미 북감리회가 앞서 있었음에도 미 북장로회가 미 북감리회보다 선교 활동이 앞선 것은 미 북장로회가 운영하고 있는 제중원 때문이었다. 제중원은 애초에 미장로회 선교본부의 지원에 의해 세워진 것이 아니라 알렌 개인이 갑신정변 때 위험을 무릅쓰고 왕실 사람들을 치료한 공로로 세워진 것이었고, 이후 의사 헤론과 애니 엘러스가 왔으나 여전히 선교본부에서 지원은 미약하기만 했다. 언더우드는 조선에서 선교사들은 애를 써서 이처럼 선교사역이 확장되어가고 있는데, 미장로회에서는 지금까지 조선 선교에 무엇을 했느냐고 호소했다.[7]

헤론과 애니 엘러스의 사이는 점점 나빠졌다. 제중원에서 잦은 의견 충돌이 생겼다. 1887년 가을, 제중원 환자수는 하루에 107명까지 진료할 때도 있었다. 그날 여성 환자는 27명이었다. 겨울이 되어 날이 추워지자 환자가 줄어 하루 평균 30명 정도로 감소하였다. 이 중 애니 엘러스는 5~6명 정도 진료하고 있었다. 헤론은 이렇게 환자가 준 이유는 그녀가 몸이 약해졌고, 요리와 집 안 일을 하느라 병원 일에 시간을 내지 못해 규칙적으로 제중원에 나오지 못하고 결근을 자주하기 때문이라고 하였다.

마침내 선교본부로부터 여의사 호튼이 파송될 것이라는 연락이 왔다. 그 여의사는 감리회 여의사 메타 하워드[8]와 대학 동창이었다. 애니 엘러스와 호튼은 서로 편지를 주고 받기 시작했다. 헤론은 선교본부에 알렌을 통해 호튼에게 조선에서 필요한 것들이 무엇인지 알려주었으면 좋겠다는 연락을 했다. 애니 엘러스는 호튼이 오게 되면 접하게 될 선교지부의 상황이 염려되기도 했다.[9]

> 새로운 항구가 열릴 때, 새로운 사역지로 가는 것이 저의 강력한 바람이었습니다. 호튼이 올 때는 이곳에서의 분쟁에 대해 잘 모를 것이며 저는 주님의 은혜로 저희가 잘 지낼 것이라고 생각합니다.
> _1887.11.20 애니 엘러스

헤론은 애니 엘러스에 대한 비난을 멈추지 않았다. 그녀가 조선인들이나 외국인들에게 상당히 평판을 잃었는데, 그것이 남편 벙커가 누구와도 친구가 되려하지 않고 선교사들의 수고에 대해 독설을 퍼붓고 있기 때문이라고 하였다. 또 데니 여사가 애니 엘러스 부부에게 만찬에 참석해 달라고 초대했는데 그녀가 이유도 말하지 않고 퉁명스럽게 거절했다고 하였다. 감리회의 미국 부인외국선교부에서 파송한 여의사 메타하워드에 비해 그녀가 학위가 없다는 것이 알려지면 선교지부가 곤란해질까 염려된다고 선교본부에 보고하였다. 왜냐하면 조선 사람들은 신분을 구분하는 일에 특히 민감해서 궁전 나인들이 아니면 오직 관직에 있는 사람만이 왕 앞에 나갈 수 있는 상황을 이야기 했다.[10] 헤론은 그녀가 고종으로부터 작위를 받은 것과 왕비로부터 사랑을 받는 것도 시기하였다.

> 헤론 선생님은 마음이 편협하셔서 대단히 유감입니다. 그는 심지어 저와 왕비의 친분까지 시기하고 있습니다. 저는 제가 할 수 있는 한 아무런 문제가 없도록 노력했습니다. _1888.1.15 애니 엘러스

알렌마저 참찬관으로 미국에 귀국함으로써 알렌이 하던 일도 헤론이 맡아 하게 되어 업무가 가중되었다. 실제 헤론은 점심도 자주 거르거나 4시나 5시 이후에 식사를 할 정도로 바빴고, 그녀가 나오지 않을 때는 여자 환자를 봐야 했다. 선교사가 오히려 더 필요했지만 그는 스스로의 선교사역의 여건도 고려치 못할 정도로 상대방에 대한 미움 갖고 있었다. 그는 여의사가 파송되어 오는 것은 쉬운 일이 아니라는 것을 알고 있었다. 일본에 있는 햅번도 선교본부에 있는 그의 친구들에게 선교사를 파송해 달라는 편지를 쓰고 또 썼다. 그럼에도 선교사가 파송되어 오지 않자 그는 선교본부가 조선에서 선교하는 것을 잊어버린 모양이라고 할 정도였다. 헤론은 선교본부에 여의사 파송을 거듭 요청했다. 미 북장로회로서는 여의사가 있어서 왕궁의 진료를 통해 왕실과의 관계가 친밀하게 유지되고 제중원의 부인과 업무도 볼 수 있는 점에서 애니 엘러스가 절대적으로 필요하였다. 그럼에도 헤론은 그녀에 대한 비난을 계속하면서 그녀와 함께 일할 태도를 갖지 않았다. 그는 새 여의사가 오면 그녀가 의료 사역에서 완전히 손을 떼 주기를 원했다. 그녀는 이러한 의도를 가진 그와 병원에서 함께 근무하기가 어려웠다.

그런 상황 속에서 전혀 예상치 못한 사건이 일어났다. 애니 엘러스가 개인적으로 보낸 편지가 그녀의 의도와 전혀 관계없이 일부 발췌되어 '여성을 위한 여성 사역'이라는 잡지에 게재된 것이다. 그녀는 조선에서 사역을 하고 있는 선교사들에 대한 일반적인 근황을 알린 것이었는데, 잡지에 게재될 때 다른 선교사들이 마치 일을 게으르게 한 것처럼 편집되어 버린 것이었다. 그 내용 중, 휴가 기간 동안에 알렌과 애니 엘러스 자신은 남아서 일을 했고, 다른 사람들은 휴가를 떠났다는 것 등이었다. 편집되어진 글의 그 부분만 보면 다른 사람들이 조선 선교지부의 상황에 대해 오해할 소지가 있었다. 그녀로서는 전혀 그런 의도로 보낸 편지가 아니었고 잡지에 실릴 것이라고는 전혀 생각지 못한 일이었다. 그녀는 그 일에 대한 파장이 염려되었다.

> 목사님은 오늘 아침 나가사키를 향해 떠났고, 곧 알렌 선생님과 그의 집은 뉴욕에 도착할 것입니다. (중략)
> 최근에 제가 썼던 편지에 관련해서 저는 그들에 관해 쓴 것에 대해 그들에게 미안하다고 생각하지 않습니다. 그리고 알렌이 저를 기도와 인내로 잘 대해준 것과는 다르게 저를 취급하는 것을 견딜 수 있다고 생각합니다. 저는 알렌 선생님이 제게 너무 잘 대해주셔서 제가 오히려 염려가 됩니다. _1887.11.20 애니 엘러스

잡지에 실린 글을 마침내 헤론이 보게 되었다. 헤론은 극도로 화를 내며, 그녀를 거칠게 몰아 세웠다. 그는 자신을 포함해서 휴가를 간 사람은 자신의 임무를 다하지 않은 것처럼 비춰졌다며 그녀에게 그 글을 취소하라고 하였다. 또한 그는 선교본부에 그녀가 진실을 왜곡했다고 보고 하였다. 그는 그때에 휴가를 가지 않았을 뿐 아니라 그의 일 이외에도 일주일에 적어도 서너 번 스크랜튼 의사의 병원에 갔으며 오히려 그녀만 휴가를 갔다고 하였다. 그녀의 결혼을 전후하여 그와 알렌이 각각 그녀의 일을 대신 해주었고, 그녀가 결혼 후 두 달 간이나 교회도 쉬어서 스크랜튼 여사가 대신 일을 해주었다

고 하였다. 그녀가 제중원에 시간을 조금 밖에 내지 않아 여자 환자
가 많이 줄었으니, 어서 호튼 의사를 보내달라고 하였다.[11]
이렇듯 이런 예기치 않은 일은 선교부내에 서로에 대한 불신과 편협
함으로 초래 된 일이었다. 헤론과 애니 엘러스는 화해할 수 없는 상
태가 되고 말았다.

얼마 전에 선생님께 써놓고 발송하지 않은 편지가 있었는데 지금
그 편지의 내용을 쓰고자 합니다. 선교단의 회의 중에 헤론 선생님
이 저에게 제 사적인 서신을 보여주시면서 제가 쓴 것이냐고 물어
보셔서 저는 읽어 본 뒤 그렇다고 말했습니다. 그는 그 편지에 담겨
있는 자신에 관한 내용을 부정하는 답장을 제가 새로 쓰기로 원했
습니다만 저는 거절했습니다. 저는 첫 편지를 출판 목적으로 쓴 것
이 아니라서 거부했으며, 답장을 보내지도 않겠다고 말했습니다.
헤론 선생님은 저에게 무척 화를 냈으며 아주 거칠게 다루었습니
다. 저는 정신을 바짝 차려야만 했으며 아주 힘을 내어 그가 쓰라
는 대로 쓰면 진실이 왜곡된다고 말했습니다. 저와 알렌 선생님을
제외한 헤론 선생님과 그의 가족, 언더우드 목사님 그리고 모든 다
른 선교사들은 휴가를 맞이하여 도시를 떠났습니다. 헤론 선생님
이 일을 안 하셨다는 뜻으로 쓴 편지가 아니었는데, 헤론 선생님께
서는 아주 의심하고 있습니다. 헤론 선생님이 그 일에 대해 저에게
찾아와 물었더라면, 친절하고도 신사다운 일이 되었을 것입니다만
선생님은 선교 모임까지 기다려서 그 일을 꺼내 저를 망신당하게
했습니다. 그리고 그 모임에는 선생님의 부인도 참석했습니다. 그녀
는 일이 어떻게 돌아가는지 알고 싶어 했습니다.
저는 이 편지가 제가 의도하지도 않은 잘못된 인상을 끼친 것에 대
해 유감을 표명했습니다. 선교지부의 결정에 저도 따르겠다고 했습
니다. 집에 와서 곰곰이 생각한 후 헤론 선생님에게 선생님이 원하는
대로 쓰겠다고 편지를 쓴 다음 그 다음 편지에 실행에 옮겼습니다.
엘린우드 박사님, 이런 편협함과 서로에 대한 이런 의심이 참으로
큰 불편한 오해를 일으킵니다. 벙커 목사님은 현재의 양상이 지속

된다면 저희 선교부에 더 이상 참여하지 않을 것입니다. 헤론 부인은 여성 사역을 시작했으며 많은 성공을 거두고 있습니다. 선생님의 관심과 친절에 대단히 감사드리며 인사 올립니다. _1888.4.2. 애니 엘러스

미 북장로회 선교사간의 불화는 어쩌면 그들의 일반적 성품에서 그 원인을 찾을 수 있다. 그들은 공통적으로 지구 반대편에 있는 당시에 위험하고 낯선 조선으로 선교 사역을 떠나온 선교사들이었다. 그것은 목숨을 건 일이었다. 그런 사역을 떠날 정도로 그들은 진취적이고, 자기 의지와 자존심이 강하고 일에 대한 의욕과 열정이 대단한 사람들이었다. 그런 성품 위에 신앙심을 갖춘 사람들이었다. 그렇다고 해서 머나먼 대양을 건너 낯선 조선 땅에 내딛은 것으로 그들은 시기와 분노와 영적 연약함 등의 사람의 일반적 결점들을 뒤로 남겨두고 온 것은 절대 아니었다. 알렌은 독단적이고, 헤론은 예민하고, 때때로 격한 것 등등의 수많은 단점들, 그러나 서로에게는 완전함을 기대하고, 스스로는 관용을 갖추지 못한 그들도 예외 없이 죄인의 속성을 지닌 피조물이었다.

저는 이미 선교사가 천사라는 생각을 버렸습니다. 우리는 인간입니다. _1886.8.18. 애니 엘러스

하지만 하나님의 나라를 위해 죽음을 무릅쓴 그들은 끊임없이 자기를 부인하기를 노력하며 생명으로 인도되는 영광의 길 위에 들어선 사람들이었다. 이제 막 선교의 문이 열린 조선에서 그들은 노력의 정도에 비례해서 사역의 결과는 기하급수적으로 커질 수 있는 것처럼 보였다. 반면에 사역을 진척시키지 못하는 것은 경쟁자에 의해 선교 사역을 침범 당할 지도 모르는 위기감으로 작용했다. 그것은 선교지에서 자신의 근거지를 상실하는 것처럼 보였을 것이다. 사역이 없어지는 것에 대한 결과는 불명예스러운 퇴진이었다. 어떤 문제가 발생할 때마다 서로에 대한 견해가 틀리는 경우가 많았을 것

이며 그때마다 양보가 어려웠으며 타협되지 않는 상황이 심각한 불화로 몰아갔다.

알렌이 1887년 10월 미국으로 참찬관으로 떠난 후 불화가 해소될 것으로 기대했던 선교지부에 이번에는 헤론과 언더우드 사이의 불화가 이어졌다. 헤론은 언더우드가 호튼과 결혼하기로 하자 애니 엘러스 뒤를 이어 겨우 파송된 여의사가 여성의료 사역에 전념할 수 없게 된 것에 강한 불만을 나타냈고, 기독교 전도의 강도에서도 언더우드가 조선의 상황을 파악하지 못하고 급하게 선교를 진행하고 있다고 비난을 했다.

1888년 봄에 헤론의 아버지가 돌아가셨다. 그는 노년의 아버지를 돌보아드리지 못하는 것을 안타까워했었다. 7월 14일에는 둘째 딸이 태어났다. 헤론과 헤론 부인은 더위와 싸우며 건강을 잃었다. 그는 너무 힘들어서 본국으로 돌아가는 불명예를 느껴야 할 정도였다. 일에 대한 부담과 부인의 병, 그리고 재정적 압박에 시달렸다. 그러다 1890년 7월 26일 헤론이 갑자기 순교하였다. 처음에는 병이 그렇게 심하지 않은 것으로 보였는데, 3주 동안 심하게 앓다가 운명하였다.

헤론이 죽은 이후에도 불화는 끊이지 않았다. 이번에는 헤론 부인과 언더우드, 호튼 사이에 불화가 일어났다.

1889년 6월 다시 조선에 입국해 선교 사역을 하던 알렌은 1890년 7월 9일 다시 미공사관 참찬관으로 임명되자 선교사를 사임하였다. 그러나 헤론이 갑자기 죽자 제중원을 맡을 사람이 필요했다. 선교본부는 알렌에게 후임 선교사를 파송할 때까지 제중원을 맡아줄 것을 부탁했다. 알렌은 공사관 직원임에도 대략 반년동안 제중원 책임을 맡게 되었다. 조선에 선교지부 일을 염려하면서 그는 다시 선교본부에 벙커를 미 북장로회 선교부원으로 받아들일 것을 요청하였다.[12]

그러나 여학교 문제로 애니 엘러스와 갈등을 겪었던 헤론 부인은 애니 엘러스 부부를 선교부원으로 받아들이려 하지 않았다. 미 북장로회 선교본부도 선교지부의 불화를 염려해서 벙커를 적극적으로 받아들이지 않았을 것이다.

결국, 애니 엘러스는 미 북장로회 의료선교사로 1886년 7월 4일 조선에 도착하여 의료사역과 교육사업을 하다가 그녀가 입국하기 전부터 이어진 불화의 분위기에서 어려움을 겪다가 1889년 그녀가 신병 치료차 미국에 갔다가 돌아온 뒤 미 북장로회 선교지부에서 선교사역을 더 이상 맡기지 않게 되자 선교지부와의 관계가 끊어지고 말았다. 미 북장로회에서 밀려나온 후 그녀와 남편 벙커는 미 북감리회로부터 선교부에 들어와 달라는 제의를 받았다. 그녀와 남편 벙커가 조선에 남아 선교 사역을 할 유일한 길은 미 북감리회 사역에 참여하는 것이었다.

미 북장로회 선교사역을 그만두다

1888년 3월 27일 마침내 미 북장로회에서 파견한 호튼(S.B.Horton)
이 도착했다. 그녀는 노스웨스턴 대학(Northwestern University)의 의과
대학을 졸업하고, 원래 인도로 갈 준비를 하고 있었는데 선교본부
에서 조선으로 가 주기를 요청했다. 그녀가 조선으로 떠날 때 그의
아버지는 따라갈 수 있는 곳까지 멀리 마중을 나갔고, 어머니는 침
대에 누워 딸의 첫 편지가 올 때를 기다렸다.

그녀가 도착한 직후인 1888년 4월 22일에는 궁을 바라보는 언덕
위에 명동 성당이 세워짐으로써 반외국인 감정이 들끓어 올라[1] 조
선에서 모든 종교 활동이 금지되었다. 그 긴장은 선교사들이 고아원
에서는 그들을 살찌워 부도덕한 목적으로 사용한다는 소위 영아소
동으로 더욱 심화되었다. 아이들을 납치해서 잡아먹고 눈은 사진기
를 만드는 데에 사용한다는 소문이 퍼졌다. 연유를 얻기 위해 조선
여자들을 잡아다가 가슴을 도려낸다고 믿었다. 중국에서 이미 관리
들이 병원에서 아이들을 도살한다는 소문을 퍼뜨려 선교사들이 죽
음을 당한 군중행동이 있었다. 이 사건은 그 해 6월 10일부터 25일
사이에 절정에 달했다.

호튼이 도착하자 애니 엘러스는 의료 선교에 관한 모든 권리를 그

녀에게 양도하였다. 그러고 미 북장로회 선교지부 여학교 사역에 전력을 다했다. 언더우드 고아원에서도 아이들을 가르치며 일반인들에 대한 복음 전도에도 힘썼다.

> 호튼은 헤론 선생님께 이번 주 즈음에 도착할 것 같다고 나가사키에서 전보를 보내왔습니다. 요즘 일이 점점 더 잘 풀리는 것 같아서 기분이 좋고 앞으로도 잘 되기를 희망하고 있습니다. 보내주신 편지에 대해 다시 한 번 감사드립니다. _1888.3.19 애니 엘러스

> 호튼이 지난 주 도착해서 헤론 선생님과 함께 지내고 있습니다. 저는 그녀로부터 아주 좋은 인상을 받았으며 감사하는 마음으로 모든 권리를 양도하였습니다. 저는 그녀가 더 많은 지식을 갖고 있기에 저보다 더 잘 해낼 것이라는 것을 알고 있습니다. 하지만 저 또한 제가 최선을 다했다는 것을 잘 알고 있습니다. _1888.4.2 애니 엘러스

호튼에 뒤이어 1888년 9월 초에 헤이든(Mary Hayden)이 입국하였다. 그녀는 미주리 출신으로 파크대학(Park College)을 졸업했다. 그러나 미 북장로회 선교지부의 여학교는 아직 건물이 마련되지 않아 애니 엘러스 주택에서 위탁 운영되고 있었다. 헤이든은 그곳에서

헤이든 그녀는 미주리 출신으로 파크대학을 졸업하였다. 1888년 11월 미 북장로회 교육선교사로 입국하였다. 입국 후 애니 엘러스 뒤를 이어 여학교를 맡아 가르쳤다. 1890년 4월 기포드와 결혼한 후에는 주로 부녀자 사역을 하였으며 1895년에 찬송가집을 출판하기도 하였다.

지내면서 여학생들 가르쳤다. 이때 여학교에는 '정녜'와 다른 여학생이 다니고 있었다. 후에 정녜는 독실한 기독교인으로 성장하여 빈튼 박사의 비서와 결혼했다. 서울의 첫 기독교 가정이었다.[2] 헤이든은 조선어를 배우면서 여학생들 가르치기 시작했다. 그러나 본국과는 전혀 다른 조선의 열악한 환경 때문에 건강이 좋지 않았다.

선교지부는 애니 엘러스 주택에서 운영되고 있는 여학교에 운영비를 지불해야 했다. 그러나 예산이 부족했다.[3]

그런 가운데 애니 엘러스는 결혼 전 폐출혈을 일으키는 등 건강이 좋지 않았다. 결혼 후 그녀는 건강이 더욱 악화되었다. 그러자 1889년 3월 그녀는 치료를 받기 위해 미국으로 가기로 했다. 그러나 가는 도중에 다시 폐출혈을 일으켰다. 배 멀미와 겹쳐서 겨우 부산까지 갔다가 돌아왔다.[4] 그녀는 완전한 치료를 위해 미국으로 몇 달 가야했다. 이 소식을 접한 황후는 인삼 두 상자와 500 멕시칸 달러의 현금을 그녀에게 보내왔다.[5]

4월 17일 애니 엘러스 부부가 미국으로 가자 헤이든은 학생들을 데리고 애니 엘러스 주택을 나와야했다. 1889년 5월 11일에도 단지 네 명의 학생만이 출석하고 있을 정도로 학교가 안정되어 있지 않았다. 여학생들과 지낼 마땅한 건물도 없었다. 헤이든은 여학생들을 데리고 이곳저곳에 머물러야 했다. 그러다 알렌이 살던 주택으로 들어갔다. 알렌이 살던 주택은 알렌이 참찬관으로 임명을 받아 1887년 10월 25일 미국으로 가자 집이 비게 되었다. 선교지부는 그 주택을 수리하고 선교사들이 파송되어 오면 두 가정 정도가 그 주택에서 살 수 있도록 준비를 해 두었다. 일단 독일인 상인 빌터 씨에게 한 달에 25달러 정도 받고 세를 놓기로 하였다.[6] 1888년 12월 중순 기포드가 가드너와 그의 여동생과 함께 입국을 하면서 이 주택에 살게 되었다. 기포드가 이듬해인 1889년 5월 길 건너로 이사를 가자 비게 된 것이었고, 헤이든이 여학생들을 데리고 그 주택으로 들어간 것이다.[7] 애니 엘러스 주택을 나와 이곳저곳을 다니며 고생하던 중에 한 학생이 죽기도 했다.

이 분야에서 일하게 된 저에게 따뜻한 말씀과 충고를 주신 것에 대해서 감사하게 생각합니다. 당신께서 해주신 말씀이 모두 저희에게 필요한 말씀이었습니다. 제가 고향을 그리워하던 대부분의 시간은 찬송가의 소리와 열정적인 기도 소리가 저를 작은 마을의 교회로 다시 인도해주었던 때의 아침이었습니다.

우리학교 여학생들은 한 학생이 죽은 이래 네 명이 안락하게 지내고 있습니다. 저는 그들과 아주 즐거운 시간을 보내고 있습니다. 저는 이 학생들이 곧 훌륭한 인재들로 자라기를 바라며 하나님의 사랑하는 자녀가 되기를 바랍니다. 제가 지금 하는 일이 더디게 보여도 저는 여기 온 것을 절대 후회하지 않습니다. _1889.5.11. 헤이든

애니 엘러스가 돌아오자 헤이든은 학생들을 데리고 다시 애니 엘러스 주택으로 갔다. 미국 북장로회 선교지부는 여학교를 운영을 장소를 마련하지 못하고 있었다. 겨울이 다가오자 헤이든은 걱정이 되었다. 알렌의 주택은 너무 낡아서 도저히 여학생들과 겨울을 날 수 없었다. 그런 시설이 갖추어 있는 곳은 애니 엘러스 주택밖에 없었다. 헤이든은 다가 오는 겨울도 애니 엘러스 주택에서 있고자 했다.

서울에 선교사로 있으면서 감리회와 장로회 사람들이 이곳에서조차 친구를 가지고 있다고 느끼게끔 만들어주었음에도 불구하고 제가 고향에 두고 온 것을 그리워하는 것에 언짢아 할 수도 있을 것입니다.

그리고 저는 이 일을 단지 한 명의 소녀와 하는 것이 아니라 세 명의 아이들과 일을 하고 있습니다. 그리고 몇 주 안에 세 명이 더 올 것입니다.

언어를 배운다는 것은 거창한 것처럼 보이지만 이러한 큰 산들을 믿음과 열성적인 마음으로 이겨낼 수 있을 것 같습니다. 감리회와 장로회 선교는 최근에 일어난 사건 후(고종의 금교령과 영아소동 - 역은이 주) 차분히 진행되고 있습니다.

서울에서 활동하고 있는 교회 숫자는 약 70개로 보입니다.

이번 겨울에 저는 벙커 부인과 함께 있을 예정입니다.

저는 조선의 날씨가 매우 마음에 듭니다. 하지만 현지인들은 그것을 알지 못합니다. 게다가 저는 이렇게 좋은 학급들도 만나보지 못했습니다.

벙커 부인이 당신께 안부를 전해달라고 하십니다. _1889.11.15 헤이든

1889년 12월에 미 북장로회 선교부는 여학교 건물을 세웠다.[8] 알렌이 입국해서 살던 주택이며, 애니 엘러스가 입국해서 결혼하기 전까지 살던 곳이다. 헤이든은 애니 엘러스 주택에서 나와 이곳으로 왔다. 정동여학당 제2교사가 마련된 것이다. 이곳은 현재 서울시 중구 정동길 42-11이다.

이후 미 북장로회 선교지부는 이 정동 구역을 떠나 연지동으로 이주할 계획을 세웠다. 고종이 정동 일대에 축소되어 있던 덕수궁 권역을 원래대로 확장시켜 보존하려는 의지가 있었고, 무엇보다 미 북장로회의 교육 사업이 미 북감리회에 비해 재정 등 규모 면에서 작아서 비슷한 권역에서 교육사업을 하는 것이 불리했기 때문이었다. 정동 여학당은 1895년 10월 20일 종로구 연지동으로 이사하였고, 이 터는 덕수궁으로 편입되었다. 고종은 이 자리에 1896년부터 공사를 시작하여 1900년경 이곳에 덕수궁 최초의 서양식 건물인 중명전을 세웠다. 원래 왕립도서관으로 지은 건물로 1905년 을사조약이 체결된 곳이기도 하며 현재 서울시 유형문화재 제53호로 지정되어 있다.

언더우드는 1905년 정동을 떠나 남대문밖으로 이사하였다. 그러나 알렌은 여학교의 건물은 세워졌으나 그 학교에서 가르칠 헤이든이 곧 기포드와 결혼할 것이고, 도티도 약혼할 것이어서 여학교 일에 전념할 수 없게 되는 것을 염려하였다.[9]

당신의 따뜻한 충고와 요구가 담긴 편지에 감사드립니다. 저는 조금 지나치게 활동적인 저의 친구들이 저의 건강을 걱정한다는 편지를

받고 매우 염려되었습니다. 제가 무리해서 일을 한다고 전혀 생각하지 마십시오. 감사하게도 저는 농촌에서의 생활을 좋아하기 때문에 다른 여선교사보다 이 곳 생활에 잘 적응할 수 있는 것 같습니다. 이곳에 있는 다른 선교사들이 저에게 매우 친절하십니다.

저의 여덟 명의 소녀들은 매우 잘 지내고 있습니다. 제가 그들을 놓아주기 전까지는 그들은 저의 것입니다. 그래서 저는 그들을 교육 시킬 날들을 학수고대하고 있습니다. 제가 데리고 있는 소녀들은 동갑내기들입니다. 그들은 저의 집에 저의 식구들과 함께 지내고 있습니다. 저는 그들을 그들의 민족으로부터 떼어놓으려는 것이 아니라 그들 자신을 위하여 교육시킬 수 있기를 희망합니다. 사실상 그들과 함께 하는 저의 일은 매우 긍정적이고 예정된 일입니다. 몇 달 동안 여덟 명의 소녀를 모은 것은 매우 느린 작업처럼 보이지만 비록 저의 작은 손을 거쳐 언어를 배우고 일을 함께 해 온 이 보모들이 내년에는 더 잘할 수 있으리라고 기대합니다. 이 편지를 쓰면서 저는 점점 즐거워지고 있습니다.

그래서 각 어린이 당 1년에 드는 경비가 35달러 미만이 되지 못하지만 지금까지와 같은 비율로 점점 증가하리라 저는 생각합니다. 이 액수는 보모의 임금을 모두 포함한 것입니다. 그리고 저는 이 소녀들이 몇 년 내로 학교에서 저를 도와 함께 일할 것을 확신합니다. 또한 일을 넘어서서 저는 이 들 각자가 그들의 수업에서 뛰어나고 목표를 달성할 수 있기를 희망합니다. 한편 저는 앞으로 몇 년 동안 그들의 신앙에 대한 깊은 열정이 그들의 복음적인 훈련에 헌신되어질 것이라고 생각합니다. 이 일들이 잘 이루어지기를 원합니다.

_1889.12.17 헤이든

헤이든이 1890년 4월 기포드와 결혼하자[10] 그녀의 뒤를 이어 1890년 1월 26일 서울에 온 도티가 정동여학당 당장을 맡았다.[11] 이 무렵 학생 수는 아홉 명이었다. 거의 여덟 살 가량 된 소녀들이었다. 일은 가능한 스스로 하며 복음과 복음적인 삶에 대해 가르쳤다. 또 중국어 읽는 법과 조선의 고유 언어인 '언문', 요리와 조선식 자수를 배우고 영어는 가르치지 않았다. 소녀들이 후에 가정을 이룰 텐데 외국식 습관을 갖게 하는 것은 큰 실수라고 여겼다. 조선의 그리스 도인으로 키운다는 목표로 가르쳤다.[12]

정동여학당 교사와 학생들 1888년 11월부터 정동여학당을 맡은 2대 학당장 헤이든, 그 왼쪽이 1890년 부터 정동여학당을 맡은 3대 학당장 도티. 가능한 스스로 일 하며 요리와 조선식 자수, 언문과 복음 을 배웠고, 영어는 가르치지 않았다.

애니 엘러스(앞줄 오른쪽)와 학생들 장로회 선교본부 앞에서.

정동여학당 2대 학당장 헤이든(오른쪽)과 3대 학당장 도티(왼쪽)와 학생들 장로회 선교본부 앞에서.

애니 엘러스가 가장 친하게 지낸 사람은 헐버트 부인 메이(May B. Hulbert)였다. 헐버트가 1888년 9월 18일 미국에서 결혼하고 한국에 도착해서 집이 수리될 동안 머문 곳이 벙커 부부의 집이다.[1]

1889년 애니 엘러스가 두 세 차례 폐에 출혈이 생기고, 심장에 통증이 생기자 치료를 받으러 남편과 함께 미국으로 갔다. 이러한 상황을 매우 염려한 것도 헐버트 부부였다.[2]

애니 엘러스가 귀국하자 헐버트 부부는 애니 엘러스 집 옆으로 아예 이사를 왔다. 헐버트는 부인 메이가 애니 엘러스와 가까이 있게 되어 좋은 일이라고 했다. 헐버트는 애니 엘러스가 메이에게 늘 친절하다고 고마워했다.[3]

그러나 헐버트는 1891년 12월 7일 육영공원의 계약이 끝나고 미국으로 귀국하게 되었다. 그 전에 1년 정도를 머문 곳도 벙커 부부의 집이었다.[4]

남편 벙커는 육영공원에서 가르치다가 그 공로로 1892년 3월 24일 호조참의의 벼슬을 받았다.[5] 이때 그녀도 훈장을 받았다. 왕비는 그녀를 궁으로 들어오도록 하여 직접 머리에 훈장을 얹어 주었다. 왕비는 그녀의 머리가 까만 머리면 더 돋보였을 것이라며 웃으며 치하

해 주었다.[6]

헐버트가 1893년 10월 감리교 선교사로 다시 내한하여 동대문교회 담임 목사를 하는 등 감리회 선교일을 하게 되자 다시 벙커 부부와 만나게 되었다.

육영공원은 육영공원 교사인 길모어가 1889년에, 헐버트가 1891년에 차례로 사임했다. 벙커는 혼자 남아 가르치다가, 결국 1894년 2월 벙커가 육영공원을 사임하면서 폐교되었다.

1894년 벙커 부부는 그동안 살던 정동길 22 주택을 떠나 정동길 46(현, 정동제일교회 내 부근)으로 이사했다. 애니 엘러스는 감리교 학교 인 배재학당에서 근무를 했다. 그러나 어느 교단 소속의 선교사가 아니었다. 애니 엘러스 부부는 한국에서 선교활동 여부를 타진하기 위해 그해 가을 미국으로 가서 미국 북감리회에 한국 선교사 신청 을 했다.[7] 그리고 다음 해인 1895년 4월 미국 북감리회 선교사로 임

MISSIONARY SOCIETY OF THE METHODIST EPISCOPAL CHURCH

Seoul, Korea Mission Feb. 3, 1897

TO THE TREASURER OF THE SOCIEY, 150 Fifth Avenue, New York, U.S.A.

DEAR BROTHER: On the 5th day of Jan. 1897. I notified you that I had issued certain Cer-tificates of Deposit, the highest number of the list being No. 508. This is to advice you that since that date I have issued other Certificates of Deposit, as follows:

NUMBER	DATT	DEPOSITOR	Amount Received in Local Currency		Rate of Exchange	Amount Received American Currency	
509	Jan.	7	Miss L. C. Rothweiler	211	54	52	110	00
510	"	8	" L. E. Frey	19	23	"	10	00
511	"	20	Dr. J. B. Busteed	144	23	"	75	00
512	"	"	"	5	77	"	3	00
513	Feb.	3	H. G. Appenzeller	57	69	"	30	00
514	"	"	J. B. Busteed	53	85	"	28	00
515	"	"	" "	88	46	"	46	00
516	"	"	" "	21	45	"	11	00
517	"	"	Mrs. D. A. Bunker	50	77	"	26	40

MISSIONARY SOCIETY OF THE METHODIST EPISCOPAL CHURCH

Seoul, Korea Mission Mat 15, 1901

TO THE TREASURER OF THE SOCIEY, 150 Fifth Avenue, New York, U.S.A.

DEAR BROTHER: On the 7 day of May, 1901. I notified you that I had issued certain Cer-tificates of Deposit, the highest number of the list being No. 971. This is to advice you that since that date I have issued other Certificates of Deposit, as follows:

NUMBER	DATE	DEPOSITOR	Amount Received in Local Currency		Rate of Exchange	Amount Received American Currency	
972	May	15	Dr. E. D. Follwell	10	04	498	5	00
973	"	16	Mrs. D. A. Bunker	6	03	498	3	00
974	"	16	" D. A. Bunker	9	50	498	4	73
975	"	16	" D. A. Bunker	844	38	498	420	50

벙커 부인의 월급 지급서 애니 엘러스가 미 북감리회 학교(배재학당)에서 근무하던 때에 당시 받은 수당이 기록되어 있다(1897년 1월 5일, 1901년 5월 15일 수당 내용).

명되었고, 6월말에 한국으로 왔다. 그리고 7월 여름휴가를 언더우드의 여름 별장에서 헐버트 가족과 함께 지낼 정도로 친분이 각별했다.[8]

1896년 남편 벙커가 헐버트의 뒤를 이어 동대문교회 담임 목사로 부임하게 되면서 애니 에러스는 남편을 도와 함께 사역을 했다.[9] 1898년까지 사역을 하다가 1899년 잠시 광산 사업을 하기도 했다. 1901년 남편 벙커가 ABS(미국성서공회) 한국 대표자가 되어 활동하였다. 그는 ABS 처음으로 한국인 권서를 채용하였다.[10]

1905년 9월 벙커가 한국복음주의 선교단체 연합공의회를 조직하자 함께 교파를 함께 연합하는 운동을 하였다.

벙커는 1906년부터 배재학당장을 맡아 근무하다가 1911년 6월에 사임했다. 벙커가 재직하던 때에 애니 엘러스도 그곳에서 학생들을 가르쳤다.[11]

또한 그녀는 1906년 쉴즈의 책임 하에 에비슨 및 허스트 의사의 협력을 얻어 남대문의 세브란스병원 내에 6년 과정의 간호사 양성학교가 설립되었을 때, 거기서 전공 관련 강의를 담당했다.[12]

1908년 벙커가 ABS 총무를 맡게 되자 애니 엘러스는 남편과 함께 성서의 출판과 보급에 힘썼다. 그들은 한글 성서 출판을 위해 일본 요코하마에 한글 활자를 미리 제작해두어 출판을 용이하게 하였다. 또한 우리가 부르는 찬송가의 대부분을 기존 곡조에 우리말 가사로 조화롭게 연결시켰다.

중년의 애니 엘러스 동대문 교회에서 남편과 함께 목회 활동을 하며 감옥 선교 등을 하였다.

1909년에 벙커 부부는 비밀리에 한국을 방문한 헐버트를 맞이했다. 헐버트는 1907년 7월 일본의 탄압으로 미국으로 돌아가 살고 있었다. 헐버트는 벙커의 집에 머물면서 한국에서 일신 사항을 정리했다.[13]

애니 엘러스는 1910년 벙커가 동대문 교회 동대문부인성경학원 개교에 참여하고 일하고 있을 동안 남편과 함께 선교 활동을 하며 시약소를 운영하는 등 여러 선교사역을 하며 지냈다.

1912년 남편과 함께 1년 동안 안식년으로 귀국했다가 다음해 돌아와 역시 동대문부인성경학원과 동대문구역 전도사업을 함께 하였다.[14]

그녀는 감옥에서 전도 활동도 하였다. 한 번은 세 명의 여자 죄수들과 이야기를 나누러 갔다. 그녀들 중 둘은 글을 읽을 줄 알았다. 그녀들과 함께 마가복음을 읽었다. 세 사람 모두가 관심을 보였고 '예수 사람'이 되겠다는 의지를 밝혔다. 추수감사절 날 감옥에 갔을 때 교도관은 그녀가 음식을 반입하는 것을 승낙했다. 그녀들과 함께 음식을 먹기 전 그녀는 기도를 드렸다. 그것을 보고 그녀들 중 한 명이 음식을 먹기 전 기도를 드려야 하는 것이냐고 물었다. 그녀가 그렇다고 대답하자 그녀들도 그렇게 하겠다고 했다. 그 한 여성은 자신의 남편을 죽인 죄로 감금되어 있었다. 그런 이야기를 듣고 그녀에게 처음에는 공포를 느꼈지만 대하고 보니 침착하고 조용하며 정숙했기 때문에 오히려 그 남편이 매우 잔인한 사람이었다고 생각했다.

벙커의 2년 후 목사직 퇴임을 알리는 동아일보 신문기사 1886년 7월 4일 조선에 도착하여 육영공원에서 가르쳤다. 그 후에 배재학당에서 28년간 교수하다가, 북감리교회에서 회계사무를 보았다. 그는 만기가 되면 사퇴하고 2~3년간 여행하다가 다시 조선으로 돌아와 양화진에 묻히겠다고 하였다.

그녀들은 매우 외로웠기 때문에 애니 엘러스가 일주일에 한 번 방문 하는 것을 기뻐하고 기대했다. 크리스마스 즈음 벙커는 남자 죄수들을 위해 열다섯 벌의 솜옷을 가지고 감옥에 갔다. 감방에는 난방이 되지 않았고 어떤 남자들은 얇은 여름 옷 밖에 가지고 있지 않았다. 한 남자는 그들이 새 옷을 가지고 가기 전 날 밤 동사했다. 그녀 부부는 남자들을 위한 도서관을 설립했고 또한 그들 중 일부에게 세례를 베푸는 기쁨도 얻었다.[15]

그녀는 여성과 소녀들을 위하여 많은 선교 활동을 했다. 그녀의 생애 후반기에는 조선 Y.W.C.A의 활동에 많은 관심을 가졌다. 1923년 Y.W.C.A의 창설에 협력하여 5,000엔의 창립기금을 희사하기도 했다. 뿐만 아니라 Y.W.C.A를 위한 더 많은 상담과 조언 그리고 해외로부터 도움을 얻기 위해서도 많은 노력을 기울였다.[16]

1926년 7월 4일 남편 벙커가 목사직을 75세의 만기로 정년을 마쳤다. 그 후 그녀는 남편과 함께 미국 캘리포니아로 귀국하였다.

> 벙커 씨는 미국 오하이오주의 출생으로 금년이 일흔 셋인데 서력 일천팔백 팔십 육년 칠월에 한국에 구미신학교를 소개하고자 고종 태황제의 명령으로 한성에 도착하여 동년 구월에 정동(貞洞) 지금 고등법원 자리에 학교를 설치하고 리완왕과 고희경씨 등 귀족 계급의 자제에게영어, 산술, 역사 등을 가르치던 바 일청전쟁 후에 일인이 세력이 왕성할 때에 학교를 유지치 못하게 되어 교사로 있던 '길모어', '헐버트'씨는 사직하고 혼자 가르치다가 일천 팔백 팔 십 구년 호조참의로 임명되어 옥관자를 부치게 되었으며 그 부인은 황후 폐하께로부터 화려한 가옥이 내렸는데 씨는 그 후에 배재학당에서 이십 팔년간을 교수하다가 방금은 북감리교회의 회계 사무를 보는데 내후년은 만기가 되어 사퇴하고 이삼년간 여행하다가 조선으로 도로 와서 살다가 양화진에 파묻히겠다더라. 〈동아일보〉 1924.10.17 기사.

귀국 후 6년 만인 1932년 11월 26일 벙커가 별세하자 그녀는 그의 유언에 따라 유해를 가지고 한국에 와서 양화진에 안장했다. 이 후 그녀는 다시 내한하여 죽첨정(서대문)에 살았다.[17] 그리고 다시 미국으로 가기 전 가지고 있던 부동산을 팔아 배재학교와 Y.W.C.A인 여자기독교 청년회, 대전 영아관, 공주 영명학교 등에 기부하였다.[18] 1937년 다시 내한 하여 황해도 소래에서 살았다. 그녀는 소래 해변에서 보낸 여름 내내 아주 건강해 보였다. 매일 아침 일찍 일어나 운동을 했다.[19]

1886년 그녀가 조선에 왔을 때 소녀들을 위한 교육은 거의 이루어지지 않고 있었다. 여자들은 자신들의 멍에를 받아들이고 스스로 열등하다고 간주하며 자신들의 운명을 감수하고 있었다.[20] 여자들은 결혼 후에는 헌신적으로 복종하는 아내로서 남편의 명성과 평안을 뒷바라지 하기위해 온 힘을 기울였다. 때문에 소녀들은 밥 짓기, 바느질하기, 청소하기 등의 가사 일에 전념하였다. 그러나 그로부터 20여년이 지난 1930년 대 중반 무렵 한국의 소녀들은 많이 변했다. 여자 학교가 곳곳에 있으며 여성에 대한 선교가 활발히 이루어져 기도하는 여자들이 많이 생겨났다. 그녀는 여성도 남성처럼 지식과 문화의 수준이 높아야 나라와 민족이 번영한다고 여겼다. 조선이 지금처럼 발전한 것은 그리스도 안에서 수준이 향상된 여성의 역할 때문이라고 보았다.[21]

그녀가 이 나라에 올 때 조선 사람들은 나무와 돌에 절하고 숭배할 줄 만 아는 이교도에, 무지한 존재로 여겼었다. 그때 그녀는 조선

노년의 애니 엘러스 YWCA 창설에 협력하여 5천 엔의 창립기금을 희사하는 등 재산을 모두 종교단체에 헌납했다.

의 고대 문명이나 광범위한 문화 수준과 다양한 예술 분야를 미처 알지 못했던 때였다. 한국에서 보내면서 한국인들은 그녀가 처음에 가졌던 인상과는 너무 다르다는 것을 알았다. 한국인들은 섬세하고 스스로에 대한 존중과 겸손을 갖고 있었다. 스스로에 대한 통제력과 절제력이 있었다. 삶의 여러 가지 측면에 있어 아주 우수했다. 한국 사람들은 존경을 받기에 부족함이 없다는 것을 알았다.[22]

그녀는 서울에서 지내는 노년에도 여전히 건강해 보였다. 그녀의 귀에는 전동차 소리, 트럭의 돌진 소리, 택시들의 경음기 소리들이 이제는 예전의 어떠한 고요도 남겨 놓지 않을 정도로 한국은 이제 그녀가 도착한 때와 많이 변했다. 거기에 조간신문 배달부의 종소리와, 다양한 식품 상인들이 지나가면서 외치는 고함소리, 거리의 모퉁이에는 고구마와 감자를 구워 파는 사람들의 외침도 있었다. 학교로 무리지어 달려가며 아는 사람을 만나면 인사를 하는 소리, 이것들은 그녀가 조선에 올 당시와 비교하면 너무나 많이 변모해서 마치 세계를 향해 전진하는 행진의 대열처럼 느껴졌다.[23]

그녀는 어느 날 잠시 병중에 있다가 1938년 10월 8일 토요일에 조선에 처음 온 후로 52년 동안 살았던 곳과 매우 가까운 그레이 하우스에서 소천하였다. 향년 77세였다. 그녀는 양화진의 남편 곁에 묻혔다.[24]

조선을 제2고향으로 정하고 조선의 육영(育英)사업과 기독교 사업에 수 십 년 동안 헌신 활동해 오던 미국인 '애니 엘러스, 벙커 부인'은 수 일 전부터 신병을 얻어 요양 중이던 바 약석이 무효하여 8일 오전 9시 정동정(貞洞町) '그레이 하우스'에서 별세하였는데 향년은 77세이다.

부인은 1860년 캘리포니아에서 태어나 일리노이주 여자대학과 보스턴 대학 의학과를 졸업 후 당시의 한국 황실의 초빙으로 거금 52년 전에 조선 땅에 건너와 여자교육과 종교 사업에 전력을 하다가 배재학당의 설립자의 한 사람인 부군 벙커 씨가 별세 후 1차 귀국하였다가 조선이 그리워 다시 래조. 부득이한 경우로 또 다시 귀국

애니 엘러스가 별세한 것을 알리는 신문기사 애니 엘러스가 정동 그레이하우스에서 별세하였다는 〈동아일보〉 1938년 10월 8일자 보도.

양화진 묘역 1932년 11월 26일 벙커가 별세하자 그의 유언에 따라 애니 엘러스는 유해를 한국으로 가지고 와서 양화진에 안장하였다. 그녀도 1938년 10월 8일 별세하여 양화진 남편 곁에 묻혔다. 정신여학교에서 세운 비문에는 '하나님을 믿자, 바르게 살자, 이웃을 사랑하자'라는 그녀가 여학교를 설립할 당시의 학교 교육이념이 새겨져 있다.

하게 되었을 때 시재 중 부동산을 팔아 배재학교와 여자기독교 청년회, 대전영아관, 공주영명학교 등에 기부하였다.

그러나 조선에 남겨둔 사업과 친구에 대한 애착을 끊을 길 없어 노구를 추억 깊은 조선 땅에 묻겠다고 결심하고 작년 11월 3차 내한하여 '그레이하우스'에 있으면서 여자기독교 청년회관 건설운동에 전력을 하여왔던 것으로 외국인이면서 부부가 모두 조선을 위하여 일하고 조선 땅에 묻히게 된 것이다. _〈동아일보〉 1938.10.9

1884년 9월 20일 알렌의 입국으로 시작된 우리나라 기독교 선교는 1890년에 알렌과 헤론이, 1902년 아펜젤러가, 1907년 스크랜튼이, 1909년에 메리 스크랜튼이, 1916년 언더우드가 각각 선교 사역을 마쳤다. 애니 엘러스는 2년 동안만 조선에서 선교사역을 할 생각으로 왔지만 1926년까지 40년 동안을 이 땅의 선교 사명에 헌신했다. 스물여섯 살의 젊은 여자 선교사였다. 기아와 전염병과 불안한 치안 상태와 아직 복음이 움트지 않은 위험한 조선에 다음과 같은 기도로 발을 내디뎠다. 그 미약한 첫발은 사마리아와 땅끝까지 이르러 주님의 증인이 된 위대한 사역의 출발이었다.

고통을 당하고 있는 여성들의 짐을 조금이나마 덜어줄 수 있기를 원합니다. 이 모든 일들이 우리 주님의 성령과 자비로 이루어지길, 그리고 그 분에게 영광과 존귀를 돌릴 수 있기를 기도합니다. _1886.7.10 애니 엘러스

주

1. 페르시아를 준비하던 의료선교사

1. Horace H. Underwood, "Annie Ellers, Bunker", *Korea Mission Field*, 1938. 12.

2. 옥성득, 《한국근대간호역사화보집, 1885-1945》(대한간호협회,2012), 8쪽.

3. 엘린우드(F.F.Ellinwood, 1826-1908) 목사는 프린스턴 신학교를 졸업한 후 목회를 하면서 총회 건
   축위원회에서 봉사했다. 1871년 신파를 대변하는 해외 선교부 총무에 피선되었고 이후 한 세
   대동안 선교에 헌신하면서 한국을 비롯한 많은 선교지를 개척하였다. 그는 선교 잡지들을
   편집하고, 여성 선교, YWCA, 학생자원운동 등을 후원하였다. 또한 선교부를 거대기구로 조
   직하였으며 선교 정책과 신학을 정리하였다. 그는 특히 자립 토착 교회 설립을 위해 노력하
   였으며 아시아 종교 연구를 개척한 비교 종교 학자였다. 그는 1884년부터 1902년까지 한국
   장로회 선교회활동을 후원하고 감독하였다. 그의 진보주의적 복음주의 선교정책은 한국 교
   회 형성에 큰 영향을 주었다.

2. 미 북장로회 선교부

1. 1876년 2월 2일(음력) 한일수호조규(韓日修好條規)에 의하여 한국은 문호를 개방하기 시작하였
   다. 이후 청과 조약을 맺은 후 청은 조선이 서구 열강과 조약을 맺어 일본을 견제하고 러시
   아를 경계할 것을 권하였다. 미국과는 1882년 5월 통상조약을 체결하였다.

2. 푸트(Lucius H. Foote, 초대 주한 미국공사이며 재임기간은 1883.5~1885.1). 1882년 미국과 한국 사이
   에 체결된 한미조약의 결과로 미국은 한국에 파견할 외교대표부가 필요했다. 당시 아더 대통
   령은 푸트를 특별전권공사(envoy extraordinary and minister plenipotentiary)라는 직위로 임명
   하였다.

3. 손정숙, "한국 근대주한 미국공사 연구"(이화여자대학교 대학원, 2003). 보빙사(報聘使)는 미국을 방
   문한 조선 최초의 한국외교사절이었다. 보빙사절의 방미는 조미조약에 규정된 '외교사절 교
   환' 항목에 의거한 것이기도 했지만 조선정부가 그 결정을 내리는데, 무엇보다 초대 미국공
   사 푸트의 영향이 컸다. 푸트는 보빙사절이 미국정부에 의해 크게 환영받을 것이라고 하여
   고종의 허락을 받았다. 보빙사 파견이 결정된 후에도 푸트 공사는 민영익을 수반으로 하는
   한국 외교사절단에게 배편을 제공하고, 주일 미국공사 빙햄과 캘리포니아의 자신의 친구들
   에게 서한을 보내 그들에 대한 접대를 부탁했다.

4. 《알렌의 일기》(김원모 옮김, 단국대출판부, 1991), 23쪽.

5. 같은 책, 24쪽. 9월 23일 알렌은 미국공사관 소속의 무급 의사로 임명되었다.

6. *Annual Report of Board of Foreign Mission of the Presbyterian Church in the United
   States of America*, 1885.

6. 金源摸, 《近代韓國外交史年表》(단국대출판부, 1984), 292쪽. 묄렌도르프는 청국 이홍장에 의해
   1883년 12월 파견되어 협판교섭통상사무(協辦交涉通商事務), 전환국총판(典局總辦), 공조참
   판(工曹參判), 병조참판(兵曹參判), 해관총세무사(海關總稅務司) 등 광범위한 직책(정치, 외교, 관
   세 등)을 맡았다.

7. 포크(George Clayton Foulk, 대리공사이며 재임기간은 1885.1.10~1886.6.12, 1886.9.1.~1886.12.11). 1884
   년 6월 보빙사 일행을 따라 해군 무관의 직책을 가지고 내한하였다가 푸트를 대신하여 1885
   년 1월부터 1886년까지 미국의 임시 대리공사(Charge d'affaires and interim)로 서울에 체류하

였다. 이후 미국공사로는 록힐(1886.12.11~1887.4.1), 딘스모어(1887.4.1~1890.5.26)가 재직하였다.

8. 《헤론 의사의 선교편지》(김인수 옮김, 장로회신학대학교출판부, 2007), 1885.10.26.

9. 《알렌 의사의 선교·외교편지》(김인수 옮김, 장로회신학대학교출판부, 2007), 1885.5.15.

10. 미 북감리회 스크랜튼(W.B.Scranton)이 1885년 9월 10일 우리나라 최초의 민간인 병원인 '정동병원'을 세웠다. 고종은 1886년 6월 15일 시병원(Universal Relief Hospital)이라는 이름을 하사하였다. 1890년 많은 사람이 찾아올 수 있는 남대문 상동(尚洞)으로 옮기며 상동병원(尚洞病院)이라고 불렀다. 이 병원이 떠난 자리에 정동제일교회가 들어섰다.

11. 《알렌 의사의 선교·외교편지》, 1886.3.14.

12. 《헤론 의사의 선교편지》, 1886.4.8.

3. 조선으로 출발

1. 육영공원은 한미우호통상조약 체결 뒤, 미국에 파견되었던 보빙사(報聘使) 일행의 요청과 주한 미국공사관부무관이었던 포크(G.C.Foulk) 중위의 간청으로 1886년 조선정부에서 세운 최초의 신식학교(新式學校)이다. 벙커, 길모어, 헐버트 등 3인의 미국교사가 초빙되어 영어로 교육을 하였는데, 반은 둘로 나누어 좌원(左院)은 연소한 문무관사 중에서, 우원(右院)은 15세에서 20세에 이르는 고관의 자제 혹은 고관이 추천한 젊은 선비 중에서 사색당파를 타파하여 정선(精選)하였다. 우원 학생은 집에서 통학하되 좌원 학생은 기숙사에서 생활하게 했다. 공원을 관리하는 관료들이 공원운영비를 횡령하여 개인적인 용무에 사용한 일이 생기고, 아무리 열성을 가지고 가르친다고 해도 별 성과를 거두지 못함을 알게 되자, 길모어는 1889년에 사임하여 귀국하였고, 헐버트는 1891년에 귀국하였다. 벙커는 1894년 육영공원이 폐지될 때까지 남아 있었다.

2. Annie J. Ellers Bunker, "Personal Recollection of Early Days", 1935.

4. 입국

1. Annie J. Ellers Bunker, "Personal Recollection of Early Days,", 1935.

5. 도착

1. 《알렌의 일기》(김인수 옮김), 1884.10.28.

2. 《언더우드 목사의 선교편지》(김인수 옮김, 장로회신학대학교출판부, 2002), 1886.7.9.

3. Annie J. Ellers Bunker, "Personal Recollection of Early Days", 1935.

4. Annie J. Ellers Bunker, "My First Visit to Her Majesty, The Queen", *Korea Mission Field*, 1938.2.

5. 《알렌 의사의 선교·외교편지》(김인수 옮김), 1886.7.10.

6. 《언더우드 목사의 선교편지》(김인수 옮김), 1886.7.11, H. G. 아펜젤러 지음, '자유와 빛으로', 정동제일교회 역사편찬위원회. 노춘경 세례일을 H. G. 언더우드는 7월 11일로 기록하고 있지만 H. G. 아펜젤러는 7월 18일로 기록하고 있다. 애니 엘러스는 도착한 7일째 세례식에 참여하였다고 기록하고 있다. 애니 엘러스는 1886년 7월 4일 서울에 도착하였으므로 그날로부터 7일째는 11일이 된다.

7. Mrs. Annie Ellers-Bunker, "Early Personal Recollections", *The Korea Mission Field*, 1935.4.

8. Annie J. Ellers Bunker, "Early Memories of Seoul", *Korea Mission Field*, 1938.2.

9. Annie J. Ellers Bunker, "Personal Recollection of Early Days", 1935.

10. 같은 책.

11. 《알렌 의사의 선교·외교편지》(김인수 옮김), 1886.7.9.

12. 《헤론 의사의 선교편지》(김인수 옮김), 1886.10.9.

13. W. W. Ellinwood's Letters, 1887.1.13.

14. Annual Report of the BFM of the MEC, 1885.

6. 명성황후의 시의

1. 《알렌 의사의 선교·외교편지》(김인수 옮김), 1886.10.28.

2. Annie J. Ellers Bunker, "Early Personal Recollections", *Korea Mission Field*, 1935.4.

3. Annie J. Ellers Bunker, "My First Visit to Her Majesty, The Queen", *The Korean Repository*, 1895.

4. Annie J. Ellers Bunker, "Early Personal Recollections", *Korea Mission Field*, 1935.4.

5. Annie J. Ellers Bunker, "My First Visit to Her Majesty, The Queen", *The Korean Repository*, 1895.

6. Annie J. Ellers Bunker, "Early Memories of Seoul", *Korea Mission Field*, 1938.2.

7. Annie J. Ellers Bunker, "Personal Recollection of Early Days", 1935.

8. 《알렌 의사의 선교·외교편지》(김인수 옮김), 1886.10.28.

9. Annie J. Ellers Bunker, "Personal Recollection of Early Days", 1935.

10. 같은 책.

11. 《알렌 의사의 선교·외교편지》(김인수 옮김), 1886.10.2.

12. Annie J. Ellers Bunker, "My First Visit to Her Majesty, The Queen", *The Korean Repository*, 1895.

7. 정2품 정경부인

1. 《알렌 의사의 선교·외교편지》(김인수 옮김), 1886.10.28.

2. 승정원일기, 1887.11.23(음), 일성록, 1887.11.23(음). / 일성록에는 '미 여의사'라고 기록되어 있고, 승정원 일기에는 '미국 여의사 혜론'으로 적혀 있다. '미국 여의사 혜론'은 애니 엘러스를 지칭하는 것이 확실한데 왜 '혜론'이 붙여졌는지는 알 수 없다.

3. 알렌과 혜론은 음력 1886년 5월 13일(승정원일기, 고종실록)에 당상관 품계를 받았고, 알렌은 음력 9월 28일(승정원일기)에 가선대부, 혜론은 음력 1887년 11월 23일에 가선대부를 받았다.

8. 제중원 부녀과

1. 남별궁은 중국 사신의 여사(旅舍)였으며 지금의 조선 호텔 자리에 있었다.

2. 《알렌 의사의 선교·외교편지》(김인수 옮김), 1886.8.20.

3. 같은 책, 1886.10.2.

4. 같은 책, 1886.10.28.

5. 《헤론 의사의 선교편지》(김인수 옮김), 1887.10.1.

6. Annie J. Ellers Bunker, "Personal Recollection of Early Days", 1935.

9. 여학교 시작

1. 언더우드 학당은 1885년에 시작되었다. 그는 1886년 봄 정동에 예수교학당을 영국의 고아학교 형태로 고종의 허락을 받았다(G. W. Gillmoer, "Korea from its Capital, Presbyterian Board of Publication and Sabbath School Work", 1892, 295쪽).

2. 《알렌 의사의 선교·외교편지》(김인수 옮김), 1886.5.13.

3. 같은 책, 1886.12.29.

4. 아펜젤러(H. G. Appenzeller) 부부는 1885년 4월 5일 언더우드와 함께 제물포에 도착했으나 부인이 임신 중이어서 주미 대리 공사 포크로부터 입국을 만류받고 다시 일본으로 되돌아갔다. 감리회 목사이며 의사인 스크랜튼(W. B. Scranton)이 5월 3일 입국한 이후인 6월 6일, 아펜젤러 부부는 미국 여자해외선교회에서 파송한 스크랜튼 의사의 어머니 메리 스크랜튼과 함께 입국하였다.

5. 《언더우드 목사의 선교편지》(김인수 옮김), 1887.1.22.

6. 《알렌 의사의 선교·외교편지》(김인수 옮김), 887.8.15.

7. 《언더우드 목사의 선교편지》(김인수 옮김), 1887.8.2.

8. 같은 책, 1887.1.22.

9. 《헤론 의사의 선교편지》(김인수 옮김), 1887.1.24.

10. 위의 책, 1887.2.13.

11. 위의 책, 1887.3.7.

12. 위의 책, 1887.5.1.

13. 위의 책, 1887.8.20.

14. Annie J. Ellers Bunker, "Personal Recollection of Early Days", 1935.

10. 결혼

1. 《알렌 의사의 선교·외교편지》, 1887.1.17.

2. 《언더우드 목사의 선교편지》, 1887.1.22, 《헤론 의사의 선교편지》, 1887.1.24.

3. Mrs. Annie Ellers-Bunker, "Early Personal Recollections", *The Korea Mission Field*, 1935,4.

4. 그녀와 친밀하게 지내는 황후는 결혼 후 그녀가 살 집에 대해서 물었을 가능성이 크다. 그녀는 여학교를 하고 싶었으므로 그런 뜻을 이야기했을 것이다. 고종과 명성황후는 그녀의 말대로 학교를 운영할 수 있는 큰 집을 사 주었다. 헐버트는 이 일을 두고 세 달 내로 흥미 있는 일이 벌어질 것이라고 예상했다(헐버트가 누이에게 보낸 편지, 1887.3.16.). 그리고 석 달이 지난 6월에 그녀는 학교를 시작한 것이다.

5. 《알렌 의사의 선교·외교편지》, 1887.7.5.

6. Annie J. Ellers Bunker, "Personal Recollection of Early Days", 1935.

7. 《알렌 의사의 선교·외교편지》, 1887.7.11.

11. 정동여학당, 선교부 등록

1. 《헤론 의사의 선교편지》, 1887.1.15.

2. 《언더우드 목사의 선교편지》, 1888.3.12.

3. 같은 책, 1888.3.18.

12. 불화

1. 《헤론 의사의 선교편지》, 1886.10.19.

2. 《알렌 의사의 선교·외교편지》, 1886.12.16.

3. 《헤론 의사의 선교편지》, 1886.12.27.

4. 《언더우드 목사의 선교편지》, 1886.12.27.

5. 《헤론 의사의 선교편지》, 1887.9.11.

6. 손정숙, "한국 근대주한 미국공사 연구"(이화여자대학교 대학원, 2003). 알렌이 조선의 참찬관직 제의를 수락한 것은 선교사들 사이의 불화와 재정적인 이유, 고향으로 돌아가 건강 회복과 아울러 원세개와 같이 있으면 위험하다고 판단되는 분위기 때문이었다. 참찬관으로서 알렌의 주요 임무는 조선 왕실을 대신하여 광산을 담보로 한 200만 불 차관 교섭이었다. 그러나 박정양의 밀수 사건과 미국 신문의 비호의적 기사로 성공할 수 없었다. 대신 직접 광산 경영으로 마음을 바꾼 왕실의 요청으로 광산 기술자를 선발하여 조선에 파견하였다.

7. 《언더우드 목사의 선교편지》, 1887.11.27.

8. 《헤론 의사의 선교편지》, 1887.11.13.

9. 1887년 10월 20일 내한한 메타 하워드(Meta Howard)가 이화학당 내에 부인과 아동을 위해 개설한 병원이다(W.F.M.S. 1938: 이화여자대학교 간호대학사, 1986). 감리회 시병원에서 남녀를 함께 치료하기 어려워 메리 스크랜튼이 감리회 선교본부에 요청해 여성 전용 병원으로 세웠다. 교육과 의료혜택을 받기 어려운 부녀자들을 치료하였고, 명성황후가 이 병원을 'Caring for and Saving Woman's Hospital'이라는 의미로 보구여관이라고 명명하였다. 시병원 옆의 이화학당 구내에 있었다.

10. 같은 책, 1887.12.19.

11. 같은 책, 1888.1.15.

12. 《알렌 의사의 선교·외교편지》, 1888.2.25.

13. 미 북장로회 선교 사역을 그만두다

1. 명동성당은 1883년 대지를 매입하였고, 1887년 본격적인 정지 작업에 착수했다. 그러나 1888년 조선 정부는 이곳이 열왕(列王)의 영정을 모신 영희전(永禧殿)의 주맥(主脈)에 해당되는 곳으로 건축이 불가하다는 풍수지리(風水地理)적 이유를 들어 정지 작업 중지와 토지권 포기를 요청하였다(서울의 문화재, 서울특별시).

2. Annie J. Ellers Bunker, "Personal Recollection of Early Days", 1935.

3. 《언더우드 목사의 선교편지》, 1889.2.19.

4. 《헤론 의사의 선교편지》, 1889.3.25.

5. Mrs. Annie Ellers-Bunker, "Early Personal Recollections", *Korea Mission Field*,
   1935,4.

6. 《헤론 의사의 선교편지》, 1887.11.13.

7. 같은 책, 1888.12.6.

8. 《알렌 의사의 선교·외교편지》, 1889.12.13.

9. 같은 책, 1889.12.13.

10. 1902~1903년도에는 기포드 부인이 세탁, 린넨 및 침대에 관한 일을 도와주었다(《인술, 봉사 그
    리고 개척과 도전의 120년》(연세의료원, 2005.5. 110쪽).

11. L. H. Underwood's Missionary Letter, 1890.9.1.

12. 같은 기록.

14. 양화진 선교사

1. 헐버트가 어머니에게 보낸 편지, 1888.11.1.

2. 헐버트가 누이에게 보낸 편지. 1889.4.18.

3. 헐버트가 헨리에게 보낸 편지, 1890.2.11.

4. 헐버트가 아버지에게 보낸 편지, 1898.12.13.

5. "大韓朝鮮에 四十星霜 벙커氏", 〈동아일보〉, 1924.10.24.

6. Mrs. Annie Ellers-Bunker, "Early Personal Recollections", *Korea Mission Field*,
   1935,4.

7. 헐버트가 아버지에게 보낸 편지, 1894.12.16.

8. 헐버트가 아버지, 어머니에게 보낸 편지, 1895.7.25.

9. 윤춘병, 《동대문교회일백년사》(동대문교회, 1990), 92쪽.

10. 김호용, 《대한성서공회사》(대한성서공회, 1993), 273쪽.

11. 《동방학지 52, 53집》(연세대학교국학연구원, 나일성 옮김, 1986).

12. 이만열, 《한국기독교의료사》(대우학술총서, 2003), 188쪽.

13. 헐버트가 메이에게 보낸 편지, 1909.9.2.

14. 윤춘병, 《동대문교회일백년사》(동대문교회, 1990), 127쪽.

15. Annie J. Ellers Bunker, "Personal Recollection of Early Days", 1935.

16. Horace H. Underwood, "Annie Ellers, Bunker", *Korea Mission Field*, 1938. 12.

17. "정신여교(貞信女校) 오십년사(五十年史) 상(上)", 〈동아일보〉, 1935.6.27.

18. "뻥커女史 永眠", 〈동아일보〉, 1938.10.9.

19. Horace H. Underwood, "Annie Ellers, Bunker", *Korea Mission Field*, 1938. 12.

20. 그리피스, Missionary Letter, 1885.

21. Mrs. Annie Ellers-Bunker, "Early Personal Recollections", *Korea Mission Field*,
    1935,4.

22. Annie J. Ellers Bunker, "Personal Recollection of Early Days", 1935.

23. Annie J. Ellers Bunker, "Early Memories of Seoul", *Korea Mission Field*, 1938.2.

24. Horace H. Underwood, "Annie Ellers, Bunker", *Korea Mission Field*, 1938. 12.

연
표

1860년 8월 31일	미국 미시건주 버오크에서 장로회 목사의 딸로 출생
1881년	일리노이주 록포드 대학 졸업
1884년	보스턴시립병원 간호사양성학교 수학
1886년 7월 4일	보스턴 의과대학교 수학 중 미 북장로회 총무 엘린우드의 초청으로 입국
1886년	입국 즉시 명성황후 시의가 됨
1886년 11월 8일	구리개 제중원에 우리나라 최초의 여성병원을 열고 근무 시작
1887년 6월	고종이 하사한 정동 28번지 주택에 여학교(정동여학당, 현 정신여자중·고등학교) 설립
1887년 7월 5일	육영공원 교사 벙커와 결혼
1887년 11월 23일(음력)	정2품 정경부인 직첩 받음
1888년 3월 12일	미 북장로회 선교부, 애니 엘러스 여사가 맡고 있는 여학교를 선교부에 등록
1888년 3월 27일	미 북장로회 의료선교에 관한 권리를 호튼에게 양도
1888년 11월	미 북장로회 여학교에 관한 권리를 헤이든에게 양도. 미 북장로회 선교사 지위를 잃음
1889년 4월	신병 치료차 미국에 한 달 기한으로 출발
1894년 4월 이후	정동길 46번지(현, 정동제일감리교회 내 부근)로 이사

1894년 4월 이후	배재학당에서 근무
1895년 6월	남편 벙커와 함께 미국 방문 후 귀국
1896년	남편 벙커, 동대문교회 담임목사 취임(1898년까지)
1901년	남편 벙커, 미국성서공회(ABS) 한국 대표가 되어 성서 출판과 보급 활동
1902년	여성 수감자 대상으로 옥중 전도 활동
1904년 8월	벙커 부부 미국 방문하고 귀국
1906년 9월	제중원 간호사 양성학교에서 전공 관련 강의
1909년 9월	비밀리에 방문한 헐버트를 맞이하여 일신 사항 정리를 도움
1911년	벙커 부부 안식년으로 귀국
1912년	동대문구역 선교사업
1923년	YWCA 창설에 협력하여 5천 엔의 창립기금 희사
1926년 7월	미국 캘리포니아로 귀국
1932년 11월 26일	남편 벙커 목사 별세. 다음 해 4월 8일 유해를 가지고 와서 양화진에 안장. 이후 내한하여 죽첨정(서대문)에 거주하다가 다시 도미. 재산을 모두 선교회 등에 헌납
1937년	재내한하여 그레이하우스 등에 거주
1938년 10월 8일	정동 그레이하우스에서 별세하여 양화진의 남편 곁에 묻힘

상세 연표

1860년

8월 31일, 미국 미시간주 버오크(Burr Oak)에서 장로교 목사의 딸로 출생

1881년

일리노이주 록포드(ROCKFORD) 대학 졸업

1882~1884년

보스턴시립병원 간호사양성학교 수학(옥성득,《한국근대간호역사화보집》, 대한간호협회, 2012, 9쪽)

1885년

보스턴 의과대학 입학(1884년). 2년 재학 중, 미국 북장로회 선교부에 페르시아 의료 선교사로 지원. 1887년 페르시아 테헤란의 여성병원의 의료선교사로 나갈 것을 허가 받음

1885년 가을

휴가를 맞아 페르시아에서 고향으로 돌아온 한 선교사를 만났다. 그녀는 테헤란에서 여학교를 맡고 있었는데, 그녀로 인해 나는 페르시아로 가서 의료 선교 사역을 하는 것에 대하여 진지하게 생각해보게 되었다. 당시 그들은 '여성 병원'을 설립하고 있었고, 의사를 필요로 했다. 그래서 1886년 이른 봄에 나는 지원을 했고 그 다음해에 새로운 병원의 일을 맡아 나갈 수 있도록 허가받았다. 나는 깊은 흥미를 가지고 페르시아와 그 국민들에 대하여 내가 읽을 수 있는 모든 자료를 읽어보았다. 더 많은 자료들을 읽을수록 나의 관심은 깊어졌다. 나는 페르시아 여성들에게 도움이 될 사역을 할 기대로 가득 차 있었다. 나의 대학시절 급훈이 'bread givers'였는데 나는 그 급훈을 실천하며 살고 싶었다(Annie Ellers Bunker, "Personal Recollections of Early Days", 1935.6).

1886년

5월 22일, 미국 북장로회 해외선교부 엘린우드(W. W. Ellinwood), 애니 엘러스에게 조선으로 의료선교를 가 줄 것을 요청을 받았다. 아직 의과대학과정을 마치지 못했고, 졸업 후 페르시아로 가려고 했었기 때문에 이 요청을 거절했다. 그러나 뒤따라 여의사를 보낼 것이며 2년만 있다가 와달라는 다급한 요청을 수락하여, 샌프란시스코에서 'City of Pekin' 호를 타고 조선으로 출발. 이때 함께 오는 배에는 육영공원 교사로 초빙된 벙커(D. A. Bunker), 헐버트(H. B. Hulbert), 길모어(G. W .Gilmor)와 길모어 부인이 함께 타고 있었다. 벙커는 1883년 오버린(Overlin)대학을, 헐버트는 1884년 다트머스(Dartmouth) 대학을, 길모어는 1882년 프린스턴(Princeton) 대학을 각각 졸업하고 모두 뉴욕 유니온 신학교에 들어가 벙커와 길모어는 졸업반에 있었고, 헐버트는 2학년에 재학하고 있었다. 애니 엘러스가 조선 선교를 승낙하자마자 출발해야 했던 것은 이미 육영공원 교사로 파견될 교사들의 출항 일정이 잡혀 있었고, 그녀를 그들과 함께 가도록 일정을 잡았기 때문이었다. 원래 더 일찍 출발하려고 했고, 조선에 갑신정변이 일어나 정국이 불안하여 출발이 연기되었다. 처음에는 헐버트, 길모어 그리고 본(H. E. Bourne)이었다. 조선 정국이 다시 안정되어 출발하려고 했을 때 본이 포기하고 그 대신 벙커가 합류하게 되어 이 세 사람이 떠나게 되었다.

그때 한국에서 두 통의 긴급한 전신이 도착했다. 그곳으로 와달라는 요청이었다. 나는 거절했다. 왜냐하면 한국은 나에게 미지의 나라였기에. 페르시아가 손짓하며 불렀다. 게다가 나는 아직 그 어느 곳에도 갈 준비가 되어 있지 않았다. "여성 내과의를 구할 수가 없습니다. (당신이) 와 주실 수 없겠습니까?"라고 토요일 밤에 전신이 날아왔다. 나의 입술은 두 번째 거절의 말을 담았다. 하지만 "기다리면서 기도해보는 것이 어떨까요. 그것이 하나님의 뜻일지도 모릅니다."라는 말이 나의 거절을 승락으로 바꾸었고, 그다음 월요일 아침 나는 한국을 향해 떠났다. 단지 2년만 약속하면서! _같은 책,

1886년 5월 22일 당시 미지의 땅이었던 한국으로 향하는 "City of Pekin"이라는 이름의 증기선을 타고 5명의 모험심 강한 사람들이 항해하고 있었다. "고요한 아침의 나라"는 이제 막 개방되고 있었다. 그곳은 더 이상 "은자의 왕국"이 아니었다. 국왕은 자신의 백성들이 다른 세계의 다른 나라 사람들 사이에서 확실한 입지를 확보하기를 원했다. 즉 교육을 시키고자 한 것이다. 이 모험심 강한 다섯 명 중 세 남자 분들은 한국 귀족의 자제들을 위한 학교를 설립하려는 조선 국왕의 요청으로 미국 정부의 교육부에 의해 파견된 분들이었다. 그들이 학교에서 영어뿐만 아니라 외국인들의 생활습관, 예절, 관습 등을 배울 수 있도록 하기 위해서였다.

항해하면서 얼마나 들떴던지! 훌륭하고 멋진 업적에 대한 어떤 미래상, 동경, 희망, 기대로 가득 찬 지성과 이런 단순하면서도 예전엔 경험하지 못했던 것에 대한 모험으로 설레는 마음!

물은 얼마나 푸르고 대양은 얼마나 경이로운가. 경도 180도에 우편함이 달려 있어서 집에 부칠 편지를 거기에 보관한다는 것이 사실일까? 중국 사람들은 얼마나 훌륭한 웨이터인가! 어느 날 밤 8시를 알리는 벨소리 후에 그들은 윗 갑판에서 무엇을 하고 있었을까? 구명보트 중 하나에는 한 중국인의 시신이 있었다! 그들의 시체는 언제나 매장을 위해 고향으로 돌려보내진다. 그렇지 않으면 그 영혼이 가족들에게 붙어 다니며 괴롭힐 것이다. 그 영혼은 낯선 땅에서 안식할 수 없는 것이다. _같은 책, 80-81쪽.

6월 6일

일본 요코하마 도착

하루하루가 빠르게 지나갔다. 21일이 지난 날 아침, 요코하마가 보였다. 갑판 위의 모든 사람들이 굉장히 흥분했다! 우리가 항구를 통과할 때 아름다운 후지산이 나타났다. 한 번에 모든 각도를 볼 수 있는 파리와 같은 눈을 가지고 싶어 한 사람도 있었을지 모른다. 그 풍경이 얼마나 새롭고 기이하고 흥미로웠으며 멋졌는지! 당신도 이런 전율들을 느껴본 적이 있을 것이다. 그러나 인력거에 탔던 것만큼은 급격하게 진부하게 되어 버렸다. 나는 처음으로 일본의 이 유모차를 타 본 일을 절대 잊지 못할 것이다. 한 갈색 피부의 남자가, 옷도 제대로 입지 않고 마차의 끌채 사이에 있었다. 그와 비슷한 또 다른 두 번째 남자는 요코하마의 부두를 따라 가는 우리의 뒤를 밀고 가는데, 내 콧구멍 속으로 동양의 기묘한 냄새가 났다. 그것은 나에겐 지나치게 많아서 나는 울 때까지 웃었고, 웃으면서도 울었다. 그런 기묘한 느낌은 이전에 한 번도 느껴본 적 없었다! 그것은 오싹할 정도의 전율이었다!

속력을 내어 임해지를 벗어나 절벽 쪽으로 돌아서던 중, 수로의 다리 위를 건너면서 나는 두 번째 전율을 느꼈다. 흰 수염을 길게 기른, 나이 지긋해 보이는 한 노신사가 나에게 다가오는 것이 보였다. 나는 곧 그가 나에게 도움을 청한 사람이라고 판단했다. 우산으로 뒤에서 달리고 있는 인력거꾼을 찔러서 멈추게 하고 이 노신사에게 관심을 옮겨 "헵턴 박사십니까?"라고 물었다. 그는 "그렇습니다"라고 대답한 후 "그리고 당신이 내가 만나고자 한 여성이시군요"라고 말했다. 인력거꾼에게 새로운 지시를 하자 곧 나는 사랑스런 가정에 도착했다. 정다운 손이 나의 손을 꼭 쥐었고 친절한 눈이 나의 눈을 들여다보았다. 나는 한국에서의 생활을 위해 두 주간의 축복받은 준비기간을 보냈다. _같은 책, 81쪽.

7월 4일

서울에 도착. 6월 26일 나가사키에서 배를 타고 제물포에 도착한 후, 조랑말을 타기도 하고 걷기도 해서 서울 정동의 알렌의 집에 도착하였다.

일행 중 넷은 헤어져 각자의 길을 갔다. 나가사키에서 우리 모두는 다시 만나 후세이 선장이 지휘하는 쓰루가마루 호에 승선했다. 7

월 3일 아침 제물포로부터 3마일 떨어진 곳에서 닻을 내렸다. 그 거리에서는 여기저기에 작은 언덕과 같은 희미한 윤곽밖에 볼 수 없었고, 앞으로 살게 될 집은 우리가 보기에 진흙으로 된 방공호를 닮았다고 생각했다. 쌍안경으로는 조금 더 잘 보였다. 여기저기에 있는 나무들과 초가지붕들. 시야 가까이의 풍경은 더욱 흥미로웠다. 이상하게 생긴 작은 보트들이 나타나 우리에게 다가왔다. 보트에 타고 있는 일부 사나워 보이는 외모의 이상한 사람들은, 길게 많은 검은 머리를 등 뒤에 늘어뜨렸으나 거의 옷은 입지 않고 있었다. 그들은 보트 뒤쪽에 서서 긴 막대기로 보트를 앞으로 나아가게 하고 있었다. 이 노를 특이한 방식으로 비틀어 돌림으로써 보트를 빠르게 나아가게 할 수 있었다. 남자들 중 일부는 머리 위에 이상한 매듭을 얹고 있었다. 그들 모두는 이야기하고, 움직이고, 부르고 있었다. 그들의 의복은 한때 흰 옷이었지만 그때는 더 이상 그렇지 않았다. 그들은 맨발이었고, 강하고 거칠어 보이는 남자들이었다. 일부 보트들은 배에 공급할 물자가 실려 있었고, 나머지들은 뭍으로 운반할 짐들을 싣고 있었다.

우리의 미래가 걸린 제비를 뽑을 이 사람들을 바라보며 오전 내내 지루함을 느낄 수 없었다. 정오, 점심을 먹으러 갔다가 놀랍게도 황갈색의 사과 몇 개가 테이블 위에 있는 것을 보았다. 오랜 기간 사과를 먹지 못했기에 얼마나 좋았는지. 하나를 깎았을 때 나는 내가 착각했다는 것과, 내가 배를 좋아하지 않는다는 것을 알았다. 지금은 좋아하지만. 점심식사 바로 후에 세 남성분들은 육지로 갈 준비를 했다. 그 중 한 명은 권총을 준비해 갔다.

우리는 보이지 않을 때까지 최대한 오래도록 그들을 눈으로 따라갔다. 그리고 그들이 돌아오는 것을 초조하게 기다렸다. 저녁 식사 무렵이 되어서 그들은 우리에게 해줄 많고 많은 이야기를 가지고 돌아왔다. 주요 내용은 토착민들이 친절한 기질을 가진 사람들이며 권총은 필요하지 않았다는 것이었다. 남자분들은 아침에 해변에서 한 영국인을 만났는데 그 분은 육로로 28마일 정도 떨어진 서울로 가고 있는 중이었는데 우리의 세 분들은 언젠가 만나러 가기로 했단다. 그래서 우리들도 같은 때에 가기로 결정했다. 두 대의 인력거를 예약하고, 조랑말 다섯 마리를 빌렸다. 그 중 세 마리는 남자들이 타고, 나머지 두 마리는 보트에서 가져온 무거운 짐을 실었다. 이 무거운 짐들은 장마철 동안 모래톱에 빠져 있었기 때문에 우리는 세 달간 그것들을 보지 못했다.

우리는 일찍 잠자리에 들어 7월 4일 아침 일찍 일어났다. 이른 시간인데도 태양은 뜨겁게 내리쬐고 있었다. 부르고 소리치고 더욱이 말다툼하는 한복판에서 우리는 배를 정박하고 해변으로 향했다. 가까이 갈수록 우리는 진흙으로 된 평지 같은 것을 볼 수 있었다. 육지에 도착하면서 보니 여기저기에 큰 돌들이 있었다. 우리가 이 돌 위에 발을 딛기도 전에 우리의 짐들은 가방에 먼저 다다르기 위해 몰려든 사람들의 손에 붙들렸다. 끌고 당기는 그 난리란! 가방이 온전히 남아 있다는 것이 놀라울 따름이었다. 내가 결사적으로 붙들어 매달린 나의 손가방도 내가 잠깐 다른 곳에 정신이 팔린 사이 한두 번쯤 거의 잃어버릴 뻔했다.

안전하게 상륙한 우리는 E. D. Steward 호텔을 향해 언덕을 올라갔다. 그곳에서 영국인 안내인을 만났고 그때부터 서울에 도달하기 위한 체험의 날이 시작되었다. 그 첫 번째로, 인력거꾼들이 자신의 직업에 익숙지 못했다. 그가 갑자기 손잡이를 놓치는 바람에 우리는 엉덩방아를 찧어버렸다! 밭고랑을 알아채지 못하여 느긋하게 가는데도 도랑에 갑자기 바퀴가 빠져버려서 결과적으로 타고 있던 우리가 부딪치기도 했다! 이런 많은 불유쾌한 사건들 후에 교환이 성사되어 짐들을 인력거에 실었고 숙녀들은 조랑말을 타게 되었다. 조랑말 위에 놓여진 길마는 무감각한 나무짐 같은 것들을 운반하기 위한 것이어서 예민한 인간들을 위한 것은 아니었다. 그래서 도착 후 우리 중 한 숙녀는 일주일 동안이나 침대에 누워 있었고 또 한 숙녀는 3일을 누워 있어야 했다! 그 이유에 대해서는 당신의 상상에 맡기겠다.

여행 내내 경치는 찬연했고 구릉과 계곡은 낮았고, 산기슭 작은 언덕에 있는 조그마한 마을들, 멋진 나무들과 소나무들, 버드나무와 오크들이 밝은 햇살 아래 우리들 눈을 쉬게 해 주었다; 커다란 소매가 달린 긴 코트를 입은 보행자들은 실제로 주머니에 무언가의 다발을 가득 넣고 있었다. 나는 닭을 보았는데 그 안에 살아 있는 닭이 있었다! 기이한 모자, 빨대달린 병들, 이상한 신발, 이 외에도 많았다; 그들의 이상한 방식과 예절들, 모든 것들이 새롭고 이상해서 우리는 아주 다른 세계에 있는 듯 느껴질 정도였다. 반 정도 왔을 때 우리는 배에서 이미 미리 준비해 온 점심을 먹기 위해 한 집에 멈추었다. 그러나 아아, 우리에겐 물이 없었다. 커피도 차도 물론 없었다. 우리는 물을 마시지 말라는 경고를 받아오고 있었다.

우리는 무엇을 해야 할까? 신사 중 두 분이 정탐하러 갔다. 곧 빛나는 얼굴로 돌아와서 문제가 해결되었다고 선언했다. 그들은 샘을 발견했다. 물이 매우 차가웠고 버드나무가 매달려 있는 거대한 바위가 있는 경사면 기슭에서 아주 가까운 곳에 있었다. 감사의 말이 절로 나왔고 갈증은 해소되었다. 다시 세 번째 신사가 정탐을 하러 나갔고 굳은 얼굴로 돌아와서는 그 샘은 바위 밑에 놓여진 질그릇 항아리여서 언덕으로부터 스며 나온 것이 흘러넘친 것이라고 말하기 시작했다! 억제된 침묵의 분위기에서 말안장에 올랐고 그리고는 종일 우리의 관심을 끌었고 곧 다시 보게 될 그 곳을 향하여 발길을 돌렸다. 우리의 피로, 우리의 갈증, 우리의 굳은 윗입술과 우리의 열망하는 생각들은 말할 필요도 없었다.

발길질하며 울부짖는 조랑말을 태우고 나룻배를 타고 한강을 건너는 것과 부두의 중앙에 있는 인력거들은 더 이상 새로운 것이 아니다. 그러나 도시로의 우리의 입성은 (우리 중 넷, 한 사람은 짐과 함께 남았고) 내가 지금 회상하면서조차 좀 전율이 느껴지는 경험이다. 우리는 말을 타고 성문을 통과해서 멈춰 섰다; 막 땅거미가 지고 있었다. 내 조랑말이 멈춰 서자 나는 뒤에 있는 거대한 성문을 보았다. 성문의 한 쪽을 닫고 있던 두 남자는 우리 일행이 건너편으로 갈 때에는 걸려 있던 고리를 풀고 문을 당겨 닫았다. 그리고 나서 거대한 철제 걸쇠를 자물통 속으로 밀어 넣었고 성문들은 꽉 닫혀 잠겨 버렸다. 갇힌 것이다! 갇혀버린 것이다! 나갈 수 있는 길이 없어졌고 우리와 언어가 소통이 되지 않는 이 백성들과 함께 감옥에 갇혀 버린 것이었다. 지치고, 더럽고, 땀에 젖은-내 속에는 열정의 섬광은 남아 있지 않았다.

내가 내 조랑말 위에 앉아 있을 때 내 귀는 바람의 울림소리와 울부짖는 소리가 들렸다. 여기저기를 둘러보다가 나는 어둠 속에서 바람이 부는 대로 앞뒤로 흔들리고 있는 뒤죽박죽으로 쌓여있는 형상들을 보았다. 그 물체는 무엇이던가! 도처에 있는 초가지붕과 기와지붕의 집들은 낮고 도로의 앞 쪽과 아래쪽으로는 고약한 냄새가 나는 하수도가 열려 있고 도로는 여기 저기 쓰레기 더미로 덮여 있었다. 우리가 어디에 있었는가? 이 모든 것이 나쁜 꿈을 꾸고 있는 것일까? 나는 일종의 마취상태로 느껴졌다. 이 좁은 도로 중 하나로 말을 타고 한 줄로 줄을 지어 내려가던 한 숙녀와 두 신사는 우리가 이루고 있는 광경에 호기심과 경이감으로 멈추었다. 의심할여지 없이 우리는 더러운 방랑자로 보였다. 나는 바람소리와 울음소리가 무엇인지 물었다. 돌아온 대답은 "콜레라, 콜레라는 마시는 물을 조심해야 해요"집에서 반쯤 되는 지점에서 질그릇 항아리에서 나온 물을 마신 것을 생각했다! 그래, 콜레라! 사람들은 매일 300~400명씩 죽어가고 있었다. 어느 길이 알렌의사와 언더우드 박사에게 있는 안락한 숙소에까지 가장 빨리 도착할 수 있는지에 대해 지도했다. 우리가 배운 첫 한국어는 "물", 두 번째는 "어름", 세 번째는 "가져오너라"-"얼음물 가져오너라". 더워! 더 더워! 가장 더워! 나는 여지껏 내가 기념했던 중 가장 더운 독립기념일이었다고 생각했다. _같은 책, 81-85쪽.

교사들과 엘러스 양이 기선을 타고 이곳에 온다는 것을 알지 못했던 것이 참으로 미안하게 생각될 뿐이었습니다. 미리 알았더라면 마중 나갈 사람을 보냈을 것이고 이곳에 오는 준비를 해두었을 겁니다. _H. G. 언더우드, 《언더우드 목사의 선교편지》(장로회신학대학교 출판부, 김인수 옮김, 2007, ??). 1886.7.9.

엘러스 의사와 학교 교사들이 도착했습니다. 그들은 여건에 만족하는 것 같습니다. 저는 엘러스 양에 대해서는 별 문제가 없을 것으로 생각합니다. 는 다음 주에 수업을 시작할 것입니다. _H. N. 알렌,《알렌의사의 선교·외교편지》(장로회신학대학교출판부, 김인수 옮김, 2007.9), 1886.7.9.

7월 10일

모든 것이 낯설다. 애니 엘러스는 알렌의 집(현, 서울시 중구 정동길 41-11. 중명전 자리)에서 지내다.

제가 정확하게 5일에 여기에 무사히 도착한 것을 선생님께 알리고자, 이리 새 펜을 들고 몇 줄 씁니다. 여기로의 저의 여행은 걸리버 여행기에서 한 가마니의 수하물과 같은 우스운 모양새였습니다. 소포가 부쳐지듯 이리저리 들러서 마침내 도착하여 알렌 선생님 댁에 무사히 도착했습니다. 여기서 시작될 제 일은 매우 즐거울 것 같습니다. 고통을 당하고 있는 여성들의 짐을 조금이나마 덜어줄 수 있기를 원합니다.

이 모든 일들이 우리 주님의 성령 안에서 사랑과 자비로 이루어지길, 그리고 그분에게 영광과 존귀를 돌릴 수 있기를 기도합니다.

어제 여기 병원에서 헤론 박사님을 기다렸는데 그들은 아주 좋은 일을 하고 있습니다. 저도 빨리 일을 시작하길 원합니다. 하지만 정부에서 먼저 건물을 고쳐야만 제가 일을 시작할 수 있다고 합니다. 조선에 대한 제 첫 인상은 별말 안 적습니다. 모든 것이 새롭고 낯설기만 합니다.

하나님께서 항상 저와 함께하셔서 저를 인도하여 주시고 제가 하는 모든 일에 하나님께서 축복해 주시도록 선교본부에서도 저를 위해 열정적으로 기도해 주시기를 부탁드립니다. _1886년 7월 10일. Annie J. Ellers.

우리는 엘러스 의사에게 미혼 선교사의 봉급인 800달러와 화물운송비와 수리비로 각각 700달러, 의료비로 250달러를 지급했습니다. 수리비는 헤론 의사의 집과 연결된 적당한 숙소에 시설을 갖추는 데 사용될 것입니다. 의료비에는 가마, 남자 하인, 시중드는 사람이 포함됩니다. 저는 정부가 이것들을 감안해 주기를 바랍니다.

박사님께서 우리 과수원 부지 안에 집을 건축하기 위한 비용으로 다음 선교사 편에 최소한 3,000달러를 보내시는 게 좋을 것 같습니다. 왜냐하면 이 과수원 부지는 지금 연결되는 가장 적합한 장소이기 때문입니다. 엘러스 의사를 위해서 이것이 필요합니다.

이곳은 콜레라가 아주 심해서 저희도 약간 위험합니다. _H. N. 알렌,《알렌 의사의 선교·외교편지》(장로회신학대학교출판부, 김인수 옮김, 2007.9), 1886.7.10.

7월 22일

지금 저는 의사는 아니지만, 이곳에서 2년의 사역기간이 완료되면 그 경험으로 학위를 얻고 의사로 일할 계획이었습니다. 저는 간호사 교육과정 외에 2년간의 의학수업을 받았고 실습을 했습니다.

오늘 아침에 받은 5월 17일자 선생님의 편지를 보며 제가 너무나 무식하리만치 서둘러 급히 이곳으로 제가 보내졌는지 한탄해마지 않았습니다. 이러한 인도하심은 제게 어떤 의미일까 생각하면서 저는 그저 기쁩니다. 현재 알렌 선생님과 함께 지내고 있고 여기 있는 동안 계속 선생님과 지냈으면 합니다. 알렌 선생님 내외는 너무나도 친절한 분들입니다. 헤론 박사님 집의 사용하지 않는 일부를 수리하는 데 100불 정도 선교지부는 추정하고 있으며 지금으로서는 의복방, 거실에서 그들과 공부하고 있습니다. 저는 현재 알렌 박사님의 손님방에서 지내고 있습니다. 한 주간의 적응 시간을 가진 후 어학 공부를 시작했습니다. 요즘은 가장 더운 계절이라서 외국인에게는 매우 고통스러운 시기이기도 합니다. 저는 조심하려고 노력하고 있습니다. 따라서 저는 무더운 시간을 피하려고 새벽 5시에 일어나서 아침 식사 시간인 10시까지 조선어 선생님과 공부를 합니다. 저는 한국어를 좋아하고 곧 능숙하게 구사할 것이라고 생각됩니다.

제가 불어를 능숙하게 구사할 수 있는 덕분에 한불 문법사전을 사용할 수 있어 매우 많은 도움이 됩니다. 짧은 기간이지만 제가 일본을 다녀온 탓에 선교사들에 관한 많은 것들에 대해서 제 눈이 뜨였으며 우리는 결코 능력 있는 천사가 아님을 알게 되었습니다. 하나님을 의지하여 제 스스로가 바로 서도록 노력할 것입니다.

이곳에서의 제 위치에 대하여는, 제가 출발할 때 저의 위치가 비록 의사까지는 아닐지라도 2년간의 사역 기간이 완료되면 그 경험으로 학위를 얻고 의사로 일할 계획이었습니다. 저는 간호사 교육과정 이외에 2년간 의학수업을 받았고, 실습을 했습니다. 저는 제가 여성을 위한 병원을 세우고 이끌어나가는 일과 알렌과 헤론 선생님이 아픈 상류층 귀부인들을 돌볼 때 자문역할을 맡아주는 일에 대해 정말 자신 있습니다. 비록 지금은 공부를 아주 조금밖에 못하고 있지만 알렌 선생님과 여전히 조금씩 하고 있습니다. 바라기는 모든 것에 대해 충분한 지식을 습득할 수 있기를 원하고 있으며, 아직은 젊으니까 고국에서 1년이면 충분히 학위를 취득할 수 있다고 제 자신도 믿고 있고, 선교본부도 이미 그렇게 하겠노라고 약속했습니다.

선교본부의 어떤 분이 조선인을 안심시키기 위해서는 저에게 의사 호칭을 사용하는 것이 현명하리라 여겨서 이제 저의 호칭이 Dr. Ellers로 불리고 있습니다. 예전에 알렌 선생님의 문제에 관한 편지에 제가 간단히 애니 엘러스라고 서명했는데 알렌 선생님께서 의사라는 호칭을 쓰라고 권하셨기에 제가 의사 호칭을 사용했습니다. 아마 보시기에 당연히 이상하게 여기실 것 같아 설명을 덧붙입니다.

만약 페르시아의 테헤란에서 온 슈넥 양을 만나시면 그녀가 제 이야기를 할 것입니다. _1886년 7월 25일, Annie J. Ellers

8월 18일

지금까지 명성황후를 여섯 차례 진찰하였다. 선교사가 천사라는 생각을 버렸다.

무더운 날씨가 계속되고 있고, 콜레라가 맹렬하게 기승을 부리고 있습니다. 저는 언어공부에만 집중할 수 없는 상태입니다. 알렌 선생님의 부인이 콜레라에 걸려서 누워 있습니다. 저는 알렌 선생님을 가만히 놓아두는 것이 현명하게 여겨질 정도로 알렌 선생님을 잠시 잊고 있었습니다.

저는 중국 선교사의 부인(원세개 부인-엮은이 주)을 다섯 번 진찰했는데 지금은 다 나았고, 여섯 번 방문했던 명성황후는 그렇게 많이 아픈 것은 아니지만 제가 그녀를 보러 오는 것을 좋아합니다. 그녀는 더 건강해졌고 저는 곧 그녀가 완전히 좋아지기를 바랍니다. 저는 늘 알렌박사님과 동행합니다.

첫 만남에서 명성황후는 저에게 조선을 어떻게 좋아했느냐고 물었고 제가 조선을 많이 좋아하며 오래 머물기를 바란다고 말했습니다. 또한 그녀는 제가 온 조국과 조선의 기후가 많이 다르지만 제가 여기서 잘 지내기를 바란다고 말했습니다. 저는 마음이 편했고 조금도 불편하지 않았습니다. 제가 방에 들어갔을 때, 한편에는 두 명의 시녀가 함께 앉아 있는 숙녀를 보았으며 그녀를 둘러싸고 시녀들과 남자들이 서 있었습니다.

저는 명성황후 옆자리로 인도되어서 그녀를 진찰하고 난 후 밖으로 나가고, 밖에 있던 알렌이 들어와서 앉아 있던 두 남자들을 진찰했습니다. 그리고 알렌이 밖으로 나와 다시 저를 다시 들어가라고 해서 들어가 샌프란시스코나 워싱턴 출신이냐는 질문을 받았고 부드러운 분위기에서 그런 종류의 이야기를 나누었습니다. 저는 알렌 박사가 진찰한 두 사람이 왕과 왕자라고 생각되었습니다. 저는 전에는 미숙하고 낯설었을 것이라고만 여겼기 때문에 이런 것이 놀랍고 기뻤습니다. 같은 두 사람이 제가 왕궁으로 불려갈 때마다 저를 비공식적으로 맞이했습니다. 제가 그들을 세 번째 만날 때 그들은 일어서서 영어로 'Good bye'라고 말했습니다. 그다음 계속되는 방문 때부터는 모두 일어서서 저에게 인사를 했고 제가 떠날 때는 'by by' 또는 'Good bye'라고 말했습니다. 그들은 이 인사를 매우 좋아했습니다. 고종은 1, 2, 3을 셀 줄 알게 되었고, 그럴 때마다 그는 마치 집에 있는 어린아이처럼 즐거워했습니다. 그들은 매우 친절했고, 저는 명성황후를 매우 좋아합니다. 그녀는 아주 좋은 여섯 사람이 드는 가마를 주었고, 저는 명성황후의 부름을 받아 왕궁에 갈 때 그것을 사용했습니다. 또한 저에게 다른 선물도 주었습니다.

길모어 씨를 제외하고는 우리 모두 잘 있습니다. 알렌 선생님과 선생님 부인을 저는 매우 좋아하고 여기 있는 동안 그분들 가족과 함께 있기를 원합니다. 저는 이미 어떤 문제에 있어서 어느 한편에 치우치지 말라는 당신의 충고가 중요하다는 것을 압니다. 그것에 대해서 저는 이미 일본에서 보고 들었습니다. 저는 이미 선교사가 천사라는 생각을 버렸습니다. 우리는 인간입니다. 저게 도중에 만난 유일한 성인은 헵번 박사입니다. 그의 영혼을 축복합니다.

사랑과 더불어 저의 펜이 자동적으로 써지는 것을 용서하십시오. 찬양과 더불어 축복이 있기를 빕니다. _1886년 8월 18일, Annie J. Ellers

이전에 보낸 편지에서 저는 엘러스 의사를 왕비에게 데리고 가는 데 다소 어려움이 있다는 것을 말씀드렸습니다. 왕궁에 있는 현지인 의사들이 온갖 수단을 동원해 그 일을 반대했습니다. 하지만 왕비가 계속 아팠습니다. 저는 엘러스 의사가 왕비를 진찰하게 해주지 않는다면 의약품을 보내는 것을 완강하게 거절했습니다. 그들은 마침내 다급해지자 모든 현지인 의사를 해고하고 여의사와 저를 오게 하여 우리가 외국인 환자들에게 하듯이 그들을 진찰하도록 했습니다. 엘러스 의사가 왕비를 돌보는 동안 저는 왕과 왕자를 진찰하였습니다. 그들은 지금 회복되었지만 적어도 하루걸러 우리를 계속 오게 합니다. 매번 방문할 때마다 반나절이 걸리기 때문에 아주 지칩니다. 그리고 날씨가 아주 더워서 정장을 하면 거의 견딜수 없을 지경입니다. 왕비는 엘러스를 아주 좋아해서 그녀를 장기간 자기 옆에 있게 합니다. 왕비는 훌륭한 가마를 주었는데 그 가마는 왕비가 왕궁 뜰에서 타고 돌아다닐 때 사용했던 것입니다. 왕비는 그녀에게 많은 조그만 선물도 주었습니다. 지금까지 우리의 모든 계획을 성공시키신 박사님께 축하를 드립니다. 왕은 훌륭한 새 병원을 약속하고 이 일을 감독할 관리를 임명했습니다. 저는 왕을 진료할 때, 어느 날 그 일을 제안했었습니다. _H. N. 알렌,《알렌 의사의 선교·외교편지》(장로회신학대학교출판부, 김인수 옮김, 2007.9), 1886.8.20.

혜론 의사는 날마다 정도가 심해지고 있습니다. 사정이 이러하지만 저는 그들 왕궁으로 데리고 갔습니다. 사정은 이렇습니다. 1882년 폭동(임오군란-엮은이 주)이후 왕비가 다시 왕비로 복귀한 기념일이기 때문에, 왕비는 엘러스 의사에 부탁해서 지난 월요일에 저의 아내를 데려오라고 했습니다. 월요일이 되자, 그들은 저도 불렀지만 저는 아내가 없는 동안 아기를 돌봐야 하기 때문에 가는 것을 거절했습니다. 왕은 아기도 데려와도 된다고 전갈을 보냈습니다. 우리는 그렇게 했습니다. 엘러스 의사, 저의 아내, 데니 여사 그리고 아기들은 왕을 알현했습니다. _H. N. 알렌,《알렌의사의 선교·외교편지》(장로회신학대학교출판부, 김인수 옮김, 2007.9), 1886.9.7.

9월 11일

귀국 후 의사가 되기 위해서 조선에 왔다. 어느 한편에 속하지 말라는 충고를 이제는 안다.

어느 한편에 속하지 말라고 당신이 제게 충고한 것을 그때는 그 말들의 의미를 잘 몰랐었으나 지금은 당신이 현명했다는 것을 압니다. 그래서 저는 어느 한편에 속하지 않기 위해 노력합니다. 이곳의 상황은 선교사역에 있어서 불명예스러울 뿐 아니라 은혜롭지 못합니다. 저는 기독교적인 자비심의 부족함에 대해 얼마나 깊게 실망했는지 당신에게 다 말씀드릴 수 없습니다.

선교사역에 해를 입히지 않기 위해서는 어떤 조치가 필요하고 또 곧 문제가 해결될 것입니다. 저는 그 두 분이 제게는 아주 친절하고 예의 바르기 때문에 두 분을 다 좋아합니다. 인간의 본성이 화해가 능하지 못하고 그래서 동의가 잘되지 않는다는 불화를 받아들이지 못합니다.

저는 다른 쪽으로 사역지를 옮길 생각도 했지만, 지금은 정부에서 새로운 병원을 위한 건물을 수리하는 일에 열심을 다하고 있어서 곧 저는 그곳에서 일을 맡아 행복할 것입니다. 그래서 저는 지금 열심히 공부하고 있고, 고아원에서 열심히 가르치고 있습니다.

저는 주님이 현재의 어려움으로부터 나오는 길을 보여 주시고 저희에게 성령의 도우심으로 사랑과 연합이 이루어지게 하실 것을 희망합니다.

추신.

본국에서는 제가 여기에 간호사로서 있다고 여겨지고 있으나 그렇지 않습니다. 계책의 일부가 아니라 단지 2, 3년 후에 저는 돌아가서 학위를 취득할 것이라는 약속 하에 온 것이라는 것을 이해해 주시기 바랍니다. 숙련된 간호사의 능력은 현재 유용하지 않습니다.

_1886년 9월 11일, Annie J. Ellers

9월 17일

고종황제와 명성황후가 초대한 연회에 참석했었다.

외국의 선교사에게

이번이 첫 만남이지만 당신과 저는 낯설지 않습니다. 당신께서 다정히 보내주신 모든 편지들을 매우 즐겨 읽습니다. 그 즐거움이 제 쪽에만 있는 것이 좀 불공평하다는 마음에 그리고 제가 다소 이기적인 것 같아 약간의 짬을 내어 당신을 즐겁게 해드리기 위해 우리 아기들이 왕과 왕후를 알현한 이야기를 간단히 적습니다.

해리(Harry)와 모리스 앨런(Morris Allen)은 각각 2살, 그리고 2개월 된 아기들인데, 왕께로부터 부르심을 받았습니다. 우리 아기들이 대궐에 갈 수 있다니요! 우리는 많이 놀랐습니다. 다음날, 알렌

부인과 데니부인, 웨버 부인 그리고 저는 궁전에 오도록 초청을 받았기 때문에 저는 아기들이 갈 수 있을 것으로 알고 있었습니다.

해리에게 이 일의 중요성을 먼저 가르치면서 옷을 입혔습니다. 아기 모리스는 제일 좋은 옷을 입히자 마치 무슨 일인 줄 알기라도 한 듯이 기뻐 소리치며 웃기도 하였답니다. 준비를 마친 후 가마를 타고 왕후께서 내려주신 가마에 제가 해리를 데리고 타고 왕궁으로 들어갔습니다.

해리는 처음에는 수줍음을 많이 타서 전하와 친분을 쌓기를 거부했지만, 왕과 모두의 노력 끝에 모리스 앨런은 마치 보통 사람들을 대하듯 왕족들과 웃으면서 즐겁게 놀게 되었습니다. 아기 모리스는 전하의 얼굴을 바라보며 실제로 그를 미소 짓게 만들었습니다. 중전마마께서는 아이들 각자에게 장난감을 하사하셨고, 해리스는 받자마자 사람들에게 돌아다니며 자랑하기 시작했고, 심지어는 전하와 세자 저하에게 하나를 건네 드려 두 분께 즐거움을 안겨드렸습니다.

알현을 마친 후 우리는 남아서 베풀어주신 연회에 참석했습니다. 아기들은 해리와 모리스 외에는 다시 집으로 데려갔습니다. 데니 판사 부부, 헤론 박사 부부, 웨버 씨 부부, 알렌 박사 부부와 저는 연회에 초대받았는데 웨버 씨 부부는 참석하지 않으셨습니다.

참으로 호화로운 대접을 받았는데, 만찬 도중에는 대궐의 악사들과 춤꾼들의 음악과 춤 공연이 있었습니다. 연회가 끝난 후 저희들을 각자의 가정으로 무장된 군사들이 호위하여 데려다 주었고, 가는 길을 밝힌 것은 커다란 등불이었습니다. 이 등불은 이곳에서는 대단한 것으로 제일 큰 등불을 들고 가는 분이 제일 높은 분이랍니다. 당신과 저는 비록 너무 멀리 떨어져 있지만 당신에게 조금이나마 즐거움을 줄 수 있다면 저는 언제든 소식을 전하겠습니다. _1886년 9월 17일, Annie J. Ellers

10월 2일

이곳 선교 지부의 알렌, 헤론과 언더우드 사이의 갈등 때문에 너무 힘들다. 어서 여의사가 오면 본국으로 돌아가서 학위를 받을 것이다. 이후 페르시아로 갈 예정이다. 그때 선교본부에서 조선에 가있는 것이 좋겠다고 하면 그렇게 할 수도 있겠다.

제 형제들의 표현을 빌자면 생생하고 활발할 정도로 제가 잘 지낸다고 선생님께 알려드리고 싶습니다.

처음에 여기에서 겪은 선교 지부에서의 문제로 인해 심적으로 너무나 힘들어서 여기 남는 것이 매우 힘들었지만 지금은 점점 만족해 가면서 제가 쓰임을 받을 수 있는 곳에 있을 수 있어서 너무나 기쁘고 감사합니다. 이곳 일은 매우 좋은 일이어서 저도 차츰 여기 일에 대한 열정이 살아나고 있습니다. 다음 주 화요일에는 병원이 새 건물로 이사할 예정이며 그렇게 되면 곧 저도 일을 하러 나갈 것입니다.

매일 여기 언어를 배우고 있는데 꽤 많이 향상되고 있습니다. 이곳 선교현장에 새로 여의사가 오고, 제가 원하던 교육을 받으러 고국으로 돌아가게 되면, 저는 준비되는 대로 페르시아로 갈 터인데, 현재 여기에 있는 것이 필요하다면 그리고 선교본부에서도 남는 것이 최선이라고 여긴다면 기쁘게 남아 있겠습니다. 만물을 다스리시는 하나님께서 제 발걸음도 인도해주실 것이라 믿습니다. 모든 것을 이루시는 하나님께서 제 앞길 또한 인도하실 것입니다. 하나님의 축복과 보호가 선생님과 범사에 함께 하시기를 기원합니다. _1886년 10월 2일, Annie J. Ellers

지난 번 우편으로 보낸 엘러스 의사에 관한 박사님의 친절한 편지를 잘 받았고, 그 편지를 회람했습니다. 저는 그녀의 현재 상황이 그녀에게 가장 좋은 것이라고 생각합니다. 그녀의 신학적 지식은 여기 우리 모두에 못지않게 훌륭합니다. 그리고 그녀는 자신의 분야에서 아주 많은 실무 경험이 있어서 자신감도 상당합니다. 왕비

144

는 그녀를 매우 좋아합니다. 다른 전체 왕실가족들은 질병에서 완쾌되었고 엘러스 의사와 저에게 비단, 아마포, 면으로 된 물품 등 멋진 선물과 500달러를 보냈습니다. 이 돈을 준 것은 최근 관리에게 제가 빚을 지고 있고 조선에서의 생활비가 외국인들에겐 매우 비싸다고 말한 탓이라고 생각합니다(H. N. 알렌, 《알렌의사의 선교·외교편지》, 장로회신학대학교출판부, 김인수 옮김, 2007.9, 1886.10.2.).

10월 4일

선교사 간의 불화가 너무 심해서 힘들다. 헤론과 언더우드가 알렌과 함께 사역하는 것이 힘들어 감리회로 가려고 한다. 그렇게 되면 장로회 선교부의 미래는 어렵다.
제가 바라는 여의사 선생님을 속히 보내 달라. 저는 귀국해서 학위를 받고 싶다.

현재 여기에서 일어나고 있는 문제에 대해서 몇 말씀드리고자 합니다. 선교회의 한 일원으로서 또한 기독교인으로서 저도 이해관계가 있는 당사자입니다. 어떤 식으로든지 어떤 변화가 반드시 이루어져야만 합니다. 헤론 선생님과 언더우드 선생님은 감리회에 가입하고자 원서를 내 놓은 상태이며, 이것이 받아들여지면 감리회로 가겠다는 의도를 제게 알려주셨습니다.

그들의 사임이 받아들여져서 감리회로 가신다면 장로회 선교부의 미래는 참으로 미미합니다. 그리고 알렌 선생님이 정부의 관직을 받아들이시면 저는 이곳에 혼자 남게 될 것입니다. 또한 정부를 위한 실세적인 신교사역이 별로 없는 저이기에 원래 제가 겁쟁이는 아니지만, 제가 선교현장을 떠나게 될까 두렵습니다. 알렌 선생님이 여기 선교 일이 늘어나면서 잠시 쉬게 되시면 선교지부에서 헤론선생님께 공식적으로 기대하실 일이 무엇인지가 의문일 것 같습니다. 누구를 위한 것도 아닌 정부에 의해서 모든 것이 이루어지는 것에 대한 알렌 선생님의 영향력은 아직도 여전합니다.

여기 선생님들께서는 제게 너무나 친절하시고 또 잘해 주십니다.

그래서 그분들의 불화가 저로서는 더 이해가 안 되는 것입니다. 알렌 선생님이 한 1년 동안만이라도 고국에 돌아가셨다가 오시면 문제는 가라앉을 것 같고, 돌아오셨을 때에는 모든 문제가 해결되었을 것입니다. 지금으로서는 그것만이 유일하게 가능성이 있는 좋은 방법일 것 같습니다.

이 의견이 당신에게 작은 희망을 주는 일이 될 것이라 생각됩니다. 적어도 해가 되지는 않을 것입니다. 만물을 다스리시는 하나님께서 모쪼록 선생님에게 지혜를 주셔서 조선에서 선교사역을 최상의 상태로 회복시켜주시기를 굳건히 믿으며 간절히 기도드립니다.

추신.

또 하나, 제가 바라는 여의사 선생님은 언제 오시게 되는지 저는 제 학위를 받을 수 있기를 간절히 원해 왔습니다. 그분이 와야 제가 돌아가게 됩니다. 그래야 주님의 일에 쓰여 질 수 있는 제 자리로 마음 편하게 돌아가고, 저는 학위를 받고자 합니다. _1886년 10월 4일, Annie J. Ellers

10월 5일

제중원이 구리개로 이전.

10월 7일

앨러스가 헐버트에게 명성황후에게 받은 비단의 일부를 선물하다. 위의 10월 2일 알렌이 편지에서 언급한 명성황후가 애니 엘러스에게 보낸 비단인 것으로 보인다.

의사 선교사인 엘러스(Ellers) 양이 오늘 나를 그녀의 집으로 초청하여 누빈 비단을 많이 보여주었는데, 왕비께서 보내 준 것이라 하며 아주 많으니 좀 가져가라 하였다. 그래서 나는 분홍색 한 필과 적황색 한 필을 가져왔다. 분홍색은 메이(May)에게 보냈고, 적황색은 이 우편을 통해 너에게 보낸다. 관세 등으로 인한 문제를 피하기

146

위해 그것에 우편요금을 얹었다. 그 비단이 너에게 근사한 방석덮
개 같은 것으로 쓰일 수 있을 것이라 생각한다. 잘 어울릴 만한 무
엇으로 만들어 사용해라. _헐버트(Homer B. Uulbert)가 누이동생에
게, 1886.10.7.

10월 19일

명성황후는 앨러스를 좋아한다.

박사님께서 지난 편지에 또 다른 여의사 파송에 관해서 저희에게
물어보셨습니다. 그것에 관해서 말씀드립니다. 더 이상의 여의사는
필요하지 않을 것 같습니다. 엘러스 양은 의학과정을 마치기를 열망
하고 있습니다. 박사님께서 엘러스 양이 2년 이내에 고국으로 돌아
갈 것을 약속하셨다면, 엘러스 양이 고국으로 돌아가기 전에 사역
과 언어에 익숙해질 수 있도록 하기 위해 약 1년의 기간 안에 올 수
있는 다른 사람을 알아보는 것이 매우 현명한 생각이라고 봅니다.
우리는 엘러스 양을 좋아합니다. 그녀는 교체될 때까지 그녀의 직
분을 잘 감당할 것입니다. 물론 의사 면허가 있는 의사라면 모든 면
에서 더 좋습니다. 엘러스 양이 의학 교육을 받지 않았다는 것을
이곳 사람들은 알지 못합니다. 다시 말하면 그녀는 의사가 아닙니
다. 그녀가 왕궁에 소개되었을 때, 그때는 참으로 어색한 분위기였
습니다. _J. W. 헤론, 《헤론 의사의 선교편지》(장로회신학대학교출판부,
김인수 옮김, 2007.9), 1886.10.19.

10월 20일

스크랜튼 부인, 헤론 부인, 슈펠트, 헐버트와 데니의 집을 방문하다.

오늘 오후에는 스크랜튼(Scranton)부인, 헤론(Heron)부인, 엘러
스(Ellers) 양과 해군 총독 슈펠트(Schufeldt)와 겨지 데니(Judge
Denny)의 집에서 머무르고 있는 그의 딸과 데니(Denny)부인을 방
문했다. 나는 각각의 집에서 좋은 시간을 가졌다. _헐버트가 누이동

10월 28일

애니 엘러스와 알렌이 명성황후를 치료한 공으로 칭찬을 받고 있다. 명성황후는 애니 엘러스와 교제하는 것을 좋아한다.

새 병원은 업무를 시작할 준비를 거의 마쳤는데 기대 이상으로 훌륭합니다. 여러 측면에서 이 건물은 이 도시에서 최고의 건축물입니다. 건축과 대지 비용 이외에 수리비만 3,000달러 이상 들었습니다. 예산을 들여 모든 기구를 외제로 구입할 것으로 예상됩니다. 엘러스 의사와 저는 현지인 의사가 포기한 왕비를 치료한 공으로 이 나라 전체에서 칭찬을 받고 있습니다. 사실 그들이 그 일을 지나치게 여긴다고 생각합니다. 심지어는 서민들조차도 와서 칭찬합니다. 우리는 왕족이 아프지 않을 때에도 종종 왕궁으로 초대를 받습니다. 왕은 뉴스와 선박구입 등에 관해서 저에게 묻습니다. 그리고 왕비는 조선말을 빠르게 배우는 엘러스 의사와 이야기를 나눕니다. 왕비는 엘러스 의사의 직업적 성격에 관계없이 그녀와 교제하는 것을 정말 좋아하는 것 같습니다. 다른 모든 외국인들이 서야만 할 때 그녀를 앉도록 하는 것을 보면 그저 놀라울 뿐입니다. 왕실 가족은 그녀 주위에 긴 의자를 놓고 앉아서 그녀에게 조선말을 가르치려고 노력합니다. 이때 그녀는 그들에게 영어를 가르치고, 저는 다른 방에서 기다립니다. 며칠 전 왕비는 알현을 허락하고 연회, 불꽃놀이를 개최했는데 이곳에 웨버 여사, 엘러스 의사, 데니 여사, 슈벨트 양, 제 아내가 초대되었습니다. 엘러스 의사와 제 아내는 다른 사람들이 오후 2시에 알현하기 전에 오랫동안 왕비를 알현했습니다. _H. N. 알렌, 《알렌의사의 선교·외교편지》(장로회신학 대학교출판부, 김인수 옮김, 2007.9), 1886.10.28.

11월 8일

제중원 부녀과에서 근무 시작. 여의사가 오기 전까지 자리를 메우고 있는 것이기 때문에, 여의사를 속히 보내주시기를 간절히 요청한다. 고국으로 돌아가 학위를 받고자 한다.

저번 우편물에 선생님께서 친절한 호의로 보내주신 9월 10일자 편지를 받았습니다. 여기에서의 저의 마음에 드는 지위에 대해 당신에게 듣게 되어 기뻤습니다. 제가 도착한 것과 거의 동시에 선생님의 첫 충고의 편지도 함께 도착했습니다. 그리고 그 덕분에 저는 지금 모든 선교지부의 사람들과 잘 지내고 있습니다. 편을 나누는 것은 선생님의 말씀대로 피하려 노력하고 있습니다.

선생님께서 보내주신 두 번째 편지에도 좋은 충고의 말씀이 적혀 있더군요. 불행히도 지난 두 주일 동안은 건강이 여의치 못해서 공부를 못했습니다. 말라리아 열병에 제 온몸을 꼼짝 못하게 옥죄어 왔는데 이것을 떨쳐버릴 수 없었습니다. 지금도 열병으로 인해 고생하고 있습니다. 곧 다시 공부를 시작할 수 있기를 바랍니다.

오늘 처음으로 병원에 공식적인 방문을 하였습니다. 우리는 아주 잘 지내고 있습니다. 여기 의사 선생님들이 병원침대와 침구류를 저희가 준비할 수 있도록 500불을 선생님께 서면으로 요청할 것입니다. 여기에 모든 준비가 되면 3주 후에는 환자들을 받을 수 있을 것입니다.

제가 일을 할 능력이 부족해서가 아니라 단지 저는 다른 여의사가 오시기 전까지 자리를 메우고 있는 것이기 때문에, 여의사를 속히 보내주시기를 간절히 요청합니다. 아시다시피 저는 고국으로 돌아가 학위를 받고자 합니다.

하나님께서 항상 저를 놀라울 정도로 저의 길을 잘 보살펴 주셨으며 받을 자격도 없는 저에게 너무 많은 은혜를 베푸신 것에 어찌다 감사를 드릴 수 있을지 모르겠습니다.

언제나 주님께 가까이 있기를 간구합니다. 당신의 친절한 편지에 감사합니다. _1886년 11월 8일, Annie J. Ellers

11월 12일

제중원에서 함께 근무하는 헤론과 갈등이 심하다.

시기심이 유일한 이유라는 것을 쉽게 알 수 있습니다. 제가 왕궁에 갈 때까지 우리는 친구였습니다. 엘러스 의사도 이 싸움에 끼지 않으려고 무던히 애를 썼습니다. 그러나 그녀는 정말 성공하였고, 모든 사람이 그녀를 좋아합니다. 헤론 부인이 환심을 사려고 노력했던 러시아 여자는 엘러스 의사를 대단히 좋아합니다. 왕비는, 거의 확신하건데, 그녀를 사랑합니다. 하지만 엘러스가 벼슬을 받은 후 헤론 부부는 결코 그 일을 언급하지 않고, 그녀에게 거의 말도 걸지 않습니다. 그리고 그녀를 너무 무례하게 대하여 울게 만들었습니다. 엘러스 의사는 신경질적이지 않습니다. 저는 그녀의 활기찬 진료방식을 좋아해서 그녀에게 자유를 주어 우리 병원에서 앞서가도록 했습니다. 헤론 의사가 이번 주에 왔을 때, 그는 그녀와 상의도 하지 않고, 그녀가 이러저러한 일을 할 것이라고 예상했다는 말도 없이, 관리 앞에서 그녀의 처방전을 수정하여 그녀의 기분을 나쁘게 했습니다. 내가 인칭대명사를 사용한다고 불평하지만 그는 모든 병원 일에 나보다 훨씬 독단적입니다.

엘러스 의사에 대한 헤론 여사의 행동은 똑같습니다. _H. N. 알렌, 《알렌의사의 선교·외교편지》(장로회신학대학교출판부, 김인수 옮김, 2007.9), 1886.11.12.

11월 17일

장로교 선교사들 사이의 이기심 때문에 적응하기 힘들어 하다.

장로교 선교단의 여의사 엘러스(Ellers) 양은 의지가 강한 정력적인 여성인데, 그녀의 업무에 관한한 지위에 적합하지만 장로교인들 사이의 반감의 치유를 돕는 데 있어서는 그 역할이 어울리지 않습니다. 다른 모든 사람 속에 있는 것과 마찬가지로 그들 속의 어려움은 이기심 때문입니다.

그들은 서로의 영향력과 힘을 시샘하고, 서로 도우려는 대신에 서로에게 장애물이 되려고 합니다. _헐버트가 어머니에게 보낸 편지, 1886.11.17.

11월 19일

2주 동안 병원에서 일을 했다. 환자들은 두 명에서 아홉 명 사이였다.

기쁨으로 몇 자 적습니다. 저는 지난 2주 동안 병원에서 일을 했습니다. 그리고 어제와 오늘 알렌 선생님과 화학 수업을 수강할 수 있었으며 또한 선생님이 업무 때문에 제물포에 가셔서 외래환자도 제가 받았습니다. 오늘 아침 한 가난한 여인이 아기를 데려와 아기가 많이 나아졌다고 기뻐했을 때, 저도 그녀와 같이 너무 기뻐했습니다. 환자들은 두 명 이하로 가 본 적이 없고, 제일 많을 때는 아홉 명도 되었습니다. 병원에 아직 침대용 침구류가 도착하지 않아서 환자들이 들어오려고 대기 중이지만 입원환자는 없습니다. 공사관 건물의 시설은 더 이상 쓸 수 없어서 하는 수 없이 아펜젤러 씨 집에 있는 큰 방에서 사람들을 돌보고 있습니다.

하나님이 저에게 보다 큰 만족함을 주셔서 너무나도 감사합니다. 또 주님께 대한 더 큰 믿음과 신뢰를 갖기를 원하며 하나님을 더욱 사랑하기를 원합니다.

여기는 날씨가 참 좋습니다. 그래서인지 걸렸었던 말라리아도 나았습니다. 그래서 월요일에는 다시 제 공부도 시작할 예정입니다.

_1886년 11월 19일, Annie J. Ellers

12월 13일

조선 장로회 선교지부의 알렌, 헤론, 언더우드, 애니 엘러스가 모인 자리에서 알렌은 조선을 떠나 고국으로 가겠다고 선언함. 그동안 알렌과의 갈등으로 헤론, 언더우드가 감리교로 가려고 했으나, 자신이 고국으로 돌아갈 것이니 그대로 장로회에 남는 것으로 서로 동의함.

오늘 오후 이곳에서 열린 장로회 선교지부 회의에서

이곳에 있는 장로회 선교지부 모임에서 회장인 헤론과 알렌선생님이 다음과 같은 중대한 메시지를 읽어주시면서 저희에게 전달했습니다. 그 다음에 언더우드 목사님이 이 일은 성급히 결정할 수 없는 일이며 이 일에 대해 더 자세히 논의해보자고 동의하셨고, 그 동의안이 재청되고 가결되었습니다. 언더우드 목사님은 의장에게 바라는 요망사항에서 이 메시지가 고국으로도 전달되어야 한다고 동의안을 내놓았고, 이 동의안도 재청 및 가결되었으며 통신담당자는 사본을 남기도록 지시되었습니다.

1886년 12월 13일

조선에 있는 장로회 선교지부의 회원들께,

형제 여러분.

선교본부에서 온 편지에서 제가 받은 느낌은 언더우드 목사와 헤론 박사가 장로회를 떠나서 감리회로 들어가고자 한다는 것이었습니다. 이 편지의 목적은 그런 행동이 필요하지 않다는 것을 알리기 위함입니다.

여러 가지 설명하고 싶은 사항들이 많이 있지만 더 이상의 문제를 야기시키는 것을 피하고 격렬한 논쟁을 방지하기 위해 과거에 대해서도 필요 이상으로 언급하지 않을 것이며 제 뜻을 편지에만 국한시키고자 합니다.

저는 선교 사역에 양심적인 동기를 가지고 들어왔습니다. 그러나 제가 조선에서 매우 우대를 받아왔음에도 제 자신이 지속적인 불화의 원인이 된 것은 제가 가진 기회들이 허락한 위치 때문이었음을 알고 있습니다. 그러므로 장로회와 다른 교단의 선교사역의 최선의 이익을 증대시키고 조화로운 여건을 가져오고자 하여 저는 미국으로 내년 10월에 돌아가기로 결정했음을 선언하는 바입니다. 저는 그 날짜를 미리 정한 것은 다음과 같은 두 가지 이유에서입니다. 첫째, 저의 아기가 그 때까지는 조선인 유모에게서 젖을 뗄 수 없기 때문입니다. 둘째로 저의 후임인 헤론 박사에게 병원과 학교,

152

궁궐과 외교상의 업무를 최대한으로 가르쳐 인계하고 싶기 때문입니다. 이러한 조치는 자발적으로 결정한 일이며, 제가 의료 선교 사역을 준비하기 위하여 6년 동안 학업에 전념하도록 이끌어준 것과 똑같은 동기에서 취해진 것입니다.

선교본부에서는 제게 자리를 지키라고 강하게 요구하지만 제 자리에 대해서는 그들보다 제가 더 잘 이해하고 있다고 느낍니다. 그리고 지난 경험을 통해서 만일 제가 남아 있게 된다면 더 많은 문제들이 발생할 것이라는 것을 확실히 압니다.

제가 기회를 내던져 버리는 것이라는 것을 알고 있습니다. 미국으로 돌아가는 것은 제게 가난의 시작이며 맨 밑바닥으로 떨어지는 것인 반면에 제가 선교회를 떠나서 이곳에서 독립해서 의사로서의 전문직을 개업한다면 분명히 최소한 1년에 3,000불씩 벌 수 있으며 어쩌면 외부일로 두 배나 더 벌 수 있을 것이라는 것을 압니다. 그럼에도 불구하고 저는 제가 후자를 택하기로 내린 결정이 옳다고 생각하며 물론 선교회에서는 제가 고국으로 돌아가는 비용을 해결해 줄 것으로 믿고 그렇게 할 것입니다.

H. N. Allen M.D

_1886년 12월 13일, Annie J.Ellers

남자 의사 한 사람을 찾아 자세한 지침을 주신 후 이곳에서 보내셔서 헤론 의사를 돕게 하십시오. 또한 여자 의사 한 사람을 찾아 보내 주셔서 박사님이 약속하신 대로 이곳의 엘러스 양이 우리와 함께 귀국하여 2년 동안 학위를 받을 수 있도록 해 주십시오.

엘러스 양은 착한 여자이고 우리들의 모든 ㅁㅁ 을(를) 피해갔습니다. 그녀의 사역은 성공적이었고, 저와 아주 잘 협조가 되었습니다. 헤론과의 관계가 그리 좋지 않아 이곳에 남아 있는 것은 아주 껄끄러운 일입니다. 박사님은 보다 좋은 출발을 하시게 될 것이고, 우리가 이곳을 떠나기 전에 선교회를 굳건한 반석 위에 올려놓겠습니다. _H. N. 알렌, 《알렌의사의 선교·외교편지》(장로회신학대학교출판부, 김인수 옮김, 2007.9), 1886.12.16.

1887년 1월 13일

벙커 목사와 결혼하기로 하다. 언더우드 고아원에 있는 여자 아이들을 위해 일하고 싶음. 명성황후의 초대로 궁궐에 가서 인공호수에서 스케이트를 타기도 함. 여의사를 어서 보내 달라는 당부.

저번 두 편지에 몇 마디 쓰지 않았습니다만 선생님께 늘 안부를 전하고 싶습니다.

알렌 선생님이 쓴 편지에서 보셨겠지만 여기 선교회의 현재 양상은 평화롭고 모든 일이 잘 돌아가고 있습니다.

작은 제 소식을 전합니다. '백지장도 맞들면 낫다'라는 생각에 또 적어도 마음만큼은 과연 그렇다는 것을 알기에 벙커 목사님께 부인이 되겠다고 약속했습니다. 목사님께서는 조합교회 신자이시고 또한 국가가 고용한 선생님 중 한 분이십니다. 그리고 그분은 조선에 남아서 길이 열린다면 선교회에 가입해서 사역을 하실 작정입니다. 솔직히 말씀드리면 저희 선교회 내부의 문제가 그분에게 좋은 인상을 주지 못했지만, 그 문제는 하나님의 손에 전적으로 맡깁니다. 저는 적어도 다른 여의사가 와서 일을 인수할 때까지는 선교회를 사임하지 않을 것이며 결혼도 하지 않을 것입니다.

고아원에 있는 여자 아이들을 위해 해야 할 일이 많습니다. 고국에 편지를 보내 고아원 부지에 있는 현 건물을 수리하기 위해 돈을 좀 보내달라고 해서 받았으며 ○○부인과 다른 여러 사람들이 편지를 보내와 만일 여자 아이들을 위한 사역이 시작되면 자기네들도 돕겠다고 했습니다. 그 일을 시작할 수 있도록 허락받기를 원합니다. 제가 혹 여섯 명이라도 돌보게 된다면 이 여섯 명이 저희 일에 영향력을 행사해서 마침내는 제한 받지 않고 일하는 데까지 나아가게 될 것입니다.

이처럼 저는 이 일에 골몰해왔으며 일에 대해 많은 기도를 했고 저는 선생님의 답변을 간절히 기다릴 것입니다. 저는 이 문제를 두고 생각하고 기도해왔으며 그런 노력으로 그 자체의 가치를 지닌 일이 될 것으로 확신합니다.

명성황후와의 바로 지난 번 만남에서 명성황후께서 궁 안 거처 앞에 있는 인공호수에서 스케이트 타는 모습을 보고 싶다고 하셔서 저와 제 몇몇 친구들을 궁으로 초대해주셨습니다. 선교회에서는 알렌 선생님과 언더우드목사님, 그리고 저와 그 이외에 11명의 친구들이 함께 갔으며 스케이트를 탄 후에 명성황후께서 연회를 베푸셨고 저희 모두 즐거운 시간을 보냈습니다.

추신.

선교본부가 얼마나 빨리 여의사를 보낼 수 있습니까? 그분은 반드시 숙련된 외과전문의여야 합니다. _1887년 1월 13일, Annie J. Ellers

즐거운 소식 두 개 있습니다. 첫 번째는 앨러스 양이 벙커 목사와 약혼한 일입니다. 그들은 우리 집에서 결혼식을 올릴 예정이고, 우리가 떠나고 나면 우리 집에 들어와 살 것입니다.

벙커 목사는 정부와의 계약이 만료되면 우리의 선교사역에 참여한다고 합니다. 그분은 우리 선교 구성원 중 누구보다 열심히 일하겠다고 약속했습니다. 또 매우 학구적이기 때문에 조선어 습득에 있어서 이미 괄목할 만한 성과를 보여 주고 있습니다. 게다가 주의 깊고, 성급하지 않으며, 양심적이면서 모든 면에 있어서 성숙한 분이지요.

여기서도 모든 공동체 구성원들의 신뢰와 존경을 받고 있는데, 이곳의 어느 선교사와 교사들도 그분만큼 신뢰와 존경을 받는 사람은 없습니다. 벙커 목사와 엘리스 양의 약혼으로, 박사님은 그분에게 특별한 요구를 하실 수 있을 뿐만 아니라, 엘러스 양에 대한 걱정도 한시름 놓으시게 되었습니다. 왜냐하면 그녀에게 벙커 목사보다 더 훌륭한 사람을 소개시켜주는 것은 불가능합니다. 그리고 우리가 어쩔 수 없이 떠나야 하지만, 약혼이라는 효과적이고 조화로운 방식을 통해 엘러스 양을 선교 사역에 확고히 참여시킬 수 있게 되어 박사님은 기쁘게 생각하시라 믿습니다.

이곳을 떠나는 것에 대한 부담이 많이 줄어들었습니다. 벙커 목사와 엘러스 양이 이곳 선교사역의 지도자가 되어 성공적으로 사역을 이룰 것이라는 확신이 있기 때문입니다. _H. N. 알렌,《알렌의 사의 선교·외교편지》(장로회신학대학교출판부, 김인수 옮김, 2007.9), 1887.1.17.

1월 22일

여학교에서 학생들을 가르치고 싶어 하지만, 결혼하게 되면 많은 시간을 낼 수 없으므로 어려울 것 같음. 결혼하게 됨으로써 선교지부의 일에 예상되는 많은 어려움.

제가 지난 번 편지로 보낸 협정 안은 이곳 선교회 회의에 제출되어 전체 선교회의 찬동을 얻어 즉시 효력을 갖게 되었습니다. 귀하께서 이 소식을 이번 우편물로 듣게 될 것입니다. 물론 지난번 저의 편지에서 말씀드린 대로 이것은 우리의 사업에 대한 임시 조치입니다. 현재 진행 중인 사업에 대해서 간단히 말씀드리겠습니다. 고아원은 금년 예산 범위 내에 정원이 찼으며 신청자가 계속 있지만 거절해야 합니다.

정규 학교 사업에서 감리교는 지금 약 45명의 학생을 가진 학교가 있는데, 우리가 동일한 방식을 따랐더라면 비슷한 학생 수를 가질 수 있었을 것입니다. 그들은 자급할 수 없는 자들을 지원하는데, 절반 정도만 자급하고 있습니다. 처음에는 오는 자는 누구나 받아들여서 지원해 주었고 그 후 학교 명성이 나자 오는 자들이 생겼습니다. 그러나 우리는 이렇게 할 자금이 없어서 착수하지 못했습니다. 그러나 이 문제에 대한 선교본부의 정책을 알려주시면 좋겠습니다.

이제 장로교 혹은 최소한 기독교 교육 기관의 기초를 놓을 수 있는 시점이 되었습니다. 한국인들은 학교가 개설되기를 바라지만 기독교는 가르치기를 원하지 않습니다.

하지만 미래에 그렇게 할 수 있다고 보고, 현재 학교를 시작할 수

156

있는 문이 열렸으므로 그렇게 하는 것이 우리의 의무가 아니겠습니까? 현재 다른 선교회(북감리교 선교회)가 저 멀리 앞서 가 있어서 우리가 곧 바로 시작하지 않으면 따라 잡기가 어려울 것입니다.

감리교 선교사들은 매달 학생들에게 2~3달러씩 지원해 주고 있습니다. 만일 자금이 오고 그 돈을 쓸 수 있는 권한이 우리에게 부여된다면 우리는 올해를 넘기기 전에 더 큰 학교를 운영할 수 있을 것입니다. 그래서 매년 그 학교가 성장한다면 이는 장로교회의 신용이 될 것입니다. 우리에게는 현재 고아원이 있으나 대부분이 어린 소년들이므로 학교와 함께 운영할 기회는 희박합니다. 우리 학교에는 현재 학비를 내는 학생이 4명 있는데, 배우기 원하는 자들이 몇 명 더 왔지만, 감리교 선교사들에게 넘겨주고 말았습니다. 우리가 계속 이렇게 해야 하겠습니까? 아니면 이들을 지원하여 반(半) 자급하는 학교로 개설하여 운영하도록 허락해 주시겠습니까?

이 문제와 직결되는 것은 여성 사업으로서 우리는 아직 준비가 되지 않아서 감리교 여학교에 첫 여학생을 넘겨주었습니다.

이곳 여성과 소녀들을 위한 사역이 이루어져야 하며 장로교회는 이 모든 일을 감리교회에 넘겨주어서는 안 될 것입니다. 우리는 여학교로 꾸밀 수 있는 건물이 있습니다. 그것은 고아원 구내에 있지만 지금 당장 필요한 건물은 아니며, 쉽게 고아원과 완전히 분리시킬 수 있고 100달러면 수리할 수 있습니다. 그러나 그 후에는 운영비가 필요하고 담당자가 있어야 합니다. 우리 여자 선교사 모두는 할 수 있는 일이면 기꺼이 하려고 하지만 가사에도 손이 모자랄 정도입니다. 비록 그들이 비정규적으로 가사에서 벗어나 틈틈이 일할 수 있지만 여학교 일은 한 사람의 전임자가 맡아야 합니다. 우리는 이 목적을 위해 미혼여자 선교사가 필요합니다. 그러나 귀하께서 엘러스 양이 보낸 편지를 읽은 후 이것이 도움이 되지 않는다고 말할지 모르겠습니다. 저는 과부나 중년 여성으로서 경험이 많고 나이가 든 부인이면 이 일을 잘 할 수 있다고 제안하며 그 경우 젊은 미혼 여자 선교사가 올 경우에 발생할 어려움은 없으리라 봅니다. 비록 장점은 되겠지만 이 일에는 능숙한 한국어 구사 실력 여부는 본질적인 것이 아닙니다. 한 가지 확실한 것은 우리 교회가 이 일을 착수해야 하며 현지에 전담자가 있어야 하고, 일단 현지에서 활동할 수 있게 되면 그녀는 떠나거나 결혼해서는 안 됩니다. 우리 모두는 엘러스 양이 혼인함으로써 선교회가 막대한 손실을 입게 되어서 유감입니다. 비록 그녀가 선교회와 계속 관련을 맺고 여학교의 소녀들을 위해서 일할 것이라고 말하지만, 가족을 가진 자는 선교회에 많은 시간을 줄 수 없다는 것을 우리는 또한 알고 있습니다.

회계로서 엘러스 양이 결혼하면 그녀의 봉급을 어떻게 해야 할지 알고 싶습니다. 벙커 씨는 우리 선교회와 관련을 맺지 않을 것으로, 만일 그녀가 이 선교회에 계속 남는다면 봉급을 받아야만 하므로 자세한 지시를 보내주시되 그녀의 신혼여행비는 차후에 선교부에서 갚아야 하는지 이에 대한 처리 방안도 알려주시기 바랍니다. 다음 우편으로 귀하께서 이 문제에 대한 답장을 보내주실 것을 믿습니다. _H. G. 언더우드, 《언더우드목사의 선교편지》(장로회신학대학교출판부, 김인수 옮김, 2007.9), 1887.1.22.

2월 14일

벙커(D. A. Bunker) 목사가 장로회 선교부에 합류하기를 원함. 그러나 헤론과 언더우드는 벙커 목사와 엘러스가 함께 장로회 선교부에 합류하는 것을 원하지 않음.

여기 모여 있는 사람들의 관계는 매우 좋아서 우리는 함께 평화롭고 조화롭게 잘 지내고 있어서 모든 것이 좋습니다. 감사할 일이 얼마나 많은지요! 그 중 가장 저와 관련이 깊은 것은 벙커 씨가 저희 선교지부에 합류하게 되었다는 것입니다. 정부가 운영하는 육영공원은 곧 없어질 것이란 소문이 있습니다. 그러면 벙커 씨는 더 빨리 저희와 함께 하게 될 것입니다. 그 분은 훌륭한 기독교인이며 그분을 받아들이는 것이 저희에게 도움이 될 것입니다. 선교지부는 더 많은 사역자들이 필요합니다. _1887년 2월 14일, Annie J. Ellers

엘러스 양은 다음 가을에 벙커 씨와 결혼할 예정이라고 며칠 전에 저에게 말했습니다. 엘러스 양이 결혼할 때쯤 의료 사역을 그만둬야 한다고 말했기 때문에, 엘러스 양이 결혼한다는 소식이 아주 유감스럽습니다. 그러나 그녀는 선교회와 여전히 교류하고, 여학교에서 가르치기를 희망합니다. 그녀의 바람이 실현되지 않을까 걱정입니다. 왜냐하면 이곳에 있는 기혼녀 중에 그런 일을 할 수 있을 정도의 시간이 있는 사람은 아무도 없기 때문입니다. 현재 가르치려고 시도하는 사람은 제 아내뿐입니다. 제 아내의 모든 가르침은 집에서 이루어지고 있습니다. 선교회의 인력이 엘러스 양의 결혼으로 또 다시 줄어들 듯합니다. 여러 모로 보아 박사님께서 엘러스 양을 대신할 여의사를 즉시 보내주어야 할 것 같습니다. (중략)

추신.

벙커 씨와 엘러스 양의 약혼과 관련하여 벙커 씨가 정부와 체결한 2년의 계약 기간이 끝나갈 무렵에, 왕이 계약을 갱신하기를 원하지 않는다면, 벙커 씨가 아마도 저희의 선교 사역에 동참할 것 같으나, 정부가 바라는 것을 알 때까지는 저희 선교회에 지원하지 않을 것이라고 엘러스 양이 저에게 말했습니다.

비록 벙커 씨가 거기서 일하지만, 선교회에 지금 들어와 우리와 함께 일하도록 벙커 씨에게 강력히 권고해 보라고 엘러스 양에게 말했지만 엘러스 양은 그가 그렇게 하지 않을 것이라고 말했습니다. 참으로 애석한 일입니다. 왜냐하면 설령 벙커 씨의 정부와의 계약 기간이 끝난다 하더라도, 엘러스 양과 벙커 씨가 결혼하게 되면 저희 선교회와 함께 하기로 결심할 것이라고 기대했기 때문입니다. _

J. W. 헤론, 《헤론 의사의 선교편지》(장로회신학대학교출판부, 김인수 옮김, 2007.9), 1887.1.24.

엘러스 양의 학교와 관련하여, 그녀는 훌륭한 젊은이이고 열정적으로 일합니다만, 그 학교를 시작하게 된다면 '그녀가 깨물 수 있는 것보다 더 큰 것을 물게 된' 꼴이 될 것입니다. 그녀가 결혼한 후 병원 사역에 참여한다면 기대 이상의 일을 하게 될 것입니다. _H. N. 알렌, 《알렌의사의 선교·외교편지》(장로회신학대학교출판부, 김인수 옮김, 2007.9), 1887.2.10.

3월 7일

약혼 소식에 명성황후가 축하를 전함.

선생님께서 지난 1월 13일에 보내주신 편지를 받자마자 주요 내용에 정말 놀라울 따름입니다. 반면에 Mrs. M이 저를 이해시켜 주었습니다. 선생님께서 인용한 표현이 전부라면 그녀는 기반이 전혀 없는 상태였음이 틀림이 없습니다. 열정이 그녀를 사로잡았나 봅니다. 남겨진 현안 문제에 대해서는 물론 제가 선교지부에서 떠나지 않고 도와줄 수 있는 다른 사람을 데려올 생각을 하고 있습니다. 혹 벙커 씨가 선교단의 일원이 되어도 정부가 운영하는 육영공원에서 계속 선생님으로 일할 수 있는지 궁금합니다. 저희는 벙커 씨가 선교단원이 되기 위해서는 조금 더 기다려야 한다는 것을 알고 있지만 저희의 결혼 전에 선교단원이 되었으면 좋겠다는 생각에서 여쭈어 봅니다.

여기에서 일어나는 어려운 문제들은 다 해결되었고 모두 평화롭습니다. 또한 어떤 다른 사람이 개입해서 해결된 것이 아니라서 기쁘게 생각되며 또한 선교사로서 우리에게도 더욱 더 영광입니다. 실제로 고국으로 돌아가려 하는 한 가지 희망은 그렇게 선교부를 떠나는 것일까요? 지금은 모든 것이 다 좋습니다.

저는 개인적으로 불화를 싫어하며 따라서 하나님의 도우심으로 어떠한 논쟁에도 결단코 어느 쪽을 편드는 일 같은 것은 하지 않을 것입니다.

저는 최근에 기도의 응답을 받아 하나님의 약속에 대한 더욱 확고한 믿음의 확신이 생겼습니다.

스트랜튼 박사님이 예전에 불미스럽게도 잃었던 환자와 너무나도 비슷한 상황에 처한 다른 환자를 지난 주에 저에게 보내주셨습니다. 그 여자는 매우 상황이 좋지 않았으며 저 또한 그녀에 대한 희망이 거의 없었습니다. 저는 그녀를 최고의 의사 선생님께 보냈으며 빠른 쾌유를 기도했습니다. 그녀는 곧 좋아지게 되었고 지금은 상태가 매우 좋습니다. 모든 만물을 주관하시는 하나님께서 제 기도에 응답해주신 것으로 인해 너무 감사를 드립니다.

현재 저는 의사소통에 매우 어려움을 겪고 있으나 언어공부가 잘 되어가고 있으며 곧 자유롭게 대화할 수 있기를 바랍니다.

선생님께서 보내주신 편지에 감사드립니다. 명성황후께서는 매우 인자하시고 친절하게 대해주십니다. 제 약혼소식을 들으시고 몹시 기뻐하셨으며 고종께서는 매우 경사스러운 일이라고 하시며 기쁘다고 말씀하시며 즐거워하셨습니다.

이곳 조선에서는 결혼하지 않는 것을 그들의 눈에는 하나의 수치로 여기고 있습니다. 하나님께서 제게 사랑을 보내주셨다고 느낍니다. 그 일은 불명예스러운 일도 아니었으며 또한 이곳에 도착하고 나서 조금 시간이 지난 후에야 결혼의 가능성이 보였습니다. 명예스럽게도 벙커 씨는 저의 진실한 기독교 신앙을 보고 반했다고 말해주었습니다. 정말 좋은 끌림이 아니겠습니까? 제 삶의 모든 다른 면에서처럼 결혼 생활에서도 인도해주시는 하나님의 손길에 모든 것을 맡기고 가까이 따르고자 합니다.

앞으로 이곳에서 전해드리는 소식은 좋은 소식들만 되기를 바랍니다. _1887년 3월 7일, Annie J. Ellers

3월 16일

정부에서 벙커 부부에게 결혼 후 살 집을 내림. 장소는 현 창덕여중 자리인 정동길 22 부근.

정부는 벙커(Bunker) 부부가 결혼했을 때 살도록 그들에게 집을 사 주었단다. 석 달 내로 흥미로운 사건이 벌어질 것이다. 그것은 한국과 관련된 상당히 큰 사건이 되겠지. 그들은 일본으로 갈 것이다. (중략)

벙커(Bunker)와 그의 아내가 여름에 자신의 집으로 입주하면 나는 그때 우리가 지내야 할 다른 하숙집을 구해야 한다. _헐버트가 누이동생에게 보낸 편지, 1887.3.16.

5월 30일

명성황후가 엘러스에게 금으로 된 팔찌를 하사함.

엘러스 양과 저는 궁궐에서 거의 매일 진료합니다. 즉 우리는 거의 매일 입궐하지만 왕실의 가족들은 건강하기 때문에 그것은 다만 이목을 피하기 위한 것입니다. 그들은 바깥에서 일어나는 사건의 소식을 듣고 싶어 합니다.

어느 날 왕후가 엘러스 양에게 조선의 금으로 만든 커다란 팔찌를 선물로 주었습니다. 무게가 약 8온스 정도 되었습니다. 또한 그들은 벙커 씨에게는 보석과 함께 꽤 무게가 나가는 금반지를 주었습니다. 이것은 그들의 결혼 선물이었습니다. 그들의 집은 점점 더 멋지게 꾸며지고 있으며, 그들은 좋아합니다. 왕후가 엘러스 양을 매우 좋아합니다. 말하자면 엘러스는 '1등 장로교인이며' 매우 현명한 젊은 여성입니다. _H. N. 알렌, 《알렌의사의 선교·외교편지》(장로회신학대학교출판부, 김인수 옮김, 2007.9), 1887.5.30.

7월 5일

벙커 목사와 결혼.

화요일 저녁, 우리 여의사인 엘러스 양과 육영공원의 벙커 목사가 같은 기관인 길모어 목사의 주례로 결혼하였습니다. 결혼식은 우리 집에서 열렸는데, 신부가 조선에 있는 동안 머물러 온 곳입니다. 약 50장의 초대장을 모든 외국인 거주자들과 몇 사람의 조선인 귀족들에게 보냈습니다. 이것은 서울에서 열린 첫 외국인 결혼식이었기 때문에 모든 사람이 참여하기를 원했던 것은 당연한 일이었고, 집이 협소한 것이나 결혼 잔치가 없었던 것도 이해할 것입니다.

거의 모든 사람이 초대에 응했습니다. 왕후는 시내 6명을 보내서 결혼식을 보고 그녀에게 보고하도록 하였습니다. 이 시녀들은 다른 사람들의 눈에 띄지 않고 결혼식을 보기 위해 방에 몰래 숨었습니다.

세관의 총세무사와 그의 부인은 최고로 돋보인 사람이었습니다. 러시아 공사의 어린 아들이 세관 직원 한 사람의 예쁜 딸과 함께 신랑신부가 행진하는 길 위에 꽃을 뿌렸습니다. 왕후가 현지인 악단을 보내려고 하였지만, 이를 정중히 사양하였습니다.

결혼식에 가장 적합한 시간이었습니다. 보름달도 떴고, 저녁이라 서늘하였으며, 많은 일본식 청사초롱이 부드럽고 붉은 빛을 사방에 비추었습니다. 임시로 만든 분수가 꽃 가운데 있으면서 예식장의 중심 역할을 하였으며, 모든 것이 화사한 분위기를 만들었습니다. 미국, 영국, 독일, 러시아, 일본, 중국의 대표자들이 이 나라에 거주하는 자기 나라 사람들과 함께 참석했습니다.

모든 사람은 선물을 가져왔는데, 어떤 물건들은 값비싸고 고급스러웠습니다. 왕실에서는 집을 마련해주었을 뿐만 아니라, 신부에게 조선의 금으로 만든 커다란 팔찌를 선물로 주었는데, 아주 정교하였고 무게가 약 8온스 정도 되었습니다. 신랑에게는 같은 재료로 만든 반지를 주었는데, 조선인들이 귀중하게 여기는 특별한 보석이 박혀 있었습니다. 많은 무늬로 수놓은 약 60미터 정도 되는 비단을 중국의 공사가 선물하였습니다. 선물들 가운데 여러 개의 아주 아름다운 차 세트, 커피 세트, 일본의 고급제품인 전체 식기류 한 벌, 일본에서는 흔한 그 외의 다른 많은 예쁜 물건들이 있었습니다.

결혼식 직후에, 행복한 부부는 가마를 타고 왕이 그들을 위해 마련해 준 새 집으로 갔습니다. 그들은 그 집에서 조선에 엄청난 유익을 가져올 일을 시작했습니다. 그들이 거기서 1년 동안 머물면서 그들은 각각 아주 성공적으로 일해 왔습니다. 결혼식은 아주 적절했으며, 그래서 분명히 행복하고 아주 유용한 결혼 생활이 될 것입니다. _H. N. 알렌,《알렌의사의 선교·외교편지》(장로회신학대학교출판부, 김인수 옮김, 2007.9), 1887.7.5.

7월 5일 이후

병원에 환자들이 많이 늘어남. 여의사가 오면 소녀들을 가르치는 일을 할 수 있도록 해 달라고 요청.

알렌 선생님께서 앨린우드 선생님께 저희 결혼식에 대한 모든 것을 알려주셨으니 결혼에 대해 더 이상 언급하지 않겠습니다. 결혼한 지 얼마 되지 않은 지금 환자들이 많이 늘었습니다. 지금이 환자들이 가장 많은 시기일지도 모르지만 그러나 미혼의 소녀보다 결혼한 여의사에게 더 존경심을 보여주고 있습니다. 만일 새 여의사가 미망인일 수 있다면 훌륭할 것입니다.

알렌 선생님께서 친절하게도 제 일을 봐주시고 저는 일주일 쉬었습니다. 모든 여성들이 친절하고 착해서 저희들은 매우 놀랐습니다. 선교본부는 여의사가 오자마자 그 소녀들 가운데에서 제가 일을 할 수 있는 특권을 주시겠죠? 때때로 새 의사에게 보조할 방법이 필요한 더 많은 일이 있어서 그렇게 할 필요가 있다는 것을 압니다. 날씨는 극단적으로 무덥습니다. _1887년 7월 5일 이후, Annie J. Ellers

10월 25일

벙커 부인과 헤론의 사이가 좋지 않다.

제가 떠난 것이 선교부에 좋은 일이 되었습니다. 이런 말씀을 드리는 것이 유감이지만 헤론 의사와 벙커 씨 부인이 충돌하였습니다. 두 사람 모두 사건 전반에 대해 저에게 편지하였으며, 헤론 의사는 저를 보기 위해 내려왔다가 돌아갔습니다. 저는 두 사람에게 벙커 씨 부인이 헤론 의사의 청구서를 처리해주었더라면 불미스런 일이 일어나지 않았을 것이라고 말했습니다. 결과적으로 두 사람 모두 예전같이 성의를 다하지 않았습니다. 그들의 편지를 보냅니다. 박사님이 읽으셔도 좋고 그렇게 하지 않으셔도 됩니다. 박사님의 마음대로 하십시오. 헤론 의사는 그가 원하던 자리를 얻은 것에 대해

164

의기양양하고 행복해 합니다. 그는 약간 들떠 있는 것 같습니다. 벙커 씨 부인이 저에게 동료 대접을 받아 온 간호사이고, 그녀가 헤론을 독재자나 되는 것처럼 보았다는 것을 그는 결코 잊을 수 없을 것 같습니다. 그 두 일이 어떻게 일어날 수 있었는지 박사님은 아실 수 있습니다. _H. N. 알렌,《알렌의사의 선교·외교편지》(장로회신학대학교출판부, 김인수 옮김, 2007.9), 1887.10.25.

제 치료 또한 왕을 만족시켜드린 것 같습니다. 벙커 여사는 왕비를 알현하고 평소와 같이 제게 증상을 설명하여 제가 약을 처방하였습니다. 그녀는 또한 저 없이 남편을 대동하고 두세 번 입궐을 했는데 이는 우리를 부른 전갈에 대한 오해가 있었기 때문입니다. 그녀는 통역이 그녀를 부르지 않았고 제가 가겠다고 그녀에게 말해주지도 않았다고 왕비에게 말했습니다. 저는 알렌 의사에게 이 사건에 대한 판단을 내려달라고 했고 그는 잘못이 벙커 여사에게 있다는 답을 주었습니다.

날씨가 추워져 제중원에 오는 환자의 수가 하루 평균 30명쯤으로 많이 감소하였습니다. 벙커 여사는 5~6명가량을 진료합니다. 그러나 가을에는 환자가 매우 많았습니다. 하루에 107명을 본 적이 있었는데 제중원이 세워진 이래 가장 많은 수효였습니다. 그러나 그중에 여성 환자는 27명뿐이었습니다. 벙커 여사가 제중원에 4일이나 결근을 해서 그녀의 일까지 하느라 몹시 부담이 되었지만 환자들을 그냥 돌려보낼 수는 없었습니다. (중략)

지금 막 왕비께 약을 보내고 왔습니다. 왕비는 딱하게도 떡과 감을 먹고 나서 계속해서 심한 설사로 고생하고 있습니다. 얼른 쾌차하길 바라지만 하루 종일 고생한 후에 약을 지으러 사람을 보낸 걸 보면 상태가 매우 심각한 것 같습니다. 내일은 궁에 가 보아야겠습니다. 약을 지으러 온 관리가 감리교 병원에 새로 온 여의사(1887년 10월 여자해외선교부에서 파송한 메타 하워드-주)와 벙커 여사 중 누가 더 나으냐고 물었습니다. 저는 벙커 여사는 잘 알지만 다른 의사는 안지가 얼마 되지 않아 잘 모르겠다고 말하긴 했지만 그런 질문을 듣고 놀라 무슨 뜻일까 자문해 보았습니다. 저는 벙커 여사는 잘 알지만 다른 의사는 안지가 얼마 되지 않아 잘 모르겠다고 말하긴 했지만 그런 질문을 듣고 놀라 무슨 뜻일까 자문해 보았습니다. 그리고 호턴 양을 지체 없이 보내달라고 촉구합니다. 게다가 왕을 알현할 때 벙커 여사와 저의 통역관으로 일했던 사람은 전에 일 년여에 거쳐 스크랜턴 의사의 통역관으로 일했던 사람입니다. 물론 스크랜턴 의사를 돕기 위해서라면 무슨 일이든 하겠지요. 벙커 여사는 현명하지 못하게도, 편지를 자기가 직접 전해주지 않고 나를 통해서만 준다고 비난하여 그를 화나게 만들었습니다. 그가 쫓겨나지 않은 것은 왕비 조카의 중계 때문이었습니다. 벙커 여사가 작위가 없다는 것을 알면 우리 둘 다 곤란해질까 염려됩니다. 왜냐하면 조선 사람들은 그런 일에 특별히 민감하기 때문입니다. 궁전 나이들이 아니면 오직 관직이 있는 사람만이 왕 앞에 나갈 수 있습니다.

호턴 여사가 어서 빨리 와야 하는 또 다른 이유는 벙커 여사가 결혼 이후로 전보다 몸이 약해져서 규칙적으로 제중원 일을 보지 못합니다. 때로는 일주일에 4일을 빠지기도 합니다. 그녀의 잘못은 아니지만 매일 출근하지 않는 것은 유감스러운 일입니다. 그녀는 요리와 집 안 일을 하느라 병원 일에는 하루에 한 시간 정도밖에 내지 못합니다. 우리는 자신의 시간을 모두 헌신하고 말도 열심히 배울 수 있는 미혼 사역자가 필요합니다.

감리교 여의사는 호턴 양의 동창이어서 두 사람 모두 기뻐할 것입니다. 하워드 의사는 호턴 의사의 능력을 극구 칭찬합니다. _J. W. 헤론, 《헤론 의사의 선교편지》(장로회신학대학교출판부, 김인수 옮김, 2007.9), 1887.11.13.

11월 20일

여의사 호튼(S. B. Horton)이 오면 여학교를 맡고 싶음.

앨린우드 박사님께

166

우리는 지금 아주 잘 지내고 있습니다. 일도 잘 진행되고 있습니다. 저는 언더우드 선생님이 계시지 않을 때 고아원에서 매일 한 시간씩 가르치고 있습니다. 저는 언더우드 목사님이 떠난 목적을 잘 완수하기를 희망합니다.

목사님은 지난 일요일 아침 나가사키를 향해 여기를 떠났고, 곧 알렌 선생님과 그의 짐은 뉴욕에 도착할 것입니다.

저는 저를 파송했던 Silb.B 위원회의 부인들이 저의 결혼소식을 듣고 조금 화를 내었고, 제가 결혼 전만큼 열심히 일하지 않을 것이라 생각한다고 여깁니다. 저는 열심히 하고 있고 결혼 전보다 더 많은 일을 하고 있습니다. 선생님이 그들에게 좀 이해시켜주실 수 없겠습니까? 선생님은 이런 상황을 이해하시지만 그분들은 이해하는 것처럼 보이지 않습니다.

최근에 제가 당신께 썼던 편지에 관련해서 당신을 그러지 않았지만 그들을 언급했습니다. 제가 그들에 관해 쓴 것에 대해 그들에게 미안하다고 생각하지 않습니다. 그러나 알렌 선생님이 저를 기도와 인내로 잘 대해준 것과는 다르게 저를 취급하는 것을 견딜 수 있다고 생각합니다. 알렌 선생님이 제게 너무 잘 대해주셔서 제가 버릇 없어질까봐 오히려 염려가 될 정도로 제게 잘해주십니다.

새로운 항구가 열릴 때, 선교사역을 위해 새로운 사역지로 가는 것이 저의 강렬한 바람이었습니다. 호튼이 올 때는 이곳에서의 분쟁에 대해 잘 모를 것이며 저는 주님의 은혜로 저희가 잘 지낼 것이라고 생각합니다.

명성황후는 다시 아프기 시작했으나 저희가 그녀를 치료해서 이제 좋아졌다고 들었습니다.

저희는 학교 사역에서 곧 지원이 오리라고 여기고 있습니다. 만일 지원이 없다면 저는 호튼이 온 후에는 여학생들을 위해서 제가 할 수 있는 모든 일을 시도하고 행할 것입니다. _1887년 11월 20일, Annie J. Ellers

나는 알렌 의사가 호튼 의사를 만나 그녀에게 무엇을 가져올 필요가 있는지 조언해 주었으면 합니다. 우리 부부가 편지를 썼고 벙커 여사도 꽤 정규적으로 그녀와 연락을 하고 있기에 그녀도 필요한 것들을 모두 알게 되었을 것입니다. 우리는 잘 보전하지는 못했지만 벙커 여사가 이곳에 있을 때 쓰던 방을 주려고 합니다. 내 건조실과 직접 통하는 사무실로 쓰려고 물건들을 갖추어 놓았습니다. 그렇지만 언더우드 씨와 사는 것은 당연히 불가능합니다. 알렌 의사 댁에 살림을 차리고 싶지도 않을 것입니다. 벙커 여사가 아주 작은 방밖에 줄 수 없을 테고 더욱이 곧 대궐에 가야할 것입니다. 궁궐 관리들이 여러 번 그녀에 대해 물어오고, 지난번 임금님께서 하신 말씀으로 미루어볼 때 그들은 아주 기쁘게 그녀를 기다리고 있습니다. 정말로 그녀가 오기를 고대합니다. 불행히도 벙커 여사가 조선인들에게나 외국인들에게나 평판을 상당히 잃었기 때문입니다. 나는 그녀의 남편이 얼마간 책임이 있다고 생각합니다. 그는 누구와도 친구가 되려고 하지 않습니다. 선교사들의 수고에 대해 끊임없이 독설을 퍼부어서 선교사들과 소원해지고 말았습니다. (중략)

감리교 여선생은 상당히 경험이 많으리라 생각되는 중년 사역자입니다. 그녀는 독일계여서 독어를 좀 아는 여자들이 1주일에 두 시간씩 감리교 여학교에서 가르치게 했습니다. 그녀 대신에 스크랜턴 여사와 벙커 여사와 메닐 양이 반을 만들었습니다. 그곳 친구들은 사역을 성공시키기 위해 수고와 돈을 아끼지 않고 있습니다. 그리고 정말 성공하고 있습니다. _J. W. 헤론, 《헤론 의사의 선교편지》 (장로회신학대학교출판부, 김인수 옮김, 2007.9), 1887.12.18.

1888년 1월 6일

정해년 음력 11월 23일, 광서 13년 정2품 정경부인에 봉한다는 교지를 받음, 이후 음력 11월 23일 승정원 일기와 일성록에 기록이 됨.

임금이 전지를 내리기를 미국 여의사 헤론이 공로가 많고 심히 애를 쓰니 가상히 여겨 특별히 2품의 품계를 주노라. _승정원 일기, 光緒 13년 11월 23일.

교서를 내려 미여의사에게 정2품 정경부인의 직첩을 특별히 제수하되 문서에만 기록하고 반포하지 말아라. _일성록, 光緒 13년 11월 23일.

벙커 여사, 제중원 부인과에서 일함.

바빠서 편지도 쓰지 못하고 지내다 왕께서 은혜를 베풀어 더 높은 직위를 내려주셨다는 것을 알려드리고자 편지를 씁니다. 알렌 의사가 떠나기 전 받았던 것과 같은 작위입니다. 벙커 여사도 서훈을 받았습니다. (중략)

호튼 양이 봄까지는 출발하지 않을 거라는 소식을 벙커 여사로부터 듣고 실망했습니다. 정말 유감스럽습니다. 적어도 초봄까지는 그 분이 꼭 도착하길 바랐는데 다른 의사도 보내주셨으면 합니다. (중략)

제게나 가족에게 무슨 일이라도 생기면, 벙커 여사가 틈틈이 보고 있는 작은 병원을 제외하면 우리 의료 사업 전체가 실패로 끝나게 될 것입니다. 물론 우리가 힘을 잃게 된다면 곧 스크랜턴 의사가 기쁘게 우리를 대신해 제중원과 제 병원 일을 맡을 테고 그러면 우리는 다시 되찾을 수 없게 될까 두렵습니다. _J. W. 헤론,《헤론 의사의 선교편지》(장로회신학대학교출판부, 김인수 옮김, 2007.9), 1888.1.8.

1월 15일

결혼을 하면서 남편 벙커가 미국 북장로회 선교부 소속의 선교사로 오고 싶어 했지만 알렌과 헤론, 언더우드와의 갈등 속에 애니 엘러스가 알렌 집에 머물러 있어서 알렌의 편이라고 여긴 헤론, 언더우드에 의해 애니 엘러스 부부가 북장로회 선교부에서 함께 사역하는 것을 원하지 않음. 결혼을 하면서 고종에게 하사받은 집에서 학생들을 가르치고 있었지만, 미 북장로회 선교지부는 이 학교를 선교부 학교로 인정하지 않고 있었음. 헤론 부인은 여학생들을 가르치는 일을 하다가 포기함.

11월 23일자 편지를 보내주셔서 감사합니다. 편지를 그렇게 쓸 수밖에 없어서 대단히 죄송했습니다.

호튼 여사가 올 때까지 저는 저의 맡은 일을 조용히 하고 있으며 사람들과 화목하게 지내고 있습니다. 헤론 선생님은 마음이 편협하셔서 대단히 유감입니다. 그는 심지어 저와 명성황후의 친분까지 시기하고 있습니다. 저는 제가 할 수 있는 한 아무런 문제가 없도록 노력합니다. 저희 집은 너무 외딴 곳에 있어서 저희가 무엇을 하고 있는지 아무도 볼 수 없으며 저희 또한 다른 사람을 볼 수 없습니다. 또한 저의 집에는 뒷문이 없습니다. 저는 여자들 그리고 소녀들과 일하고 싶습니다. 언더우드 씨는 그의 형제들이 보내준 돈으로 집을 샀으며 저는 곧 그들과 함께 마가복음을 이번 주부터 읽기 시작할 것입니다. 언더우드 씨가 산 집이 중심가에 있지 않기 때문에 헤론 선생님은 그의 부인과 마찬가지로 이에 반대하고 있습니다. 이 말은 그 분이 어떤 분인지 잘 알게 합니다. 그의 부인은 선교사를 자원했음에도 불구하고 모임에 단 한번도 오지 않을뿐더러 어떠한 투표도 하지 않습니다. 하지만 바라는 대로 이루기 위해서 그녀는 투표에 열심히 참가해야 하며 그럼으로써 하나님이 길을 열어주실 것입니다.

저는 그들이 헤론 부인에게 여성을 위한 사역을 떠맡기를 바라고 있으며 제가 그 사역을 하지 않기를 원하고 있다는 것을 압니다. 하지만 하나님의 영광은 저의 것입니다. 이것은 옳지 않은 행동에 대한 저의 단호한 생각입니다. 헤론 부인은 방을 수리하고 청소하고 여자들에게 좋은 옷을 주며 조용히 일을 시작했습니다. 그녀는 한달 정도 일을 하다가 그만둬야 했습니다. 다음 선교사 모임에서는 이 일에 위한 추가비용에 대해 투표를 하기로 되어 있었습니다. 헤론 선생님은 약 30달러 정도의 영수증을 다소 신중하게 가지고 와서 자신의 부인이 선교일로 쓴 것이라고 말했습니다. 헤론 부인도 그리고 다른 여자들도 그만두기로 한 그 일을 더 할 수 없었습니다. 알렌 선생님과 저는 이번 모임에서 이 일에 관해서 처음 들었던 것이었으며 헤론 부인이 왔을 때 저는 헤론 선생님께 제가 이 일을 매우 잘 할 수 있다고 이야기 했었습니다. 저는 선생님께 불평하는 것이 아니라 단지 그들이 어떻게 일하는 지 알려주고 싶었을 뿐이며 선생님께서 이 편지 내용을 비밀로 지키실 것이라는 것을 잘 알고 있습니다.

언더우드 씨나 헤론 선생님 모두 훌륭한 재정관리가 아니라고 썼던 의료비용에서 언더우드 씨는 신중치 못한 재정관리자입니다. 알렌 선생님께서 저보다 훨씬 더 설명을 잘 해 주실 것입니다. 보다 나은 선교를 위해서 알렌 선생님은 꼭 돌아오셔야 합니다. 여성의 펜에서 나온 것에 대해 제가 말씀드렸던 것을 당신이 들어서 알고 있는 것처럼 모든 조선인들은 알렌 선생님을 좋아하며 헤론 선생님은 그다지 인기가 없습니다. _1888년 1월 15일, Annie J. Ellers

1월 13일에 열렸던 우리 선교회의 때 신청한 예산안을 보냅니다. 벙커 여사가 그 회의 소집 시간을 잊어버려서 우리는 반 시간이나 기다린 후에 그녀 없이 진행했습니다. 회의는 각자에게 나눠 준 공문에 의해 소집 시간을 잊어버려서 우리는 반 시간이나 기다린 후에 그녀 없이 진행했습니다. 회의는 각자에게 나눠 준 공문에 의해 소집되었습니다.

우리는 고아원 여학생 보조비와 가구 구입 추가비용 50달러 외에는 여학교를 위한 비용은 먼저와 같이 신청했습니다. 여학교는 아직 시작도 못했습니다. 선교부가 박사님께 지난 9월 보내 달라고 부탁한 그 여자 선생을 보내주시지 않으면 별다른 방도가 없는데 아직 아무런 회답이 없습니다.

남자 선생이 한 명 더 오면 남학교도 시작하려 합니다. 교사(校舍)로 쓰려고 좀 떨어진 곳에 좋은 건물 하나 사두었는데 봄까지는 손을 보아 둘 것입니다. 건물이 두 개인데 하나에는 넓은 방이 많아서 교사로 쓰기에 적당할 것 같고, 하나는 기숙사로 쓰면 좋을 듯싶습니다.

엘러스 벙커 여사에 대한 박사님의 견해나 선교회가 주려는 봉급의 정도도 모르고, 또한 양심적으로 그녀가 현재 받고 있는 급료를

줄 수 없어서 예산안에 덧붙여 조치를 취했습니다. (중략)

〈여성을 위한 여성 사역〉(Woman's Work for Woman)에서, 9월 3일 벙커 여사가 쓴 편지 발췌문을 읽고 많이 놀랐습니다. 그녀는 이번 여름 알렌 의사와 자신만 병원을 돌보고, 모든 선교사들은 휴가를 갔다고 했습니다. 왜 그녀가 진실이 아니라는 것을 알면서도 그런 보고서를 써야 했는지 납득이 가지 않습니다. 저는 휴가를 갖지 않았을 뿐만 아니라 제 일 외에도 스크랜턴 의사의 병원을 맡아 일주일에 적어도 서너 번 갔습니다. 실제로 우리 의료진 중 휴가를 간 사람은 벙커 여사 자신뿐입니다. 그녀의 결혼 전 제가 그녀의 일을 1주일간 했고, 그 후에 알렌 의사가 1주일을 했습니다. 그녀는 결혼 후 두 달간이나 교회도 쉬어서 교회에는 스크랜턴 여사(제물포에 이틀 동안 다녀온 것 외에는 자기 자리를 지켰습니다), 아펜젤러, 언더우드 씨, 그리고 저밖에 없을 때가 종종 있었고, 우리는 한강변의 집에서 4마일이나 떨어진 교회에 갔습니다. 이곳에 있는 사람들은 그녀의 보고를 일소에 부치겠지만, 고국에 있는 사람들은 우리가 이런 식으로 일을 퍽 게을리 한다고 생각할 것입니다. 한 개인으로서 제가 말씀드리고 싶은 것은 저는 일이 있을 동안에는 휴가를 가지 않는다는 것입니다. 알렌 의사가 아픈 동안 저는 그의 환자들까지 맡았다가 저까지 병이 나는 바람에 말을 탈 수도 없을 지경이었습니다.

벙커 여사의 보고서는 너무 엉망이어서 서류에 중국어와 영어로 쓴 온갖 종류의 보고들이 들어 있습니다. 왕비로부터 1년에 5,000불에서 17,000불을 줄곧 받았고, 그녀를 위해 병원(제중원)이 건립되었다는 등의 보고서를 보았습니다. 그녀는 이러한 몇몇 보고서를 베껴 고국에 편지를 써서 보냈고, 그것이 세인트루이스의 한 신문에 실렸습니다. 가끔 우리 선교 사업을 불신하게 만드는 일이 바로 이와 같은 일입니다.

벙커 여사가 제중원 일에 시간을 조금밖에 내지 않아 여자 환자가 많이 줄어들고 있습니다. 호턴 의사가 오면 정말 기쁘겠습니다. 한 관리가 말하기를 그녀는 오전 11시에 와야 하는데도 하루 종일 기다리게 만들고는 오후 2, 3시경에 와서 15분 내지 20분가량 있다

172

가 서둘러 가버린다고 합니다. 병원 관리자들의 불평이 대단합니다. 모두들 새 의사가 오길 바라고 있습니다. 별로 유쾌한 이야기는 아니지만 박사님께서도 상황을 바로 알 권리가 있기에 말씀드리는 것입니다.

제가 이곳에 있는 동안 아내를 상해로 데려다 준 때를 제외하고는 단 하루도 일을 쉰 적이 없다는 것을 말씀드리고 싶습니다. 30개월 동안 제 당번에 제중원 근무를 했고, 자주 알렌 의사와 벙커 여사의 차례를 대신하기도 했습니다. 실제 숫자가 그 기간 동안 집에서 본 환자를 제외하고도 얼마나 많은 환자를 제가 보았는지 보여줄 것입니다.

가능하면 빨리 그 잘못된 보고서를 수정해주시면 감사하겠습니다. _J. W. 헤론, 《헤론 의사의 선교편지》(장로회신학대학교출판부, 김인수 옮김, 2007.9), 1888.1.15.

조선에서 오는 소식은 거의 듣지 못하고 있고, 모든 것이 잘되고 있다고 생각합니다. 벙커 씨 부인이 헤론과 그의 수술 성공에 대해서 아주 우호적으로 편지를 썼습니다. 박사님이 저에게 언급한 그러한 보고서들이 신문사들에 넘겨진 것은 불행한 일입니다. 저는 그녀가 15,000달러의 봉급을 받는다는 내용의 보고서를 여러 번 보았고, 그것을 부인할 기회를 찾았습니다. 그것은 결코 그녀 때문이 아니지만, 저는 원인을 규명하기 위해 벙커 씨 부인과 그 정도 받는다고 알려진 데니 판사를 비교하였습니다. 저는 최근에 메릴 총세무사에 관해서도 똑같이 잘못된 보고서를 보게 되었습니다. 메릴은 아주 신중하고 양심적인 사람이고 오도하는 글을 쓸 사람이 아닙니다.

저는 또한 〈여성사역〉 잡지에 있는 벙커 씨 부인의 보고서를 보았습니다. 그것이 현장에 대한 악감정을 유발할 수 있는 것임을 발견하였습니다. 제 생각에는 그녀가 다른 사람들이 멀리 떠나 있는 동안 우리는 그 도성에 남아있었다는 것을 말하려고 했던 것 같습니다. 스크랜턴 의사와 가족들은 제물포에서 여름을 보냈고, 헤론 의사, 언더우드와 아펜젤러 목사는 도성에서 약 4마일 떨어져 있는 강가에 있는 한 집을 차지하였습니다. M. F. 스크랜턴 여사는 대부분의 시간을 집에서 보냈습니다. 헤론 의사는 근무하는 주간에 규칙적으로 그의 병원사역을 하였으며, 제가 아플 때에는 제 환자들을 회진하였습니다. 하지만 제가 제 근무하는 주간에 너무 아팠던 때와 그 다음 주산에 업무에 복귀할 때까지 이틀 정도만 그에게 신세를 진 것뿐입니다. 제가 요청했더라면 그는 더 많은 일을 했을 것입니다. (중략)

벙커 씨 부인이 쓴 것은 아주 적절하고, 분쟁의 원인에 대해서 헤론 부인이 쓴 내용과 혼동되지 않을 것입니다. 저는 헤론에게 사업문제에 관해 기분 좋은 편지를 쓰고 있습니다. 박사님의 편지에 대해서는 언급하지 않을 것입니다.

벙커는 조선에서 박사님이 얻을 수 있는 가장 훌륭한 사람입니다. 그러나 화평을 위해, 호튼 양이 궁궐과의 잠시 쉬는 동안 벙커가 새로운 지부를 개설하는 것이 좋을 것입니다. 벙커는 박사님과 함께 하기로 하였습니다. 헤론과 언더우드는 어느 누구와도 잘 지낼 수 없습니다. 그래서 '잘될 수'가 없습니다. _H. N. 알렌, 《알렌의사의 선교·외교편지》(장로회신학대학교출판부, 김인수 옮김, 2007.9), 1888.2.25.

3월 12일

정동여학당, 선교부 등록.

오늘 한국 나이로 15세 된 소녀 두 명을 학생으로 여학교를 시작했습니다. 아직 학교 건물을 구할 때까지 그 집에 있을 것이며 벙커 부인이 매일 내려가서 가르칠 것입니다. _H. G. 언더우드, 《언더우드목사의 선교편지》(장로회신학대학교출판부, 김인수 옮김, 2007.9), 1888.3.12.

호튼 의사가 며칠 안에 우리와 함께 있게 된다는 생각을 하니 기

뽑니다. 그녀가 오면 벙커 부인은 모든 시간을 여학생 사업에 쏟을
수 있습니다. 여학생이 한 명 늘어 현재 3명입니다. 아직 학교 장소
는 미정입니다. 장소 결정은 여교사 한 명의 추가 파송 여부에 달
려 있습니다. 사실 약간의 모양새라도 갖춘 여학교를 운영하려면
미혼 여 선교사가 교사로 재직해야 합니다. _H. G. 언더우드,《언더
우드목사의 선교편지》(장로회신학대학교출판부, 김인수 옮김, 2007.9),
1888.3.18.

<u>3월 19일</u>

자신의 집에서 운영되고 있는 여학교에 대해 운영비만 선교부에서
충당하고, 자신은 보수를 받지 않고 봉사하기를 원함.

지난 1월 9일자 서신은 잘 읽어 보았으며 선생님께서 제게 편지해
주신 친절함에 너무나 즐거웠습니다.
언더우드 목사님이 여학생들을 가르치는 일이 시작되었다고 선생
님께 편지 드린 것으로 생각됩니다. 지난 주간엔 학생들을 매일 가
르쳤는데 저는 이 사역이 참 맘에 듭니다. 저의 급여에 대해 한 말
씀드리고 싶습니다. 저는 앞으로 이 사역에 대해 어떠한 보수도 받
고 싶지 않습니다. 제가 바라는 것은 단지 이 일에 수반되어 지불되
는 비용만 충당되는 것입니다. 저와는 상의하지도 않고 사람들이
고국에 보내는 결정을 내려서 선교본부로 하여금 이 문제에 대해
선교지부에 지시해주도록 요청을 하였습니다. 저와 먼저 상의했다
면 제가 다 설명을 했을 것입니다.
현재 가르치고 있는 여학생들의 수가 더 많아져서 담당 선생님이
오실 때 가르칠 수 있었으면 합니다.
호튼은 헤론 선생님께 이번 주 즈음에 도착할 것 같다고 나가사키에
서 전보를 보내왔습니다. 요즘 일이 점점 더 잘 풀리는 것 같아서 기
분이 좋고 앞으로도 잘 되기를 희망하고 있습니다. 보내주신 편지에
대해 다시 한 번 감사드립니다. _1888년 3월 19일, Annie J. Ellers

저는 최근 혜론 의사로부터 아주 상세한 편지를 받았습니다. 벙커 부인이 저에게 상세하게 편지하기로 약속하였습니다. 저는 그녀에게 왕에 관한 문제에 대해 편지를 많이 썼습니다만, 그녀의 편지들은 대게 우편열차가 떠나기 직전에 막 휘갈겨 쓴 파편 같은 글이었습니다. 그래서 혜론의 편지는 보기에 아주 좋았습니다. 그는 잘하고 있고, 제가 할 수 있는 것보다 더 잘하고 있는 것 같습니다.

대통령과 공사 사이의 대화에 관한 기사가 있는 것, 청구서에 대한 의견을 요청한 것, 혜론 의사와 벙커 부인 사이의 다툼에 관한 것 등 최근 제가 쓴 세 통의 편지를 받으셨습니까? 그러시다면 편지에 그렇다는 표시를 해서 우편함에 넣어 주십시오. _H. N. 알렌,《알렌 의사의 선교·외교편지》(장로회신학대학교출판부, 김인수 옮김, 2007.9), 1888.3.20.

3월 27일

여의사 호튼 도착. 병원 사역을 호튼에게 양도함. 9월 27일 헤이든 도착. 여학교 일을 헤이든에게 넘김. 이로써 벙커 부부는 미국 북장로회 선교사의 지위를 잃음.

호튼이 지난 주 도착해서 혜론 선생님과 함께 지내고 있습니다. 저는 그녀로부터 아주 좋은 인상을 받았으며 감사하는 마음으로 모든 권리를 양도하였습니다. 저는 그녀가 더 많은 지식을 갖고 있기에 저 보다 더 잘 해낼 것이라는 것을 알고 있습니다. 하지만 저 또한 제가 최선을 다했다는 것을 잘 알고 있습니다. 저는 매일 두 여학생을 가르치고 있으며 곧 고아원에서도 가르칠 예정입니다. 언더우드 박사님은 북쪽으로 곧 떠날 생각이십니다. 주일에는 3명이 세례를 받았고 18명이 성만찬에 참여하였습니다. 사람들 사이에 관심을 불러일으키고 있습니다.

얼마 전에 선생님께 써놓고 발송하지 않은 편지가 있었는데 지금 그 편지의 내용을 쓰고자 합니다. 선교단의 회의 중에 혜론 선생님이 저에게 제 사적인 서신을 보여주시면서 제가 쓴 것이냐고 물어보셔서 저는 읽어 본 뒤 그렇다고 말했습니다. 그는 그 편지에 담겨 있는 자신에 관한 내용을 부정하는 답장을 제가 새로 쓰기로 원했습니다만 저는 거절했습니다. 저는 첫 편지를 출판 목적으로 쓴 것이 아니라서 거부했으며, 답장을 보내지도 않겠다고 말했습니다. 헤론 선생님은 저에게 무척 화를 냈으며 아주 거칠게 다루었습니다. 저는 정신을 바짝 차려야만 했으며 아주 힘을 내어 그가 쓰라는 대로 쓰면 진실이 왜곡된다고 말했습니다. 저와 알렌 선생님을 제외한 헤론 선생님과 그의 가족, 언더우드 목사님 그리고 모든 다른 선교사들은 휴가를 맞이하여 도시를 떠났습니다. 여기서 그냥 평소대로 말하던 것인데 헤론 선생님이 발표한 것이고 헤론 선생님이 일을 안 하셨다는 뜻으로 쓴 편지가 아니었습니다. 그리고 나서 그는 알렌선생님과 교대하고 이번 주에 병원에 올라갔습니다.

헤론 선생님은 매우 의혹을 갖고 있습니다.

헤론 선생님이 그 일에 대해 저에게 찾아와 물었더라면, 친절하고도 신사다운 일이 되었을 것입니다만 선생님은 선교 모임까지 기다려서 그 일을 꺼내 저를 망신당하게 했습니다. 그리고 그 모임에는 선생님의 부인도 처음으로 참여했습니다. 그녀는 일이 어떻게 돌아가는지 알고 싶어 했습니다.

저는 이 편지가 제가 의도하지도 않은 잘못된 인상을 끼친 것에 대해 유감을 표명했습니다. 선교지부의 결정에 저도 따르겠다고 했습니다. 집에 와서 곰곰이 생각한 후 헤론 선생님에게 선생님이 원하는 대로 쓰겠다고 편지를 썼습니다. 그리고 그 다음 편지에 그렇게 했습니다.

엘린우드 박사님, 이런 편협함과 서로에 대한 이런 의심이 참으로 큰 불편한 오해를 일으킵니다. 벙커 목사님은 현재의 양상이 지속된다면 선교에 더 이상 참여하지 않을 것입니다. 헤론 부인은 여성 사역을 시작했으며 많은 성공을 거두고 있습니다. 선생님의 관심과 친절에 대단히 감사드리며 인사 올립니다. _1888년 4월 2일, Annie J. Ellers

8월 20일

벙커 부부가 헤론의 반대 때문에 미국 북장로회 사역을 맡지 못함.

벙커 씨 부인이 아직도 박사님 관할 아래 있다면, 박사님께서 그를 한 달간 일본으로 보내시면 좋겠습니다. 헤론 의사가 제가 거기 있는 동안 저에 대해서는 제대로 대우하면서도 그녀는 계속 무시했었는데, 지금 제가 몇 군데를 통해 알아보니 헤론이 온갖 수단을 써서 그녀를 불쾌하게 하면서 살고 있다고 합니다. 벙커 씨 부부는 그곳에서 유력한 사람들입니다. 벙커가 이 일을 참지 않을 것입니다. (그가 그렇게 말한 것은 아닙니다.) 따라서 그들의 임기가 끝나면 그들이 감리교로 갈 위험도 있습니다. 난잡한 상태가 얼마나 심각한지, 얼마나 많은 변화가 필요한지 저는 알고 있습니다. _H. N. 알렌, 《알렌의사의 선교·외교편지》(장로회신학대학교출판부, 김인수 옮김, 2007.9), 1888.8.20.

11월 18일

헐버트와 메이 한나가 뉴욕에서 결혼 후 한국 도착. 집이 수리될 동안 벙커 부부 집에 머무름.

우리는 곧장 벙커 씨의 집으로 갔고 우리를 위한 모든 것이 준비되어 있음을 알았습니다. 벙커 부인은 몹시 친절히 대해 주었고, 우리는 이곳에서 즐거운 시간을 보냈습니다. 집은 수리 중이고, 일주일쯤 후에 입주할 수 있을 것으로 생각됩니다. 저는 광범위한 수리를 할 생각이었으나, 겨울이 바짝 닥쳐왔으므로 봄까지 기다리기로 결심하였습니다. _헐버트가 어머니에게 보낸 편지, 1888.11.18.

1889년 1월 7일

헤론 부인은 아프고, 여성 사역을 벙커 부인이 대신 맡아서 함.

여성들을 위한 일들도 계속 진행되어 가고 있습니다. 헤론 여사가 병중에 있는 동안 벙커 여사가 그 책임을 맡고 있습니다. _H. G. 언더우드, 《언더우드목사의 선교편지》(장로회신학대학교출판부, 김인수 옮김, 2007.9), 1889.1.7.

2월 18일

벙커 부부의 집에서 운영되는 여학교 운영비를 지급해야 하나 자금이 부족함.

벙커에게 지불될 돈 215.60엔 등
벙커 씨 부부에게 한 번에 그 모든 금액을 지불할 수 없었으며, 누구에게도 그렇게 지불할 수 없었습니다. (중략)
북쪽 지역에 제가 다녀와야 한다는 것을 알고 계시리라 생각합니다. 호튼 의사가 저와 함께 갈 것입니다. 두 달 정도 이곳을 떠나 있을 것입니다.
호튼 의사가 떠나 있는 동안에는 벙커 여사에게 그 일을 맡아보게 하려 합니다. _H. G. 언더우드, 《언더우드목사의 선교편지》(장로회신학대학교출판부, 김인수 옮김, 2007.9), 1889.2.18.

3월 25일

벙커 여사의 폐출혈. 한 번은 결혼 직전에, 한 번은 얼마 전 일본으로 가는 여정에. 부산까지 갔다가 돌아왔으나 며칠만 쉬고 다시 미국으로 떠날 예정임.

벙커 여사는 결혼 바로 전에 두 번의 폐출혈이 있었습니다. 한 번은 결혼 직전이었고, 다른 한 번은 일본에 가는 중이었습니다. 배 멀미와 겹쳐서 충격이 너무 커 겨우 부산까지 갔다가 이번 배로 돌아옵니다. 그들은 다음 기선으로 떠날 것입니다. 그녀가 허락하지 않아 폐를 검사하지 못했습니다. 결혼 후로는 정말 몸이 좋지 않아 보입니다. 여러 번 전지 요양을 권했지만 그녀는 할 수 없다고 생각합니다. _J. W. 헤론, 《헤론 의사의 선교편지》(장로회신학대학교출판부, 김인수 옮김, 2007.9), 1889.3.25.

4월 19일

애니 엘러스, 치료를 받기 위하여 남편과 한 달간 미국으로 떠남. 벙커 부인이 두 세 차례 폐에 출혈이 있었다.

벙커 부부는 월요일에 미국으로 한 달 간 여행을 하기 위해 출발한다. 그들은 처음에 뉴욕으로 곧장 갈 생각이고 그곳에서 2, 3일 머문 다음 서부로 가서 오하이오에 있는 아버지 집으로 갈 거야. 워싱턴에 갈지도 모르지. 벙커 부인은 두세 차례 정도 폐에 출혈이 약간 있었지만 그녀는 심장에 통증이 생기지 않을까 걱정하고 있다. 우리는 한국에서 다시 그녀를 보지 못할까 봐 두렵지만 보게 될 거라고 희망한다. _헐버트가 누이에게 보낸 편지, 1889.4.19.

가을에 우리는 이사를 할 예정입니다. 결국 그렇게 결정되었습니다. 우리는 벙커(Bunker) 씨의 집 바로 맞은편 으로 들어갈 것입니다. 그것은 크고 훌륭한 집이고, 거기는 모든 면에서 이곳만큼 편안할 것입니다. 사실 우리는 여기보다 더 쓸모 있는 집을 갖게 될 것입니다. 벙커(Bunker) 부인과 그렇게 가까이 있게 되는 것은 메이(May)에게도 좋은 일입니다. _헐버트가 어머니에게 보낸 편지, 1889.6.9.

1890년 2월 4일

헐버트의 아내 메이와의 친분.

벙커 부인은 아주 다정하고 메이에게 늘 친절하다. _헐버트가 헨리에게 보내는 편지, 1890.2.4.

12월 7일

헐버트 부부, 육영공원 교사 계약이 끝나고 미국으로 귀환하기 전에 벙커 집에서 머무름. 1893년 10월 1일 재내한함.

> 우리는 떠날 때까지 벙커(Bunker) 집에 머물 것입니다. _헐버트가 아 버지 캘빈에게 보낸 편지, 1890.12.7.

1894년 4월 이후
정동길 46(현, 정동제일감리교회 내 부근)로 이사. 벙커 부인, 배재학당에 서 근무.

12월 2일
벙커 부부 미국에 머무름.

> 우리는 벙커 가족들로부터 소식을 듣지 못하고 있지만 그들은 지 금 미국에 있으며, 그들이 곧 오게 될지 아닐지 조만간 알게 될 것 입니다. 저는 그들이 3월까지는 나오기를 바라고 있습니다. _헐버트 가 아버지에게 보낸 편지, 1890.12.7.

12월 16일
벙커 부부 미국 뉴욕에 머무름.

> 우리는 고향으로부터, 벙커 가족이 뉴욕에 도착했으며 이 위원 회에 신청했다는 소식을 들었는데, 레오나르드 박사는 그들이 오 는 것에 대해 아주 열광적입니다. _헐버트가 아버지에게 보낸 편지, 1890.12.16.

1895년 5월 12일
벙커, 미국 북감리회 선교사로 임명됨.

> 우리는 벙커가 한 달 안에 도착할 것으로 기대하고 있습니다. 그의

임명은 완전히 재가 되었으며, 그는 아마 지금쯤 출발했을지도 모릅니다. 우리는 다시 그들을 보는 것에 커다란 즐거움을 예상하고 있습니다. _헐버트가 아버지에게 보낸 편지.

6월 16일

벙커 부부 요코하마 도착함.

벙커 씨는 요코하마에 도착했었음에 틀림없으며, 아마 지금 최종 단계에 와 있을 것입니다. _헐버트가 부모에게 보낸 편지, 1895.6.16.

7월 25일

벙커 부부, 언더우드의 여름별장에서 헐버트 가족과 함께 하루를 보냄.

우리는 강으로 내려가 언더우드의 여름별장에서 벙커의 가족들과 유쾌한 하루를 보냈습니다. 그것은 그 강이 내려다보이는 나무가 아름답게 우거진 절벽 위에 있습니다. _헐버트가 부모에게 보낸 편지, 1895.7.25.

1896년

벙커 씨, 동대문교회 담임목사로 취임(1898년까지). 독립협회 활동 등으로 이상재, 유성준, 홍재기, 안국선, 이원긍, 김정식, 이승만, 김린 등 많은 사회 지도자들이 감옥 생활을 하고 있었음. 매주 한 번씩 벙커는 감옥의 애국지사들을 방문하여 성서와 기독교서적을 나누어 주며 옥중 전도를 함. 옥중에서 벙커의 설교를 듣고 종교서적을 읽으며 세례 받은 사람은 12명임.

1897년 2월 7일

벙커 부부는 아기가 없다.

벙커 부부가 아이를 갖지 못한 것은 슬픈 불행입니다. _헐버트가 부모에게 보낸 편지, 1897.2.7.

1899년 10월 6일

벙커 부부 광산 사업을 하다.

벙커 가족은 채광 사업을 남겨두고 떠났기 때문에 서울로 돌아와서 다시 파이차이(Pai Chai)에서 일 하게 된다. _헐버트가 맥길에게 보낸 편지, 1899.10.6.

1901년 3월 3일

미국에서 씨앗 사업에 종사하는 벙커 부인의 오빠에게서 씨앗을 싼 값에 받음.

허바드(Hubbard) 호박씨를 12개 정도 가질 수 있다면 정말 좋을 텐데 왜 그건 같은 장소로부터 오는 다른 씨들과 함께 올 수 없는지 모르겠군요.

씨앗들의 비용은 아주 싸고 그것은 화물 운송으로 오기 때문에 최종 비용이 두 분이 치르는 우편 요금보다 훨씬 쌀 것입니다. 우리는 그 씨앗들을 벙커 양을 통해 받았고, 그녀의 오빠가 씨앗 사업에 종사하고 있기 때문에 우리에게 아주 싼 값으로 주었지요. _헐버트가 부모에게 보낸 편지, 1901.3.3.

10월

벙커, 미국성서공회(ABS) 한국 대표자로 활동. ABS 처음으로 한국인 권서 채용. 이후 1908년부터 1911년까지 총무로 활동. 벙커 부부는 성서의 출판과 보급에 크게 기여하였으며, 한글 성서 출판을 위해 일본 요코하마에서 한글 활자를 미리 제작해 둠. 또한 우리가 부르는 찬송가 대부분을 기존 곡조에 우리 가사를 조화롭게 연결시킴.

1902년

1902~1904년에 독립협회 지도자 이상재, 남궁억 등과 이승만, 신흥우 등 많은 독립 운동가들이 투옥됨. 벙커는 정부의 허가를 받아 감옥을 출입하면서 석방운동을 펴는 한편, 수감자들을 매주 만나 위로하고 신앙 상담과 예배를 드림. 벙커 부인은 여성 수감자를 대상으로 옥중 전도를 함.

1904년 7월 10일

벙커 부부, 샌프란시스코에 머무름.

네가 샌프란시스코에서 벙커 씨를 만났는지 궁금하다. 그들은 한국으로 돌아오기를 기대했었지. _헐버트 부인 메이가 큰 딸 헬렌에게 보낸 편지. 1904.7.10.

7월 31일

벙커 부부, 미국에서 한국으로 오는 길. 현재는 일본에 머무름.

벙커 부인은 샌프란시스코에서 너를 만날 것이라는 편지를 보내왔단다. 그녀는 7월 12일에 배를 탔고 지금 일본에 있다는구나. _헐버트 부인 메이가 큰 딸 헬렌에게 보낸 편지. 1904.7.31.

8월 9일

벙커 부부 한국 도착.

벙커 부인이 왔다는 소식을 듣자마자 네 엄마는 서울로 올라가셨단다. 언더우드 여사도 가셨고 나도 말을 타고 그 뒤를 쫓았지. _헐버트가 헬렌에게 보낸 편지. 1904.8.11.
우리는 벙커 씨가 월요일에 도착했다는 것을 들었었단다. 그래서 나는 화요일 점심식사 후에 언더우드 부인과 두 명의 하급노동자들을 보냈었단다. 나는 벙커 부인을 보기 위해 갔었단다. 나는 그

너가 나에게 준 너의 편지들을 즐겁게 읽었고 내가 샌프란시스코
에 있는 동안 그녀에게서 너의 이야기를 듣는 것이 즐거웠었단다.
내가 그곳에 있는 동안 에이비슨 부인이 왔었고 우리는 모든 이야
기를 했었단다. 벙커 씨와 벙커 부인을 다시 보니 너무 좋았단다. _
헐버트 부인 메이가 큰 딸 헬렌에게 보낸 편지. 1904.8.14.

8월 27일
벙커 부인, 한강에서 언더우드, 밀러 가족과 함께 휴가 가짐.

벙커 아줌마는 비오는 토요일 저녁 늦게 내려왔다. _헐버트 부인 메
이가 큰 딸 헬렌에게 보낸 편지. 1904.8.28.

8월 31일
벙커 부인, 한강의 휴가지에 머무름.

벙커 부인은 일요일에 여기로 내려왔고 그녀와 메이는 이야기할 내
용이 굉장히 많습니다. 부모님들도 아시겠지만 벙커 부인은 미국에
서 왔습니다. 날마다 이야기꺼리를 얻는 것이 일입니다. _헐버트 부
인 메이가 큰 딸 헬렌에게 보낸 편지. 1904.8.31.

10월 7일
벙커 부부, 헐버트 부부 등과 테니스를 치다.

오늘은 금요일이다. 우리는 테니스 치러 갔다가 두 세트를 했는데,
질레트 씨, 사우어 치학박사, 벙커 부인이 함께했단다. 또 한 세트
는 스웨러와 나 그리고 벙커 부부가 했는데 우리가 졌단다. _헐버트
부인 메이가 큰 딸 헬렌에게 보낸 편지. 1904.10.8.

1905년 1월 21일
벙커 부인, 헐버트 부인과 제물포를 구경하러 가다.

내일은 벙커 여사와 내가 제물포를 구경하러 가기로 했단다. _헐버트 부인 메이가 큰 딸 헬렌에게 보낸 편지. 1905.1.20.

2월 16일

벙커 부인과 헐버트 부인이 무스 부인의 집에서 기도회를 가졌다.

목요일에 벙커 부인과 나는 집으로 가는 길에 무스 부인의 집에 가서 기도회를 가졌단다. _헐버트 부인 메이가 큰 딸 헬렌에게 보낸 편지. 1905.2.19.

3월 6일

벙커 부인, 헐버트와 YMCA 방문.

월요일 오후에는 벙커 여사와 내가 돌아오는 수요일 밤에 사무실 구경을 위해 초대한 한국 양반들에게 음료를 제공해야 하는 위원회를 만나러 YMCA 사무실에 갔었단다. _헐버트가 헬렌에게 보낸 편지. 1905.3.6.

4월 11일

벙커 부인, 헐버트 부인 메이와 남산으로 흰색 제비꽃을 찾으러 감.

지난 주 어느 날 아침 벙커 여사와 내가 남산으로 흰색 제비꽃을 찾으러 갔었는데 아무것도 찾지 못했단다. _헐버트 부인 메이가 큰 딸 헬렌에게 보낸 편지. 1905.4.11.

4월 25일

벙커 부인, 헐버트 부인 등과 테니스를 침.

오늘 질렛 씨와 벙커 여사와 잉글리시 여사를 상대로 아주 즐거운 테니스 경기를 했단다. _헐버트 부인 메이가 큰 딸 헬렌에게 보낸 편지.

186

1905.4.25.

9월 11일

벙커, 한국복음주의선교단체 연합공의회(The General Council of Protestant Evangelical Mission in Korea) 조직, 연합 지향하는 운동을 함.

1906년 6월

벙커, 배재학당장이 됨. 아펜젤러가 1902년 6월 순직. 1903년 6월, 2대 C. G. 하운셀 학당장에 이어 벙커가 3대 학당장을 이어받음. 1911년 6월까지 일함.

9월

제중원 간호사 양성학교에서 전공 관련 강의 담당.

> 1906년 9월 실즈의 책임하에 에비슨 및 허스트 의사의 협력을 얻어 남대문의 세브란스병원 내에 6년 과정의 간호사 양성학교(the School for Nurse)를 설립하여 2명의 학생을 받았다. 이 학교에서는 쉴지 간호사, 모리슨 간호사 외에 에비슨, 빈튼, 스크랜튼, 폴웰, 언스버거 등의 의사와 벙커 부인, 카메론 간호사, 버피 간호사 등이 전공 관련 강의를 담당하였다. _이만열, 《한국기독교의료사》(대우학술 총서 842, 2003), 188~189쪽.

1909년 9월 2일

벙커 부부, 비밀리에 미국 정보가 주선한 경호원과 함께 한국을 방문한 헐버트를 만남. 헐버트 부부는 1907년 7월 일본의 박해로 미국으로 돌아가 살고 있었으며, 헐버트는 벙커 집에 머물면서 한국에서 일신 사항을 정리함.

> 허스트 집을 떠난 후 그다음 날 아침에 벙커 집으로 왔소. 궁전 옆에 있는 길거리에서 벙커를 만났는데, 날 보더니 아주 반가워하더

군. 내가 올 것이라는 걸 어림잡고 있기는 했고, 그래서 놀라지는 않았지만 그 집에 도착해서 벙커 부인을 만났을 때 나를 보고 놀라 쓰러질 뻔 했다오. 내가 오는 것을 전혀 모르고 있었거든. 당신을 데리고 오지 않았다고 얼마나 야단이던지! 그 부부와 오랫동안 이런저런 이야기를 나누고 점심을 한 후에 벙커와 나는 우리 집으로 가서 우리 집에서 거주하고 있는 핀더 양을 만났소. 정원은 정말 멋져 보이더군. 많은 나무와 담쟁이덩굴이 자라고 있고 정말로 집을 잘 보살폈더군. 그녀는 집을 전세내고 건물 증축을 해서 방을 늘릴 수 있기를 바라고 있소. 내가 그렇게 할 수 있는지 여부에 대해서 그녀에게 아는 즉시 알려주겠다고 했고 그렇지만 내가 집을 인계할 사람을 찾는 즉시 그녀의 지출액을 되돌려주고 집을 넘긴다는 조건에 동의 한다면, 지금 집을 양도 할 수도 있다고 했소. 그녀는 정말 좋은 여자이고 모든 것을 잘 보살피고 있소. 그러고 나서 밑에 층을 쓰고 있는 일본인 의사를 만나러 갔소. 그 또한 꽤 좋은 사람이고 우리는 좋은 대화를 나눴지. 벙커는 할부로 해서 집을 일본인 의사에게 팔 수 있을지도 모른다는 얘기를 했소. 그의 통역사가 여기에 와 있어서 내가 집을 얼마에 내놓을 것인지 물어보더군. 그래서 먼저 벙커에게 상의를 한 후에 말해주겠다고 했소. 벙커는 밑에 층은 만 팔천 엔, 윗층은 이만 이천 엔은 불러야 한다고 했소. _헐버트가 부인 메이에게 보낸 편지. 1909.9.2.

1910년

벙커, 동대문교회 동대문부인성경학원 개교에 참여하여 일함.

1912년

벙커 목사 부부, 1년 안식년으로 귀국. 다음 해 돌아와 동대문부인성경학원과 동대문구역 전도 사업을 함. 벙커 부인, 벙커 목사를 도와 동대문구역 선교사업을 도움.

동대문구역 선교사업에는 벙커 목사와 그 부인, 그리고 1910년에 새로 온 헤니그 양이 부임하여 동대문교회 청년부, 가정심방, 벙커 목사가 주장하는 부인성경학원 교수 등을 돕고 있었다. _윤춘영, 《동대문교회 일백년사》(동대문교회, 1990.10), 127쪽.

1923년

YWCA 창설에 협력하여 창립기금 5천 엔 희사.

1926년 7월 4일

벙커 부부 선교사직 은퇴하고 미국으로 귀국. 벙커 한국 선교 40주년 기념식에서 표창을 받음. 샌디에이고에 거주.

벙커 씨는 미국 오하이오주의 출생으로 금년이 일흔 셋인데 서력 일천팔백 팔십 육년 칠월에 한국에 구미신학교를 소개하고자 고종 태황제의 명령으로 한성에 도착하여 동년 구월에 정동(貞洞) 지금 고등법원 자리에 학교를 설치하고 리완왕과 고희경 씨 등 귀족 계급의 자제에게 영어, 산술, 역사 등을 가르치던 바 일청전쟁 후에 일인이 세력이 왕성할 때에 학교를 유지치 못하게 되어 교사로 있던 '길모어', '헐버트'씨는 사직하고 혼자 가르치다가 일천 팔백 팔 십 구년 호조참의로 임명되어 옥관자를 부치게 되었으며 그 부인은 황후 폐하께로부터 화려한 가옥이 내렸는데 씨는 그 후에 배재학당에서 이십팔 년간을 교수하다가 방금은 북감리교회의 회계 사무를 보는데 내후년은 만기가 되어 사퇴하고 이삼년간 여행하다가 조선으로 도로 와서 살다가 양화진에 파묻히겠다더라. _"大韓朝鮮에 四十 星霜 벙커 氏", 〈동아일보〉 1924년 10월 17일.

Bunker, Mrs D. A. 1886년 도착. 미 감리회해외선교부 소속(북장로회 선교사였다가 1888년 결혼), 1026년 사임. _이덕주, 《한국감리교여선교회의 역사》(기독교대한감리회 여선교회전국연합회, 1991), 736쪽.

1932년 11월 26일

남편 벙커 별세. 남편의 유언에 따라 벙커 부인, 유해를 양화진에 안장(1933년 4월 8일). 이후 귀국하였다가 다시 한국에 와서 죽첨정(현, 서대문)에 거주하다가 다시 귀국할 때 재산을 모두 선교회 등에 헌납함.

정년으로 미주에 돌아가 별세한 故뻥커氏 葬禮式明日擧行
조선에 감리교 선교사로 파견되어 四十년. 그동안 1920년에 지금 배재고보교장 '아펜젤러'씨의 선친이 배재학당을 창설한 이래 교장으로 있다가 인천에서 불귀의 객이 되자 그 뒤를 이어 약 십 년 동안 배재 교장으로 재직하였고 그 후로 1926년 2월에 나이가 이미 노쇠하여 정년으로 미국 '캘리포니아'주 '센디에이고' 시에서 만년을 보내던 뻥커 목사는 작년 十一월 二十六일에 별세하였는데 향년은 七十九세이오 내가 죽거든 내 유골이나마 조선 땅에 묻어달라고 한 씨의 유언에 의하여 그 부인이 유해를 가지고 지난 八일에 조선에 돌아와 명十二일 오후 두 시 정동예배당에서 장례식을 거행한 터이라고 한다.
과거 四十年간 조선의 종교계를 위하여, 또는 교계를 위하여 몸을 받친 씨의 사업도 실로 크거니와 이와 같이 죽은 몸일지라도 정들고 몸을 받친 조선 땅에 묻어달라고 한 씨의 유언에 조선인의 친지들은 더욱 마음깊이 느끼어 애통을 금하지 못한다한다. _"四十年 몸바친 朝鮮땅에 죽은 몸이나마 묻어라", 〈동아일보〉 1933년 4월 13일.

남편을 양화진에 묻고 죽첨정 집에서 홀로 살던 엘러스는 그 주택을 팔아 기부하였다. 그 내역은 다음과 같다. 기독교조선감리회 총리원에 1000원, 배재고등보통학교에 장학금으로 5000원, 여자기독교청년회 5000원, 공주영아관 4000원, 공주실수학교 1500원, 일본감리회여자사회사업부 5000원, 동대문교회 300원, 용두리교회 100원, 왕십리교회 100원이다. 이를 통해 당시 엘러스의 한국에 대한 선교적 관심을 살펴볼 수 있는데 배재, 영명 등 학생들을 위한 장학금과 여성들을 위한 선교기금, 꼬마 아이들에 대한 관심,

190

그리고 각 교회의 여선교회 등으로 파악된다. _"의료선교사, 애니 엘러스 자신의 집까지 팔아 YWCA회관 마련에 보태", 〈국민일보〉 2015년 12월 21일.

1937년 11월
재내한하여 그레이하우스 등에 거주.

1938년 10월 8일
YWCA회관 건립 등에 진력을 하다가 별세하여 양화진의 남편 곁에 묻힘.

조선을 제2고향으로 정하고 조선의 육영(育英)사업과 기독교 사업에 수십 년 동안 헌신 활동해 오던 미국인 '애니 엘러스, 벙커 부인'은 수일 전부터 신병을 얻어 요양 중이던 바 약석이 무효하여 8일 오전 9시 정동정(貞洞町) '그레이 하우스'에서 별세하였는데 향년은 77세이다.

부인은 1860년 캘리포니아에서 태어나 일리노이 주 여자대학과 보스턴 대학 의학과를 졸업 후 당시의 한국 황실의 초빙으로 거금 52년 전에 조선 땅에 건너와 여자교육과 종교 사업에 전력을 하다가 배재학당의 설립자의 한 사람인 부군 벙커 씨가 별세 후 1차 귀국하였다가 조선이 그리워 다시 래조, 부득이한 경우로 또다시 귀국하게 되었을 때 시재 중 부동산을 팔아 배재학교와 여자기독교 청년회, 대전영아관, 공주영명학교 등에 기부하였다.

그러나 조선에 남겨둔 사업과 친구에 대한 애착을 끊을 길 없어 노구를 추억 깊은 조선 땅에 묻겠다고 결심하고 작년 11월 3차 내한하여 '그레이하우스'에 있으면서 여자기독교 청년회관 건설운동에 전력을 하여 왔던 것으로 외국인이면서 부부가 모두 조선을 위하여 일하고 조선 땅에 묻히게 된 것이다. _"벙커 女史 永眠", 〈동아일보〉 1938년 10월 9일.

지금부터 52년 당시의 한국 황실의 초청을 받아 조선에 건너온 이래 조선 교육 종교 사업에 헌신하여 온 '애니 엘러스 벙커' 여사는 지난 8일 정동정 구례 하우스에서 77세를 일기로 세상을 떠나 12일 장례식이 거행되었다.

벙커여사의 업적은 새삼스레 말할 필요도 없거니와 여사야 말로 부군 벙커 씨와 함께 '조선을 위하여' 일생을 바친 고귀한 분이었다.

부군이 동교 사업 외에 배재 학당을 설립하는 데 힘쓰던 조선의 일을 자기 일로 여겨 조선을 위하여 애쓰다가 천명을 마치지 못하고 세상을 떠남에 여사는 '조선은 내 고향 내 일터 내 친구가 있는 곳'이라고 일중 굳은 결심을 가지어 노구임에도 불구하고 동분서주하여 애써 온 것이다.

그러나 여사의 노후는 결코 보장받은 생활은 아니었다. 작년 11월 '조선의 흙이 되겠다'는 결심으로 조선에 돌아와 특히 기독교 청년회관 건설에 진력하였으나 종시 이의 실현을 보지 못한 채 세상을 떠났다.

여사의 생전 사업이 그리도 진실하였음에 비하여 여사의 임종은 쓸쓸하였고 장례도 지극히 간략하게 거행되었다.

대체로 우리에게는 너무 의타주의의 악습이 있다. 물론 경제적 이유도 있으나 초기의 종교 사업이나 교육사업에는 이 악습이 지나치게 농후하였다.

방금 시국이 긴박한 여진 이래 외국인의 교육인퇴, 종교 인퇴 등에 있어서 저윽히 이 주의를 청산하는 듯 보이나 이도 적극적의 행동이 못되는 듯 느껴짐은 조선을 위하여 애쓴 외국인에 대하여 부끄럽기 짝이 없다.

외국인이 조선에서 사업을 함에 있어서 경제적 배경이 있었음이 크게 도움 되었음은 물론이나 사업이란 돈보다 먼저 열성을 가지어야 이룰 수 있는 것이다. 우리는 과연 외국인이 가진 열성에지지 않는 열성을 가지었던가?

선배들에 의하여 좋은 씨가 뿌려졌으나 우리가 이를 북돋우지 아니하면 아깝게도 그 씨는 말라 죽고 말 것이 아닌가?

우리는 벙커 여사의 별세에 대하여 표의를 표하는 데 그치지 말고 이 기회에 자기의 열성에 대하여 반성하며 여사가 뿌린 씨를 잘 자라 열매 맺도록 애써야 할 것이다. _ "벙커 부인과 사업", 〈동아일보〉, 1938년 10월 14일.

서신 모음 (미 북장로회 소속 시기)

70

Seoul Korea
July 10 - 1886

Dear Dr

~~250/4~~

.... to write you
a few lines with my own hand,
telling you .... arrival
here on the .... not exactly the
day on which ..... letter announc-
ing my coming were received.
I have sometimes ....
myself a ...., my journey
here, being much like a shipment.
From the kind care of one gentleman
I was transferred to that of another.
until at last I am here safe & sound
in Dr Allens care

Of my prospective work
here I am glad to say, I think

I shall find it exceedingly pleasant
I hope to do much to lighten the
suffering women of this city

I _____ _____ _____ in the spirit
_____ _____ _____ _____ _____
_____ _____ _____ and I pray that
all _____ _____ _____ to His glory
_____ _____ _____ _____ _____

with Dr Heron _____ _____ their hospital,
they are _____ _____ _____ work I am
eager to get at my work the
government must put in building
in repair first _____ then I can
begin _____ my _____ experience
of Korea I _____ _____ not only
much it is all _____ _____ strange

Asking most earnestly the
prayers of the Board in my
behalf that God may be with

me to guide and bless us all

I remain take, Dear

Yours truly

Annie Ellers

[illegible address]
New York.

Seoul, Korea
July 25 1886

Dear Dr Ellinwood

Your letter of the

4th of may I received this morning &
I deplored much the exceeding haste and
utter ignorance with and in which I
was shipped as it were. I am glad to
see that some little thought was given
to me in that direction. I am at
present boarding with Dr Allen and
shall hope to do so while here I find
both the Dr & Mrs Dr nice congenial people
There being a portion of Dr Herron's house
not in use, the mission appropriated
for repair and it has been given
me a Chinaman's hands I will then
have a study — dressing room & sitting room
I am at present occupying Dr Allen's
guest chamber. I took a weeks time
to rest fully and then began my study
of the language. As this is the hot season
and the one in which foreigners suffer
most I am trying to be careful
therefore

and employing my time from there until breakfast (which is at 10) with my Korean teacher, thus avoiding work during the hot hours - I like the language and think I shall be able to conquer it - I find my French of very great assistance since I can use the Corean & French grammar & dictionary. My short stop in Japan opened my eyes so much with regard to missionaries and well were not all angels! I shall try with God's help to comport myself aright.

Now as to my position here, when I started I was informed that my position would be if not quite, yet nearly that of a physician and that I could return at the expiration of two years and take my degree with this end in view I shall work - I have beside my course of training had two years of lectures on medicine and practical work. I feel perfectly competent of my work here, of opening a hospital for Women and taking charge of the same, also of milk attending to the sick Korean ladies of rank. I am studying very little now but still some with Dr A and shall hope to obtain a sufficient knowledge of all I am still ignorant of so that I will need but one year at home to obtain my degree & this I feel sure the Board will as it has promised grant me, The gentleman of the mission deemed it wiser to call me Dr for the Corean mind [so] I'm dubbed for the present Dr Ellers.

In the signing of the letters relative to Dr Allen's trouble when I put down simple ennui Ellers Dr A. said "oh put down M. D" and obediently I put it down but thought it must look queer in your eyes so send this line of explanation.

If you see Miss Schenck from Teheran, Persia she will tell you of one.

Very Truly
Annie Ellers B.A.

Seoul, Korea
Aug 18—

76

Dear Dr. Ellinwood—

We have had such
very hot weather and the cholera
has raged so fiercely, I have not felt
disposed to continue any study of the
language — My teacher who was
taken down with the cholera, so I
dismissed him until such time as
I deemed it prudent to recall him.
I have have two patients the
Chinese minister's wife whom I saw
four times and who is now well,
& the Queen whom I have visited
six times, who is not very sick, but
likes to have me come to see her.
She is much better bodily and I
hope soon she will be entirely well
I am always accompanied by
Dr. Allen on at the first visit the
Queen asked me how I liked Corea

and said that she hoped I would
like it well enough to stay here a
long time. She said also that the
climate here was so different from that
in our country. She hoped I would
remain well, & feel perfectly at home
and not in the slightest embarrassed.
When I entered the room I saw, seated
on a divan a lady with two men at
one side also seated & all around the
maids & men standing. I was
given a seat by the Queen, and
after examining her I was requested
to sit outside while Dr. Ellis came
in — Dr. A. came & examined the
two men who were seated. After
this I was called in & Dr. A. sent on
I was then asked did I come from
San Francisco or Washington & c.
after a little more like conversation
I was told to go in peace. I then
discovered from Dr. A. that the two
men were the King & Crown Prince
I was much surprised and glad.
I had not known it before for I had

2.

might have been in San an...

The same two have received
me informally every time I have been
called. At the official visit when I
was dismissed they all arose and said
"Good by" in the English! The next
and every succeeding visit they have
all greeted me standing & dismissed
... by same and ... Then
I enjoy this very much — The king
can count 1-2-3 and every time he
... so is as much amused as any
little child at home. They are very
kind and I like the ... very
much. She has given one a very
fine 6 man chair in which I ride
when calling on her and also
sent me some minor articles.

We have all of us been quite
well Mr Gilmore excepted.
Dr & Mrs Allen I like very much
and hope to remain in their family
while here. I already see the
importance of your advise not to

Yours truly

Anne Gilder

Seoul Korea

Sept 1816 —

Dear Dr Ellinwood —

Well it was your voice
one not to take sides — I did not
on reading those words fully comprehend
but now I do — I have not our will
I take sides — The position here is
not only deplorable but disgraceful
to Mission work. I am I can
not tell you how deeply disappointed
ob the lack of Christian charity!
Something must be done & done
soon to save the mission —
I like both gentlemen to me
they are extremely kind & cordial
their natures are not compatible
and they can not agree to disagree
much less to agree.
I have felt like

206

taking up my belongings and search
in another field – but now they, the
Government, are hard at work upon
the buildings for the new Hospital
and soon I shall be happy in my
work there – I am studying now
every day and teaching at the
Orphanage. I hope the Lord will
show a path out of our present
difficulties and make a spirit of
love & unity to dwell among us.

Very Truly,

Amie Elliot –

P.S. I notice that the impression
at home is that I am here in the
capacity as nurse – this is not so
& I would like to have it
understood that I came only when
promised that I should have nearly
if not quite the position of Phys –
not now two or three years I might

Seoul Korea.
Sept 17 - 1894

Dear Foreign Missionary —

You and I are not quite strangers, though this is our first handshaking. I read every line you kindly send us and enjoy it most thoroughly — It is a trifle unfair that all the enjoyment be on my side and some what selfish in me I therefore send you for your pleasure during some spare moments — a short tale of "Our babies" presentation to the King & Queen.

Masters Harry & Morris Allen aged respectively 2 yrs, & four months, were sent for by the King. The babies to go to the palace! We were much surprised — Mrs. ___ Mrs. Weber & myself had been requested present ourselves the following day — were the little ones were to go! Instilling into Harry's mind the importance of affair, we proceeded to dress them

Baby Norris crowed & laughed as
his best, his Flicker was put on him,
just as though he too understood N[?]
what was going on. When all ready
and in our chairs (I had Harry with
me in the car the Queen had presented
me with) we were carried to the Palace
and safely deposited at the ~~entrance~~ gate.
Harry was at first shy and did not
care to make friends with His
Majesty, however soon their repeated
efforts met with success & the little
fellow was laughing & playing with
royalty as with common folk. Baby
Norris looked up in the King's face &
actually gave him a smile —

The Queen presented each of the
little ones with some fans & purses
and Harry immediately began to
(adore) his fans on people generally,
even handing the King & Crown Prince
one at which they were much amused
    After the presentation we remained
to attend a banquet prepared for us

3

the babies were sent home or rather
this, Carry remained –
Judge & Mrs Denny, Dr & Mrs
Brown, Mr & Mrs Waber, Dr & Mrs
Allen & myself had been invited
to the banquet. Mr & Mrs Waeber were
present. We were royally served
and during the dinner were entertained
with music & dancing by the palace
musicians & dancers.
                          After eating & drinking
we were escorted to our several homes,
by armed soldiers & large lanterns.
These lanterns are quite an
institution here, the ~~brave~~ carrying
the largest lantern is the biggest man.
We have such a distance to
stretch our arms when we shake
hands, yet if it give you pleasure
I shall feel ~~con~~ constrained to do so
                          With ~~much~~ & many well
wishes, Waber Foster, Anne Allen

Seoul Korea
Oct.

Dear Dr. Ellinwood

... ... I must send you
a little note to you to let you know that I
am well — (or as my brethren would say
are kicking). I behave here on the
pension so upset one mentally at first
that I was very loth to remain, however
am getting more more contented and
in glad thankful that my lines have
been fallen in places where use can
made of them — The work here is a
and good one and I am gradually
becoming imbued with a sort of enthusiasm
wanting some time since. Next Tuesday
the hospital is to be moved into the new
buildings and then soon I shall be working.
I am studying the language daily
and am progressing quite well
when the lady physician who is to have
the girls comes out. I am taking time
to claim my creation I would when

... for the present so all that ...
there. ... please delight in it ... the
Bread sends it that will remain ...
... will also direct our
... May He bless ...
... in all ...

Annie Eells

Dear Dr Ellinwood

I want to say
just a few words to you about our
present trouble. I am an interested
party as one of the mission and as a change
a change must be attained on some
way. Dr H. & Mr Underwood informed me
that awaiting on their resignation
their intention of joining the Methodists
their resignation be accepted they
become Methodists there will be a very small
for a Presbyterian mission here, & will be
... all... except the Government...
If I be here alone I am not usually
... but such a position would I fear
me out of the field — as also my work
have little real missionary work being
... If Dr Allen be given leave of
... the mission as a mission will...
whether the Government will look favor
... Dr H. is a question. It has been...
... Dr. ... influence that such a...
... for easing the Government

The ...

me. I can not myself understand their differing. I think if Dr. A. were called home for a year the trouble might be done away with and on his return all might go well. Just now it seems the only feasible plan. This opinion I humbly submit thinking it may give you perhaps a little light. It at least can do no harm. Praying earnestly that the (One) who rules all may give you that wisdom which will promote the best welfare of your missionary work in Korea. Believe me most truly

Annie Ellers

P.S. One word about a lady Physician. I would desire earnestly that I be permitted to obtain my degree as soon as a lady Physician can be sent here. I return for the same then

Seoul Korea
Nov 8 - 1886

Dear Dr Ellinwood,

Your kind favor
of the 10ᵗʰ of Sept came to me by the
last mail, I was pleased to hear
from you of my pleasant standing
here. Almost simultaneously with our
arrival came your first letter of advice
& to it I owe much of the
kindness I am now enjoying from all
members. I have tried to keep clear
of all side taking here —

This your second letter has
also a good piece of advice which I
realize, unfortunately the last two
weeks I have not been well, so could
not study — malaria fever has laid a
firm hold on my system, and I
am not sure to be able to shake it off

216

...on I am suffering with so [...] I hope soon to begin my study again.

To-day I made my first professional visit to the Hospital. We are getting along very well. The Dr will doubtless write you of the (Dro)—given us for foreign bed & bedding. These we hope to have here in three weeks, when in patients will be recived.

I would strongly advise the sending out of a lady physician not because I do not feel capable of doing the work; but I look upon myself as simply holding the position until some one come—when as you know I desire to come home & obtain a degree. God has been & is unto me wonderfully good to me involving my faith and giving one so many blessings of which I am [...]

Him as I ought. May I care
to be held close to Him —

Thanking you for your
kind letter I am
Very Truly
Amie Eellers

91

Seoul Korea
Nov 19 —

Dear Dr Ellinwood

I write you a few
lines with much pleasure. I have
been at work at the Hospital for
two weeks and it agrees with me
to day & yesterday I took Dr Allen's
class in Chemistry and also his sick
out patients - as he was called to
Chemulpoo on business. I was much
pleased this morning when a poor
woman brought back her baby & said
it was much better, she herself was
so glad I could not help sharing
her pleasure. I have never had
less than two + my largest number
was nine. Our bedding &c has
not come so we have our pt.
in the Hospital. though some are

waiting to come in. We do not hold services in the legation building any more. but in a large room in Mr. Appenzeller's house. I think our Heavenly Father is giving one a more contented spirit and I am very thankful for the same. I want more faith & trust in Him & oh so much more love.

We are having fine weather my attack of malaria has passed so I am to begin my studies on Monday

With best wishes

Respectfully

A. J. Ellers.

To the Cor. Sec of the   Seoul Korea
Presbyterian Board of Foreign Missions -   Dec 13 186

Dr. Ellinwood

94   Dear Sir -

         At a meeting
of the Presby. Mission of this place this
afternoon the following weighty com-
munication was presented us by the President
Dr H. N. Allen after the reading of the
same Rev Mr Underwood moved that as
such a matter could not be decided upon
hastily it be laid on the table, the motion
was seconded & carried. Rev Mr. Underwood
at the desire of the chairman, moved
that said communication be sent home,
this motion was seconded & carried & the cor.
sec. instructed to make a copy.

        Seoul Korea Dec 13/86
To the members of the Presbyterian mission in Korea
Brethren, In a letter from the mission Board
just at hand I receive my first intimation
of the intention of Messrs Underwood & Heron to
leave the Presbyterians and enter the Methodist

mission. The object of these remarks is to show that such a step is not necessary.

There are many things I would like to explain but to avoid further trouble I will not allude to the past more than is necessary, and to prevent hot words I shall confine myself to written remarks. I entered the mission work from conscientious motives, but while I have been much favored in Korea I know that I have been the cause of constant contention because of the position my opportunities have caused me to fill. Therefore to promote the best interests of the the mission work both Presbyter as well as to bring about a harmonious condition, I now declare my settled intention for leaving for America, Oct. next. I put the date thus far ahead for two reasons. First our infant cannot well be weaned from its Korean nurse before that time. Secondly I wish to

far as is possible to evince my good
faith by turning over the Hospital
School, Palace & Foreign work to my **342**
successor Dr. Heron. This action is taken
voluntarily and from the same motives
that induced me to devote six years at
school in preparation for the work of
a medical missionary.

    I am strongly urged by the
Board to stay at my post, but I
feel that the position is better understood
by myself than by them. And I feel
sure from past experience that more
trouble will arise if I remain.

    I am aware that I am throwing
up rare opportunities. I also know that
if I should leave the mission and practice
my profession independently here, I could
be sure of at least $300\frac{oo}{100}$ a year & perhaps
double with outside work while by going
to the U. States I must commence in poverty
at the foot of the ladder. Yet I
think I am right in adopting the

latter, course, and will do so with the
understanding of course that the
mission defray my expenses house

H. H. Allen M. D.

Amos Ellus
Co.

Seoul Korea —
Jan 25 —

Dear Dr Ellinwood,

    The last two mails I have not sent a few words to you. I always want to have a few lines reach you from me — Dr Allen has doubtless written you about the method & manner of the present peaceful aspect of the Mission all is apparently in good working order

    I have a little news about myself thinking that two heads are better than one — & knowing that hearts at least are I have promised the Rev Mr Bunker to be his wife — He is a congregationalist is one of the government teachers & intend to remain in Korea & do mission work that way _____ him he will join th——

...our measure has not predisposed (?) much in our favor but that can be left entirely in God's hands. I at least shall not resign from the mission nor shall I become married until another lady physician comes & takes the work. There is a great need to do something for the orphan girls here. I wrote some to have $\frac{9}{100}$ over given us for the repairing of a building at present on the Orphanage grounds this was given & Mrs. Hutchinson & others have written me that they will assist should this work among the girls be started. I desire to be permitted to start such a work. Should I not have more than six these six will exert an influence the extent of which can not be limited — this is the work I would put my heart to and I shall anxiously await your answer. I have thought & prayed...

in this generation? I am out with later will leave the new minerals. At my last interview with Sir Majesty

She desired to see my whole as minise me to your rotation or the — artificial take in fruit of their awakening, & being some of my friends Dr Allen, Rushworth myself of our minise will ever friends exist — after the rotating this gave me a tongue We all enjoyed it.

Hoping to hear from you
I am very truly
Annie Allen

P.S. If you receive this take a visa a physician, the order to be well qualified in surgery.

10   37

Seoul. Korea
Feb. 14th 1887.

Dear Dr Ellinwood.

The relations here
are very pleasant. we dwell together
in peace and harmony all is good.
How thankful I am for many
reasons. the one nearest home is that
Mr Bunker will join our Mission
there is a rumor that the Government
school will be short-lived in which
case he will unite the sooner. He is a
good Christian and it will be good
for us to have him join us. The
mission needs more workers.

Yours very truly

228

87.3.7

Seoul March 7 1887—

47

Dear Dr Ellinwood

Your very kind letter of Jan. 13th I have just received. With regard to the principle item, I will only say I am much surprised. Miss Manko truly gave me to understand otherwise. if the remark you quote is all she had for a foundation she had little to build upon. Enthusiasm must have colored the matter.

To the matter more real. I of course do not think of leaving my work in the mission but of bringing to our ranks another worker. would it be possible for Mr Bunker to become a member of the mission & still fulfill his duties in the Government service. I am asking this for my own information we are both of the opinion he will have to wait — but I should so like it if he could become a member before our wedding.

The difference will be some

and all is peace it is also pleasant to think the difficulty settled, without any one else stepping in – It is more honorable to us as a mission – Truly one desire I had for urging my coming home was to simply leave such a mission band – now I think all will go nicely. I do not love discord & I for one with God's help will never be a party to any spat.

I have had a wonderful strengthening of my faith in God's promise to answer prayer lately.

Last week Dr. Scranton sent me a case – too similar one he had unfortunately lost & so sent this one to me. The woman was very low and I had little if any hope for her. I went with her case to the best Physician and prayed for her recovery – She soon began to mend & now is well – how thankful I am to Him who rules all for the answering of my prayer. My inability to talk with the people is a great disadvantage but I am getting along very well with the language & shall hope soon to be able to converse

For all your kind words
I am very thankful. The Queen is
very gracious & kind to me when
I told her of my engagement, she
was very much pleased also the King
He told me it was a very good thing
& said he was glad - to be not married
here in this country is in their eyes
a disgrace. I feel that God has
given me my lot. It was no schean-
ing at affair nor indeed for some time
after our arrival here did there seem
to me to be such a possibility. Mr. Bunker
does me the honor of saying it was
my good christianity which first attracted
him - a very good attraction is it not?
I am in this as in all other ways of
my life willing to leave all in His
hands who guides his children in the
right way - I hope you will hear no
more of any trouble here -

Very truly Annie Ellers

much some work in that way,
I could at the same time assist
the new Player

We are having
extremely hot weather at present.
Our [illegible] gives me no
[illegible] wishes [illegible] us to

Very truly

[signature]

can stand a different treatment than.

88.1.15

Mrs Bunker

3

Seoul Korea
Dec 5 1888

Dear Dr Ellinwood

I thank you very
much for your kind letter, the 23d
Nov. I was sorry to have to write
you as I did. I will only say now
that I am quietly going on with my
duties and keeping school in the way
until Miss [illegible] comes. It is very
unfortunate that [illegible] is so [illegible].
He is [illegible] our [illegible]
the [illegible] try to give no cause
as far as I am able — our house
is distinct & our doings are not to watched
nor can we watch theirs. We have
also our back gate. I desire to do
work among the women & girls. Mr
Underwood has bought a house with
some money his brother sent him &
I shall begin reading Mark with

235

them this week. Dr H does not
approve because the house bought is
not very central & told me he should
vote against it as would also his wife.
This remark shows plainly the kind of
man. Though his wife is a missionary
in her own right yet she never comes to
the meeting or does any voting. To gain
this end of his however she is to vote
well & vote — the very will open in God's
own diary. I believe they want Mrs
Heron's mother to undertake her work
among the girls & do not want me to
do anything toward it — the glory
would be mine — that is the one dominant
thought in all action. Mrs H. quietly
started work among some women, repairing
and cleaning the room — giving them
nice clothes &c , she kept it up about
a month & then was compelled to
stop — at the next missionary meeting
when the voting of the surplus moneys
for this & that was in order, Dr H
brought in, rather gingerly, a bill for
some $30, saying it was for this

work which his wife had done & was properly omission. That as nuither she nor one of _the other ladies_ could go on with the work it had been dropped. This news at the meeting was the first both Dr A. & I had heard of it and I asked Dr N. about it telling him I could have gone on with it moderately & more fully when Miss H. came. I tell you this not complaining ly only to show you how they work. I am glad that you will regard what I write in confidence. Mr Underwoods will fight at medical expense I wrote of—

Nuither Mr U. nor Dr N. are good financeers and so how things get twisted. Dr A. will talk with you & he can tell you far better than I all about it. For the good of our Mission he should come back. All the Koreans like him, — Dr N. is not liked. — Knowing you will even allow a margin for what I have said as coming from a woman's pen I remain Sincerely Annie Ellers Bunker

18 a   Bunker

Seoul Korea.

March 19.

Dear Dr Ellinwood,

I rec'd your letter of Jan 7th and was very much pleased with your kindness in writing me &c.

I think Mr _____ has written you that our work among the girls is begun. For past week I have daily taught them & I like the work. I want to say one word about my salary now. I do not desire any pay for services in the future – what I want is simply incidental expenses paid. The gentlemen without consulting me passed a resolution which they sent home asking the board to direct them about the matter. Had they asked me I should

...told them about the meet...

I hope to be able to get quite a number of girls under way for the teacher who will have them when she comes.

Miss Horton telegraphed to H from Nagasaki and she will come this week we hope. All I am so glad for now will them body by me for want of knowledge will be excludium.

Thanking you again for your kind letter

Very Truly,

Annie Ellers Baird

22

Mrs Bunker

Seoul Korea,
April 2ᵈ/888

Dear Dr Ellinwood:

Miss Horton arrived
last week & is domiciled with Dr Horton
She impresses me very favorably
and I have with thankful heart &
much pleasure handed to her the reins.
I know she will do better than I, for
she has more knowledge. But I also
know I did the best possible for
me. I have two little girls whom I
teach daily and shall shortly teach
at the Orphanage. Mr Underwood thinks
of going north again soon. There
were three men baptised on Sunday &
eighteen who partook of the Lords supper.
There is an awakening interest among
the people.

Some time ago I wrote you a

letter which I did not send + now
I will write you its contents. At a
mission meeting Dr Herm showed me
privately a letter of mine printed in the W. W.
and asked me if I wrote it I read the
letter + said yes. He desired me to write
a reply denying the statement about him
which it contained. I refused as I ~~said~~
had not written the first for publication I
said I would not send a reply. Dr H came
at me in such (I thought) bulldog style
I had to brace up + did so miserably. I
said the thought conveyed was false. Dr
Herm + his family – Mr Underwood + all the
other missionaries excepting Dr A + I went
out of the city for a vacation. Now I used
that word just as we used it in speaking
here + as Dr H. himself spoke of it – not in
any sense, as indicating that he did not
do his work. He alternated then with Dr. A.
+ he rode up this week to the hospital.
Dr. H. is very suspicious – Had he come
– asked me about it, it would have

...kind + gentlemanly but he dares it for the purpose
so that he may carry himself to me - He says he would
do the first-rate. She dares to see how things will work.

I said I was sorry for the false impression he will repund
make that I had not noticed it. That I would say what
the means decided to do. After coming here I thought the
matter over + wrote Dr H. I would wish the idea be carried
I did so by the next mail. Dear Dr Ellinwood? It is
this narrowness this eagerness of all others so that to the
great will of unpleasantness among us. Mr B. will be
unwilling to enter the means here know its present aspect.
Mrs Venn has begun work among the women + is making
will much success. You will feel rather weary doing thanks
for your kindness to me.
                                        Annie Ellen Rankin

48

Miss Hayden

50

Seoul, Nov. 15th '98

Dr Underwood;

Dear Sir:

After a very
week journey am at Seoul, my
destination.

We could not get no passage
across the Pacific, but from Oregon came
to Chemulpo the [?]: an delightful
at Yokohama while waiting, for the
Steir [?] Nagasaki had a pleasant-
aign-day visit with the missionaries.
We were detained at kung sak, also,
and had opportunity to see something
the work there.

Were ever cordially received I, the

missionaries in Soul, both Methodist
and Presbyterian. Would be very
ungrateful should I let myself
discontentedly long for those left behind
in spite of all that has been done to
make me feel that I have friends
even here.

Am beginning my work with
only one girl, but think I shall
have three more in a few days.
The work of mastering the language
looks gigantic, but faith and hard
work has removed mountains as great.

The work in both Methodist and
Presbyterian missions in being carried
on in a very quiet way, owing to the
late troubles. Hope we may soon be
able to work without opposition.

Believe the native church in Seoul
numbers seventy.

My home during this winter is to
be with Mrs. Bunker.

Think I shall like the climate of

50

Korea very much, but the natives are
distressing specimens of humanity.
Perhaps I have not seen the better
class, however.

Mrs. Bunker wishes to be remembered
to you.

Yours sincerely,
Mary O. Hayden.

Seoul Korea, July 10, 1886

Dear Dr.

I want to write you a few lines with my own pen telling you of my safe arrival here on the 5th (--st) exactly the on (&?) on which your letter announcing my coming was received.

I have laughingly styled myself a bale-of-cotton, my journey here, being much like a shipment from the kind care of one Gulliverian. I was transferred to that of another until at last I am here safe & sound in Dr. Allen's care.

Of my prospective work here I am glad to say, I think I shall find it exceedingly pleasant. I hope to do much to lighten the suffering women of their burden.

I want to do all I do in the spirit in which our (?) wrought - in love and mercy and I pray that all done may be come to His glory and honor.

I waited in (contrary ?) with Dr. Heron yesterday their hospital, they are doing a good work. I am eager to get at my work. The government must get a building in repair first and then I can begin. If my first impression of Korea I had rather not say much. It is all so new & strange.

Asking must earnestly the prayers of the Board in my behalf that God may be with me to guide and bless in all I undertake I am .

Very truly
Annie Ellers

To Dr. Ellinwood
()28 St.
New York

#70.
1886년 7월 10일
제가 정확하게 5일에 여기에 무사히 도착한 것을 선생님께 알리고자, 이리 새 펜을 들고 몇 줄 씁니다. 여기로의 저의 여행은 걸리버 여행기에서 한 가마니의 수하물과 같은 우스운 모양새였습니다. 소포가 부쳐지듯 이리저리 들러서 마침내 도착하여 알렌 선생님 댁에 무사히 도착했습니다. 여기서 시작될 제 일은 매우 즐거울 것 같습니다. 고통을 당하고 있는 여성들의 짐을 조금이나마 덜어줄 수 있기를 원합니다.

이 모든 일들이 우리 주님의 성령 안에서 사랑과 자비로 이루어지길, 그리고 그 분에게 영광과 존귀를 돌릴 수 있기를 기도합니다.

어제 여기 병원에서 헤론 박사님을 기다렸는데 그들은 아주 좋은 일을 하고 있습니다. 저도 빨리 일을 시작하길 원합니다. 하지만 정부에서 먼저 건물을 고쳐야만 제가 일을 시작할 수 있다고 합니다. 조선에 대한 제 첫 인상은 별말 안 적습니다. 모든 것이 새롭고 낯설기만 합니다. 하나님께서 항상 저와 함께 하셔서 저를 인도하여 주시고 제가 하는 모든 일에 하나님께서 축복해주시도록 선교본부에서도 저를 위해 열정적으로 기도해주시기를 부탁드립니다.

뉴욕 ( )가 28번지 엘린우드 박사님께
1886.7.10 애니 엘러스

Seoul Korea, July 25, 1886

Dear Dr. Ellinwood,

Your letter of the 17th of May I received this morning as I deplored much the exceeding haste and utter ignorance with and in which I was shipped as it were. I am glad to see that some little thought was given for me in that direction. I am at present boarding with Dr. Allen and shall hope to do so while here. I find both the Dr. & Mrs. Dr. nice congenial people. Their being (a?) of Dr. Heron's house not in use ; the Mission appropriated $100 for repair and it has been given into a (ch?) hands I will then have a study_ dressing room, & sitting room. I am at present occupying Dr. Allen's guest chamber. I took a week's time to rest fully and then began my study of the language. As this is the hot-season and the one in which foreigners suffer most. I am trying to be careful. I therefore rise at 5 in the morning and (employ?) my time from there until breakfast (which is at 10) with my Korean teacher, thus avoiding work during the hot hours - I like the language and think I shall be able to conquer it - I find my French of very great assistance since I can use the Corean & French grammar & dictionary. My short stop in Japan opened my eyes to much with regard to missionaries and well we're notable angels! I shall try with God's help to comport my self aright.

Now as to my position here, when I started I was informed that my position would be if not quite, yet nearly that of a physician and that I could return at the expiration of two years and obtain my degree with this end in view I shall work - I have beside my course of training had two years of lectures on medicine and practical work. I feel perfectly competent of my work here, of opening a hospital for Women and taking charge of the same, also of with consulting Dr. Allen & Heron attending to the sick Korean ladies of rank. I am studying very little now but still some with Dr. A and shall hope to obtain a sufficient knowledge of all I am still ignorant of so that I will need but one year at home to obtain my degree & this I feel sure the Board will as it has promised grant me. The gentleman of the Mission deemed it wiser to call me Dr. for the Corean mind & so I'm dawned for the present Dr. Ellers.

In the signing of the letters relative to Dr. Allen's trouble when I put down simple Annie Ellis, Dr. A said "Oh put down M.D." and obediently I put it down.

But thought it must look queer in your eyes so send this line of explanation.

If you see Miss (Jcheuck?) from Teheran, Persia she will tell you of me.

Very Truly,
Annie Ellers B.A.

74

1886년 7월 25일

오늘 아침에 받은 5월 17일자 선생님의 편지를 보며 제가 너무나 무식하리만치 서둘러 급히 이곳으로 제가 보내졌는지 한탄해마지 않았습니다. 이러한 인도하심은 제게 어떤 의미일까 생각하면서 저는 그저 기쁩니다. 현재 알렌 선생님과 함께 지내고 있고 여기 있는 동안 계속 선생님과 지냈으면 합니다. 알렌 선생님 내외는 너무나도 친절한 분들입니다. 헤론박사님 집의 사용하지 않는 일부를 수리하는데 100불 정도 선교지부는 추정하고 있으며 지금으로서는 의복방, 거실에서 그들과 공부하고 있습니다. 저는 현재 알렌박사님의 손님방에서 지내고 있습니다. 한 주간의 적응 시간을 가진 후 어학 공부를 시작했습니다. 요즘은 가장 더운 계절이라서 외국인에게는 매우 고통스러운 시기이기도 합니다. 저는 조심하려고 노력하고 있습니다. 따라서 저는 무더운 시간을 피하려고 새벽 5시에 일어나서 아침 식사 시간인 10시까지 조선어 선생님과 공부를 합니다. 저는 한국어를 좋아하고 곧 능숙하게 구사할 것이라고 생각됩니다. 제가 불어를 능숙하게 구사할 수 있는 덕분에 한불 문법사전을 사용할 수 있어 매우 많은 도움이 됩니다. 짧은 기간이지만 제가 일본을 다녀온 탓에 선교사들에 관한 많은 것들에 대해서 제 눈이 뜨였으며 우리는 결코 능력 있는 천사가 아님을 알게 되었습니다. 하나님을 의지하여 제 스스로가 바로 서도록 노력할 것입니다.

이곳에서의 제 위치에 대하여는, 제가 출발할 때 저의 위치가 비록 의

사까지는 아닐지라도 저는 지금까지 간호사 교육과정 이외에 2년간의

의학 수업을 받았고, 실습을 했습니다. 이곳에서 2년간의 의학 강의와 실습을 하고 돌아가서 이것을 토대로 학위를 딸 수 있을 것으로 들었었습니다. 저는 제가 여성을 위한 병원을 세우고 이끌어나가는 일과 알렌과 헤론 선생님이 아픈 상류층 귀부인들을 돌볼 때 자문역할을 맡아주는 일에 대해 정말 자신 있습니다. 비록 지금은 공부를 아주 조금밖에 못하고 있지만 알렌 선생님과 여전히 조금씩 하고 있습니다. 바라기는 모든 것에 대해 충분한 지식을 습득할 수 있기를 원하고 있으며, 아직은 젊으니까 고국에서 1년이면 충분히 학위를 취득할 수 있다고 제 자신도 믿고 있고, 선교본부도 이미 그렇게 하겠노라고 약속했습니다.

선교본부의 어떤 분이 조선인을 안심시키기 위해서는 저에게 의사 호칭을 사용하는 것이 현명하리라 여겨서 이제 저의 호칭이 Dr.Ellers로 불리고 있습니다. 예전에 알렌 선생님의 문제에 관한 편지에 제가 간단히 애니 엘러스라고 서명했는데 알렌 선생님께서 의사라는 호칭을 쓰라고 권하셨기에 제가 의사 호칭을 사용했습니다. 아마 보시기에 당연히 이상하게 여기실 것 같아 설명을 덧붙입니다.

만약 페르시아의 테헤란에서 온 슈벡?양을 만나시면 그녀가 제 이야기를 할 것입니다.

1886.7.25 애니 엘러스

Seoul, Korea. August 18th 1886

Dear Dr. Ellinwood,

We have had such very hot weather and the cholera has raged so fiercely. I have not felt disposed to continue my study of the language. My teacher's wife was taken down with the cholera & so I (dismissed?) him until such (?) as I deemed it prudent to (?) him.

I have had two patients the Chinese minister's wife whom I saw five times and who is now well & the Queen whom I have visited six times, who is not very sick, but likes to have me come to see her. She is much better bodily and I hope soon she will be entirely well. I am always accompanied by Dr. Allens. At the first visit the Queen asked me how I liked Corea and said that she hoped I would liked it will enough to stay here a long time. She said also that the climate here was so different from the in our climate she hoped I would remain well. I felt perfectly at home and not in the slightest embarrassed. When I entered the room I saw seat on a (dwan?) a lady with two (wenchs?) one side also seated & all around the maids & men standing. I was given a seat by the Queen, and after examining her I was reguest it sit outside while Dr. Allen come in - Dr. A came and examined the two men who were seated. After this I was called in & Dr. A sent out I was (then?) asked did I come from San Francisco or Washington ? & after a little more like conversation I was told to go in peace. I think described from Dr. A that then two men were the King's and Crown Prince's. I was much surprised and glad I had not known it before for I fear might have been embarrassed.

The same two have received me informally every time I have been called. At the third visit when I was dismissed they all rose and said Good by' in the English! The next and every succeeding visit they have all greeted me standing & dismissed by by (?) and "Good Bye." They enjoy this very much. - The King can count 1-2-3 and every time he does so & is as much amused as any little child at home. They are very kind and I like the Queen very much. She has given me a very fine 6 man chair - in which I ride when calling on her and also given me some minor articles.

We have all of us been quite well, Mr. Gilmore excepted.

Dr. & Mrs. Allen I like very much and hope to remain in their family while here. I already see the importance of your advice not to take sides in any question. I am and shall try to follow out that advice. From (?) that I saw & heard in Japan I had already dismissed the idea that missionaries are angels and that I might become one and was forming an old theory over again. We are all human. One saint I met on the way, Dr. Hepburn, () bless him. With much love, excuse the habit () my pen automatically wrote, but believe me in sincere in signing myself.

With best wishes,
very truly,
Annie Ellers

#76.

1886년 8월 18일

무더운 날씨가 계속되고 있고, 콜레라가 맹렬하게 기승을 부리고 있습니다. 저는 언어공부에만 집중할 수 없는 상태입니다. 알렌선생님의 부인이 콜레라에 걸려서 누워있습니다. 저는 알렌 선생님을 가만히 놓아두는 것이 현명하게 여겨질 정도로 알렌 선생님을 잠시 잊고 있었습니다.

저는 중국 선교사의 부인(원세개 부인 - 편집자 주)을 다섯 번 진찰했는데 지금은 다 나았고, 여섯 번 방문했던 명성황후는 그렇게 많이 아픈 것은 아니지만 제가 그녀를 보러 오는 것을 좋아합니다. 그녀는 더 건강해졌고 저는 곧 그녀가 완전히 좋아지기를 바랍니다. 저는 늘 알렌박사님과 동행합니다.

첫 만남에서 명성황후는 저에게 조선을 어떻게 좋아했느냐고 물었고 제가 조선을 많이 좋아하며 오래 머물기를 바란다고 말했습니다. 또한 그녀는 제가 온 조국과 조선의 기후가 많이 다르지만 제가 여기서 잘지내기를 바란다고 말했습니다. 저는 마음이 편했고 조금도 불편하지 않았습니다. 제가 방에 들어갔을 때, 한편에는 두 명의 시녀가 함께 앉아있는 숙녀를 보았으며 그녀를 둘러싸고 시녀들과 남자들이 서 있었습니다.

저는 명성황후 옆자리로 인도되어서 그녀를 진찰하고 난 후 밖으로 나가고, 밖에 있던 알렌이 들어와서 앉아있던 두 남자들을 진찰했습니다. 그리고 알렌이 밖으로 나와 다시 저를 다시 들어가라고 해서 들어가 샌프란시스코나 워싱턴 출신이냐는 질문을 받았고 부드러운 분위기에서 그런 종류의 이야기를 나누었습니다. 저는 알렌 박사가 진찰한 두 사람이 왕과 왕자라고 생각되었습니다. 저는 전에는 미숙하고 낯설었을 것이라고만 여겼기 때문에 이런 것이 놀랍고 기뻤습니다. 같은 두 사람이 제가 왕궁으로 불려갈 때마다 저를 비공식적으로 맞이했습니다. 제가 그들을 세 번째 만날 때 그들은 일어서서 영어로 'Good bye'라고 말했습니다. 그 다음 계속되는 방문 때부터는 모두 일어서서 저에게 인사를 했고 제가 떠날 때는 'by by' 또는 'Good bye.'라고 말했습니다. 그들은 이 인사를 매우 좋아했습니다. 고종은 1-2-3을 셀 줄 알게 되었고, 그럴 때마다 그는 마치 집에 있는 어린 아이처럼 즐거워했습니다. 그들은 매우 친절했고, 저는 명성황후를 매우 좋아합니다. 그녀는 아주 좋은 여섯 사람이 드는 가마를 주었고, 저는 명성황후의 부름을 받아 왕궁에 갈 때 그것을 사용했습니다. 또한 저에게 다른 선물도 주었습니다.

길모어씨를 제외하고는 우리 모두 잘 있습니다. 알렌선생님과 선생님 부인을 저는 매우 좋아하고 여기 있는 동안 그분들 가족과 함께 있기를 원합니다. 저는 이미 어떤 문제에 있어서 어느 한편에 치우치지 말라는 당신의 충고가 중요하다는 것을 압니다. 그것에 대해서 저는 이미 일본에서 보고 들었습니다. 저는 이미 선교사가 천사라는 생각을 버렸습니다. 우리는 인간입니다. 저게 도중에 만난 유일한 성인은 햅번 박사입니다. 그의 영혼을 축복합니다.

사랑과 더불어 저의 펜이 자동적으로 써지는 것을 용서하십시오. 찬양과 더불어 축복이 있기를 빕니다.

Seoul, Korea, September 11 1886

Dear Dr. Ellinwood,

Well it was you wise me not to take sides - I did not (on ?) reading those words fully comprehend but now I do - I have not not will I take sides.- The position here is not only deplorable but disgraceful to Mission work. I am I can not tell you here deeply disappointed on the lack of Christian charity!

Something must be done & be done soon to save the Mission.

I like both gentlemen to me they are extremely kind & cordial. Their natures are not compatible and they can not agree to disagree much less to agree.

I have felt like taking up my belongings and search for another field - but now they, the Government, are hard at work repair the buildings for the new Hospital and soon I shall be happy in my work there - I am studying now everyday and teaching at the Orphanage.

I hope the Lord will show a path out of our present difficulties and make a sprit of love and unity to dwell among us.

Very Truly,

Annie Ellers

P.S. I notice that the impression at home is that I am here in the capacity as nurse - this is not so & I would like to have it understood that I came only when promised that I should have nearly if not quite the portion of (Ploys ?) & that in two or three years I might return and obtain my degree. A trained nurse in that capacity merely would not be of use at present.

80 (우리)

1886년 9월 11일

어느 한편에 속하지 말라고 당신이 제게 충고한 것을 그때는 그 말들의 의미를 잘 몰랐었으나 지금은 당신이 현명했다는 것을 압니다. 그래서 저는 어느 한편에 속하지 않기 위해 노력합니다. 이곳의 상황은 선교사역에 있어서 불명예스러울 뿐 아니라 은혜롭지 못합니다. 저는 기독교적인 자비심의 부족함에 대해 얼마나 깊게 실망했는지 당신에게 다 말씀드릴 수 없습니다.

선교사역에 해를 입히지 않기 위해서는 어떤 조치가 필요하고 또 곧 문제가 해결될 것입니다. 저는 그 두 분이 제게는 아주 친절하고 예의바르기 때문에 두 분을 다 좋아합니다. 인간의 본성이 화해가능하지 못하고 그래서 동의가 잘되지 않는다는 불화를 받아들이지 못합니다.

저는 다른 쪽으로 사역지를 옮길 생각도 했지만, 지금은 정부에서 새로운 병원을 위한 건물을 수리하는 일에 열심을 다하고 있어서 곧 저는 그곳에서 일을 맡아 행복할 것입니다. 그래서 저는 지금 열심히 공부하고 있고, 고아원에서 열심히 가르치고 있습니다.

저는 주님이 현재의 어려움으로부터 나오는 길을 보여주시고 저희에게 성령의 도우심으로 사랑과 연합이 이루어지게 하실 것을 희망합니다.

추신. 본국에서는 제가 여기에 간호사로서 있다고 여겨지고 있으나 그렇지 않습니다. 저는 지금은 제대로 된 의사가 아니지만, 거의 그런 지위로 왔으며 2-3년 후에 저는 돌아가서 학위를 취득할 것이라는 약속하에 온 것이라는 것을 이해해주시기 바랍니다. 숙련된 간호사의 능력은 현재 아무런 소용이 없습니다.

Seoul Korea, September 17 1886

Dear Foreign Missionary,

You and I are not quite strangers though this is our first (handshaking?). I read every line you kindly send us and enjoy it most thoroughly. - It is a trifle unfair that all the enjoyment be on my side and some what-selfish in me I therefore send you for your pleasure during some spare moments - a short tale of "Our Babes" presentation to the King and Queen.

Master's Harry & Morris Allen aged respectively 2 years & two months, were sent? for by the King. The babies to go to the palace! We were much surprised.- Mrs. Allen, Mrs. Denny, Mrs. Waber & myself had been requested to present ourselves the following day & sure? the little ones were to go! Instilling into Harry's mind the importance of the affair, we preceded to dress them.

Baby Morris curved & laughed as his best (?)(lucker?) was put on him, just as though he too understood what was going on. When all ready and in our chairs (I had Harry with me in the (chair?) the Queen had presented me with) we were carried to the Palace and safely depicted at the gate.

Harry was at first stay and did not care to make friends with His Majesty, however soon their repeated efforts met with success & the little Allen was laughing & playing with Royalty as with common folk. Baby Morris looked up in the King's face & actually gave him a smile.

The Queen presented each of the little ones with some fans & purses and Harry immediately began to (sto ?) his fans to people generally, even handing the King & Crown Prince one at which they were much amused.

After the presentation we remained to attend a banquet prepared for us.

The babies were sent home or rather Morris, Harry remained.

Judge & Mrs. Denny, Dr. & Mrs. Heron, Mr. & Mrs. Waber, Dr. & Mrs. Allen and myself had been invited to the banquet. Mr. & Mrs. Waber were not present.

We were royally served and during the dinner were entertained
with music & danzing by the palace musicians & danzers.
After eating & drinking, we were escorted to our several homes
by armed soldiers & large lanterns. - These lanterns are quite
an institution here, the some carrying the largest lantern is the
biggest man.
We have such a distance to stretch our arms when we shake
hands, yet if it give you pleasure, I shall feel constrained to do so
oftener.

With many well wishes,
Truly, Anne Ellers.

#83
1886.9.17
외국의 선교사에게
이번이 첫 만남이지만 당신과 저는 낯설지 않습니다. 당신께서 다정히
보내주신 모든 편지들을 매우 즐겨 읽습니다. 그 즐거움이 제 쪽에만
있는 것이 좀 불공평하다는 마음에 그리고 제가 다소 이기적인 것 같
아 약간의 짬을 내어 당신을 즐겁게 해드리기 위해 우리 아기들이 왕과
왕후를 알현한 이야기를 간단히 적습니다.
Harry와 Morris Allen 은 각각 2살, 그리고 2개월 된 아기들인데, 왕
께로부터 부르심을 받았습니다. 우리 아기들이 대궐에 갈 수 있다니요!
우리는 많이 놀랐습니다. 다음날, 알렌부인과 데니부인, 웨버 부인 그
리고 저는 궁전에 오도록 초청을 받았기 때문에 저는 아기들이 갈 수
있을 것으로 알고 있었습니다.
Harry에게 이 일의 중요성을 먼저 가르치면서 옷을 입혔습니다. 아기
Morris는 제일 좋은 옷을 입히자 마치 무슨 일인 줄 알기라도 한 듯이
기뻐 소리치며 웃기도 하였답니다. 준비를 마친 후 가마를 타고 왕후께
서 내려주신 가마에 제가 Harry를 데리고 타고 왕궁으로 들어갔습니
다.
Harry는 처음에는 수줍음을 많이 타서 전하와 친분을 쌓기를 거부했
지만, 왕과 모두의 노력 끝에 Morris Allen은 마치 보통 사람들을 대
하듯 왕족들과 웃으면서 즐겁게 놀게 되었습니다. 아기 Morris는 전하
의 얼굴을 바라보며 실제로 그를 미소짓게 만들었습니다. 중전마마께
서는 아이들 각자에게 장난감을 하사하셨고, Harry는 받자마자 사람

들에게 돌아다니며 자랑하기 시작했고, 심지어는 전하와 세자 저하에게 하나를 건네 드려 두 분께 즐거움을 안겨드렸습니다.

알현을 마친 후 우리는 남아서 베풀어주신 연회에 참석했습니다. 아기들은 Harry와 Morris Allen 외에는 다시 집으로 데려갔습니다. 데니 판사부부, 헤론박사부부, 웨버씨부부, 알렌박사부부와과 저는 연회에 초대 받았는데 웨버씨 부부는 참석하지 않으셨습니다.

참으로 호화로운 대접을 받았는데, 만찬 도중에는 대궐의 악사들과 춤꾼들의 음악과 춤 공연이 있었습니다. 연회가 끝난 후 저희들을 각자의 가정으로 무장된 군사들이 호위하여 데려다 주었고, 가는 길을 밝힌 것은 커다란 등불이었습니다. 이 등불은 이곳에서는 대단한 것으로 제일 큰 등불을 들고 가는 분이 제일 높은 분이랍니다.

당신과 저는 비록 너무 멀리 떨어져있지만 당신에게 조금이나마 즐거움을 줄 수 있다면 저는 언제든 소식을 전하겠습니다.

#86

Seoul Korea, October 2, 1886

Dear Dr. Ellinwood,

I must send you a little note to you to let you know that I am well (or as my brothers would say, alive & kicking). The trouble here in the mission so upset me mentally at first that I was very both to remain, however, I am getting more & more contented and then glad & thankful that my times have indeed fallen in places where use can be made of them. The work here is a grand good one and I am gradually becoming imbued with a sort of enthusiasm wanting some (time?) (since?). Next Tuesday the Hospital is to be moved into the new buildings and then gone I shall be working. I am studying the language daily and own progressing quite well. When the lady Physician who is to have this field comes out & I am taken home to obtain my education I would when ready like to go to Persia to ( ) I can for the present as all that is necessary here and shall delight in it & if the Board deem it best will remain - God who rules all will also direct my footsteps. May He bless & guard you in all your ways.

Annie Ellers

#86

1886년 10월 2일

제 형제들의 표현을 빌자면 생생하고 활발할 정도로 제가 잘 지낸다고 선생님께 알려드리고 싶습니다.

처음에 여기에서 겪은 선교지부에서의 문제로 인해 심적으로 너무나 힘들어서 여기 남는 것이 매우 힘들었지만 지금은 점점 만족해 가면서 제가 쓰임을 받을 수 있는 곳에 있을 수 있어서 너무나 기쁘고 감사합니다. 이곳 일은 매우 좋은 일이어서 저도 차츰 여기 일에 대한 열정이 살아나고 있습니다. 다음 주 화요일에는 병원이 새 건물로 이사할 예정이며 그렇게 되면 곧 저도 일을 하러 나갈 것입니다.

매일 여기 언어를 배우고 있는데 꽤 많이 향상되고 있습니다. 이곳 선교현장에 새로 여의사가 오고, 제가 원하던 교육을 받으러 고국으로 돌아가게 되면, 저는 준비되는 대로 페르시아로 갈 터인데, 현재 여기에

있는 것이 필요하다면 그리고 선교본부에서도 남는 것이 최선이라고
여긴다면 기쁘게 남아있겠습니다. 만물을 다스리시는 하나님께서 제
발걸음도 인도해주실 것이라 믿습니다. 모든 것을 이루시는 하나님께
서 제 앞길 또한 인도하실 것입니다. 하나님의 축복과 보호가 선생님과
범사에 함께 하시기를 기원합니다.

Seoul, Korea, October 4, 1886

Dear Dr. Ellinwood,

I want to say just a few words to you about our present trouble. I am an interested party as one of the missions and as a Christian. A change must be attained in someway. Dr. H & Mr. Underwood informed me of their sending in their resignations of their intentions of joining the Methodists.

If their resignations be accepted & they become Methodists there will be a very small chance for a Presbyterian mission here & in that case Dr. Allen would accept the government position & I be here alone. I am not usually a coward, but such a position would I fear drive me out of the field - as also my work can have little real missionary work being for the govern. If Dr. Allen, be given leave of absence the mission as a mission will grow not whether the government will look formally upon Dr. H is a question. It has been still is through Dr. A`s influence that much is being done for no by the government.

The gentlemen are all nice & kind to me & I can not myself understand their differing. I think if Dr. A was called home for a year the trouble might be done away with and in his return all might go well. Just now it seems the only feasible plan.

This opinion I humbly submit thinking it may give you perhaps a little light. It at least can do no harm. Praying earnestly that the One who knows rules all may give you that wisdom which will promise the best welfare of the missionary work in Korea believe me must truly,

Annie Ellers

PS. One word about a lady Physician I would desire earnestly that I be permitted to obtain my degree. As soon as a lady Physician can be sent here I return for the same and then I would be content to go to my field where I might be of use to the Master but I want my degree.

#87

1886년 10월 4일

현재 여기에서 일어나고 있는 문제에 대해서 몇 말씀드리고자 합니다. 선교회의 한 일원으로서 또한 기독교인으로서 저도 이해관계가 있는 당사자입니다. 어떤 식으로든지 어떤 변화가 반드시 이루어져야만 합니다. 헤론 선생님과 언더우드 선생님은 감리회에 가입하고자 원서를 내 놓은 상태이며, 이것이 받아들여지면 감리회로 가겠다는 의도를 제게 알려주셨습니다.

그들의 사임이 받아들여져서 감리회로 가신다면 장로회 선교부의 미래는 참으로 미미합니다. 그리고 알렌 선생님이 정부의 관직을 받아들이시면 저는 이곳에 혼자 남게 될 것입니다. 또한 정부를 위한 실제적인 선교사역이 별로 없는 저이기에 원래 제가 겁쟁이는 아니지만, 제가 선교현장을 떠나게 될까 두렵습니다. 알렌 선생님이 여기 선교 일이 늘어나면서 잠시 쉬게 되시면 선교지부에서 헤론선생님께 공식적으로 기대하실 일이 무엇인지가 의문일 것 같습니다. 누구를 위한 것도 아닌 정부에 의해서 모든 것이 이루어지는 것에 대한 알렌 선생님의 영향력은 아직도 여전합니다.

여기 선생님들께서는 제게 너무나 친절하시고 또 잘해주십니다. 그래서 그 분들의 불화가 저로서는 더 이해가 안 되는 것입니다. 알렌 선생님이 한 1년 동안만이라도 고국에 돌아가셨다가 오시면 문제는 가라앉을 것 같고, 돌아오셨을 때에는 모든 문제가 해결되었을 것입니다. 지금으로서는 그것만이 유일하게 가능성이 있는 좋은 방법일 것 같습니다. 이 의견이 당신에게 작은 희망을 주는 일이 될 것이라 생각됩니다. 적어도 해가 되지는 않을 것입니다. 만물을 다스리시는 하나님께서 모쪼록 선생님에게 지혜를 주셔서 조선에서 선교사역을 최상의 상태로 회복시켜주시기를 굳건히 믿으며 간절히 기도드립니다.

추신. 또 하나, 제가 바라는 여의사 선생님은 언제 오시게 되는지 저는 제 학위를 받을 수 있기를 간절히 원해왔습니다. 그 분이 와야 제가 돌아가게 됩니다. 그래야 주님의 일에 쓰여 질 수 있는 제 자리로 마음 편하게 돌아가고, 저는 학위를 받고자 합니다.

#89

Seoul Korea, November 8, 1886

Dear Dr. Ellinwood,

Your kind favor of the 10th of Sept. came to me by the last mail. I was pleased to hear from you of my pleasant standing here. Almost simultaneously with my arrival came your first letter of advice to me & to it I owe much of the kindness I am now enjoying from all members. I have tried to keep clear of all side taking here.

This your second letter has also a good piece of advice which I realize, unfortunately the last two weeks I have not been well & so could not study - Malaria fever has laid a firm hold on my (system?) and I do not seem to be able to shake it off. ( ) own I am suffering with a fever. I hope soon to begin my study again.

Today I made my first professional visit to the Hospital. We are getting along very well. The Dr.'s will doubtless write you of the $500? - given us for foreign beds and bedding. These we hope to have here in three weeks when in patients will be received.

I would strongly advise the sending out of a lady physician not because I do not feel capable of doing the work, but I look upon myself as simply holding the position until someone come.- When as you know I desire to come home & obtain my degree. God has been it seems to me wonderfully good to me smoothing my path and giving me so many blessings of which I am not worthy. I feel I can not thank Him as I ought. May I come to be held close to Him.

Thanking you for your kind letter,

I am

very truly,
Annie Ellers

#89

1886년 11월 8일

저번 우편물에 선생님께서 친절한 호의로 보내주신 9월 10일자 편지를 받았습니다. 여기에서의 저의 마음에 드는 지위에 대해 당신에게 듣게 되어 기뻤습니다. 제가 도착한 것과 거의 동시에 선생님의 첫 충고의 편지도 함께 도착했습니다. 그리고 그 덕분에 저는 지금 모든 선교지부의 사람들과 잘 지내고 있습니다. 편을 나누는 것은 선생님의 말씀대로 피하려 노력하고 있습니다.

선생님께서 보내주신 두 번째 편지에도 좋은 충고의 말씀이 적혀있더군요. 불행히도 지난 두 주일 동안은 건강이 여의치 못해서 공부를 못했습니다. 말라리아 열병에 제 온몸을 꼼짝 못하게 옥죄어 왔는데 이것을 떨쳐버릴 수 없었습니다. 지금도 열병으로 인해 고생하고 있습니다. 곧 다시 공부를 시작할 수 있기를 바랍니다.

오늘 처음으로 병원에 공식적인 방문을 하였습니다. 우리는 아주 잘 지내고 있습니다. 여기 의사 선생님들이 병원침대와 침구류를 저희가 준비할 수 있도록 500불을 선생님께 서면으로 요청할 것입니다. 여기에 모든 준비가 되면 3주 후에는 환자들을 받을 수 있을 것입니다.

제가 일을 할 능력이 부족해서가 아니라 단지 저는 다른 여의사가 오시기 전까지 자리를 메우고 있는 것이기 때문에, 여의사를 속히 보내주시기를 간절히 요청합니다. 아시다시피 저는 고국으로 돌아가 학위를 받고자 합니다.

하나님께서 항상 저를 놀라울 정도로 저의 길을 잘 보살펴 주셨으며 받을 자격도 없는 저에게 너무 많은 은혜를 베푸신 것에 어찌 다 감사를 드릴 수 있을지 모르겠습니다.

언제나 주님께 가까이 있기를 간구합니다. 당신의 친절한 편지에 감사합니다.

Seoul Korea, November 19th, 1886

Dear Dr. Ellinwood,

I write you a few lines with much pleasure. I have been at work at the Hospital for two weeks and it agrees with me today & yesterday I took Dr. Allen's class in Chemistry and also his sick outpatients, as he was called to Chemulpor on business. I was much pleased this morning when a poor woman brought back her baby & said it was better, she herself was so glad I could not help sharing her pleasure. I have never had less than two & my largest number was nine. Our bedding (too?) has not come so we have no pt. in the Hospital, though some are waiting to come in. We do not hold services in the legation building anymore, but in a large room in Mr. Appenzellers's house. I think our Heaven Father is giving me a more contented spirit and I am very thankful for the same. I want more faith & trust in Him & oh so much more love. We are having fine weather & my attack of malaria has passed so I am to begin my studies on Monday.

With best wishes,
Respectfully,
A.J. Ellers

#91
1886년 11월 19일
기쁨으로 몇 자 적습니다. 저는 지난 2주 동안 병원에서 일을 했습니다. 그리고 어제와 오늘 알렌 선생님과 화학 수업을 수강할 수 있었으며 또한 선생님이 업무 때문에 제물포에 가셔서 외래환자도 제가 받았습니다. 오늘 아침 한 가난한 여인이 아기를 데려와 아기가 많이 나아졌다고 기뻐했을 때, 저도 그녀와 같이 너무 기뻐했습니다. 환자들은 두 명 이하로 가 본 적이 없고, 제일 많을 때는 아홉 명도 되었습니다. 병원에 아직 침대용 침구류가 도착하지 않아서 환자들이 들어오려고 대기 중이지만 입원환자는 없습니다. 공사관 건물의 시설은 더 이상 쓸 수 없어서 하는 수 없이 아펜젤러씨 집에 있는 큰 방에서 사람들을 돌보고 있습니다.

하나님이 저에게 보다 큰 만족함을 주셔서 너무나도 감사합니다. 또 주님께 대한 더 큰 믿음과 신뢰를 갖기를 원하며 하나님을 더욱 사랑하기를 원합니다.

여기는 날씨가 참 좋습니다. 그래서인지 걸렸었던 말라리아도 나았습니다. 그래서 월요일에는 다시 제 공부도 시작할 예정입니다.

Seoul Korea, Dec. 13. 1886

To the Cor. Sec. of the
Presbyterian Board of Foreign Missions -
Dr. Ellinwood
Dear Sir,

At a meeting of the Presby. Mission of this place this afternoon the following weighty communication was presented us by the President Dr. H & Allen after the reading of the same Rev. Mr. Underwood moved that as such a matter could not be decided upon hastily it be laid on the table, the motive was seconded & carried. Rev. Mr. Underwood at the expressed desire of the chairman, moved that said communication be sent home- this motive was seconded & carried & the cor. sec. instructed to make a copy.

Seoul Korea Dec. 13, 1886

To the members of the Presbyterian mission in Korea

Brethren,
In a letter from the Mission Board first at hand I receive my first intimation of the intention of Messrs Underwood & Heron to leave the Presbyterian and enter the Methodist mission. The object of these remarks is to show that such a step is not necessary.

There are many things I would like to explain but to avoid further trouble I will not allude to the past more than is necessary and to prevent hot words. I shall confine myself to written remarks.

I entered the mission work from conscientious motives but while I have been much favored in Korea I know that I have been the cause of constant contention because of the position my opportunities have caused me to fill. Therefore to promote the best interests of the the mission work both Presb. & other as well as to bring about a harmonious condition, I now declare my settled intention for leaving for America, October next.

I put the date thus far ahead for two reasons. First our infant cannot well be weaned from to Korean nurse before that time. Secondly I wish so far as is possible to service my good faith by turning over the Hospital School, Palace & Foreign work to my successor Dr. Heron. This action is taken voluntarily and from the same motives that induced me to devote six years at school in preparation for the work of a medical missionary.

I am strongly urged by the Board to stay at my post but I feel that the position is better understood by myself than by them. And I feel sure from past experience that more trouble will arise if I remain.

I am aware that I am throwing up rare opportunities. I also know that if I should leave the mission and practice my profession independently here, I could be sure of at least $3000 () a year & perhaps double with outside work while by going to the U. States I must commence in poverty at the foot of the ladder. Yet I think I am right in adopting the latter course and will do so with the understanding of course that the mission defray my expenses home.

H.N. Allen M.D
Annie Ellers
Cor. Sec.

#94

1886년 12월 13일

오늘 오후 이곳에서 열린 장로회 선교지부 회의에서

이곳에 있는 장로회 선교지부 모임에서 회장인 헤론과 알렌선생님이 다음과 같은 중대한 메시지를 읽어주시면서 저희에게 전달했습니다. 그 다음에 언더우드 목사님이 이 일은 성급히 결정할 수 없는 일이며 이 일에 대해 더 자세히 논의해보자고 동의하셨고, 그 동의안이 재청되고 가결되었습니다. 언더우드 목사님은 의장에게 바라는 요망사항에서 이 메시지가 고국으로도 전달되어야 한다고 동의안을 내놓았고, 이 동의안도 재청 및 가결되었으며 통신담당자는 사본을 남기도록 지시되었습니다.

1886년 12월 13일

조선에 있는 장로회 선교지부의 회원들께,

형제 여러분.

선교본부에서 온 편지에서 제가 받은 느낌은 언더우드 목사와 혜론 박사가 장로회를 떠나서 감리회로 들어가고자 한다는 것이었습니다. 이 편지의 목적은 그런 행동이 필요하지 않다는 것을 알리기 위함입니다.

여러 가지 설명하고 싶은 사항들이 많이 있지만 더 이상의 문제를 야기시키는 것을 피하고 격렬한 논쟁을 방지하기 위해 과거에 대해서도 필요 이상으로 언급하지 않을 것이며 제 뜻을 편지에만 국한 시키고자 합니다.

저는 선교 사역에 양심적인 동기를 가지고 들어왔습니다. 그러나 제가 조선에서 매우 우대를 받아왔음에도 제 자신이 지속적인 불화의 원인이 된 것은 제가 가진 기회들이 허락한 위치 때문이었음을 알고 있습니다. 그러므로 장로회와 다른 교단의 선교사역의 최선의 이익을 증대시키고 조화로운 여건을 가져오고자 하여 저는 미국으로 내년 10월에 돌아가기로 결정했음을 선언하는 바입니다. 저는 그 날짜를 미리 정한 것은 다음과 같은 두 가지 이유에서입니다. 첫째, 저의 아기가 그 때까지는 조선인 유모에게서 젖을 뗄 수 없기 때문입니다. 둘째로 저의 후임인 혜론 박사에게 병원과 학교, 궁궐과 외교상의 업무를 최대한으로 가르쳐 인계하고 싶기 때문입니다. 이러한 조치는 자발적으로 결정한 일이며, 제가 의료 선교 사역을 준비하기 위하여 6년 동안 학업에 전념하도록 이끌어준 것과 똑같은 동기에서 취해진 것입니다.

선교본부에서는 제게 자리를 지키라고 강하게 요구하지만 제 자리에 대해서는 그들보다 제가 더 잘 이해하고 있다고 느낍니다. 그리고 지난 경험을 통해서 만일 제가 남아 있게 된다면 더 많은 문제들이 발생할 것이라는 것을 확실히 압니다.

제가 기회를 내던져 버리는 것이라는 것을 알고 있습니다. 미국으로 돌아가는 것은 제게 가난의 시작이며 맨 밑바닥으로 떨어지는 것인 반면에 제가 선교회를 떠나서 이곳에서 독립해서 의사로서의 전문직을 개업한다면 분명히 최소한 일년에 3000불씩 벌 수 있으며 어쩌면 외부 일로 두 배나 더 벌 수 있을 것이라는 것을 압니다. 그럼에도 불구하고 저는 제가 후자를 택하기로 내린 결정이 옳다고 생각하며 물론 선교회에서는 제가 고국으로 돌아가는 비용을 해결해 줄 것으로 믿고 그렇게 할 것입니다.

H.N.Allen M.D

애니 엘러스 드림

Seoul Korea, January 23 1887

Dear Dr. Ellinwood,

The last two mails I have not sent a few words to you, I always want to have a few lines reach you from me. Dr. Allen has doubtless written you about the method & manner of the present peaceful aspect of the mission all is apparently in good working order.

I have a little news about myself thinking that two heads are better than one & knowing that hearts at least are I have promised the Rev. Mr. Bunker to be his wife - He is a Congregationalist, is one of the government teachers & intends to remain in Korea & as mission work should the way open for him he will join the mission - to be entirely candid the trouble in our mission has not predisposed him much in our favor but that can be left entirely in God`s hands. I at least shall not resign from the mission nor shall I become married until another lady physician come & take the work. There is a great need to do something for the orphan girls here I wrote home to have $100() given us for the repairing of a building at present on the Orphanage grounds?, this was given & Mrs. Hetelurrsin? & others have written me that they will assist should work among the girls be started. I desire to be permitted to start such a work. Should I not have more than six these six will exert an influence the extent of which can not be limited. - this is the work I would put my heart to and I shall anxiously await your answer. I have thought & prayed over this question & I am sure such labor will have its own reward. At my last interview with her Majesty, she desired to see me skate as invited me to come and skate on the artificial lake in front of their dwelling & bring some of my friends. Dr. Allen, Rev. Underwood & myself of our mission with eleven friends went - after the skating they gave us a banquet. We all enjoyed it.

Hoping to hear from you,
I am very truly,
Annie Ellers

P.S. How soon can the board send a physician, she ought to be well qualified in surgery.

#7
1887년 1월 23일
저번 두 편지에 몇 마디 쓰지 않았습니다만 선생님께 늘 안부를 전하고 싶습니다.

알렌 선생님이 쓴 편지에서 보셨겠지만 여기 선교회의 현재 양상은 평화롭고 모든 일이 잘 돌아가고 있습니다.

작은 제 소식을 전합니다. '백지장도 맞들면 낫다'라는 생각에 또 적어도 마음만큼은 과연 그렇다는 것을 알기에 벙커 목사님께 부인이 되겠다고 약속했습니다. 목사님께서는 조합교회 신자이시고 또한 국가가 고용한 선생님 중 한 분이십니다. 그리고 그 분은 조선에 남아서 길이 열린다면 선교회에 가입해서 사역을 하실 작정입니다. 솔직히 말씀드리면 저희 선교회 내부의 문제가 그 분에게 좋은 인상을 주지 못했지만, 그 문제는 하나님의 손에 전적으로 맡깁니다. 저는 적어도 다른 여의사가 와서 일을 인수할 때까지는 선교회를 사임하지 않을 것이며 결혼도 하지 않을 것입니다.

고아원에 있는 여자 아이들을 위해 해야 할 일이 많습니다. 고국에 편지를 보내 고아원 부지에 있는 현 건물을 수리하기 위해 돈을 좀 보내달라고 해서 받았으며 ( )부인과 다른 여러 사람들이 편지를 보내와 만일 여자 아이들을 위한 사역이 시작되면 자기네들도 돕겠다고 했습니다. 그 일을 시작할 수 있도록 허락받기를 원합니다. 제가 혹 여섯 명이라도 돌보게 된다면 이 여섯 명이 저희 일에 영향력을 행사해서 마침내는 제한 받지 않고 일하는 데까지 나아가게 될 것입니다.

이처럼 저는 이 일에 골몰해왔으며 일에 대해 많은 기도를 했고 저는 선생님의 답변을 간절히 기다릴 것입니다. 저는 이 문제를 두고 생각하고 기도해왔으며 그런 노력으로 그 자체의 가치를 지닌 일이 될 것으로 확신합니다.

명성황후와의 바로 지난 번 만남에서 명성황후께서 궁 안 거처 앞에 있는 인공호수에서 스케이트 타는 모습을 보고 싶다고 하셔서 저와 제 몇몇 친구들을 궁으로 초대해주셨습니다. 선교회에서는 알렌 선생님과 언더우드목사님, 그리고 저와 그 이외에 11명의 친구들이 함께 갔으며 스케이트를 탄 후에 명성황후께서 연회를 베푸셨고 저희 모두 즐거운 시간을 보냈습니다.

소식을 고대하며 . 애니 엘러스

추신. 선교본부가 얼마나 빨리 여의사를 보낼 수 있습니까? 그 분은 반드시 숙련된 외과전문의여야 합니다.

Seoul Korea, Feb. 14, 1887

Dear Dr. Ellinwood,
The relations here are very pleasant, we dwell together in peace
and harmony all is good. How thankful I am for many reasons.
The one nearest home is that Mr. Bunker will join our mission.
There is a rumor that the Government School will be short-lived
in which case he will invite the sooner. He is a good Christian
and it will be good for us to have him join us. The mission needs
more workers.

Yours very truly,
Annie Ellers

#10
1887년 2월 14일
여기 모여 있는 사람들의 관계는 매우 좋아서 우리는 함께 평화롭고
조화롭게 잘 지내고 있어서 모든 것이 좋습니다. 감사할 일이 얼마나
많은지요! 그 중 가장 저와 관련이 깊은 것은 벙커 씨가 저희 선교지부
에 합류하게 되었다는 것입니다. 정부가 운영하는 육영공원은 곧 없어
질 것이란 소문이 있습니다. 그러면 벙커 씨는 더 빨리 저희와 함께 하
게 될 것입니다. 그 분은 훌륭한 기독교인이며 그분을 받아들이는 것
이 저희에게 도움이 될 것입니다. 선교지부는 더 많은 사역자들이 필요
합니다.

Seoul Korea, March 7, 1887

Dear Dr. Ellinwood,

Your very kind letter of Jan. 13th I have just received - With regard to the principle item. I will only say I am much surprised. Miss Manks truly gave me to understand otherwise, if the remark you quote is all she had for a foundation she had little to build upon. Enthusiasm must have colored the matter!

To the matter now rests I of course do not think of leaving my work in the mission out of bringing to our ranks another worker. -Would it be possible for Mr. Bunker to become a member of the mission & still fulfill his duties in the Government school? I am asking this for my own information we are both of the opinion he will have to wait, but I should so like it if he could become a member before our wedding.

The difficulties here are settled and all is peace, it is also pleasant to think the difficulty is settled without any one else stepping in.- It is more honorable to us as a mission.- Truly one desire I had for urging my coming home was to simply leave such a Mission band? - now I think all will go nicely. I do not love discord & I for one with God's help will never be a party to any spat.

I have had a wonderful strengthening of my faith in God's promise to answer prayer lately.

Last week Dr. Scrantan sents me a case - too similar ones he had unfortunately lost & so sent this one to me. The woman was very low and I had little if any hope for her. I went with her came to the best Physician and prayed for her recovery. - She soon began to mend & now is well. - how thankfull I am to Him who rules all for the answering of my prayer. My inability to talk with the people is a great disadvantage but I am getting along very well with the language & shall hope soon to be able to converse.

For all your kind words I am very thankful. The Queen is very gracious & kind to me. When I told her of my engagement she was very much pleased also the King. He told me it was a very good thing & said he was glad. To be not married here in this country is in their eyes a disgrace. I feel that God has given me

my love. It was no steams-boat affair nor indeed for sometime after our arrival here did this seem to me to be such a possibility. Mr. Bunker does me the honor of saying it was my good Christianity which first attracted him. A very good attraction is it not? I am in this as in all other ways of my life willing to leave all in His hands who guides his children in the right Way-
I hope you will here us more of any trouble here.

Very truly,
Annie Ellers

#15
1887년 3월 7일
선생님께서 지난 1월 13일에 보내주신 편지를 받자마자 주요 내용에 정말 놀라울 따름입니다. 반면에 Mrs.M이 저를 이해시켜 주었습니다. 선생님께서 인용한 표현이 전부라면 그녀는 기반이 전혀 없는 상태였음이 틀림이 없습니다. 열정이 그녀를 사로잡았나 봅니다.

남겨진 현안문제에 대해서는 물론 제가 선교지부에서 떠나지 않고 도와줄 수 있는 다른 사람을 데려올 생각을 하고 있습니다. 혹 벙커 씨가 선교단의 일원이 되어도 정부가 운영하는 육영공원에서 계속 선생님으로 일할 수 있는지 궁금합니다. 저희는 벙커 씨가 선교단원이 되기 위해서는 조금 더 기다려야 한다는 것을 알고 있지만 저희의 결혼 전에 선교단원이 되었으면 좋겠다는 생각에서 여쭈어 봅니다.

여기에서 일어나는 어려운 문제들은 다 해결되었고 모두 평화롭습니다. 또한 어떤 다른 사람이 개입해서 해결된 것이 아니라서 기쁘게 생각되며 또한 선교사로서 우리에게도 더욱 더 영광입니다. 실제로 고국으로 돌아가려하는 한 가지 희망은 그렇게 선교부를 떠나는 것일까요? 지금은 모든 것이 다 좋습니다.

저는 개인적으로 불화를 싫어하며 따라서 하나님의 도우심으로 어떠한 논쟁에도 결단코 어느 쪽을 편드는 일 같은 것은 하지 않을 것입니다.

저는 최근에 기도의 응답을 받아 하나님의 약속에 대한 더욱 확고한 믿음의 확신이 생겼습니다.

스트랜튼 박사님이 예전에 불미스럽게도 잃었던 환자와 너무나도 비슷한 상황에 처한 다른 환자를 지난 주에 저에게 보내주셨습니다. 그 여자는 매우 상황이 좋지 않았으며 저 또한 그녀에 대한 희망이 거의 없었습니다. 저는 그녀를 최고의 의사 선생님께 보냈으며 빠른 쾌유를 기도했습니다. 그녀는 곧 좋아지게 되었고 지금은 상태가 매우 좋습니다. 모든 만물을 주관하시는 하나님께서 제 기도에 응답해주신 것으로 인해 너무 감사를 드립니다.

현재 저는 의사소통에 매우 어려움을 겪고 있으나 언어공부가 잘되어 가고 있으며 곧 자유롭게 대화할 수 있기를 바랍니다.

선생님께서 보내주신 편지에 감사드립니다. 명성황후께서는 매우 인자하시고 친절하게 대해주십니다. 제 약혼소식을 들으시고 몹시 기뻐하셨으며 고종께서는 매우 경사스러운 일이라고 하시며 기쁘다고 말씀하시며 즐거워하셨습니다.

이곳 조선에서는 결혼하지 않는 것을 그들의 눈에는 하나의 수치로 여기고 있습니다. 하나님께서 제게 사랑을 보내주셨다고 느낍니다. 그 일은 불명예스러운 일도 아니었으며 또한 이곳에 도착하고 나서 조금 시간이 지난 후에야 결혼의 가능성이 보였습니다. 명예스럽게도 벙커씨는 저의 진실한 기독교 신앙을 보고 반했다고 말해주었습니다. 정말 좋은 끌림이 아니겠습니까? 제 삶의 모든 다른 면에서처럼 결혼 생활에서도 인도해주시는 하나님의 손길에 모든 것을 맡기고 가까이 따르고자 합니다.

앞으로 이곳에서 전해드리는 소식은 좋은 소식들만 되기를 바랍니다.

#38

Dear Dr. Ellinwood,

Dr. Allen has written you all about our wedding so I need not.
I have since the short time I have been married had an increase
of patients. It may be the season of the year has somewhat to
do with it, but more respect is shown a married lady than to an
unwed girl. If it were possible to have the new lady a widow, it
would be splendid.

I had one week off, Dr. Allen kindly seeing to my work. Ever lady
was so very kind and good we were very much surprised. Will
the board grant me the privilege of starting work among the girls
as soon as the lady physician comes? I know we need it so much
some work in that way I could at the sometimes assist the new
Physician.

We are having extremely hot weather ()

One () joins me ()

Best wishes and kindest regards,

                Very Truly, Annie Ellers Bunker

#38

1887년 7월 5일 이후

알렌 선생님께서 앨린우드 선생님께 저희 결혼식에 대한 모든 것을 알
려주셨으니 결혼에 대해 더 이상 언급하지 않겠습니다. 결혼한 지 얼마
되지 않은 지금 환자들이 많이 늘었습니다. 지금이 환자들이 가장 많
은 시기일지도 모르지만 그러나 미혼의 소녀보다 결혼한 여의사에게
더 존경심을 보여주고 있습니다. 만일 새 여의사가 미망인일 수 있다면
훌륭할 것입니다.

알렌 선생님께서 친절하게도 제 일을 봐주시고 저는 일주일 쉬었습니
다. 모든 여성들이 친절하고 착해서 저희들은 매우 놀랐습니다. 선교본
부는 여의사가 오자마자 그 소녀들 가운데에서 제가 일을 할 수 있는
특권을 주시겠죠? 때때로 새 의사에게 보조할 방법이 필요한 더 많은
일이 있어서 그렇게 할 필요가 있다는 것을 압니다.

날씨는 극단적으로 무덥습니다.

Seoul Korea November 20th, 1887

Dear Dr. Ellinwood,

We are all getting along nicely now. The work is going on as well as it can. I teach one hour daily at the Orphanage during Mr. Underwood's absence. I hope he will be able to accomplish what he went for. The minister left here on the morning for Nagasaki last Sunday and soon now Dr. Allen and his charges will arrive in New York. I think the ladies who sent me out, in short of the Silb B. are a little vexed at my marriage and feel that I am not active as formerly. I am more so, I have more to do than ever before. Can you not reconcile them a little? You understand the case and they do not seem to. With regard to the letters I wrote you lately, treat them as though you had them not. I am not sorry that I wrote them, but find I can stand a different treatment than

(□□ 1□ □□□□□□ □)

such as Dr. Allen gave me better with more prayer and patience. I am afraid Dr. Allen spoiled me. He was so good to me.

When the new port opens it is my ardent desire to go there for missionary work. Miss H when she comes shall not know a word of the trouble which was here from me and I think all will be well God grant it.

The Queen has again been sick but we relieved her some and she is reported well.

We are hoping to have more help in school work soon. If no help is sent I shall try and do what I can for the girls after Miss. H comes.

With kindest regards to Mrs. Ellinwood,

Very Sincerely, Annie Ellers Bunker

#56

1887년 11월 20일

앨린우드 박사님께

우리는 지금 아주 잘 지내고 있습니다. 일도 잘 진행되고 있습니다. 저는 언더우드 선생님이 계시지 않을 때 고아원에서 매일 한 시간씩 가르치고 있습니다. 저는 언더우드 목사님이 떠난 목적을 잘 완수하기를 희망합니다.

목사님은 지난 일요일 아침 나가사키를 향해 여기를 떠났고, 곧 알렌 선생님과 그의 짐은 뉴욕에 도착할 것입니다.

저는 저를 파송했던 Silb.B 위원회의 부인들이 저의 결혼소식을 듣고 조금 화를 내었고, 제가 결혼 전만큼 열심히 일하지 않을 것이라 생각한다고 여깁니다. 저는 열심히 하고 있고 결혼 전보다 더 많은 일을 하고 있습니다. 선생님이 그들에게 좀 이해시켜주실 수 없겠습니까? 선생님은 이런 상황을 이해하시지만 그분들은 이해하는 것처럼 보이지 않습니다.

최근에 제가 당신께 썼던 편지에 관련해서 당신을 그러지 않았지만 그들을 언급했습니다. 제가 그들에 관해 쓴 것에 대해 그들에게 미안하다고 생각하지 않습니다. 그러나 알렌 선생님이 저를 기도와 인내로 잘 대해준 것과는 다르게 저를 취급하는 것을 견딜 수 있다고 생각합니다. 알렌 선생님이 제게 너무 잘 대해주셔서 제가 버릇 없어질까봐 오히려 염려가 될 정도로 제게 잘해주십니다.

새로운 항구가 열릴 때, 선교사역을 위해 새로운 사역지로 가는 것이 저의 강렬한 바람이었습니다. 호튼이 올 때는 이곳에서의 분쟁에 대해 잘 모를 것이며 저는 주님의 은혜로 저희가 잘 지낼 것이라고 생각합니다.

명성황후는 다시 아프기 시작했으나 저희가 그녀를 치료해서 이제 좋아졌다고 들었습니다.

저희는 학교 사역에서 곧 지원이 오리라고 여기고 있습니다. 만일 지원이 없다면 저는 호튼이 온 후에는 여학생들을 위해서 제가 할 수 있는 모든 일을 시도하고 행할 것입니다.

Seoul Korea, Jan. 15, 1888

Dear Dr. Ellinwood.

I thank you very much for your kind letter of the 23rd Nov. I
was sorry to have to write you as I did. I will only say here that I
am quietly going on with my duties and keeping peace as best I
may until Mip Horton comes. It is very unfortunate that Dr. H.
is so narrow. He is even jealous of my position with the Queen.
I try to give no cause as far as I am able. Our house is distant &
our doings can not be watched not (saw?)(me?) watch others. We
have also no back gate. I desire to do work among the women &
girls. Mr. Underwood has bought a house with some money his
brothers sent him & I shall begin reading Mark with them this
week. Dr. H does not approve because the house bought is not
very central & told me he should vote against it as would also his
wife. This remark shows plainly the kind of man. Though his
wife is a missionary in her own right got she never comes to the
meeting or does any voting. To gain this end of her however she
is to vote well & good, the way will open in God's own way. I
believe they want Mrs. H's mother to undertake the work among
the girls & do not want me to do anything toward it. -the glory
would be mine.- That is the one dominant thought of all action.
Mrs. H quietly started work among some women, repairing and
cleaning the rooms-giving them nice clothes etc. She kept it
up about a month & then was compelled to stop. - At the next
missionary meeting when the voting of the surplus moneys for
this & that was in order, Dr. H brought in, rather gingerly, a bill
for some $30, saying it was for this work which his wife had done
and was properly mission . That as neither she nor one of the
other ladies could go on with the work it had been dropped. This
news at the meeting was the first both Dr.A and I had heard of it
and I asked Dr.H about it telling him. I could have gone on with
it moderately and more fully when Miss H. came. I tell you this
not complainingly only to show you how they work - I am glad
that you will regard what I write in comfidence.

Mr. Underwood's wild flight at medical expense I wrote of

Neither Mr.U. nor Dr.H. all good financiers and some how things get instead- Dr.A. will talk with you and he can tell you far better than I all about it. For the good of our Mission he should come back. All the Koreans like him and Dr.H is not liked - knowing you will ever allow a margin for what I have said as coming from a woman's pen.

remain sincerely.
Annie Ellers Bunker.

#3
1888년 1월 15일
11월 23일자 편지를 보내주셔서 감사합니다. 편지를 그렇게 쓸 수밖에 없어서 대단히 죄송했습니다.

호튼 여사가 올 때까지 저는 저의 맡은 일을 조용히 하고 있으며 사람들과 화목하게 지내고 있습니다. 헤론 선생님은 마음이 편협하셔서 대단히 유감입니다. 그는 심지어 저와 명성황후의 친분까지 시기하고 있습니다. 저는 제가 할 수 있는 한 아무런 문제가 없도록 노력합니다. 저희 집은 너무 외딴 곳에 있어서 저희가 무엇을 하고 있는지 아무도 볼 수 없으며 저희 또한 다른 사람을 볼 수 없습니다. 또한 저의 집에는 뒷문이 없습니다. 저는 여자들 그리고 소녀들과 일하고 싶습니다. 언더우드 씨는 그의 형제들이 보내준 돈으로 집을 샀으며 저는 곧 그들과 함께 마가복음을 이번 주부터 읽기 시작할 것입니다. 언더우드 씨가 산 집이 중심가에 있지 않기 때문에 헤론 선생님은 그의 부인과 마찬가지로 이에 반대하고 있습니다. 이 말은 그 분이 어떤 분인지 잘 알게 합니다. 그의 부인은 선교사를 자원했음에도 불구하고 모임에 단 한번도 오지 않을뿐더러 어떠한 투표도 하지 않습니다. 하지만 바라는 대로 이루기 위해서 그녀는 투표에 열심히 참가해야 하며 그럼으로써 하나님이 길을 열어주실 것입니다.

저는 그들이 헤론 부인에게 여성을 위한 사역을 떠맡기를 바라고 있으며 제가 그 사역을 하지 않기를 원하고 있다는 것을 압니다. 하지만 하나님의 영광은 저의 것입니다. 이것은 옳지 않은 행동에 대한 저의 단호한 생각입니다. 헤론 부인은 방을 수리하고 청소하고 여자들에게 좋은 옷을 주며 조용히 일을 시작했습니다. 그녀는 한달 정도 일을 하다가 그만둬야 했습니다. 다음 선교사 모임에서는 이 일을 위한 추가비용에 대해 투표를 하기로 되어 있었습니다. 헤론 선생님은 약 30달러 정도의 영수증을 다소 신중하게 가지고 와서 자신의 부인이 선교일로 쓴 것이라고 말했습니다. 헤론 부인도 그리고 다른 여자들도 그만두기로 한 그 일을 더 할 수 없었습니다. 알렌 선생님과 저는 이번 모임에서 이 일에 관해서 처음 들었던 것이었으며 헤론 부인이 왔을 때 저는 헤론 선생님께 제가 이 일을 매우 잘 할 수 있다고 이야기 했었습니다. 저는 선생님께 불평하는 것이 아니라 단지 그들이 어떻게 일하는 지 알려주고 싶었을 뿐이며 선생님께서 이 편지 내용을 비밀로 지키실 것이라는 것을 잘 알고 있습니다.

언더우드 씨나 헤론 선생님 모두 훌륭한 재정관리가가 아니라고 썼던 의료비용에서 언더우드씨는 신중치 못한 재정관리자입니다. 알렌 선생님께서 저보다 훨씬 더 설명을 잘 해 주실 것입니다. 보다 나은 선교를 위해서 알렌 선생님은 꼭 돌아오셔야 합니다. 여성의 펜에서 나온 것에 대해 제가 말씀드렸던 것을 당신이 들어서 알고 있는 것처럼 모든 조선인들은 알렌 선생님을 좋아하며 헤론 선생님은 그다지 인기가 없습니다.

Seoul Korea, March 19th

Dear Dr. Ellinwood,

I read your letter of Jan.9th and was very much pleased with your kindness in writing me.

I think Mr. Underwood has written you that in work among the girls is begun. The past week I have daily taught them & I like the work. I want to say one word about my salary now. I do not desire any pay for services in the future. - What I want is simply incidental expenses paid. The (g?) men without -consulting me passed a resolution which they sent home asking the board to direct them about the matter. Had they asked me I should have told them about the matter.

I hope to be able to get quite a number of girls under way for the teacher who will have them when she comes.

Miss Horton telegraphed Dr. H from Nagasaki and she will come this week we hope. Oh I am as glad for now work done badly by me for want of knowledge will be well done!

Thanking you again for your kind letter.

Very truly,
Annie Ellers Bunker

#18

1888년 3월 19일

지난 1월 9일자 서신은 잘 읽어보았으며 선생님께서 제게 편지해주신 친절함에 너무나 즐거웠습니다.

언더우드 목사님이 여학생들을 가르치는 일이 시작되었다고 선생님께 편지 드린 것으로 생각됩니다. 지난 주간엔 학생들을 매일 가르쳤는데 저는 이 사역이 참 맘에 듭니다. 저의 급여에 대해 한 말씀드리고 싶습니다. 저는 앞으로 이 사역에 대해 어떠한 보수도 받고 싶지 않습니다. 제가 바라는 것은 단지 이 일에 수반되어 지불되는 비용만 충당되는 것입니다. 저와는 상의하지도 않고 사람들이 고국에 보내는 결정을 내려서 선교본부로 하여금 이 문제에 대해 선교지부에 지시해주도록 요청을 하였습니다. 저와 먼저 상의했다면 제가 다 설명을 했을 것입니다.

현재 가르치고 있는 여학생들의 수가 더 많아져서 담당 선생님이 오실 때 가르칠 수 있었으면 합니다.

호튼은 헤론 선생님께 이번 주 즈음에 도착할 것 같다고 나가사키에서 전보를 보내왔습니다. 요즘 일이 점점 더 잘 풀리는 것 같아서 기분이 좋고 앞으로도 잘 되기를 희망하고 있습니다. 보내주신 편지에 대해 다시 한 번 감사드립니다.

Seoul Korea, April 2nd 1888

Dear Dr. Ellinwood,

Miss Horton arrived last week & is domiciled with Dr. Heron. She impresses me very favorably and I have with thankful heart & much pleasure handed to her the reins. I know she will do better than I for she has more knowledge but I also know I did the best possible for me. I have two little girls whom I teach daily and shall shortly teach at the Orphanage. Mr. Underwood thinks of going north again soon. There were three men baptized on Sunday & eighteen who partook of the Lord's Supper.

There is an awakening interest among the people.

Some time ago I wrote you a letter which I did not send & now I will write you its contents. At a mission meeting Dr. Heron showed me a private letter of mine printed in the W.W. and asked me if I wrote it. I read the letter & said yes. He desired me to write a reply denying the statement about him which it contained. I refused as I had not written the first for publication I said I would not send a reply. Dr. H came at me in such I thought bulldog style. I had to brace up & did so miserably. I said the thought conveyed was false. Dr. Heron & his family, Mr. Underwoon & all the other missionaries excepting Dr. A and I, went out of the city for a vacation. Now I used that word just as we used it in speaking here & as Dr. H himself spoke of it. - not in any sense, as indicating that he did not do his work. He alternated then with Dr. A. & he rode up this week to the hospital.

Dr. H is very suspicious. Had he come & asked me about it, it would have been kind and gentlemanly but he saves it for the mission so that he may properly humiliate me. - His wife attends for the first time. She desires to see how things will work.

I said I was sorry for the false impression the letter would make that I had not intended it. That I would sign what the mission decided to do. After coming home I thought the matter over & wrote Dr. H. I would write the letter he desired. I did go by the next mail. Dear Dr. Ellinwood, it is this narrowness this suspicion of all others do that is the great hill of unpleasantness among us. Mr. B will be unwilling to enter the mission here under its present aspect. Mrs. Heron has begun work among the women & is meeting with much success. (?)With best wishes, and many thanks for your kindness to me,

Annie Ellers Bunker

#22
1888.4.2

호튼이 지난 주 도착해서 헤론 선생님과 함께 지내고 있습니다. 저는 그녀로부터 아주 좋은 인상을 받았으며 감사하는 마음으로 모든 권리를 양도하였습니다. 저는 그녀가 더 많은 지식을 갖고 있기에 저 보다 더 잘 해낼 것이라는 것을 알고 있습니다. 하지만 저 또한 제가 최선을 다했다는 것을 잘 알고 있습니다. 저는 매일 두 여학생을 가르치고 있으며 곧 고아원에서도 가르칠 예정입니다. 언더우드 박사님은 북쪽으로 곧 떠날 생각이십니다. 주일에는 3명이 세례를 받았고 18명이 성만찬에 참여하였습니다. 사람들 사이에 관심을 불러 일으키고 있습니다. 얼마 전에 선생님께 써놓고 발송하지 않은 편지가 있었는데 지금 그 편지의 내용을 쓰고자 합니다. 선교단의 회의 중에 헤론 선생님이 저에게 제 사적인 서신을 보여주시면서 제가 쓴 것이냐고 물어보셔서 저는 읽어 본 뒤 그렇다고 말했습니다. 그는 그 편지에 담겨있는 자신에 관한 내용을 부정하는 답장을 제가 새로 쓰기로 원했습니다만 저는 거절했습니다. 저는 첫 편지를 출판 목적으로 쓴 것이 아니라서 거부했으며, 답장을 보내지도 않겠다고 말했습니다. 헤론 선생님은 저에게 무척 화를 냈으며 아주 거칠게 다루었습니다. 저는 정신을 바짝 차려야만 했으며 아주 힘을 내어 그가 쓰라는 대로 쓰면 진실이 왜곡된다고 말했습니다. 저와 알렌 선생님을 제외한 헤론 선생님과 그의 가족, 언더우드 목사님 그리고 모든 다른 선교사들은 휴가를 맞이하여 도시를 떠났습니다. 여기서 그냥 평소대로 말하던 것인데 헤론 선생님이 발표한 것이고 헤론 선생님이 일을 안 하셨다는 뜻으로 쓴 편지가 아니었습니다. 그리고 나서 그는 알렌선생님과 교대하고 이번 주에 병원에 올라갔습니다.

헤론 선생님은 매우 의혹을 갖고 있습니다.

헤론 선생님이 그 일에 대해 저에게 찾아와 물었더라면, 친절하고도 신사다운 일이 되었을 것입니다만 선생님은 선교 모임까지 기다려서 그 일을 꺼내 저를 망신당하게 했습니다. 그리고 그 모임에는 선생님의 부인도 처음으로 참여했습니다. 그녀는 일이 어떻게 돌아가는지 알고 싶어 했습니다.

저는 이 편지가 제가 의도하지도 않은 잘못된 인상을 끼친 것에 대해 유감을 표명했습니다. 선교지부의 결정에 저도 따르겠다고 했습니다. 집에 와서 곰곰이 생각한 후 헤론 선생님에게 선생님이 원하는 대로 쓰겠다고 편지를 썼습니다. 그리고 그 다음 편지에 그렇게 했습니다.

엘린우드 박사님, 이런 편협함과 서로에 대한 이런 의심이 참으로 큰 불편한 오해를 일으킵니다. 벙커 목사님은 현재의 양상이 지속된다면 선교에 더 이상 참여하지 않을 것입니다. 헤론 부인은 여성 사역을 시작했으며 많은 성공을 거두고 있습니다. 선생님의 관심과 친절에 대단히 감사드리며 인사 올립니다.

서신 모음 (미 북감리회 소속 시기)

번역

이영애
1920년 9월 14일~1921년 11월 11일 서신 옮김
정신여고 졸업
서울대학교 영어영문학과 졸
미국 일리노이 대학(어바나 샴페인) 언어학 석사, 박사 수료
충남대, 한양대, 대전한밭대, 서울대 언어연수원 출강

조은경
1921년 3월 10일~10월 26일 서신 옮김
정신여고 졸업(제70회)
이화여자대학교 영어영문학과 졸
이화여자대학교 교육대학원 영어교육전공 석사
현 정신여자고등학교 영어교사

Mr. Chas E. DeVesty,
Dear Mr. DeVesty,

Mr Bunker left here yesterday on his vacation. He paid himself the $500.00 on travel account. He will render account himself when he reaches New York sometime in the Spring. He has gone for a complete rest to S.America. I can not tell you how glad we were that your letter of the 16th of August came shortly before his departure. The Exchanges enclosed #5205 to #5239 for $17,236.36 enabled him to meet pressing calls, to pay August salaries (till then unpaid) and to leave enough in the Bank so that the present months needs can be met. It was a day of prayerful thankfulness.

We want also to thank you for your letter of the 20th explaining the manner in which the Board handles the various items which are credited to us when no bill of exchange is sent.

On the same day the August statement came, I wish to call your attention to a Dr. and Cr. item of the 29th of July which does not belong to this Field. That of C.S. Daviason's illness and funeral expenses.

Your letter of the 12th August with bills of exchanges #5395 to #5404 for $5,000.00 came the next day. For this we re all of us very grateful.

Also on the same day came Bills of Ex. for #5406 to 5413 for $1200.00 duty and freight on goods bought by Dr. Noble. Mr. Bunker paid on this account before he left, the sum of yen 1274.99 and a bill is in now for the balance of yen 2741.28 making a total of yen 4016.27. The $1200 at the present rate of 52% comes to yen 2307.68. This deducted from the bill leaves yen 1708.59 still to be met. Will you kindly give this your attention.

With many pleasant memories of your kindness to me and with best regards to you and to those of the Office staff who may remember me, I am, Very Sincerely Youres

친애하는 드베스트 씨,

벙커 씨는 어제 휴가를 떠났습니다. 그는 일단 여행경비계정에서 500 달러를 지출했는데 내년 봄쯤 뉴욕 갈 때 벙커 씨가 직접 결산회계 보고할 것입니다. 그는 남아메리카로 가서 푹 쉬려합니다. 그가 떠나기 전에 8월 16일자 편지가 와서 우리는 얼마나 기뻤는지 모릅니다. 5205번부터 5239번에 해당하는 17,238달러 36센트 액수의 환어음이 동봉되어 있어서 급한 불은 끌 수 있었습니다. 또한 그때까지 체불되어진 밀린 월급도 지급할 수 있었고 은행에 잔고도 남겨 필요한 것들에 대한 비용 지출도 할 수 있습니다. 정말 감사 기도가 넘치는 날이었습니다

우리는 또한 8월 20일자 편지에 대해서도 감사하고 있습니다. 편지를 보니 우리가 경비지원 받기 전에 지출할 것들에 대해 이사회에서 잘 처리해주심을 알 수 있었습니다.

그 편지 받은 날 8월 명세서를 받았는데 그 명세서에 있는 7월 29일자 비용은 우리 일과는 관련 없는 것이고 데이비에슨씨의 병환과 장례식 비용임을 알아 주셨으면 합니다.

5천 달러 액수의 환어음 5395번부터 5404번이 동봉된 8월 12일자 편지가 그 계산서 온 날 도착해서 우리는 몹시 감사했습니다.

또한 그날 5406번부터 5413번에 해당하는 1,200달러의 환어음을 받았는데 그건 노블의사께서 구입하신 물품들 화물과 관세 비용이더군요. 벙커 씨가 떠나기 전 1,274.99엔의 액수를 지불해서 총비용 4,016.27엔 중 현재 2,741.28엔이 남은 상태입니다. 1,200달러가 이전 환율의 52프로인 현 환율로는 2,307.68엔이라서 총 비용 4,016.27엔에서 2,307.68을 빼면 1,708.59엔이 부족한 상황입니다. 이점을 신경 써 주셨으면 합니다.

제게 베풀어 주신 따뜻한 보살핌을 항상 기억하며 평안하시길 기도합니다. 사무실 직원들께도 안부 전해 주세요.

1920년 9월 14일
서울에서 애니 앨러스 올림

Mr. Arthur Bruce Moss,
Assistant Secretary
Board of Foreign Missions,

My Dear Mr Bruce,
Your letter of the 13th of Sept arrived this morning with the
bills of exchange 5948 to 5951 for $2,000.00 for the church at
Kangnung. I note what you say about the terms of the loan. Our
estimate sheets went in last week so we can not put these items
on those sheets. If you will add them to the sheets there I will
add them here to the office copy and will so inform our Budget
Com. Which will, I am sure, meet their approval.

Thank you for your kind words to Mr. Bunker. He has already
sailed from Yokohama for a long sea voyage. He needed a
complete rest. As he is very fond of the sea this long voyage to
Valparaiso appealed to him. He expects to arrive in that port on
the 27th of Nov. From there he was thinking of coming up the
east coast to Rio visiting as much of the work of our church as
he possibly could on the way. He will be in New York early in
the spring. He expects to return to the field in the late spring.
His plans, of course depend much on conditions he may happen
to find in South America. I shall send you in a few days the
statement of the necessary payments to be made on buildings
now in course of construction. That of Paichai I enclose now in
this letter. I haven't the others.

You see the gentlemen expected that all lumber would be sent
from home and the contracts which were first made were made
on this basis. Now they have had to revise this item of lumber
and mill work and I believe that that has just been accomplished.
I have written to Dr. Moore and to Mr. Williams for these facts
and as soon as I have them I will send them on to you. I have also
asked these gentlemen to forward these facts on to you direct so
that if one copy is lost you will have the other.

Every one in the Mission is well. Every one is glad that our
Bishop is on this side of the water and that he will be here soon.

With best wishes,

Very sincerely
Annie Ellers Bunker

친애하는 모스 씨

오늘 아침 당신의 9월 13일자 편지가 도착했습니다. 강릉에 있는 교회에 지원 할 2천 달러 액수의 환어음 5648번부터 5951번까지가 함께 동봉되어 있습니다. 편지에서 말한 대출 조건에 대해 주목하고 말씀드리는데 우리 예산견적서를 지난주에 보냈기에 지금 그 조건 항목들을 예산서에 추가 할 수는 없습니다. 그쪽 본국 사무실에서 예산서에 추가하신다면 저는 이곳 사무실 사본에 추가하고 여기 예산위원회에 보고하려합니다. 그렇게 해도 이곳 예산위원회의 승인 받는 데는 문제가 없으리라 봅니다.

벙커 씨를 염려해주시니 감사합니다. 그는 긴 항해를 떠나기 위해 이미 요코하마에서 출발했습니다. 충분한 휴식이 필요한 상황입니다. 그는 바다를 몹시 좋아하니 발파래소까지의 긴 항해를 즐거워할 것입니다. 발파래소 항구에 11월 27일 도착예정이고 거기서부터 동쪽 해안으로 가서 리오까지 갈 계획인데 가는 도중에 가능한 우리 교회의 여러 사역 장소를 방문하려합니다. 뉴욕에는 초봄에 도착할 겁니다. 그의 사역현장 복귀는 늦봄이나 될듯합니다. 물론 이런 계획들은 그가 남미에서 겪게 되는 여러 변수에 달린 것이지만요. 며칠 내로 건설 중인 건물 필요경비 명세서를 보내드리겠습니다. 배제학교 건축경비 명세서는 이 편지에 동봉해드립니다. 다른 건축비 명세서들은 동봉 못하지만요.

여기 건축업자 분들은 목재가 전부 본국으로부터 오기를 기대했었습니다. 처음 계약할 때도 이런 조건으로 계약했고요. 하지만 목재와 목재 작업에 대한 계약을 수정해야하는 상황이었고 이제 수정 작업이 다 완수되었다고 생각합니다. 모어 박사님과 윌리암 씨에게 이 일에 대해 편지를 드렸으니 수정안을 받는 즉시 곧바로 보내드리겠습니다. 업자 분들에게도 수정안을 직접 당신에게 보내라고 요청했으니 혹시 한 장은 분실하더라도 또 한 장을 받으시게 됩니다.

우리 선교 팀원들은 모두 잘 지내고 있습니다. 우리 감독님이 오시는 중이고 머지않아 도착하셔서 모두 기뻐하고 있습니다.

마음으로부터 평안하시기를 빕니다.

1920년 10월 11일

서울에서 애니 엘러스 벙커 올림

Seoul Korea Oct 14th 1920

Mr. Chas E. DeVesty,
New York City,

Dear Mr. DeVesty,
By this mail I am sending the report for the 3rd Quarter. I
would be very grateful to you if you would have Mr. Burchell or
some other person write me about the things I do not do as the
office wishes. I will do not report the Sp.Gr.[1] as a Cr. item to the
Board as I have the idea that only items belonging to the Years
Appropriations should be thus credited. I would be glad to know
what is wanted. Any item of advice or instruction will be acted
on. I find that this office is nearly out of Estimate sheets in fact
there is only one sheet left. Please send some. Also of the Report
forms sheets Form 2 there are only enough for the 4th Quarter's
report. So please send dome of them also.
As you will see from the Trial Balances we have lost on B/E up
to this time yen 2850.33. Our gain has been yen 435.15. This
leaves a balance of loss of yen 2417.18. Will you please give this
your attention and if possible send it to us soon? Exchange is still
on the downward road.
We are looking for the Bishop on Monday and we are all very
glad he will be here soon.

With very best whishes to you,
I am very sincerely.
Mrs. D. A. Bunker

친애하는 드베스트 씨

3분기 보고서를 보내드립니다. 그쪽 사무실에서 원하는 것 중 이행하
지 않은 것들은 버첼 씨나 다른 분을 통해 알려 주시면 감사하겠습니
다. 위원회에 보고할 때 특별 보조금은 지출항목에 포함시키지 않으려

---

1. 역자주: "special grant"로 번역하였다.

합니다. 매해 할당액에 속한 품목들만이 지출로 표시되어야 한다고 생각되었기 때문입니다. 어쨌든 혹시 제가 이행해야 할 것은 알려주시면 감사하겠습니다. 주시는 조언이나 지시사항은 전부 실행할 것입니다. 저희 사무실에 견적서 양식이 거의 떨어졌습니다. 사실 딱 한 장 남아 있는 상황입니다. 그러니 좀 보내주셔요. 또한 보고서 양식인 2번 양식도 4분기 보고 할 정도만 남아있으니 보내 주셨으면 합니다.

시산표를 보면 알 수 있듯 현 시점까지 환어음 환전으로 인해 2850.33엔의 손실을 보았습니다. 환전 수익은 435.15엔이니 결국 2417.18[2]엔의 손실을 남깁니다. 이점을 좀 알아주시고 가능한 빨리 보충해 주실 수 있나요? 어음가격이 계속 내리막길입니다.

월요일에 감독님이 오실 것입니다. 그를 곧 볼 수 있어 우리 모두 기뻐하고 있습니다

좋은 일만 생기길 마음으로 빕니다.

1920년 10월 14일
서울에서 벙커 부인 올림

---

2. 역자주: 2415.18이 맞는 계산으로 보인다.

Seoul Korea Oct 15th 1920

Mr. Chas E. DeVesty,
New York City,

Dear Mr. DeVesty;

In working out some data for Bishop Welch for Conference I find that I omitted to credit 2nd Quarter's gain in exchange in my letter to you of the 14th inst. Our entire loss for the three quarters has been yen 2850.33 and our entire gain 1719.44. This leaves a balance of loss of 1132.89 instead of 2417.18.

I do not understand some of the Dr. items on the statements. Also some of the Cr. items are puzzling.

On the Feb Statement we are charged with the $12000.00 U.C.C. Then on the March Statement we are credited with that amount. Again on the August statement we are credited with the same amt. Then on the March Statement we are both Dr.&Cr. with a number of items amounting in all to $7593.50. Were these items sent out in that statement as itemized? Were they sent out previously and not charged on any statement and is this entry the charge?

I have gone through the 1919 statements and do not find them there. Of course I understand that the charging and crediting balance each other but where is the first charge if these are "BY Appropriations for 1920"

I am really sorry to bother you in this way. But I will certainly appreciate it if you will have some one make these things clear to me.

We are having just glorious fall weather. I wish you could come out this way and get a whiff of our pure ozone.

With best wishes,
Mrs. D. A. Bunker

친애하는 드베스트 씨

웰치 감독님을 위해 회의 자료를 검토하다보니 14일자로 보낸 편지에 2분기 환거래 이익을 빼고 기록했음을 알았습니다. 3분기 동안에 저희

전체 손실액이 2,850.33엔이고 전체 이익은 1,719.44엔입니다. 그러면 잔고가 2,417.18엔의 손실이 아닌 1,130.89³엔의 손실이 됩니다.

명세서에 몇몇 군데 이해가 안 가는 비용들이 있어서 말씀드립니다. 2월 명세서에 12,000달러의 지출이 기입되어 있고 3월 명세서에는 동일 액수만큼의 수입이 기입되어 있습니다. 그런데 8월 명세서를 보면 다시 같은 액수의 수입이 기록되어 있습니다. 3월 명세서에 총 7,593.50달러에 달하는 경비 목록들이 기입되어 있는데 이것들은 그냥 3월 명세서 항목들인가요? 아님 이전 경비 항목들이 지출로 처리되지 않아 3월에 지출로 처리된 건가요?

1919년 명세서들은 검토해 봤는데 같은 비용 목록들이 보이지 않네요. 제가 회계장부 기록법은 잘 알고 있지만 위 항목들이 1920년 할당액으로 처리된 거라면 1920년 첫 번째 지출은 뭐가 되는 건가요?

자꾸 귀찮게 해드려 죄송합니다. 하지만 이 문제를 명확히 이해시켜 주시면 정말 감사드립니다.

이곳은 너무 아름다운 가을입니다. 드베스트 씨가 이곳에 와서 이 맑은 공기를 한번 들이마실 수 있으면 좋을 듯합니다.

그럼 안녕히 계세요.

1920년 10월 15일
서울에서 벙커 부인 올림

---

3. 역자주: 원본에는 "1,132.89"으로 쓰여 있지만 내용상 오타로 보여 1,130.89로 번역하였다.

Seoul Korea Nov. 4th 1920

Mr. Chas E. DeVesty

New York City

Dear Mr. DeVesty: Your letter about the freight bill of Mr. Wachs was received, and on looking up the account I find that there is deficit of $42.50 on his outgo. I have therefore done as you said, written to Mr. Moss asking for a Sp.Gr. Meanwhile as Mr. Wachs is hard up, I am advancing the amount to him, the amount of $242.45.

I am very much relieved to receive your communication of the 10th of Sept in which you say that only $3,500.00 was sent out and not $4,500. We had the $3,500 in out bank statement but could not trace a B/E for another thousand. So I am very much relieved and Mr. Bunker will also be glad. Mr. Bunker is a very careful man about money matters and we knew that all B/E received had been properly banked yet we could not trace another $1,000. For very good reasons, it never was sent out. Thank you for tracing it out for us.

I have received B/E #6224 for $400 which I am sending on to Mr. Burdick.

I have also received B/E #6222-3 for $1,000 for Memorial church at Chinnampo this will go to Dr. Moore in a day or so.

I have also received B/E #6150-52 for $1,391.72 to cover loss exchange as per Mr. Bunkers letter. We have a separate loss in exchange account and also one for gain in exchange.

We here on this field are very grateful to the Board for approving our budget of $118,830.83 for 1920. I do not know when this mission has been as hopeless and despondent as it has been this past year. Now the silver lining to that dark cloud is showing and we are all optimists again!

With very best wishes,

I am very sincerely

Mrs. D. A. Bunker

친애하는 드베스트 씨

와치 씨가 지출한 화물 수송비에 대한 편지는 잘 받았습니다. 계좌를 검토해보고 그가 지출한 금액에서 42달러 50센트가 적자임을 알았습니다. 그래서 말씀하신대로 모스 씨에게 특별 보조금을 요청하려 편지를 썼습니다. 와치 씨가 쪼들리고 있기에 일단 그에게 242달러 45센트를 미리 주었습니다.

9월 10일자로 보내신 편지를 받고 무척 안심했습니다. 4500달러가 송금된 것이 아니라 3500달러가 송금된 거라고 쓰셨더군요. 우리의 은행 통지서에는 3500달러만 찍혀 있고 1000달러짜리 환어음을 찾을 수 없던 상황이었습니다. 그래서 당신 편지를 받고 무척 안심했습니다. 벙커씨도 또한 좋아할 겁니다. 벙커 씨는 돈 문제에 있어서 굉장히 철저합니다. 우리가 받는 모든 환어음들은 다 은행계좌에 입금하는데 1000달러를 찾을 수 없었거든요. 이유는 뭔지 모르지만 1000달러가 송금이 안 된거였군요. 돈의 행방을 알려주셔서 감사합니다.

400달러 환어음 6224번은 받아서 버딕씨에게 보냈습니다.

신남포에 있는 추도교회에 줄 1000달러 환어음 6222-3번도 받았는데 하루 이틀 내로 모어씨에게 보낼 예정입니다.

벙커 씨가 편지에 알려드린 환전 손실에 대한 보충액인 1391달러 72센트짜리 환어음 6150-52도 받았습니다. 우리는 환전 손실과 이득을 각각 다른 계좌로 관리하고 있습니다.

이사회가 이곳 선교사역에 1920년도 예산으로 118830달러 83센트를 책정해주셔서 몹시 감사해하고 있습니다. 지난 년도에 절망과 낙담했던 것이 언제 그랬나 싶습니다. 이제는 먹구름 주위로 은빛 구름이 보이기에 우리 모두 희망에 차 있습니다.

평안하시길 마음으로 전합니다.

1920년 11월 4일
서울에서 벙커 부인 올림

Seoul Korea Nov. 4th 1920

Mr. Arthur Bruce Moss

Assistant Sec.

Dear Mr. Moss

Mr. DeVesty, in a letter read last week, tells me to "take the matter up with the secretaries for relief by Special Grant." The matter referred to is the freight bill of Mr. Wachs. The total charges were $299.28 from which $56.83 for duty is to be deducted and the bal. of $242.45 to be paid fro the outgoing expenses of Mr. Wachs if there should be such a balance. I have looked the matter up and find tht on the statement for September Mr. Wachs received $689.92 and also a second item on the same statement of $300.00 then on the statement for October he received 102.58.

total 1092.50

He is in the appropriations for 1050.00.

42.50 deficit

So you see it is impossible for us to pay this freight from the bal. of Mr. Wachs outgo. There is no Cr. balance. So will you please take this matter up and send the amount out for Mr. Wachs--$242.45. The price of travel advanced so last year that I think in every instance there was a Dr. bal.

Mr. Deming has just brought in these items for which he asks authorization.

Scholarship June Sp. Gifts Miss J. Renner $20.00

July Miss E.Stover $56.10

July Mr.& Mrs. Shaffer 46.

July Mrs. Shrearer & Mrs. Cryle 22.50

124.60

for Chinese work under Mrs. Deming June Sp. Gifts $25.

August 30.

June 30.

85.

Also on the May Sp. Gift list No. 11 sent in care of Mr. Bunker is a gift for $36, which money is for a Scholarship in Ewha Girls school and so is in reality W.F.M.S. money and is only sent thro the Office for payment by Mr. Bunker. Will please see tht this is sent on.

With best wishes,
Very Sincerely
Mrs. D. A. Bunker

친애하는 모스 씨

지난 주 편지에서 드베스트 씨는 그 문제를 특별 보조금으로 구제받을 수 있도록 비서들에게 상의하라고 했습니다. 그건 와치 씨의 화물 운임 비용에 대한 문제입니다. 총 비용은 299달러 28센트인데 그중 관세 56달러 83센트를 뺀 금액은 242달러 45센트입니다. 우리가 와치 씨에게 줄 비용이 남아있다면 이 화물운임을 그 비용으로 지불하면 되겠죠. 그래서 비용 문제를 자세히 검토해봤습니다. 9월 명세서를 보니 와치 씨가 699달러 92센트를 받았고 또한 그 명세서에 두 번째 입금인 300달러가 있고 10월 명세서를 보니 그가 102달러 58센트를 받아 총액수는 1092달러 50센트입니다. 하지만 그에게 책정된 금액은 1050달러이니 42달러 50센트를 더 준겁니다. 따라서 화물 운임을 와치 씨에게 줄 비용으로 지불한다는 것은 불가능합니다. 그러니 이 문제를 처리해주시고 242달러 45센트를 와치 씨를 위한 비용으로 송금해 주셨으면 합니다. 작년에도 여행비용이 이런 식으로 나갔기에 항상 잔고가 적자입니다.

드밍 씨가 방금 결제받기위해 가져온 내용들이 있습니다.

장학금 6월 특별선물 르너 양 20달러

7월 특별선물 스토버 양 56달러10센트

7월 특별선물 쉐퍼 부부 46달러

7월 특별선물 쉬러러 부인과 크라일 부인 22달러 50센트

위 금액 총액은 124달러 60센트입니다.

드밍 부인의 중국 사역 6월 특별선물 25달러

8월 특별선물 30달러

6월 특별선물 30달러

위 금액 총액은 85달러입니다.

또한 벙커 씨에게 전교된 5월 특별선물인 2번은 36달러 상당의 선물인데 이것은 이화여고 장학금 비용이라서 사실 W.F.M.S.에서 후원하셔야 하는데 사무실을 통해 벙커 씨가 지출하게 되었습니다. 그러니

이 돈도 저희에게 송금되어지도록 신경 써주시길 부탁드립니다.
평안하시길 마음으로 빕니다.

1920년 11월 4일
서울에서 벙커 부인 올림

Mr. Chas E. DeVesty

New York City

My Dear Mr. DeVesty:

I have received your letter of the 7th Oct. containing B/ E-#6280-81 for $393, which I immediately sold and sent the proceeds to Mr. Wachs.[4]

I have also received your communication of the 11th Oct. about the Income Tax Regulations of the United States. I will immediately after making the Dec. payments send on to you the items you ask for. I will see if I can find the form you sent. If I cannot find it I will do my best to get the information to you in the best way I can. Doubtless I will find the form. As I understand you will take care of the payments you are making certain members of this Mission now at home. I am only to sent our payments here on the field. If that is not correct please let me know.

Our weather continues to be the best ever, and we are sorry for you poor folks in the City of New York!

> With greetings and the best of good wishes
> Very Sincerely
> Mrs. D. A. Bunker

친애하는 드베스트 씨

10월 7일자 편지는 잘 받았습니다. 393달러 상당의 동봉된 환어음, 6280과 6281을 받자마자 거래해서 환차익금은 와치 씨에게 보냈습니다.

10월 11일자 편지도 받았는데 편지에 미국 소득세 규정에 대한 내용이 있더군요. 12월분 월급을 지불하자마자 요청하신 항목들을 바로 보내드리겠습니다. 그리고 보내주셨던 서식을 찾을 수 있나 보겠습니다.

---

4. 역자주: 다음에 따라 나오는 "rate ex.51-5/8." 은 환율을 나타내는 것 같으나 그 당시 상황을 번역하기 애매해서 생략한다.

혹시 찾을 수 없더라도 필요하신 정보를 최대한 잘 전달해 드리겠습니다. 어쨌든 그 서식은 꼭 찾을 수 있으리라 생각합니다. 내가 이해한 바로는 당신은 거기 본국에 있는 선교 팀원들의 월급을 잘 챙기시면 되고 나는 이곳에서 월급을 잘 지불하면 되겠지요. 혹시 내가 잘못 이해했다면 알려주세요.

이곳 날씨는 계속 더할 나위 없이 좋습니다. 뉴욕 시에서 지내시는 그곳 분들이 딱하게 여겨집니다!

새해 복 받으시고 소원 성취하시길 마음으로 빕니다.

1920년 11월 10일
서울에서 벙커 부인 올림

Mr. Arthur Bruce Moss

My Dear Mr. Bruce Moss:

In my letter the other day I wrote you that the figures for house #2, the burned house, had, I thought, been sent in to you. It seems that I was mistaken. In reading over the minutes of the Finance Com., I find that I am expected to send them in. So I am now doing so. The contract calls for yen 11,000. In addition there will be nearly yen 1,000 more for plumbing and lighting etc. So that the entire cost may reckoned as yen 12,000. The contractor has been paid yen 6,050. We have received from the Board $1,500, insurance which came to yen 2,898.54 leaving a balance of yen 9,101.46. This house had to be rebuilt as there was no place to live for the VanBuskirks to live. Not having the money to pay we asked for authority to go ahead and receiving that went immediately on with the building. The contractor is carrying the bal as a loan with int. I do hope we can get this money on to us as soon as possible. Money very is very tight here in the east and even at a high rate of int. it is almost impossible to borrow. Our monthly payments of interest is nearly 800 yen. Do what you can for us please. The house is finished and Dr. VanBuskirk is in it. We are all well and you and yours are enjoying the same blessing. With best wishes

Very Sincerely

Mrs. D. A. Bunker

친애하는 부루스 모스 씨

지난 번 편지에서 화재 났던 집 수리비용에 대해 알려드렸다고 생각했는데 그게 아닌 것 같네요. 재정위원회 의사록을 검토하다 제가 비용 청구를 해야 함을 알았습니다. 그래서 지금 청구합니다. 집 수리비용은 11,000엔입니다. 거기에 배관과 조명작업등으로 거의 1,000엔 정도 추가 비용이 있습니다. 그러니 천체 비용은 12,000엔이 됩니다. 수리업체에게 6,050엔을 지불한 상태입니다. 현재 이사회에서 보험금 1,500달러를 받았는데 계산하면 2,898.54엔이니 9,101.46엔이 부족합니다.

반버스커 씨 댁은 이 집에밖에 살 곳이 없으니 꼭 수리되어 재건됐어야 합니다. 지불할 돈이 없어서 이사회에 급히 비용으로 쓸 돈을 요청했었습니다. 지금 수리업체는 잔액을 외상으로 계산해 이자가 발생합니다. 그래서 가능한 빨리 비용을 지원해 주셨으면 합니다. 이 극동에서 자금 대출은 아주 까다롭고 이자 또한 높습니다. 대출을 받는다는 건 거의 불가능에 가깝죠. 지금 저희는 매달 거의 800엔의 이자를 내고 있습니다! 그러니 어서 빨리 우리를 도와주셨으면 합니다. 현재 집은 수리가 끝난 상태이고 반버스커 가정이 살고 있습니다.

저희는 잘 지내고 있습니다. 모스 씨 댁도 잘 지내세요.

맘으로부터 평안하시길 빕니다.

1920년 11월 10일
서울에서 벙커 부인 올림

Seoul Korea Nov 19th 1920,

Mr. Chas E. DeVesty

New York City

My Dear Mr. DeVesty

Your letter of Oct 9th is before me. You say that of the enclosed $10,000, $5,000 is for Paichai and $5,000 is on Appropriations for 1921. We had cabled for money to pay on building operations and had hoped that this money would be authorizations for these purposes. The Paichai money is of course at our disposal in this way. But the money on appropriations means that it be used for the payment of the regular monthly pay-roll. If that were used for the buildings there would not be enough for November payments. The statement with $4,771.46 came on the same mail. That is just about 1/2 what is needed every month. The Finance Com. have not been able to get under the $100,000. So we are paying still our monthly items at the rate of 1/12 $118,830.83. With the money market as it is, and the almost impossibility of borrowing, and then only at a very high rate, -why you can easily see where we are. We need your help. I understand that the $18,830.83 isto be granted. If that could be sent out soon we could pay our debt of yen15,000, which is drawing int. at the rate of 12%, and we could get ahead on our debts to Contractors and others from whom we have borrowed. I hope that soon we will have this help.

> With best wishes, very sincerely
>
> Mrs. D. A. Bunker

Christmas season will be near when this reaches you. A Merry Christmas to you and all in the office.

친애하는 드베스트 씨

앞에 있는 10월 9일자 편지를 보며 말씀드립니다. 동봉된 10,000달러 중 5,000달러는 배재학교 비용이고 나머지 5,000달러는 1921년도 할당금액이라고 하셨습니다. 그런데 우리가 건축공사 비용을 전보로 요청 드렸었고 이번에 받은 돈이 그 비용으로 승인된 것이었으면 했습니다. 배재학교 비용은 우리 임의대로 쓸 수 있는 돈이지만 할당액으로 책정된 돈은 매달 급여로 쓰일 돈을 뜻하게 되지요. 그래서 그 돈이 건축 공사비로 쓰인다면 11월 급여로 줄 돈이 충분하지 않을 것입니다. 4.771달러 46센트가 명시된 명세서도 같은 우편으로 함께 도착했습니다. 그런데 그 액수는 우리가 매달 필요한 금액에 반 정도밖에 안됩니다. 이곳 재정위원회에서는 10만 달러 이하로는 예산을 맞출 수가 없었습니다. 그래서 우리는 118,830달러 83센트를 현 금융시장 환율로 계산한 금액을 12개월로 나눠 매달 생활비로 지출하고 있습니다. 돈을 빌린다는 것은 거의 불가능하고 빌린다 해도 그 이자율이 몹시 높기에 우리 사정이 어떤지 훤히 보이실 거예요. 드베스트, 당신이 도와주셔야 해요. 118,830달러 83센트가 승인될 거라 생각합니다. 그 돈이 곧 송금되어 진다면 15,000엔의 빚부터 갚을 수 있을 거예요. 그 이자가 12프로나 되거든요. 그리고 건축업자들에게 진 빚도 갚고 그 밖에 다른 빚도 갚을 수 있게 될 것입니다. 곧 도움 받기를 빌겠습니다.

맘으로부터 평안하시길 빕니다.

1920년 11월 19일

서울에서 벙커 부인 올림

이 편지가 도착할 때는 크리스마스 시즌이겠네요. 당신과 사무실 분들 모두에게 크리스마스 인사를 보냅니다.

Seoul Korea Nov 22nd 1920,

Dear Mr. Moss:

Not long since we cabled for $10,000. When the money came, it was designated by Mr. DeVesty as $5,000 for Paichai and $5,000 for appropriations. The statement which came for the month contained a little over 4,771. As our monthly pay roll is between $8,000 and $10,000, you can easily see our present condition. I have decided to pay the men their monthly pay roll and hope that part of the $18,830.83 approved by the Com. for us on the way out. Now when you receive this (and I wish I could send it by airplane) if money has not been sent out will you not have it cabled out immediately. Mr Bunker wrote Mr. DeVesty the two banks thru which money could be sent direct to Seoul. These banks are The Yokohama Specie Bank and The National Bank of New York. We should have $15,000.

Very sincerely

Mrs. D. A. Bunker

친애하는 모스씨

1만 달러가 필요해서 전보를 보낸 지 얼마 안 됐는데 지금 또 이렇게 편지를 씁니다. 1만 달러는 잘 받았고요. 드베스트씨가 5천 달러는 배재학교 비용으로 5천 달러는 월별 책정액으로 할당해 주셨습니다. 이번 달 명세서를 보니 4,771여 달러가 책정이 되 있는데 우리가 지불해야 할 급여가 8천에서 1만 달러 사이입니다. 그러면 현재 우리 상황이 어떤지 잘 아시겠죠. 일단 월 급여를 지불하려 하니까 재정위원회에서 승인한 18,830달러 83센트를 곧 송금해 주셨으면 합니다. 이 편지를 받았을 때(편지를 항공우편으로 보낼 수 있음 합니다.) 아직 그 돈이 송금 안된 상태이면 곧바로 전송해 주지 않으실래요? 벙커씨가 드베스트씨에게 서울로 직송할 수 있는 은행 2군데를 알려드렸었는데요. 하나는 요코하마스페시은행[5]이고 다른 하나는 뉴욕내셔날은행[6]입니다. 우리는 15,000달러가 필요한 상황입니다.

---

5. 역자주: 원본에 "The Yokohama Specie Bank"로 되어있다.

6. 역자주: 원본에 "The National Bank of New York"으로 되어있다.

310

마음으로부터 안부를 전합니다.

1920년 11월 22일

서울에서 벙커 부인 올림

Seoul Korea Nov 30th 1920,

Frank Mason North D.D.

New York City

Dear Dr. North

I am enclosing in answer to your communication of 27th of Aug.
One General Statistics, two Medical Statistics, three Educational
Statistics and the Gazetteer matter corrected.

I have not been able to get the statistics for the Educational work
in the Seoul District. I will send it on as soon as I can get it.
Also I have not been able to get the figures for the Medical work
in Wonju. Dr Anderson not being able to get at his papers as
they are packed in boxes, which have not yet arrived. These two
papers I will send on as soon as possible.

The minutes of the Conference are not yet printed. I will send
four copies as you request as soon as they are. I thought it better
not to hold what I had any longer. We are so short of workers just
now that every one is already overburdened. Conference coming
just now: the Estimate meeting shortly before: the Finance
meetings shorty after and now soon the Redistribution meeting
made it impossible to comply with the fifth request for a written
report[7] from the different men in charge of the different districts
and inst. They will send in these separately as soon as they can.

I had a cablegram from Mr. Bunker he had arrived safely. The
cablegram from the board arrived here on Thanksgiving day! Bishop
welch was in Wonju. I immediately sent the word on to him: He could
digest his turkey(?) better for such good news $132,980! We[8] are all
warm thro. with a glow of good feeling for mercies to be added.[9]

We here in Korea are continuing to have most glorious week.

Every one well

With Best wishes

Mrs. D. A. Bunker

---

7. 역자주: 원본에는 "re"이후 문자가 인쇄되어 있지 않다.

8. 역자주: 원본에는 "we" 로서 문장 첫 단어가 아니지만 문장 첫 단어가 "M"만 인쇄되어 있어 생략
하고 "We"로 바꾸었다.

9. 역자주: 원본에는 "ed"만 인쇄되어 있지만 내용상 "added"로 바꾸었다.

312

친애하는 노스 박사님

8월 27일자 편지에 대한 답을 드립니다. 전반적인 통계자료, 의료관련 통계 2가지, 교육관련 통계 3가지와 개정된 지명사전 동봉합니다.

서울지역 교육 사역에 대한 통계자료는 구하지 못했습니다. 구하는 대로 곧 보내 드리겠습니다. 또한 원주 지역 의료사역에 대한 수치도 구하지 못했습니다. 소포로 오는 앤더슨 박사님의 서류들이 아직 도착하지 않았는데 이것도 도착하는 대로 곧 부쳐드리겠습니다.

회의 의사록이 아직 인쇄되지 않았는데 준비되는 대로 요청하신 만큼의 4부를 보내 드리겠습니다.

속마음을 더 이상 감추지 말고 털어 놔야겠다는 생각이 들어서 말씀드립니다. 현재 저희는 일손이 너무 부족한 상황이라 모두가 너무 과로하고 있습니다. 이제 곧 회의가 다가오고, 바로 전에는 견적회의가 있었고요. 조금 있으면 재정위원회 회의와 예산재분배 회의가 있습니다. 이 모든 것들로 인해 5차 요청분인 각 지역별 책임자들의 보고서는 맞춰드릴 엄두를 못 내고 있습니다. 각 지역 책임자들이 각각 가능한 빨리 보내드릴 것입니다.

벙커 씨가 안전히 잘 도착했다는 전보를 받았습니다. 위원회로부터 온 전보는 추수감사절에 여기 도착했습니다! 웰치 감독님이 원주에 계셔서 곧 그에게 소식을 전했는데요. 아마도 132,980달러 후원금의 기쁜 소식을 듣고서 칠면조 고기를 아주 맛있게 잘 소화하셨으리라 생각됩니다. 은총을 더하여 주심으로 우리 모두는 기쁨으로 충만하여 잘 지내고 있습니다.

우리는 여기 조선에서 무척 영광스런 날들을 보내고 있습니다.

모두 건강하시고요. 그럼 안녕히 계세요.

1920년 11월 30일

서울에서 벙커 부인 올림

Frank Mason North D.D.

New York City

Dear Dr. North:

I am enclosing the statistics for the Educational work of the Seoul Dist, and those for the Medical work of the Wonju District. Your letter of the 26th of Oct. arrived yesterday. It is in time for the Finance committee in making out the Redistribution for next year. That meeting takes place this coming week from the 15th on. I think every one will be glad to have these instructions. The work of the next year will have less of misunderstandings. Bishop and Mrs. Welch with Eleanor have gone to Kongju for the Sunday.

I have very sad news to write to you. Mr Hugh Cynn has lost, by scarlet fever three of his five children. He had two boys and three girls. The two boys and the baby daughter are gone. We are all very sorrowful. Poor Mr. Cynn, his affliction is a heavy one! The members of the Mission are all well.

With best wishes,
Very Sincerely
Mrs. Bunker

친애하는 노스 박사님

서울지역 교육 사역에 필요한 통계자료와 원주지역 의료사역을 위한 통계자료를 보내드립니다.

어제 박사님이 보내신 10월 26일자 편지를 받았습니다. 내년도 예산재 분배를 짜는 재정위원회를 위해 딱 맞춰 도착했습니다. 회의는 내주 15일부터 쭉 열립니다. 편지에 있는 지침사항들을 보면 모두 좋아할 듯합니다. 덕분에 내년도 사업진행에는 오해가 생기는 일이 적을 듯합니다. 웰치 감독님과 사모님은 일리나와 함께 주일을 보내려 공주로 출타 중입니다.

슬픈 소식을 전해 드려야겠습니다. 신휴 씨가 5명의 자녀들 중 3명을 홍역으로 잃게 되었습니다. 2남 3녀의 자녀가 있었었는데 아들 둘과 함께 막내딸이 숨졌습니다. 우리 모두 큰 슬픔에 차 있어요. 딱한 신씨예요. 그의 고통은 말로 다 할 수 없습니다.

선교 일원들은 모두 건강합니다.

마음으로부터 항상 평안하시길 빕니다.

1920년 12월 10일

서울에서 벙커 부인 올림

Mr. chas. E. DeVesty

New York City

Dear Mr. DeVesty:

In your letter of the 9th of Oct you enclosed Bills of Exchange for $10,000, of which "The first $5,000 is to cover the amount of I left by Dr. Goucher for Paichai School. The second we are sending you to be charged against your appropriation for 1921."

In a letter from Mr. Moss of the 27th of Oct. he says "Concerning the $10,000, recently sent forward in reply to your cable for that amount, kindly note that the Executive Committee provides that $5,000 of that amount shall be charged to 1920 authorization and $5,000 to the 1921 appropriations."

I had already credited the Paichai acct with the $5,000. I spoke Bishop Welch about it and he thinks that the crediting it to Paichai is a mistake. Will you kindly instruct me in the matter.

On the statement for Oct 1920 there is a cr. item of $80 for Mr. Wachs, an authorization of 1920. I paid this money over to him. On receiving it Mr. Wachs returned to this Office a Bill of Exchange for $80 which ad been sent direct to him. I have put the second in our Bank acount. Am I wrong in paying these credits when they appear on the Statement sheets? I also wish to ask you about the items credited to Mr. C.C.Amendt on the May statement. Was it correct to pay those over to Mt. Amendt? The amount was $59.25.

I have also received your Bills of Exchange for $9692.51 for authorizations for 1920 thru Aug as per list enclosed.

In the Sept list for Korea of Designated gifts are #15 & 16 which are used for work under the W.F.M.S. A number of girls from the East Gate District are supported by this money at Ewha. So rightly this is not Parent Board money. I consulted with Bishop Welch about this and he thinks they should sent out independently.

친애하는 드베스트 씨

10월 9일자 편지에 1만 달러치의 환어음을 동봉하셨는데 이중 5천 달러는 구처 씨가 남겨둔 배제학교 비용이고 나머지 5천은 1921년도 할당액이라고 하셨습니다.

근데 10월 27일자 편지에서 모스 씨는 그 1만 달러에 대해 5천은 1920년 할당액이고 나머지는 1921년 할당액이라고 말씀하셨습니다. 제가 이미 5천 달러를 배제비용 계좌로 보냈는데 웰치 감독님은 잘못된 거라 하십니다. 이 문제에 대해 어찌해야 할까요?

1920년 10월 명세서를 보면 와치 씨에게 주어야 할 80달러가 승인되어 있습니다. 그래서 저는 이 액수를 와치 씨에게 지불했습니다. 근데 와치 씨는 본인에게 직접 온 80달러 환어음이 있어서 이 환어음을 우리 사무실에 반환했고 저는 그 돈을 우리 은행 계좌에 입금했습니다. 제가 명세서에 지불내역을 보고 지불하는 것이 틀린 것인가요? 레이시 씨의 경우에도 마찬가지로 지불했습니다. 5월 명세서에 표시된 아멘트 씨의 경우도 여쭙고 싶은데요. 제가 그때 59달러 25센트를 지불했었습니다.

동봉된 목록대로 1920년 8월까지의 승인된 것에 대한 9692달러 51센트 상당의 환어음도 받았습니다.

한국에 지정된 선물에 대한 9월 목록에는 15번과 16번 환어음이 있는데 이것들은 W.F.M.S. 주관하에 사업에 쓰일 것들입니다. 동대문 지역의 많은 이화 여학생들이 이 돈으로 후원받고 있습니다. 웰치 감독님께도 여쭤보았는데 이 돈은 따로 사용되는 것이 맞다는 견해셨습니다.

Mr. chas. E. DeVesty[10] -2-

Will you kindly see about it. The slips are not rightly worded by the donors. I will write my cousins and explain the matter to them. The office is of course, in no way to blame since the direct object for which the money is given is not noted. In former years when all special gifts went to the person for whom they were intended it was all right. Now that this work is not under our Budget and so can not be arranged for by the Finance Com. I am asking that it be sent out, not as an authorization, for you can not do that with funds to be used by the W.F.M.S.;but that you kindly transmit the same. Or if you had rather not be bothered with this, I can write the donors to send directly to us.

The Finance Committee has finished its work and as soon as the Budget Com. get the figures in to me they will be forwarded on as soon as possible. I am hoping that the sums necessary for the payments on School contracts will come out promptly. It is very unpleasant not to be able to pay according to contract. These contracts are in the hands of the Board.

We are all well and in a Christmas state of celebration.

With best wishes,
Very Sincerely
Mrs. D.A. Bunker

드베스트 씨

말씀드릴게 좀 있습니다. 기부자들이 기부 목적을 제대로 표현하지 않으셨습니다. 제가 기부자인 사촌들에게 편지로 설명은 드릴 겁니다. 기부금의 목적이 표시 되어 있지 않았으니 사무실을 탓할 수는 없는 일이네요. 이전에는 특별 선물들이 가야 할 사람들에게 제대로 전달이 되어 문제가 없었습니다. 이 선물전달사업이 우리 예산 안에 있는 일이 아니라서 재정위원회가 챙길 수는 없는 일입니다. 그래서 요청 드리는데요. 기부로 받으신 액수를 전달해 주셨으면 합니다. W.F.M.S.의 재원을 다루실 수 없으니 그 재원에서 처리하지 마시고 그냥 같은 금액

을 제게 보내 주시면 됩니다. 이게 성가시면 제가 기부자들에게 제게 직접 보내달라고 편지 쓸 수도 있습니다.

재정위원회가 예산 관련된 일을 마쳤습니다. 예산위원회가 계산한 것을 제게 전달하면 곧 그것을 드베스트씨 당신께 전달해 드리겠습니다. 학교 계약에 지불할 필요 총 금액이 빨리 산출되었으면 합니다. 계약된 대로 지불 할 수 없게 되면 몹시 난감하리라 생각합니다. 학교 계약들은 전적으로 이사회 결정에 달려 있다는 것을 생각해 주십시오.

우리는 크리스마스 축제 분위기 속에서 잘 지내고 있습니다.

마음으로부터 평안하시기를 빕니다.

벙커 부인 올림

Approval was given for the continued work on the Kongju School and Dormitory.

The Dist. of Kangnung is authorized to proceed with the construction of the Kangnung church up to a limit of 6,000 yen. It was moved that the Board be requested to send out the bal. $1,000 from the same source as the previous remittance, as soon as possible (Could you get this to us soon?) It was moved that the Treasurer be instructed to write the Board asking them to sent out Designated Gift No 6 December $500 for Mrs. J.Z.Moore as this Gift is to be regarded as a non-recurring item.

There are a few other items about properties which are to be sent forward to you but I have not the date at present. I will send later. You will see that we have as a Mission done what we could to help. There was unanimous action. All wanted to help. The main thought was for the Korean constituency. We confidently trust in the leadership of God and believe that blessing will come out of this financial stress.

With best whishes

Very Sincerely

Mrs. D.A. Bunker

모스 씨 2

공주 학교와 기숙사에 대한 사역을 지속 하도록 승인되었습니다.

강릉교회 건축은 6천엔 한도 내에서 진행하도록 허가되었습니다. 이사회에 이전 송금건과 같은 출처에서 천 달러가 가능한 빨리 지급되어질 것을 요청하는 동의안이 제출되었습니다.(우리에게 빨리 좀 보내 주실래요?) 모어부인에게 전달할 선물은 일회성이라서 이 12월 6번 선물값인 500 달러에 관해서 재무국장이 이사회에 편지로 요청할 것을 지시하는 내용의 동의안도 제출되었습니다.

그 밖에 당신께 전달되어져야 할 다른 품목이 몇 가지 있는데 현재 자료가 없는 관계로 다음에 보내드리겠습니다.

---

11. 역자주: 편지 원본에 찍힌 직인으로 보아 1921년 3월 말경에 쓰인 편지로 보인다.

보시면 아시겠지만 우리는 하나님 사업으로서 도움을 행해왔습니다. 그것은 한마음으로 행해진 것입니다. 우리 모두는 돕기를 원했으니까요. 중요한 것은 한국국민이죠. 우리는 하나님의 이끄심을 확신하고 있고 이 금전적 스트레스로부터 구해주시고 축복해 주실 걸 믿습니다.

마음으로부터 평안하시기를 빕니다.

서울에서 벙커 부인 올림

F.M.North D.D.

New York City

My Dear Dr. North,

When I was in your office in August, you spoke of having heard
that there was an idea among some of us in Korea that you were
not doing your utmost for Korea. You asked me if that were
the case, I answer yes and said that when I was at dinner at Dr.
Avison's home and we were talking about reinforcements for the
various Missions I mentioned our not having any. Dr. Avison said
"I know why you folks are not getting any new missionaries."
"Yes" I said "why?" His answer was "why because Dr. North
is not back of you." This is what he said to me and what at your
request I told you. Dr. Avison never used the word opposed, nor
did I. Dr. Avison has shown me your letter and his answer.

With best wishes

Yours very Sincerely

Annies Ellers Bunker

Mrs. D.A.

친애하는 노스 박사님

제가 8월에 박사님 집무실에 방문했을 때 박사님께서는 당신이 조선
선교 사역에 최선을 기울이지 않는다고 말하는 얘기를 들었다고 하셨
습니다. 선생님께서 제게 그게 맞냐고 물으셔서 저는 그렇다고 말씀드
렸습니다. 또한 제가 아비슨 박사님 댁에서 저녁식사 할 때 여러 선교
사역에 필요한 충원에 대해서 이야기하면서 제가 아무 충원도 받지 못
하고 있다고 했던 것도 말씀드렸습니다. 아비슨 박사께서 "벙커 부인
당신이 선교인력을 충원받지 못하는 이유를 난 알고 있어요"라고 하셔
서 "그래요 왜죠?"라고 제가 물었답니다. 그는 "노스 박사가 당신의 뒤
를 봐주지 않아서 그래요" 라고 하시더군요. 이게 그가 제게 한 말이고
박사님께서 여쭤보시니 전해 드리는 겁니다. 아비슨 박사님은[12] (선생님
이 저희 인력 충원문제를) 반대했다라는 표현은 전혀 쓰지 않았고요. 저도

---

12. 역자주: 괄호 안 내용은 원본에는 쓰여 있지 않지만 내용 이해를 돕고자 첨가하였다.

마찬가지입니다. 아비슨 박사님이 당신의 편지와 그의 답장을 제게 보여줬었습니다.

마음으로부터 평안하시기를 빕니다.

1921년 11월 11일
서울에서 벙커부인 올림

Seoul March 10th 1921.

Mr. Arthur Bruce Moss.
New York City:

Dear Mr. Moss:~

On Feb 26th I wrote you at length about the things done attending the meeting of the Finance Com. on the 23rd of Fe. and said that I would write further with regard to some property items. I am now sending that information to you.

The Finance Com. recommends that the Board grant permission for the sale of small piece of land in Pyengyang, to the ladies of the W.F.M.S. Hospital. This piece of land lies between the W.F.M. Hospital and the main road. It is just over beyond the city wall, which wall forms the boundary of one side of the hospital compound. The ladies wish to purchase this small piece of ground. The wall will be leveled and having this piece of land they will then have direct access to the main road. There are about 320 tsubo in the piece and the present price is not less than 5 yen a tsubo. The Finance Com. also recommends that the money for land be used by the Parent Board Hospital for grading, clearing off and fixing up the Hospital grounds and the Hospital itself. I enclose a rough sketch.

The Finance Com. recommends that the money recd(received) for the sale of the land sold to the Japanese Gov't School be used to equip the Pyengyang High School and also to prepare and Athletic Field for that school. The telegram which came the other day permitting the sale of this land says that the proceeds are to be used for 'building purposes'. Will you therefore please see if the Executive Committee will endorse this action of the Finance Committee?

Dr. Moore write that the people at Kun Dang Ne are ready for the $250 which according to your letter of the 3rd of Jan was granted to that work by the Executive Com. So please send it to us.

Miss Emmy Hillebrandt has resigned from the mission to take

effect immediately. She will leave for the U.S.A immediately. I have no direct information as to the reasons for this resignation. I am however not surprised. She is a good nurse and altogether a fine worker but she has not come here as a missionary. For such a one the great loneliness and the many other unpleasantness, make the life a very difficult one. One must have somewhat of the spirit of the Master to stand it. I am very sorry for her and for us.

Mr. and Mrs. Billings have a new little daughter born in Feb. Will you do the needful to arrange for her stipend?

Bishop Welch has returned to Japan. It does seem to bad that we have no residence for our Bishop and that while they are here they have to live in a hotel. Every home here is open to them. But the Bishop should have a home of his own. I am very very sorry for them. Mrs. Welch I know longs for a home and I know that the Bishop would so like to have her longings satisfied. She has been wonderfully brave over the being burned out and many other things I wish, oh I do wish that something could be done for them. A home should be built and we all would gladly help to furnish it for them. Is our Bishop to be homeless here in Korea all the time? Is that what the Board intends? I wonder if the Board really knows how many unpleasant things the Bishop's family have to put up with! I did not intend to write all this when I began this letter but I have I have thought it for a long time and I am glad it is "off my chest" I suppose I would have a bad mark if the Bishop knew I had written this.

> With best wishes to you
> Very sincerely
> Mrs. D.A. Bunker

친애하는 모스 씨에게(뉴욕시)

저는 2월 23일 재정위원회 회의에 참석해서 있었던 일에 대하여 2월 26일에 상세하게 편지를 썼고, 부동산에 관련하여 더 알려드리겠다고 했었지요. 지금 그 일에 대하여 편지를 씁니다.

재정위원회에서는 이사회가 평양에 있는 작은 땅을 W.F.M.S.병원 여성들에게 팔도록 승인할 것을 권고합니다. 이 땅은 W.F.M.S.병원과 메인 도로 사이에 위치하며, 병원 복합시설물의 한쪽 경계를 이루고 있는 성곽 담벼락 너머에 있습니다. 그 여성들이 이 작은 땅을 구매하고 싶어 합니다. 그 담벼락은 평평하게 허물게 될 것인데, 이 작은 땅을 소유하면 곧장 메인 도로로 접근할 수 있습니다. 이 땅은 약 320 쯔보(tsubo, 토지 단위)정도이고, 현재 시세로 한 쯔보 당 적어도 5엔입니다. 재정위원회는 또한 이 토지 매각 대금이 Parent Board 병원에 의해서 병원 마당과 병원 자체를 평평하게 하고, 치우고, 수리하는데 사용되어야 한다고 제안합니다. 제가 대강의 스케치를 해서 보냅니다.

재정위원회는 일본국립학교에게 땅을 팔고 받은 매각대금이 평양고등학교의 설비를 갖추고, 또한 그 학교의 운동장를 마련하는데 사용되어야 한다고 제안합니다. 일전에 왔던 이 땅의 양도를 승인한 전보에는 매각대금이 '건축 용도'로 사용되어야 한다고 되어 있습니다. 그러므로 집행위원회가 재정위원회의 이러한 조치를 지지할 것인지 여부를 좀 알아봐 주시겠습니까?

무어 박사님은 1월 3일자로 보내주신 귀하의 편지에 쓰여 있는 대로 집행위원회가 그 일에 사용하도록 승인한 250달러를 군당네(Kun Dang Ne) 사람들이 준비하고 있다고 편지를 보냈습니다. 저희에게 보내주셨으면 합니다.

에미 힐브란트 양이 사역에서 사퇴하였으며 바로 수리되었습니다. 곧 미국으로 떠날 것입니다. 저는 사임 사유에 관하여는 직접적으로 아는 바가 없습니다. 그러나 제가 놀랄게 없는 것이, 그녀가 훌륭한 간호사이자 전적으로 실력 있는 일꾼이지만 선교사로 이곳에 온 것이 아니었으니까요. 한 가지 이유를 들자면, 엄청난 외로움과 그 외의 많은 불편한 관계들이 생활을 아주 힘들게 합니다. 그것을 견디기에는 어느 정도 주님의 성령이 있어야 하니까요. 그녀와 우리 모두에게 매우 유감스러운 일입니다.

빌링스 부부가 2월에 여자 아기를 낳았습니다. 그녀의 봉급을 마련하도록 필요한 일을 해주시겠습니까?

웰치 감독님(Bishop)이 일본으로 돌아갔습니다. 우리에게 감독님이 지낼 주택이 없고 그들이 여기에 있는 동안 호텔에 지내야 하는 것이 안 좋은 것 같습니다. 이곳 모든 가정이 그들에게 공개되어 있으나, 감독님은 자기 주택이 있어야만 할 것입니다. 그분들에게 매우 매우 미안하지요. 제가 알기로는 웰치 부인은 주택을 매우 바라고 있으며, 감독님도 부인의 이런 바램들을 이루게 하고 싶어 합니다. 부인께서는 여러 일에 기력이 소진될 정도로 아주 용기 있게 잘 지내오셨습니다. 저는 정말로 그분들에게 뭔가를 해드리기를 소망합니다. 주택이 건축되어야 하고 우리 모두가 기꺼이 집을 제공하고 싶습니다. 감독께서 이곳 한국에 계시는 내내 집도 없이 있어야 합니까? 그것이 이사회가 바라는 바인지요? 저는 정말로 감독님 가족이 참아야 했던 여러 불편한 일들에 관하여 이사회가 알고 있는지 궁금합니다. 제가 이 편지를 시작할 때는 이 모든 것을 쓸 생각은 아니었으나 제가 오랫동안 생각했던 것이고, '속에 있는 생각을 털어놓아' 좋습니다. 제가 이것을 쓴 것을 감독님이 알게 되면 벌점을 받게 되리라 생각합니다.

행운이 깃드시길 바라며

1921년 3월 10일,
서울에서 벙커 부인 올림

Seoul Korea March 10th 1921

Mr. Chas. E. DeVesty,
New York City

Dear Mr. DeVesty;~

Thank you for your letters of the 19th of Jan. enclosing a list of the properties protected here in Korea by insurances at home: also thank you for your letter of the 2nd of Feb. I have now recredited that □ 5,000. to our non recurring items budget.

I am enclosing the travel acct of Miss Emmy Hillebrandt and of Mrs Deming. I can not find on any of the statements a charge of the amount paid for Mrs. Deming's ticket to England. Nor has she that information, so her acct. is left open I am sorry to have to write that Miss Hillebrandt has resigned.

I have also received your enclosure in a letter from Dr. North relative to exchange. When I receive the slips I will fill them out as you direct meanwhile for the two months just passed the record is as foll.-

Appropriations				yen				Yen
Jan. B/E	8199	@49–1/4	$299.11	--607.32	@50---	598.22	gain	9.10
" "	8405–24	@48–3/4	$10000.	20512.82	@50---	20000.	"	512.82
" "	8425–6	@48–3/4	$1000.	2051.28	@50---	2000.	"	51.28
" "	8427–31	@48–3/4	$2500.	5128.20	@50---	5000.	"	128.20
" "	8432–3	@48–3/4	708.41	-1453.14	@50---	1418.82	"	36.32
						January gain--		737.72

Appropriations				yen				yen
Feb. B/E	8812–3	@48–3/4	$638.	--1308.71	@50--	1276.	gain	32.71

Building–non recurring items								yen
Feb. B/E	–8911.40	@48–3/4	$15000.	-30769.23	@50--	30000.	gain	769.23

I have this year begun to journalize the statement sheets so that our receipts for the year will agree with the sheets. We have heretofore just kept an accurate account of monies rec'd from Jan 1st to Dec 31st with expenditures for that period.

The items I have entered are as follows.

Jan. Appropriations	$6,799.11	
Feb. "	14,208.41	
March "	2,138.	
Sal & rent A.L.Becker	560.	--- 1st Qr.
" " " W.A.Noble	652.	--- " "
" E.M.Cable	490.	
Fire insurance to July	18.13	
Out come Miss Hillebrant	425.	
" " E.M.Cable	200.	
	25490.65	The amount carried forward on the sheets is 27925.80 a difference of 2435.15

The personal payments on the sheets all belong to 1920; the items of C/D's all belong to 1920; The out-go of Mrs Deming and of Miss Boyce are also 1920 items. The shipping item of C.S.D. is 1920 item. I have not therefore been able to find the 2435.15 I am sorry to trouble you but I would like to start right this year and I shall greatly appreciate you having your head book keeper set me right.

I shall greatly appreciate it

With Best wishes

Mrs. D.A. Bunker

친애하는 드베스트 씨,

이 곳 한국(집)에서 보험으로 보호되는 건물(재산)의 목록을 동봉한 1월 19일자 편지와 2월 2일자 편지에 또한 감사드립니다. 저는 지금 저희 비경상항목 예산에 5천불을 다시 채웠습니다.

저는 에미 힐브란트 양과 데밍 부인의 여행경비계정을 동봉합니다. 저는 데밍 부인의 영국행 티켓에 지불된 총 금액에 대한 어떠한 내역도 찾을 수 없습니다. 그녀 역시 그 정보를 가지고 있지 않고 그녀의 계좌도 여전히 개설되어 있습니다. 저는 힐브란트 양이 사임했다는 소식을 쓰게 되어 유감입니다.

저는 교환(환전)에 관한 노쓰 박사님의 편지에 당신이 동봉한 것을 또한 받았습니다. 제가 전표(메모용지)를 받으면, 바로 지난간 두 달 동안에 당신이 안내한 대로 전표들을 작성하겠습니다. 기록된 바는 다음과 같습니다.

	책정액	환율	달러	엔	환율	엔		엔
1월 어음환	8199	@49-1/4	$299.11	607.32	@50	598.22	차익	9.10
" "	8405-24	@48-3/4	$10000.	20512.82	@50	20000.	"	512.82
" "	8425-6	@48-3/4	$1000.	2051.28	@50	2000.	"	51.28
" "	8427-31	@48-3/4	$2500.	5128.20	@50	5000.	"	128.20
" "	8432-3	@48-3/4	708.41	-1453.14	@50	1418.82	"	36.32
						1월 차익--		737.72

	책정액			엔				엔
2월 어음환	8812-3	@48-3/4	$638	1308.71	@50	1276	차익	32.71

	비경상항목 책정							
2월 어음환	8911.40	@48-3/4	$15000	30769.23	@50	30000	차익	769.23

올해 저는 연간 영수증들과 회계장부를 일치시키려고 회계장부에 분개(부기)하기 시작하였습니다. 지금까지 우리는 1월 1일부터 12월 31일까지의 지출에 맞춰 금액을 정확하게 기록해왔습니다. 제가 기입했던 항목들은 다음과 같습니다.

1월 책정액	$6,799.11	
2월 "	14,208.41	
3월 "	2,138.	
A.L. 베커 월급 & 임차료	560.	--- 1분기
W.A. 노블 " "	652.	--- " "
E.M. 케이블 "	490.	" "
7월까지 화재 보험	18.13	
힐브란트양 지출(?)	425.	
E.M.케이블 지출(?)	200.	
	25490.65	회계장부에 기입한 금액은 25925.80으로 2435.15 차액이 발생

회계장부상 개인 지불금은 모두 1920년에 해당하는 것입니다: C/D의 항목들 모두와 데밍 부인 및 보이스 양의 지출도 역시 1920년 비용들입니다. C.S.D의 운송비용도 1920년에 해당하므로, 2435.15 달러의 내역을 찾을 수가 없습니다. 염려를 끼쳐서 죄송하지만 올해 제대로 시작해보려고 합니다. 귀하의 회계장부 책임자가 제가 제대로 잘할 수 있

도록 해 주어서 감사드립니다.

대단히 감사드리며
1921년 3월 10일 서울에서 벙커 부인 드림

Seoul, Korea March 17th 1921

Mr. Chas. E. DeVesty,

New York City

Dear Mr. DeVesty;~

In posting the items of the first Qr. salaries of the members of this mission who are at home I found quite a discrepancy.

Mr. Noble has in the Appropriations.

By Sal. field (4 mths)	yen	1266.66
" " home (8 ")	"	2266.66
" Allowance children	"	1600.
" Rent (7 mths)		420.
" Travel		4000.

So that for the 8 mths at home he would be entitled to 1/8 of his home sal and 1/12 of his allowance, plus $30 a mth for rent.

As I figure it this would be	$425	for salary	1st Qr.
" " " "	200	" allowance	" "
	90	" rent --	
			a total of $715. as against $652.50 paid him at home. A bal due Mr. Noble of $ 62.50 on the Qr.

Mr. Becker has in the Appropriations

By Salary field(4 mths)	yen	1200.
" " home (8 ")	"	2133.33
" Allowance children	"	900.
" Rent (7 mths)		420.
" Travel		4500.

So that for the 8 mths at home he would be entitled to 1/8 of his home sal and 1/12 of his allowance, plus $30 a mth for rent.

This would come to	$400	for salary	1st Qr.
" " "	112.50	" allowance	" "
" " "	90.	" rent w	
			--a total of $602.50 as against $560 paid him at home. A bal due Mr. Becker of $ 42.50

Mr. Cable is being paid exactly in accordance with the amount appr. for him. Will you kindly send me word wherein this discrepancy is applied by the office.

Please may I again call your attention to the fact that now for two month the Office at home has been paying the $88.88 to the children of Dr. Follwell. No money has been put in the appropriation for that purpose this year and if it is the intention that they are to receive that money from our budget then the Finance Com. should make some arrangement for that payment. So will you kindly send us instructions as to the matter. It is too bad that I have to bother you so in every letter. I hope that we will be straitened out soon.

Winter weather is with us again and the ground is all white with snow.

With best wishes to you and to the members of your staff I am.

Very Sincerely

Mrs. D.A. Bunker

친애하는 드베스트 씨

이곳 국내 선교사들의 첫 분기 급여의 항목들을 발송하면서, 저는 큰 편차를 발견했습니다.
노블 씨의 책정 내역은

By 급여_ 현장 (4 개월)	엔	1266.66
" " _ 가옥 (8 ")	"	2266.66
" 자녀 수당	"	1600.
" 임차료 (7 개월)		420.
" 여행		4000.

그래서 국내거주 8개월 동안 그는 매월 가옥 급여의 8분의 1, 수당의 12분의 1에 임차료 30불을 더한 금액을 받을 자격이 됩니다.

제가 이것을 계산해 보니	$425	용도 급여	1분기
" " " "	200	" 수당	" "
	90	" 임차료	
			--총액은 715불이나 그와는 다르게 652.50불이 지불됨. 노블 씨의 분기 상 미불잔액은 62.50불임.

베커 씨의 책정 내역은

By 급여_현장 (4개월)	엔	1200.
" " _ 가옥 (8 ")	"	2133.33
" 자녀 수당	"	900.
" 임차료 (7 개월)		420.
" 여행		4500.

그래서 국내거주 8개월 동안 그는 매월 가옥 급여의 8분의 1, 수당의 12분의 1에 임차료 30달러를 더한 금액을 받을 자격이 됩니다.

다음과 같습니다.	$400	용도 급여	1분기
" " "	112.50	" 수당	" "
" " "	90.	" 임차료	
			--총액은 602.50불이나 그와는 다르게 560불이 지불됨. 베커 씨의 분기 상 미불잔액은 42.50불임.

케이블 씨는 세출예산 금액에 따라서 정확하게 지불됩니다. 이 편차를 행정상 어디에 적용해야 하는지 알려주시기 바랍니다.

또한 지금 국내 사무실에서 2개월 간(1월,2월) 폴웰 박사님의 자녀들에게 88.88달러가 지불된 사실을 알려드립니다. 올해 세출예산에는 이 용도로 사용할 자금이 없으나, 예산에서 이 비용을 지급할 의향이 있으시면, 재정위원회에서 이 지급에 대한 정리를 해주시길 바랍니다. 이 문제에 대하여 지시를 내려주세요. 매번 편지를 쓸 때마다 귀찮게 해드려서 죄송합니다만, 우리의 쪼들리는 상황이 곧 나아지기를 바랍니다. 다시 추운 겨울입니다. 온 땅이 온통 눈으로 가득합니다.

뉴욕 사무실 모두에게 행운이 함께 하시길 빕니다.

1921년 3월 17일
서울에서 벙커 부인 올림

Seoul Korea, March 25th 1921~

Mr. Arthur Bruce Moss.

New York City,

Dear Mr. Moss:~

Your letter of the 25th of Feb was received this morning The Contract for the KangNung church has been let and I have made two payment, one for yen 300, and one for yen 1,700 so that I have paid out yen 2,000. When the money came I wanted to turn it right over to Mr. Morris but he said that they were not ready for the work as yet. The Finance Com. then applied the money on to some other pressing items. I did not know that such monies should be held. I have the bal in hand ycn 1,855.40 and I will keep it.

The Contract is as follows 2,000. yen when work is started 2,000 ☐ ☐ roof ☐ on

and 2,000 ☐ when building is finished.

I have paid the first 2,000 yen and have I,855.40 for the next payment. I am very sorry that you have been under the impression that the money was to be used elsewhere. It was only a temporary arrangement since Mr. Morris was not ready for it.

I have copied off for you and Mr. DeVesty the items of 1920 receipts as I have them credited. I have not yet the sure information that the last years appropriations were $ 118,830.83 though that is my understanding of your letter of

In my balance sheet for the year the total figures differ slightly from these. That is due to the fact that the balance sheet covers monies recd between Jan. 1st and Dec. 31st without any notice being taken of items sent in 1919 for 1920. Or of items such as personal payments which are paid at home in Nov and Dec and which are not charged out till in Jan and Feb of the following year. On the enclosed statement I have transferred those items and this accounts for the difference.

There is only one item not on this report as I do not understand it. It is this

May Statement 22nd " To appropriation for 1920 excess amount charges against appropriation April 16th 1920 credited back"

$3,946.13 in the Dr. column.

The only April 16th charge which I can find is $15,000. cabled to us.

I may of course an very probably have made some mistakes but I hope not. This statement then gives us some over $ 11.000. as still due?

I am coming to New York late this summer after putting Edna in an Eastern School.

With best wishes

Mrs. D.A. Bunker

친애하는 모스 씨에게

오늘 아침에 2월 25일자 편지를 받았습니다. 강릉 교회 계약이 이루어져서 저는 두 건을 지불하였습니다. 300엔과 1,700엔으로 모두 2,000엔을 지불하였습니다. 돈이 들어왔을 때, 저는 모리스 씨에게 곧장 넘기고 싶었으나, 그들이 아직 작업을 할 준비가 안 되었다고 모리스 씨가 말씀하시더군요. 그리고는 재정위원회가 그 자금을 다른 긴급한 항목에 사용했습니다. 저는 그런 자금이 보유되어야 하는지 몰랐습니다. 저는 지금 수중에 있는 잔고가 1,855엔으로, 이를 가지고 있으려고 합니다.

계약서의 내용입니다. 작업이 시작되면 2천 엔,

지붕 작업하면 2천 엔

그리고 건물이 완성되면 2천 엔입니다.

저는 처음 2천 엔을 이미 지불하였으며, 다음번 지급을 위해 1,855엔을 가지고 있습니다. 귀하께서 그 금액이 다른 곳에 사용되었을 것이라는 인상을 가지고 계셔서 매우 유감입니다. 그것은 모리스 씨가 준비가 되지 않았음으로 임시변통이었을 뿐입니다.

저는 대변에 기입하였던(입금되었던) 1920년 영수증의 항목들을 모스 씨와 드베스트 씨를 위해 복사하였습니다. 작년 예산 책정액이 118,830불이었다는 확실한 정보는 없지만 제가 귀하의 편지를 읽고 이해한 바는 그렇습니다. 제가 가지고 있는 대차대조표에 따르면 총 합계가 이 수치와 약간 다릅니다. 그 차이는 대차대조표가 1920년에 지출

되지만 1919년에 보낸 항목들을 별다른 설명 없이, 1월 1일과 12월 31
일 사이에 받은 금액으로 다루고 있기 때문입니다. 아니면 11월과 12
월에 국내에서 지불 됐지만 다음해의 1월과 2월까지는 청구되지 않은
개인적 지출 항목들 때문입니다.

동봉된 명세서에 제가 이런 항목들을 옮겨 놓았으니, 그 차이가 설명
되겠습니다.

이 보고서에 제가 이해하지 못하는 단 하나의 항목이 있습니다. 올해
5월 22일 장부입니다. 1920년 예산 중 1920년 4월 26일 차변에 기입
했던 초과 금액 3946.13달러는 대변에 다시 기입했습니다. 제가 찾을
수 있는 4월 16일 차변항목은 우리에게 송금된 15000달러뿐 입니다.
아마도 물론 제가 실수를 했을지도 모르지만 아니길 바랍니다.

그러면 이 장부는 11,000달러 이상 남아 있다는 얘기인가요?

나는 올 여름 늦게 Eastern 학교에 Edna를 입학시키고 뉴욕으로 갈
것입니다.

1921년 3월 25일
서울에서 벙커 부인 올림

Seoul Korea March 25th 1921

Mr. Chas.E.DeVesty,
New York City

Dear Mr. DeVesty;~

Dear Mr. DeVesty We out here are under the impression that our recurring items budget for the year 1920 is 118,830.83. We have been paying all items throughout the year on this basis. There is evidently a difference in the impression at the New York Office. as you say "Your entire appropriation was sent to you balancing ours the $122,256." We have had the thought that the redistribution of $118,830.83 recurring was to stand and that our non-recurring budget would be at the end of the year increased by the necessary expenditures on acct of building operations. I do not quite understand our having only $122,256 for both recurring and non-recurring.

As to my running behind I surely have! There were so many bills of Contractors to pay and no money. Why if possible we would have banked the money before we got here. In fact we did that very thing, by telling the builders to please just be patient as the money was on the way. The way they were patient was to send the man from whom they purposed buying needed material to us and asking us to endorse the note and that we had to do. I do not believe you any of you know the stress under which we have had to work. It is better now and if Mr. Moss can do as he hopes he can get us the needed funds on in time why I can get back to my proper place in dealing with the remittances. The 14,208.41 was banked between Jan. 4th and Feb. 1st I banking only as I had to meet bills. We have been hoping to pay off our big loan to Townsend by the 'bal due' and to catch up and get in to running order with it. What am I to do to "adjust them so that you would be paying from the regular Current month's funds"? I can not see, except I should receive some building funds to pay what I have used out of current funds for the buildings, then I could catch up so please get the money we have spent on the various buildings out to us soon. There is a debt on the Deming house paid out of current funds; a debt on the VanBuskirk house paid out of current funds; a debt on a number of churches to which advances were made form current funds. A big debt on school emergency of over yen 5,900. paid from current funds and loans. I would so so gladly write these off and get in proper running places.

I hope to be in New York city this Fall.

With Best wishes

Mrs. D.A. Bunker

친애하는 드베스트 씨

이곳에 있는 우리는 1920년도 경상항목 예산이 118,830불이라는 생각을 하고 있습니다. 우리는 이에 기초하여 일 년간 모든 항목을 지출하고 있습니다. "전체 세출예산을 122,256불에 맞추어 보내드렸다"라는 뉴욕 사무실의 생각과는 분명히 차이가 존재합니다. 우리는 경상예산 118,830불을 재분배하는 것은 원래대로 변함이 없으며 비경상예산이 연말에 건설 공사 계정에 필요한 지출에 따라 증가할 것이라고 생각했습니다. 저는 우리가 경상과 비경상 합쳐서 122,256달러만 있다는 것이 이해가 되지 않습니다.

자금이 정말 부족합니다. 계약자들에게 지불할 청구서는 너무 많은데 돈은 없었습니다. 만약 가능하다면 우리가 여기 오기 전에 돈을 은행에 예금했을 것입니다. 사실상 우리는 건축업자들에게 자금이 준비되고 있으니 제발 기다려 달라고 설득하면서 바로 그렇게 했습니다. 그들이 허용하는 바는 필요한 재료를 공급하려는 사람을 우리에게 보내서 어음을 배서하여 양도해달라고 요청하는 것이었고, 우리는 그렇게 해야만 했습니다. 저는 드베스트 씨 또는 그 쪽 어느 분도 우리가 겪어야만 했던 스트레스를 모른다고 믿습니다. 지금 좀 나아지고 있으며, 만약 모스씨가 그의 희망대로 우리에게 필요한 자금을 제 시간에 보낼 수 있다면, 저는 송금을 처리하는 제 임무로 돌아갈 수 있겠습니다. 14,208달러가 1월 4일과 2월 1일 사이에 은행에 들어왔습니다. 저는 계산서를 지불해야 할 때만 은행 거래를 할 뿐입니다. 우리는 타운샌드에게 빌린 큰 금액의 대출금 미지불잔액을 다 갚기를 바라며, 부족분을 채우고 순조롭게 돌아가게 되었으면 좋겠습니다. 귀하가 "정기적인 당월 자금에서 지불하겠다" 면 우리는 그것들을 정산하기 위해 어떻게 해야 합니까? 저는 지급할 건축 자금을 새로 받는 것 외에는 일반자금에서 건축용도로 사용했었던 것을 지급할 방법이 없습니다. 부족분을 채울 수 있게 여러 가지 건축으로 소비한 돈을 속히 받도록 해 주십시오. 일반 자금에서 지불된 데밍 하우스에 부채가 있고, 밴버스커크 하우스에도 일반자금에서 지불된 부채, 여러 교회에 빌려준 부채도 일반자금에서 미리 나갔습니다. 학교 비상사태에 사용된 큰 빚은 5,900엔이 넘었는데 이것도 일반자금 및 대출에서 지급되었습니다. 이러한 부채들을 탕감하고 운영이 제자리를 찾았으면 합니다.

이번 가을 뉴욕에서 뵙기를 바라며.

1921년 3월 25일
서울에서
벙커부인 올림

I wish also to thank you very much for your kind words of appreciation. It is especially gratifying to know that Mr. Bunker will not need to feel embarrassed by what I have tried to do in his place here and so I thank you most heartily.

Your letter of the 13th of Jan came yesterday. It was evidently a left over for tho of a later day it came on the same steamer as the letter of the 3rd.

A letter from Mr. Bunk yesterday said that on the train to Santiago he had met Bishop Oldham, that was fine! I am so glad that he is having a good rest. I trust that the difficulties in money matter will soon lighten. of one thing be assured we shall all of us help you with our prayers.

With cordial good wishes

> I am Very Sincerely
> Mrs. D.A. Bunker

P.S. I enclose bal sheet for 1920.

모스 씨에게

따뜻하게 칭찬을 해주시니 저도 감사를 드리고 싶습니다. 제가 이곳에서 벙커 씨를 대신했던 일로 벙커 씨가 난처할 필요가 없어서 특히 흐뭇하고 진심으로 감사한 마음입니다.

1월 13일자 편지가 어제 도착했습니다. 그것은 분명히 3일자 편지와 같은 증기선으로 왔을 겁니다.

어제 벙커 씨의 편지에 의하면, 산티아고 행 기차에서 올드햄 감독을 만났었다고 합니다. 잘된 일이죠. 충분한 휴식이 될 것이니 기쁩니다. 금전 문제의 고충이 곧 덜어지리라고 믿습니다. 하나 확실한 것은 우리가 기도로 도울 것이라는 것 입니다.

진심으로 평안을 빕니다.

> 1921년 --
> 애니엘러스 올림

추신: 1920년도 대차대조표를 동봉합니다.

Note — The guarantee fund of yen 10,000 has been used in the above payments.

This amount is to be returned when building is accepted by the Building Com. with Bank interest— that is seven or eight %.

Placing furnace. Contract is made with Mr. Crows for this work yen 1,957

Still to be provided. Glass and iron weights for window.

Piping in of water

Wiring for electric lights

Order from America furnace and hardware to be paid for.

TOTAL IN CENTENARY BUDGET $ 50,000.

Special note; Lumber for door and window frames of basement paid for by

J.Z.Moore amount yen 300

Due on these Contracts $23,000.

Contract made by Mr Williams.

First High School Building	yen	40,500
Second Dormitory	"	3,000
Equipment	"	3,000
Grading,Lighting Furnace etc	"	3,500
Total ---	"	50,000

	Payments to be made							
1.	When contract signed	yen	5,000		Payments made	yen		
2.	" basement finished	"	8,000		11–11–20	"	1,000	
3.	" First floor	"	10.000		11–11–20	"	5,000	
4.	" Second "	"	7.000		12– 6–20	"	5,000	
5.	" Roof is on	"	7,200		12–13–20	"	1,500	
6.	" Completed	"	3,300		1–24–21	"	1,500	
			40,500		2–23–21	"	300	
					6– 4–21	"	10,000	
							24,300.	

Total in Centenary Budget $25,000

Due on these Contracts $12,850

These balance are what this office still owes on these contracts
$35-

from New York

Total paid on contracts	$39,150	
Total rec'd	30,000	
Paid beyond	9,150.	These items are on the Kongju Pyengyang
		contracts. The balance due is $45,000?

I have used other current funds and have borrowed to enable me
to pay $9,150 in excess of what has been rec'd from New York.
I trust and pray that you will get funds out to us soon. Very
Sincerely

Mrs. D.A. Bunker

6월 18일 – 2차 – 모스 씨 계약서

각주 – 보증기금 10,000엔이 위 대금을 치르는데 사용되었습니다.
이 금액은 건축위원회가 은행이자 7 또는 8 퍼센트의 건물 담보대출이
타당하다고 인정하면 돌려받게 됩니다.
아궁이 설치. 크로우씨가 1,957엔에 작업 계약
제공될 것들. 들창용 유리와 철제 추
급수 배관
전등 배선
America Furnace and Hardware사로부터 구매한 주문에 지불할
주문
100주년 예산 총액 50,000불
특주: 지하실의 문과 창틀용 목재는 J.Z.무어씨가 3백엔을 지불함.
이 계약서의 미지급분 23,000달러

윌리엄 씨의 계약서

| 첫째 고등학교 빌딩 | 엔 | 40,500 |
| 둘째 기숙사 | " | 3,000 |

설비	"	3,000	
땅고르기, 아궁이 등	"	3,500	
총 ---	"	50,000	

	지불될 항목들				지불된 항목들		
1.	계약 성사시	엔	5,000		지불된 항목들	엔	
2.	지하실 완성시	"	8,000		11-11-20	"	1,000
3.	1층	"	10.000		11-11-20	"	5,000
4.	2층	"	7.000		12- 6-20	"	5,000
5.	지붕 올리기	"	7,200		12-13-20	"	1,500
6.	완공 시	"	3,300		1-24-21	"	1,500
			40,500		2-23-21	"	300
					6- 4-21	"	10,000
							24,300.

100주년 예산 총액 25,000불

이 계약서의 미지급분 12,850불

이 잔액들은 이 사무소가 뉴욕으로부터의 계약서들 상으로 갚아야 하
는 것임 35,000불[13]

계약서 상 지불한 금액	$39,150	
받은 금액	30,000	
지불초과금액	9,150.	이 항목들은 공주 평양 계약서상에 있음.
		지불할 잔고는 45,000불

저는 다른 유동 자금들을 사용했고, 뉴욕으로부터 받은 것을 초과한
9,150불을 빌려서 지불했습니다. 저희에게 자금을 곧 보내주실 것을
믿고 기도합니다.

6월 18일 친애하는 벙커부인

---

13. 역자주: 원본에는 잘려서 보이지 않아 추정한 금액임.

Mr. Arthur Bruce Moss.

New York City:

Dear Mr. Moss:

At the semi-annual meeting of the Mission which closed on the 11th inst there were a number of things done which I have to report on. The Finance Committee pasad the following "On motion the Mission asked the Board for a Special Grant of $10,000. for an Episcopal residence for Seoul. The Equipment of same to be furnished by the W.F.N.S. and the Korea Church. A cable was ordered to be sent for that sum and each Dist Srupt. and the Se\c. were requested to write to Dr, North concerning it."

I am this day cabling you "Mission desire you to send without delay $10,000. Episcopal residence absolutely necessary letters posted today" I think that every Missionary feels that if we do not have a residence here it will mean that the work will suffer very very much. it is impossible for it not to suffer. living at and hotel is not desireable. No matter how pleasantly both the Bishop and Mr. Welch accept of the necessity it is neverless not conducive to their happiness. The Bishop will not listen to their going into any one of the mission homes and compell unpleasant things for the missionary no the Bishop would much rather himself be the one to be under unpleasant surroundings. The hotel here is under Japanese supervision and this make the Koreans feel that it is hard for them to go to the Bishop while he is at the hotel. Of course this should not count but it does and so the work suffers. But to my mind the principal thought is that our Bishop should have a home. It would in a hundred ways aid in the building up of the Korean Church. The Bishop's wife would be much happier and she has bravely gone thro such unpleasant experiences. With his wife happy and content the Bishop would, with a mind at rest, be able to give himself up to the many hard questions he has to deal with. I know that the Bishop feels the present conditions for he has said so. I do hope that the Board will report favorably on this. Oh I know that you.....

346

친애하는 모스 씨에게

선교회 반기 총회는 이달 11일에 정회했는데 제가 보고해야 할 많은 일들이 있었습니다. 재정위원회는 다음에 대해 동의했습니다. 첫째 선교회가 이사회에 주교님의 서울 거주지를 위해 10,000달러의 특별 지출을 요청한 것에 대해 동의했습니다. 둘째, 주택의 기구는 WFNS와 조선 교회가 제공하는 것에 동의했습니다. 셋째, 총 소요 금액이 얼마인지 전보로 보내는 것과 각 지역 감독과 위원회 의장에게 노스 박사님에게 관련 사항에 대해 서신을 보낼 것을 요청하는 것에 동의 했습니다. 저는 오늘 당신에게 다음과 같이 전보를 보냅니다. "선교회는 당신이 지체하지 말고 10,000달러를 보내기를 원합니다. 주교님의 거처가 절대로 필요하며 편지는 오늘 부칩니다." 저는 여기에서 거처가 없으면 선교사역이 너무너무 힘들 것이라고 느끼지 않는 선교사는 없을 것 이라고 생각합니다. 그렇지 않을 수가 없습니다. 호텔에 머무는 것은 바람직하지 않습니다. 주교님과 웰치씨가 아무리 기꺼이 그 필요성을 인정한다 해도 그럼에도 불구하고 그들의 행복에 도움이 되지 않습니다. 주교님은 선교사들 중 하나의 집으로 들어가서 그 선교사에게 폐를 끼치는 것에 대해 응하려 하지 않을 것입니다. 오히려 주교님은 그 자신이 불편한 환경에 처하려고 하실 것입니다. 여기 호텔은 일본 당국의 감시를 받고 있어서 조선 사람들이 주교님을 만나러 호텔에 가는 것을 부담스럽게 느끼게 합니다. 물론 이것은 인정되어서는 안 되지만 실제로 그렇고 사역도 지장을 받습니다. 그러나 제 생각에는 기본적으로 주교님이 집이 있었어야 한다는 것입니다. 이것은 조선 교회의 성장에 백방으로 도움이 될 것입니다. 주교님의 부인도 훨씬 만족할 것입니다. 그녀는 그러한 불편한 경험을 용감하게 겪어내 왔습니다. 부인이 행복하고 만족하면 주교님은 마음이 평안해져서 자신을 해결해야 할 많은 어려운 문제에 헌신하실 수 있을 것입니다. 저는 주교님이 현재 상황에 대해 어떻게 느끼시는지 직접 듣고 알고 있습니다. 이사회가 이 사안에 대해 우호적으로 보고해 주시길 소망합니다. (중략)[14]

1921년 6월 15일
조선 서울에서
벙커부인

14. 역자주: 6월 15일자 편지의 마지막 부분을 찾을 수 없음.

Seoul Korea, June 14th 1921~

Mr. Arthur Bruce Moss.
New York City,

Dear Mr. Moss:~

Your letter with enclosure of B/E #9969, 9970 for $2,000. rec'd
and I thank you very much. I have paid the men who get this, 1/3
or 1/4 of the amounts going to them, but now they can have the
entire amount due and many of them will be pleased. I am sure
that you at your end are doing for us the best you can. We are
doing our best to be patient.

I am glad that Mr Bunker was with you for a time and that things
were made clear to him. I hope to be in New York the last of
August and I will hope to have a conference with you about a few
things, which I am sure you can make clear to me.

I shall have Edna with me and we hope to be at Wallace Lodge. I
have written Mrs Jones.

With best wishes and many thanks.

Mrs. D.A. Bunker

아서 브루스 모스씨에게
뉴욕시

친애하는 모스 씨:~

저는 2천 불짜리 9969, 9970번 어음환이 들어 있는 당신의 편지를 받
았고, 매우 감사했습니다. 저는 사람들에게 받아야할 금액의 1/3이나
1/4을 지불했었으나, 이제는 그들이 당연히 받아야할 금액을 다 받게
될 것이고 그들이 기뻐할 것입니다. 모스 씨 쪽에서 저희를 위하여 최선
을 다하고 있다고 믿으며 저희는 서두르지 않고 최선을 다하고 있습니
다.

저는 벙커 씨가 잠시 당신과 함께 있었고, 모든 상황들이 그에게 명확
해져서 기쁩니다. 저는 8월의 나머지 날들을 뉴욕에서 보내기를 희망

하며, 당신이 분명하게 해결해 줄 몇 가지 일들에 대하여 회의를 하고 싶습니다.

저는 에드나를 동반할 것이고 윌러스 숙소에서 지내기를 바랍니다. 제가 존스 부인에게 편지를 썼습니다.

감사와 평안을 빌며~

1921년 6월 14일,

서울에서

벙커부인 올림

Mr. Chas. E. DeVesty,
New York City

Dear Mr. DeVesty;~

I brought up to the Finance Committee at its recent meeting on
the 11th of June your letter of the 21st of April dealing with the
Follwell children. The following action was taken "A letter from
Mr. DeVesty in regard to the Follwell children was read and
on motion of B.W.Billings the Sec.[15] was asked to write to Mr.
DeVesty requesting the return of money paid on this item since
the first of August 1920 and Bishop Welch was also asked to
write" Dr. Follwell has not been a member of this mission since
July 31st 1920.

I also asked for instructions about the Payments of monies to Mr.
Lacy. The Finance Com. took this action.

"Mr. Williams moved that the Sec. be requested to write to Mr.
DeVesty and ask him to send out Mr. Lacy' money as it is received
from the Board. carried"

It is a little hard out here on the field to handle Mr. Lacy' account
as we do the missionaries as he needs his funds differently. As
to my having him pay the charge against him on account of the
outcome of his wife I do not see how I could do differently. We
have no appropriation for any travel and all charges against him
should come out of his credits. Mr. Lacy says the charge should
have been sent to the S.S.Board. We are so hard pressed Mr.
DeVesty, here, that even the sum of $250 is quite an item. I have
to scrape with a fine toothed comb and then come up shy. Please
put yourself out here in my place for a time. You say I may not use
current fund money before they are to be used at the proper time.
We as a Mission are obligated to certain contractors for building
etc and I have in may drawer a certain number of bills exchange

---

for current items. Money is so tight I find it impossible to borrow under even a high rate of interest. Then too the manual says I must not borrow. I go to the bank to arrange for an overdraft and I am ashamed to have to go. They do not like to let me have it. What shall I do? What would you do Missionaries and Natives waiting for their money.

I met Mr. Genso in the Bank the other morning he is the Treasurer of the Prebys. Mission. I said "Do you have difficulty in borrowing money Mr. Genso?" "I do not have to bother about borrowing money" was his answer. "I always have all I need and a good balance" Oh, I said "how I wish I did not have to borrow"

It is not good finance that we have to, for it cost the Mission much in both money and standing.

I do not know how to remedy it. I do not that it cost Mr. Bunker many an hour of worry and that should not be. We Missionaries are living under such a heavy strain already that the money strain should be lifted.

I have now to scurry round and comb out enough money for the homego of the Moore family, the VanBuskirk family and the Williams family. I could have used the July money but you have dated them ahead. Where to go I do not know I am under an overdraft of 15000 at the Bank so I can not go there. I will try Miss Tuttle the Treas. of the W.F,M,S, but I am ashamed to. yet I must get the money. Why oh why did you make it so hard by dating ahead the July money?

With best wishes

Mrs. D.A. Bunker

P.S. I have sent you in the First Quarter's balance sheet the gain for the first three months and since then I have sent you're a monthly statement of gain.

체스. E. 드베스트
뉴욕시

친애하는 드베스트 씨:~

저는 당신의 폴웰 자녀들에 대한 4월 21일자 편지를 6월 11일 재정위원회 최근 회의에 올렸습니다. 후속조치가 다음과 같이 취해졌습니다. "폴웰 아이들에 관한 드베스트 씨의 편지를 읽었고, B.W.빌링스의 제안으로 의장으로 하여금 1920년 8월 1일부터 이 항목에 지불된 돈의 반납을 요구하는 편지를 드베스트 씨에게 쓰도록 하였고, 웰치 감독님께도 쓰시도록" 했습니다. 폴웰 박사는 1920년 7월 31일부터 이 선교회 회원이 아닙니다.

저는 또 레이시 씨에게 지급할 돈에 대한 지침을 요청했습니다. 재정위원회가 이 조치를 취했습니다.

"윌리엄스 씨는 의장이 드베스트 씨에게 편지를 쓰고 레이시 씨에게 회계위원회로부터 받은 돈을 송금하도록 요청하는 제안을 했습니다.

레이시 씨는 우리가 하고 있는 선교가 아닌 다른 목적으로 돈이 필요하므로 그의 보수를 처리하기가 이곳 선교지 현장에서는 좀 어렵습니다. 그의 아내의 일로 인한 비용을 그가 직접 지급하도록 하는 것에 대해 어떤 대안이 있었는지 모르겠습니다. 여행에 대한 어떤 예산도 책정이 되어 있지 않으므로 그에 대한 비용은 그가 스스로 부담해야 합니다. 레이시 씨는 그 청구는 S.S.회계위원회로 보냈어야 했다고 말합니다. 드베스트 씨, 우리는 이곳에서 너무 궁핍하여 심지어 250불이라는 액수가 꽤나 큽니다. 저는 새는 틈이 없이 근근이 살아야하며 그러다 보니 좀 기가 꺾입니다. 정말이지 얼마동안 제 대신에 이곳에서 와 보셨으면 합니다. 당신은 제가 일반자금을 적당한 때가 되기 전에는 사용하지 않는 것이 좋다고 말합니다. 선교사로써 우리는 몇몇 건축업자 등에게 채무를 가지고 있으며 일상적인 지출과 관련된 어음환 여러 개도 제 서랍에 들어있습니다. 자금이 매우 빠듯하여 높은 이자율로 돈을 꾸려고 해도 빌리기가 불가능합니다. 또한 규정에 따르면 돈을 빌려서는 안 됩니다. 제가 당좌 차입을 요청하러 은행에 가야하는 것이 부끄럽습니다. 그들이 저에게 빌려 주려고도 하지 않습니다. 저는 어찌해야 합니까? 선교사들과 현지인들이 돈을 기다리고 있다면 어떻게 하시렵니까.

저는 며칠 전 아침에 은행에서 장로교 선교부의 회계담당자인 겐소 씨를 만났습니다. 제가 "자금을 빌리기가 어려우십니까, 겐소 씨?"라고 묻자, "저는 돈을 빌리는 일에 신경 쓰지 않아도 됩니다. 항상 필요한

것이 있고 잔액도 양호합니다."라고 그가 대답했지요. 아... "돈을 빌릴
필요가 없다면 얼마나 좋을까요"라고 제가 말했습니다.

재정이 좋지 않아서 빌려야만합니다. 왜냐하면 자본과 신용 면에서 선
교 사역에 큰 부담이 됩니다.

저는 그것을 어떻게 해결해 나가야 할지 모르겠습니다. 그래서는 안 되
는데 그것이 벙커 씨에게는 많은 걱정을 겪게 했습니다. 우리 선교사들
은 이미 너무 무거운 부담감 속에서 살고 있기 때문에 재정에 대한 압
박감은 풀려야 할 것입니다.

이제 저는 급히 가서, 무어 가족, 반버스커크 가족과 윌리엄즈 가족의
주택 자금을 어떻게든 마련해야합니다. 제가 7월 어음환 금액을 사용
할 수도 있었지만, 당신이 그 날짜를 앞당겼습니다. 어디로 가야 할지
모르겠으나, 은행에 15000 정도의 당좌차월이 있기에 거기에 갈수도
없습니다. 저는 W.F.M.S.의 재무부서에 있는 터틀 양을 찾아갈까 하
는데 부끄럽습니다만 어쩔 수 없이 돈을 얻어야겠습니다. 왜 당신이 7
월 자금을 앞당겨서 일을 어렵게 만드셨습니까?

안녕히 계세요.

1921년 6월 13일

서울에서 벙커 부인 올림

추신: 제가 당신에게 제 1분기 대차대조표에 첫 3개월간의 손익상황을
보냈습니다. 그 이후는 월별 손익 계산서를 보냈습니다.

F. M. North D.D Seoul Korea Nov. 11th 1921.
New York City

Dear Dr. North,-

When I was in your office in August, you spoke of having heard that there was an idea among some of us in Korea that you were not doing your utmost for Korea. You asked me if that were the case, I answered yes and said that when I was at dinner at Dr. Avison's home and we were talking about reinforcements for the various Missions. I mentioned our not having any, Dr. Avison said "Mrs. Bunker I know why you folks are not getting any new missionaries" "Yes" I said "why?" His answer was "Why because Dr. North is not back of you" This is what he said to me and what at your request I told you. Dr. Avison never used the word opposed, nor did I. Dr. Avison has shown me your letter and his answer.

With best wishes,
Yours very Sincerely
Annie Ellers Bunker (Mrs. D. A)

노스 박사님께

제가 8월에 박사님 사무실에 있을 때, 우리들 중에서 박사님이 한국을 위하여 최선을 다하지 않으신다고 생각하는 사람들이 있다고 들으셨다고 하셨습니다. 박사님이 저에게 이것이 사실인지를 물어보셨습니다. 저는 그렇다고 말씀드렸습니다. 제가 에비슨 박사님 댁에서 저녁식사를 했을 때, 우리는 여러 가지 선교 사업을 위하여 인원 증원에 대하여 이야기 하였습니다. 저는 우리가 증원을 받은 바 없다고 하자, 에비슨 박사님은 "벙커 사모님, 저는 사모님 측에서 새로운 선교사들을 받지 못하는 이유를 알고 있습니다." "왜죠?" 라고 제가 묻자, "왜냐하면 노스 박사님이 당신들을 뒤에서 받쳐주지 않고 있습니다."라는 것이 에비슨 박사님의 대답이었습니다. 에비슨 박사님은 결코 노스 박사님이 우리 사역을 반대하고 있다는 단어를 사용하지 않았고, 저도 그렇습니다. 에비슨 박사님이 저에게 박사님의 편지를 보여주셨고, 그의 답장도 보여주셨습니다.

안녕히 계십시오.

1921년 11월 11일

서울에서

애니 앨러스 벙커 부인 드림

Mr. Chas DeVesty Seoul Korea July. 16th 1921.
New York City

Dear Mr. DeVesty

Enclosed please find statement of the acct of Mr. Fee. C.
Williams with this Office.

There are two charges against this Mission of Mr. Grove's salary,
one on the April statement and one on the June statement. Will
you kindly look the matter up? Also I do not understand why this
mission is charged with Outfit allowance of J.V.Lacy. We have no
appropriation for this will you please write and explain the matter
to us. Does it mean that I am to collect this amount from Mr.
Lacy?

I am very sorry that the Office had to charge to us this month
the $2,000 which was sent out for the Scholarships of 1920. I
had hoped that it could wait until the end of the year. It has not
been any real help this way. The remittance for August is now too
small. Oh, dear how I wish I had the power to get the money we
need. We are in sore need. I am glad I am getting out from under
but I am sorry for Mr. Bunker.

친애하는 드베스트 씨
뉴욕시
이 사무소의 윌리엄즈 씨 급여 명세서를 동봉합니다.
그루브 씨의 급여에 대하여 이 선교회에 청구하는 두 가지 요금이 있
습니다. 한 가지는 4월 명세서와 6월 명세서에 관한 것인데, 당신이 이
문제를 좀 들여다봐 주시면 좋겠습니다.
또한 이 선교회가 J. V.레이씨의 의복 수당을 지급해야 하는 이유를 이
해할 수 없습니다. 저희는 이 항목에 대한 책정액이 없사오니, 이 일에
대한 설명을 부탁드립니다. 레이씨 씨로부터 이 금액을 회수해야 한다
는 의중이신지요?
저는 본부 사무소에서 1920년 장학금으로 발송했던 2000불을 이번
달에 우리에게 갚도록 청구하신 것이 매우 섭섭합니다. 저는 이 해 말
까지 기다려주시기를 바랐습니다. 이런 방식이 저희에게는 어떤 도움

도 되지 않았습니다. 8월 송금액은 지금 현재 너무나 적습니다. 어쩌면 좋을지요! 제가 필요한 돈을 받을 수 있는 능력이 있다면 얼마나 좋을까요. 저희는 정말 너무나 곤궁한 상태입니다. 제가 궁지에서 조금씩 벗어나고 있어서 다행이지만, 제 남편 벙커 씨에게 미안한 마음입니다. 그런 모든 것에도 불구하고 행복을 기원하며,

1921년 7월 16일
서울에서 벙커 부인 드림

Mr. Chas. E. DeVesty Seoul Korea July. 6th 1921.
New York City

Dear Mr. DeVesty
Enclosed you will find the note July signed for $1000., which we
rec'd not long ago.
Also you will find my second quarter balance sheet in you and my
half yearly balance sheet made out in U.S. dollars at 50%.
I have received your statement of designated gifts for $1,708.77
for Korea for May.

Very sincerely

Mrs. D. A. Bunker

친애하는 드베스트 씨께

저희가 얼마 전에 1,000달러를 받았다는 7월에 서명한 영수증이 동봉
되었습니다.
또한 2분기 대차대조표와 절반은 달러로 표시된 반기 대차대조표도
동봉했습니다.
5월에 1,700달러 비용의 지정 기념품 명세서를 보내주셔서 받았습니다.
안녕히 계십시오.

1921년 7월 6일

서울에서 벙커부인 드림

Mr. Arthur Bruce Moss. Seoul Korea, Jan. 5th 1921~
New York City,

Dear Mr. Moss:~

I am enclosing the figures for the Appropriations for the year
1921. The figures for this year and for 1921 are very similar.
The big increase has come in the amount for General Mission
and Station Expenses. This includes a sum of yen 4000. to
cover scholarships of last year. It also includes a sum of yen
5000. to cover Designated Gifts for 1921. This is in accordance
with instructions in the Field News letter and with letter of
instructions sent out by the Board. The amount set aside for New
Missionaries has been more than doubled over that of 1920. Our
force is woefully depleted and unless help comes soon those now
carrying the burdens will have to give up. No matter how great
one's desire may be to do it is impossible to continue doing three
or four men's work and not break down. Will you not do your
utmost to help us.

If possible will you have the 4000 yen which is in the
appropriation for Scholarships 1920 ($2000) sent out to us as soon
as possible. This sum represents sums which have been paid by
the missionaries out to their own pockets during the year 1920
for various students. and each one would like to be reimbursed as
soon as possible. So please send this sum out early.

We were charged on the Statements last year for interest at home
$2473.04.

Here on the field we paid yen 5703.46 ($2851.73) Our indebtedness
at home having been reduced by $23,544.50 we are not looking
for so heavy a bill the coming year. We have allowed yen 7500.
for interest this year. This will in no way pay the interest on our
loans if we do not receive the balance of last years appropriations
$18830.43 with which to liquidate our loans. You will understand
that the monthly payments here on the field have been made
at the rate of 1/12 of $118830.83 and we have at no time rec'd
remittances in agreement with this expenditure. I asked that
$15000. be cabled me. Not only did no money come by cable
but the monthly remittance when it came on the 29th Dec. was

so small that I had to overdraw yen 4000. and can not pay bills contracted for. It is a distressing state of affairs.

Mr. Mo the Chinese Contractor is carrying nearly 6000 yen. The foreign firm who have put the heating plant, sent out by Dr. Noble, into the Paichai building were requesting that their bill of some yen 1600 plus be paid. The Paichai Contractor wants his balance and I borrowed at the authority of the Fianance com. yen 3000. so partly pay his bill. It would surely be a great relief if moneys not sent out on our Budget of last year could be hurried up.

You have the statements of the contracts now under way on which money will be needed this coming spring and summer. Pyengyang some 85000 yen on school and Dormitories; Kongju some 35000 yen on school and equipment. These are the two large items. There is also the balance due for Paichai; for KangNung : for the Institutional church at Chongno on which we paid yen 8062.10 and have only the price of the land sold as a credit, that was 3001.yen ; the balance on the Deming house of 2170.40 as reported and since that report 348.31 more: The foundation for a church at the North-west gate[16] is finished and there it stops. The price of the land 1550 yen plus yen 1500 to contractor is the amount invested so far; In addition to these there are other small amounts advanced here and there by the Authority of the finance Com to just keep the people from becoming downhearted. All of these items have caused us to so increase our loans that we are now carrying an entire loan of 54930. yen of which 15000. yen is at 1. The remainder are at 6:7: & 8% You see too many promises were made all of the country of all that the Centenary would do for them. It is hard for them to have faith when nothing is done! The Finance Com. at its last meeting passed a resolution that no more new buildings be commenced until those now way are finished and paid for. I think when once we get out of the hole we not fall in again.

It is snowing beautifully out of doors. We are all in health and

---

16. 역자주: 북서문 또는 창의문으로 번역함.

hope that you all are also well. That is God's best blessing.

With best wishes
Very Sincerely
Mrs D. A. Bunker

친애하는 모스 씨에게

저는 1921년도 책정액 수치를 동봉합니다. 올해와 1921년도의 수치가 매우 비슷합니다. 일반 업무와 주재 비용의 액수가 크게 증가하였습니다. 이 액수에는 작년 장학금을 충당한 금액인 총 4000앤이 포함되어 있습니다. 또한 1921년의 지정 기념품을 충당한 금액인 5000엔도 포함되어 있습니다. 이것은 필드뉴스 서신과 이사회가 보낸 서신에 있는 지침을 따른 것입니다. 뉴 선교회(New Missionaries)를 위하여 확보한 금액은 1920년 금액의 두 배를 넘었습니다. 우리의 영향력은 비참할 정도로 대폭 감소하였으며, 만약 지원이 곧 오지 않는다면 이 무거운 부담을 안고 있는 사람들이 포기하게 될 것입니다. 사람의 열망이 아무리 대단할지라도 3-4명의 사람이 할 일을 무너지지 않고 계속 한다는 것은 불가능한 일입니다.

만약 가능하시다면 1920년 장학금(2천 달러)으로 책정된 것을 우리에게 가능한 빨리 보내주셨으면 합니다. 이 액수는 선교사들이 1920년에 여러 학생들을 위하여 자기 자신의 주머니에서 이미 지출했던 것이며, 각자가 최대한 빨리 변상을 받았으면 합니다. 그러니 이 돈은 하루빨리 보내주셨으면 합니다.

우리는 서류상으로 지난해 이자로 2473.04달러를 청구 받았습니다. 실제로는 이곳 현장에서 우리는 5700엔(2800달러)을 지불했습니다. 이곳에서의 우리의 부채는 23,544.50달러만큼 감소하였는바 내년에는 이렇게 과다한 청구서를 예상하지는 않습니다. 올해의 이자 비용으로 7500엔을 잡고 있습니다. 만약 우리가 그것으로 대출금을 청산할 작년 책정액 18830.43 달러의 잔금을 받지 못하면 우리는 대출 이자를 전혀 갚지 못할 겁니다. 당신은 이곳 현장의 월별 지출액이 118830.83 달러를 12개월 분할하여 지급되었으며, 이 지출 경비와 일치하여 송금액을 받은 적이 한 번도 없음을 아실 겁니다. 그래서 저는 15000달러를 전보로 보내달라고 요청 드렸던 것입니다. 전보로 돈이 오지 않았을

뿐더러 12월 29일에 왔던 송금액이 너무 작아서 제가 4000앤을 초과 인출해야 했고, 계약 청구금액도 지불할 수 없었습니다. 비참한 상황입니다.

중국인 거래처인 Mr. Mo가 거의 6000엔을 가져갑니다. 노블 박사님이 보내서 배제(Paichai)빌딩에 난방장치를 놓았던 외국 기업이 1600엔 정도를 추가로 지불해 달라고 요청했습니다. 배제빌딩 업자는 잔금이 필요한 상황이며, 제가 재정위원회의 권한으로 3000엔을 빌려서 청구액 일부분을 갚으려 합니다. 만일 지난해 예산에서 송금하지 않으셨던 자금을 서둘러 보내 주신다면 정말 안심이 될 것입니다.

지금 진행 중인 계약들 중 이번 봄과 여름에 자금이 필요한 명세서를 가지고 계실 겁니다. 평양은 학교와 기숙사에 약 85000엔, 공주는 학교와 장비에 약 35000엔입니다. 이 두 가지가 가장 큰 항목입니다. 또한 배제와 강릉, 그리고 종로에도 지불해야 할 잔금이 있는데, 종로의 기관교회(자선교회)와 관련 약 8000엔을 지급하였고 외상으로 매각한 토지 대금만 약 3001엔이 있습니다. 알려드린 바와 같이 데밍 하우스에 2170.40엔의 잔고와 그 이후에 350엔이 더해졌습니다. 북서문(창의문)에 예배당 기초공사가 끝나고, 그 상태로 정지되어 있습니다. 토지대금 1550엔과 업자에게 준 1500엔이 이제까지 투자한 금액입니다. 여기에 덧붙여 재정위원회의 허가 하에 사람들이 낙심하지 않도록 하려고 여기저기 미리 들어간 금액이 있습니다. 이러한 항목들 때문에 우리는 대출을 더 받았으며 지금 현재 총 차입금이 55000엔에 달합니다. 그 중 15000엔이 1%로 볼 때, 나머지는 6:7:8%입니다. 아시겠지만 센테너리측에서 사람들에게 해 주겠다고 약속한 것이 너무 많습니다. 그래서 아무 일도 안되면 그들의 신뢰를 쌓기가 어려울 것입니다. 지난번 재정위원회 회의에서 진행되고 잇는 일들이 모두 마무리되고 대금을 지불할 때까지 더 이상 새로운 건물 공사는 시작하지 않는다는 결의안을 통과시켰습니다.

바깥에 멋지게 눈이 오고 있습니다. 우리 모두 건강하게 지내고 있으니, 모두들 건강하시길... 하나님의 제일 큰 축복입니다.

1921년 1월 5일
서울에서 벙커 부인 드림

Mr. Arthur Bruce Moss.
New York City:
Dear Mr. Moss:~

There is in the compound of the Pyongyang High School a piece
of ground which Bishop Welch and Dr. Goucher advised the
Mission to sell to the Japanese Govt. School. This piece of land
as you will see from the drawing abut into the Japanese school
property. This school has the sum necessary for its purchase in
its budget of this year, which ends April 1st In accordance with
the advice received the Finance Committee ask permission to sell
this piece of land to the Japanese for yen 5000.(about)
The Japanese Middle school is very anxious to have this land and
want the deal closed before the first of April. The price they are
offering yen 6.50 a tsubo is about one third more than land is
bringing at present in that section. There are nearly 900 tsubo.
I am asked to request you to cable as soon as possible as it will
take some time after receiving permission to make the transfer.

With best wishes,
Very Sincerely
Mrs. D.A. Bunker

친애하는 모스 씨에게

평양 고등학교 구내에는 웰치 감독님과 구처 박사님이 선교회가 일본
공립학교에게 팔도록 조언하신 작은 땅이 있습니다. 이 땅은 그림에서
볼 수 있는 바와 같이, 일본학교 부지에 인접해 있습니다. 이 일본 학교
는 4월 1일에 마감되는 올해 회계연도에 토지 매입에 필요한 예산이 있
습니다. 주신 조언대로, 재정위원회가 이 땅을 일본 측에 약 5,000엔에
팔도록 요청하였습니다.

일본 중학교는 이 땅을 매우 간절하게 사고 싶어 하며, 4월 1일전에 이
거래가 마무리되기를 바라고 있습니다. 그들이 제시한 쯔보(tsubo)당
6.5엔 가격은 현재 그 지역에서 거론되는 토지가격보다 삼분의 일 정

도 높습니다. 거의 900 쯔보가 있습니다.

권리 이전을 하라는 허가를 받은 후 시간이 좀 걸리므로, 가능한 빨리 당신에게 전보를 드리라는 요청을 받았습니다.

평안을 빕니다.

1921년 1월 28일

서울에서 벙커 부인 드림

Mr. Chas. E. DeVesty Seoul Korea, Feb. 2nd 1921.
New York City

Dear Mr. DeVesty;~

I have rec'd from you your letter of Nov. 19th which answers some of my questions and for which I thank you. I have also rec'd the statement for Dec. accompanied by Bills of Exchange for $14,208.41 which certainly permitted me to draw a free breath. Your sending only $6,799.11 for Jan worked havoc here. I tried to figure out where you had gotten such a figure and I failed utterly. For as we understand it here on the field the Board granted us the full $118.830.83 for last year recurrent and Mr. Moss had written that the office would send our monthly remittance on that basis. I was under the necessity of making an overdraft at the Bank to permit me paying the Dec. payments. I was wondering what would happen if no larger remittance were sent for Feb. so you can see why I could take a free breath when the remittance came. In regard to the matter of loss in exchange I looked up Mr. Bunker's letters to the office and I found that he sent to you July 6th 1920 a statement of that account for the years 1918 and 1919 the bal unpaid being $1391.72 this you sent to him. So I decided to wait until I had the 4th Qr report out and then send to you for the year 1920.

1st Qr loss	$ 71.595		1st Qr 217.575	Gain	
2nd Qr loss	161.255		2nd Qr 642.145	"	.
3rd Qr loss	1194.315				
4th Qr loss	538.50	$1964.755	4th Qr 115.77	"	$ 975.49
		975.49			
		989.265	bal due on loss for 1920.		

I am not sending you the itemized statements of the 4th Qr. but only the balance sheet and the balance sheet of the entire year. This is in accordance with your instructions. You will please notice that his Mission has not received its full appropriation was as we understand $118,830.83 There is still due $13,437.94 the difference between $118,830.83 and $105,392.89. The account as rendered here included my overdraft at the bank thus making my bank payments larger than my bank deposits. The small balances both of Dr. and Cr. items[17] will be handed by the Finance Committee and if desired I can report as to that after...[18]

You will notice that Classes V and IV were slightly overdrawn. Classes I, II, III, VI, VII & II all have a Cr. bal. The last Class has in reality no Cr. bal as many of the items which should have gone into this account were put in the Sundries acct so that your accountant would be able to keep separate some of the large items. If you desire I can send you an itemized list. They are however on the sheets already sent to the office and you can easily extract them from the Sun. acct. If you desire to have them quickly.

Dr. J. Z. Moore wishes me to draw your attention to the fact that you have not forwarded the designated gift of $1,000.25 on the June list. This is for the Pyeng Yang high school. There are others he calls my attention to but they are later tan Aug. and as I understand it you will be sending those along soon. This list went only thro August.

Dr. C.S. Deming wishes me to call your attention to $13 of the Nov[19] list Mrs. McBurney this is money which goes to the W.F.M.S and is not Parent Board[20] money. He wishes it sent out to him to pay to Miss Hess.

One word more This trial balance does not include payments mady by you to the Missionaries at home. I have not taken account on these reports of any payments except those made on the Field. I understand from your letter of the 19th Nov that I should do so and I will begin my Books of this year according to your instructions. Hoping that you are all in good health I am

With best wishes
Mrs. D. A. Bunker

---

17. 역자주: credit and debit item 차변과 대변 항목으로 번역함.
18. 역자주: 원본에는 after 뒤에 wa~라는 단어가 있으나, 식별이 어려워 생략함.
19. 역자주: 원본에 짤려 있으나, 11월로 추정하였음.
20. 역자주: 원본에서 확인이 어려우나, 문맥상 Parent Board로 추정하였음.

친애하는 드베스트 씨에게

11월 19일자 편지를 잘 받았습니다. 제가 드린 질문에 대답을 해 주셔서 감사합니다. 또한 14,200불 어음환과 함께 12월 명세서도 받아서 제가 한숨 돌렸습니다. 1월에는 6799.11달러만 보내주셔서 너무 힘이 들었습니다. 저는 당신이 어디에서 그런 수치가 나왔는지 계산해보려고 했으나, 완전히 실패했습니다. 여기 현장에서 이해하는 대로, 이사회에서는 작년 경상 예산으로 총 118,830.83달러를 승인해 주었으며, 모스씨의 편지에는 본부가 그 기준으로 우리에게 월별 송금액을 보낼 것이라고 하였습니다. 저는 12월 경비를 지급해야 하므로 은행에 당좌대월이 필요한 상황이었습니다. 만약 2월에 더 많은 송금액을 받지 못한다면 어떤 일이 일어날까 걱정했습니다. 그러니 제가 송금액을 받았을 때 왜 한숨을 돌렸는지 아시겠지요...

외환 손실에 관하여 저는 남편 벙커씨가 사무실에 보내는 편지를 살펴보았습니다. 그가 1918년과 1919년에 잔고가 1391.72달러가 미납된 계좌 내역서를 1920년 7월 6일에 당신에게 보냈습니다. 그래서 저는 4분기 보고서가 나올 때까지 기다리기로 했고, 이제 1920년의 내용을 보냈습니다.

1분기 손실	71.595 불		1분기 217.575	차익	
2분기 손실	161.255		2분기 642.145	"	
3분기 손실	1194.315				
4분기 손실	538.50	1964.755 불	4분기 115.77	"	975.49 불
		975.49			
		989.265	1920년 손실 잔액		

저는 4분기 회계 보고서를 항목별로 따로 보내지 않고 단지 대차대조표, 연간 전체 대차대조표를 보냅니다. 당신의 지침에 따른 것입니다. 만약 우리가 이해한데로 책정액이 118,830.83달러라면, 이 선교회가 1920년 총 책정액을 받지 못했다는 통지를 받으실 겁니다. 여전히 118,830.83달러와 105,392.89달러 간의 차액으로 13,437.94달러가 남아있습니다. 여기에 제공된 계좌에는 저의 은행 당좌대월이 포함되어 있으므로 제 예금액보다 지급액이 더 크게 나와 있습니다. 차변과 대변 항목 양쪽에 남아있는 약간의 잔고는 재정위원회가 이월시킨 것이며 원하신다면 제가 보고드릴 수 있습니다. 클래스 5와 4는 은행 빚

이 약간 있는 것을 보실 것입니다. 클래스 1,2,3,6,7 그리고 2는 모두 입금액 잔고가 있습니다. 마지막 클래스는 실제로 차입금 잔고가 없는데 이 계좌에 들어갔어야 하는 항목들이 여러 계좌들에 들어가 있기 때문입니다. 당신의 회계사가 더 큰 몇몇 항목들을 분리해서 볼 수 있도록 하기 위함입니다. 만약 요구하시면, 제가 항목별 목록들을 보내드릴 수 있습니다. 그러나 이미 본부 사무실로 보낸 대차대조표에 나와 있으니, 바로 원하신다면 여러 계좌들로부터 쉽게 발라낼 수 있습니다.

모어(Moore) 박사님은 6월 목록에 있는 1000.25달러 상당의 지정 기념품을 보내지 않은 것을 당신에게 상기시키기를 원하십니다. 이것은 평양 고등학교를 위한 것입니다. 그가 주의를 환기시키는 다른 것들이 있지만 그것은 8월 이후의 일이고 당신이 곧 보낼 것이라고 이해하고 있습니다.

데밍 박사는 11월에 맥버니 부인이 지불한 13달러에 당신이 신경 써 주시길 원합니다. 이 돈은 WFMS로 간 돈이며 Parent Board 돈이 아닙니다. 그는 헤스양에게 지급할 돈을 송금해주길 원합니다.
한마디만 더하면 이 시산표는 본국의 선교회에 당신이 지급한 금액을 포함하고 있지 않습니다. 저는 여기 현장에서 지급한 것 외에 어떤 지출 보고서도 고려하지 않았습니다. 11월 19일 당신이 보낸 편지를 보고 그렇게 해야만 하고 올해 회계 장부는 당신의 지침대로 시작할 것이라고 이해하고 있습니다.
당신의 건강을 기원하며

1921년 2월 2일
서울에서 벙커 부인 올림

Mr. Arthur Bruce Moss.

New York City:

Dear Mr. Moss:~

I have a number of letters which I have not answered sooner as I wished to secure the action of the Finance Com. on certain items as you had asked me to do. Bishop called a meeting of the Mission for June 3rd this meeting was closed on June 11th .

I take the following from the Sec. notes "A letter was read from Mr. Moss stating that the furlo[21] of Mr. Cable had been extended until Jan 19th on account of the health of Mrs. Cable. This action was concurred in"

"The microscope sent by the Board with a C.O.D. of $18 was allotted to the use of the Kongju Station eventually to go to the equipment of the hospital there. Mr. Williams stating that he would pay the $18."

The $1000 for the Kang Nung Church is very thankfully rec'd but Mr. Morris wishes me to ask you why the $100 was not also sent. We spoke of it to the Bishop and he seems to think that the not sending of the $100 was an oversight. The Bishop said it would be well to ask you about it and so I am doing as they wish. I was of the opinion that it was not an oversight for in your letter you say you will ask the $1100. I therefore thought you had been unable to secure the extra $100. When I stated this thought to the Bishop he said "Well, write anyway"

Mr. DeVesty has charged this money $2000. of it, as a debt of the Mission and puts $100 interest money against the 1921 budget. He did this on the Feb. 1st statement date Jan 24th so I did not understand your remark in your letter of the 23rd of April that "We have not indicated in what year's appropriation this amount will be written off"----

We thank you for getting a special Gr for the excess of Mrs.

---

21. 역자주: '휴가'로 번역함.

Deming travel. Also we are grateful for the Sp Gr. for Mr Grove's salary.

The action taken at the meeting of the Executive Committee April 21 as reported in your letter of May 2nd was communicated to the Mission. There is at present a plan whereby the Woman's Work and our own in the hospitals in Pyengyang may be united. If this proves successful there will be no necessity for selling the land. The Union plan is a fine one. Bishop Welch will be sending you the particulars.

As I did not understand section (b) of your letter of the 6th of April I have waited with my answer until I should find out from the Bishop about the Centenary Cultivation program in Japan and Korea. I have had the necessary information given me and the Bishop has returned into the funds here the item of $500 as charged out on the May statement. Bishop says that this should not be a charge against this Mission's budget. The first part of the paragraph (a) has been noted and it is thought here that the idea of taking this amount off of the appropriation for New Missionaries a good one. This is the action taken by the Finance Committee.

We understand about the making up of the 16% at the end of the year and are glad that it can be done. Meanwhile there is great stress of funds here just now. Mr. DeVesty taking out all of the second quarters salaries, of the men on furlo, from the April Statement worked havoc with the necessary remittances on the field this month[22] as I did not receive enough money to pay all items. Then here are three of our families leaving at the same time and all their travel money to come out of practically one month's remittance. I wonder if you could help us out a bit here? I am especially hard pressed just now having had to pay $15000 on buildings and having only $4000. to do it with. I had to arrange for an overdraft and the Bank is not any too courteous in granting these requests. I have however your cable and am expecting relief soon.

Both Dr. Moore and Mr. Williams are making out a complete

---

22. 역자주: 원문에는 손 글씨로 첨가되어 알아보기 어려우나, 'this month'로 추정함.

statement of present building conditions and you will soon
receive that with the Office statement. I shall send you a letter
about our meetings. Vital things were done I have first to see
Bishop Welch.

With many thanks for your kind words about Mr. Bunker.

I am with best wishes
Mrs. D. A. Bunker

I hope to be in New York the last of August with Edna.

친애하는 모스 씨에게,

저는 재정위원회의 조치를 확실히 실행하고자, 당신에게 곧장 답장하지 않은 편지가 여러 장 있는데, 당신이 저에게 요청했던 특정 항목들에 대한 것 말입니다. 감독님께서는 6월 3일에 회의를 소집하셨고, 이 회의는 6월 11일에 폐회하였습니다.

저는 위원장으로부터 다음과 같은 쪽지를 받았습니다. "모스 씨로부터 온 편지에 따르면 케이블 씨의 휴가가 케이블 부인의 건강상 사유로 1월 19일까지 연장되었다고 합니다. 이러한 조치를 찬성했습니다."

"이사회가 18달러 현금불로 보내신 현미경은 공주역에서 사용하는 것으로 배정되었는데, 결국은 그 곳에 있는 병원으로 갔습니다. 윌리엄스 씨가 18달러를 지불하겠다고 합니다."

강릉 교회의 1,000달러는 감사하게도 받았으나, 모리스 씨가 당신이 100달러를 함께 보내지 않은 이유를 저에게 물어보라고 합니다. 우리는 이 사항을 감독님께 말씀드렸고, 그 분은 100달러를 보내지 않은 것이 실수였을 것이라고 생각하는 것 같습니다. 감독님께서 제가 이 사항을 당신에게 물어보는 게 좋겠다고 하셔서 제가 질문을 드리는 것입니다. 저는 당신이 편지에 1,100달러를 요청하겠다고 썼었기에 이것이 실수라고 생각하지 않습니다. 그래서 제 생각에는 당신이 추가로 100달러를 확보하지 못했었던 것으로 생각했습니다. 저의 이러한 생각을 감독께 말하자, "어쨌든 편지를 쓰시지요"라고 하시더군요.

드베스트 씨가 이 자금으로 선교회의 부채 2000달러를 갚으라고 청구했으며, 100달러 이자 비용은 1921년 예산에 넣을 것입니다. 그가 이 일을 2월 1일에 했는데 명세서 날짜는 1월 24일입니다. 그래서 저는 당신의 4월 23일자 편지에 언급한 내용인 "우리는 어느 년도의 책정액에서 이 금액을 충당할 것인지... 지적하지 않았습니다."를 이해하지 못했습니다.

데밍 부인의 여행경비 초과액에 대하여 특별 보조를 해주신 것과 그로브 씨의 월급 건에 대하여도 특별 보조를 해 주신 것 역시 감사합니다. 당신이 보낸 5월 2일자 편지에 보고된 4월 21일 집행 위원회 회의에서 내려진 조치가 선교회로 전달되었습니다. 현재로는 전도부인 사역과 평양의 병원들에서의 저희의 사역이 합쳐지는 계획이 있습니다. 만약 이것이 성공하면, 토지를 매각할 필요가 없어질 것입니다. 이 연합안이 좋습니다. 웰치 감독께서 당신에게 세부사항을 보내실 것입니다.

4월 6일 편지의 (b) 부분을 이해하지 못해서, 일본과 조선의 100주년 교양 프로그램에 대하여 감독님한테 알아낼 때까지 답변을 기다렸습니다. 저는 필요한 정보를 받았고 감독님은 5월 명세서에 지급 처리된 500달러 항목을 여기 기금에 반납하였습니다. 감독님은 이것이 이 선교회 예산에서의 청구가 되어서는 안 된다고 하십니다. 문단 (a)의 첫 부분에 주의하여 여기서는 새 선교회를 위한 책정액에서 이 금액을 빼는 방안이 좋겠다고 생각하고 있습니다. 이것이 재정위원회가 내린 조치입니다.

올 해 말에 16퍼센트를 보충하실 것이라는 점을 이해하고 또 그것이 가능하다는 것 때문에 기쁩니다. 그런데 바로 지금 여기서는 자금관련 엄청난 스트레스가 있습니다. 드베스트 씨가 휴가 중인 인원들의 2분기 급여 전부를 4월 명세서에서 빼버리셔서 이달 현장에서 필요한 송금액이 엉망이 되었습니다. 제가 모든 항목들을 감당할 충분한 자금을 받지 못했기 때문이지요. 그리고 우리 가족 중 세 분이 동시에 떠나게 되셔서 그분들의 여행경비를 한 달 분 송금액에서 실제로 인출해야 합니다. 우리에게 좀 도움을 주실 수 있는지 궁금합니다.

특별히, 저는 건축으로 15000달러를 지불해야하는데 4000달러만 수중에 있어서 큰 압박감에 시달리고 있습니다. 제가 은행에 당좌차월을 알아봐야하지만 이런 요구가 받아들여지기는 녹록치 않을 겁니다. 그러나 당신이 보낸 전보를 받았으니, 곧 구제가 되리라 기대합니다.

무어 박사님과 윌리엄씨 두 분이 현재 건축 상황 보고서를 작성 중에 있으며, 곧 사무소 보고서와 함께 받아보실 겁니다. 제가 저희 협의회에 관한 편지를 보내드려야 하겠습니다. 중요한 사항들은 다 되었고, 제가 웰치 감독님을 먼저 뵈어야 되겠습니다.

제 남편에 대하여 좋은 말씀 감사드립니다.

평안을 빕니다.

1921년 6월 13일 서울에서 벙커 부인 드림

*저는 에드나와 함께 8월 말일 쯤에 뉴욕에 있기를 바라고 있습니다.

Mr. Arthur Bruce Moss. Seoul Korea, June. 8th 1921~
New York City,

Dear Mr. Moss

I have to report the very sad death of the daughter of Mr. and
Mrs. B.W. Billings, Helen, from scarlet fever, this morning
at Severance Hospital. The rest of the family have not so far
contracted the disease.
I have also to report that Dr. VanBuskirk is ill with malaria. also
that their sailing date has been postponed for ten days.
We are all praying that the other Billings children will not take
the dread disease and that Dr. VanBuskirk may soon be restored
to health.

With best wishes

Mrs. D. A. Bunker

친애하는 모스 씨에게
뉴욕시

B. W. 빌링스 부부의 따님인 헬렌 양이 오늘 아침에 성홍열로 세브란
스 병원에서 죽음을 맞이했다는 아주 슬픈 소식을 전합니다. 남은 가
족 분들은 아직까지 질병에 걸리지 않았습니다.
또한 반버스컬크 박사님이 말라리아로 앓고 계시고 그들의 출항날짜가
10일간 연기되었음을 알려드립니다.
우리는 빌링스 가족의 다른 자녀들이 두려운 질병에 걸리지 않기를 그
리고 반버스컬크 박사님의 건강이 속히 회복되기를 함께 기도하고 있
습니다.
평안을 빕니다.

1921년 6월 8일

서울에서 벙커 부인 드림

Mr. Arthur Bruce Moss. Seoul Korea, May. 17th 1921~
New York City,
Dear Mr. Moss;~

Your letter of the 21st of April rec'd yesterday. I can not tell you how disappointed I was when I opened it to find no check enclosed. I have been to the bank and they will allow me an overdraft for a short time for 15,000 yen. I went therefore to Bishop Welch and he advised me to send a cable which I did. I am now hoping to get relief soon from you. I have to pay 25,000 yen tomorrow.

Thank you for attending to the Kang Nung matter and I hope that you will be able to get that money out here soon.

You will have seen a letter written to Dr. North by Dr, VanBuskirk in which he tells of the trouble in which the Building Com. have been thrown by one of the Korean Contractors. This Korean man is to be much pitied. He has done much and good work for us in the past. He built the East Gate Church and it is well built. He is blessed by a number of sons who do not follow in his footsteps but are using up all the Father's money in riotous living. The Father, poor man is driven almost crazy.

I feel sure that it is his Japanese Creditors who are pushing him so hard that he is compelled to act as he is acting. I am very sorry for him!

Thank you for your words about Mr. Bunker. He is now on the Atlantic.

Bishop Welch returned from the funeral of Bishop Harris in Tokio, yesterday. He is leaving for Haiju today.

With Best wishes,

Very Sincerely
Mrs. D. A. Bunker

친애하는 모스 씨에게

지난 4월 21일자 편지를 어제 받았습니다. 제가 편지를 열어보고 수표가 들어있지 않아서 얼마나 실망을 했는지 말도 못합니다. 제가 은행을 다녀왔는데, 은행 측에서 단기로 저에게 15,000엔을 당좌대월을 허락하였습니다. 그래서 제가 웰치 감독님께 갔더니 해외 전보를 치라고 알려주셔서 그대로 했습니다. 당신으로부터 곧 구제를 받기를 지금 바라고 있습니다. 내일 25,000엔을 지불해야하거든요.

강릉 문제를 처리해 주셔서 감사드리고, 당신이 여기에서 곧 그 돈을 받아내시기를 바라고 있습니다.

반버스커크 박사님이 노쓰 박사님에게 쓰신 편지를 당신이 곧 보시게 될 것입니다. 그것은 한국인 계약자 한 명이 건축 위원회를 걱정거리로 몰아넣었던 내용입니다. 이 사람이 측은하기 짝이 없습니다. 이 사람이 일을 많이 했고, 과거에 저희를 위하여 선행을 많이 베풀었습니다. 그가 동대문 교회(the East Gate Church)를 아주 잘 지었습니다. 그에게는 여러 아들들이 있는데, 그들이 아비의 뒤를 따르지 않고 방탕한 생활로 아비의 돈을 모두 써버렸습니다. 이 가난한 아비가 거의 미칠 지경이 되었습니다.

그를 너무 힘들게 해서 그가 지금처럼 행동할 수밖에 없도록 한 것은 일본인 채권자들이라고 확신합니다. 저는 그가 매우 측은합니다.

제 남편 소식을 물어주셔서 감사합니다. 그는 지금 대서양에 있습니다. 어제 웰치 감독님이 도쿄(Tokio)의 헤리스 감독님 장례식에서 돌아오셨습니다. 오늘 해주로 떠나실 것입니다.

평안을 빕니다.

1921년 5월 17일

서울에서 벙커 부인 드림

Mr. Chas. E. DeVesty Seoul Korea, May. 17th 1921.
New York City

Dear Mr. DeVesty

In yesterday's mail I rec'd five separate enclosures from you, the Designated Gifts lists for $6,222.73 the statement for March on which I notice you send me $5,357.10 for May. I have already rec'd $7,800. for May so I take it that this last remittance is for June. On this statement there is a cr. item of $125.00 for Episcopal Fd. for M.C.Harris. This cr. I suppose should be on the Japan statement.

I am much obliged for the trouble you have taken to send me the statement of the charges against our appropriation for 1920. I shall bring those figures and those from the ledger here and have you show me your side (when I come to New York). If the Committee allowed us the full $118,830.83 for recurrent then there is a bal due this mission but if what you say that our appropriation for both non-recurrent and recurrent is $122 thousand plus then we shall be our for the balance. Let me quote from a letter of Mr. Moss dated Oct. 4th "In consonance with its original action the Administrative Committee has reconsidered the Korea budget and has re-approved it as for the original item of $118,830.83 and request that the balance of $118,830.83 be sent to the field as soon as possible. The detail on this will be sent on as quickly as we can" That would seem to mean that we were to have the full $118,830.83 for our recurrent items.

Your letters of 18th and the 21st will be answered after I have seen Bishop Welch.

I am journalizing and posting the statements this year. Mr. Deming is quite worked up over the matter of his credits for last year. You paid him his first quarter and then proceeded to pay Mrs. Deming $150.83 which (see your letter of instructions to me date Feb 9th 1920) contained $30 for rent. This amount after July was to be taken out of what you paid her. By some oversight this was not done and so I could only pay Mr. Deming after June the sum of $45 instead of $75. I sent you a statement of

Mr. Deming's account with my letter of Jan 11th showing all

monies rec'd by him and Mrs. Deming. It did not include your last payment of $70 which is on the Dec. statement and for which there was not sufficient bal. left from his credits of 1920. So that he is in reality owing the mission. As nearly as I can come to the present conditions Mrs Deming should have rec'd only $120.83 a month after July. Their salary for one month came to yen 391.66 or $195.83 — Mrs Deming rec'd $150.83 leaving $45. for Dr. Deming out here. As to rent they had only $60 in the appropriation so that there is a Dr. bal of $60. on that account but that will be or rather has been cared for by the Finance Com. using other balances. Mr. Deming seems to think that you have charged him once too often for his children but that is not so, the statements show that quite plainly. I think that Mrs Deming's memory is at fault. I believe that she is under the impression that you sent a $70 to Miss West which is not credited. I say I think for she did not seem clear in her mind about the matter. I am extremely sorry. Dr. Deming is not exactly clear either. My payments and your statements show that they have rec'd more than is in the appropriations.

Sorry to have to write thus lengthly about this but Dr. Deming has taken the matter to the Budget Com. and I wished you to have th facts.

With best wishes to you

Very Sincerely

Mrs D. A. .Bunker

친애하는 드베스트 씨에게

어제 편지에서 보내주신 다섯 개의 동봉서류를 받았습니다. 6,200 불상당의 지정 기념품 목록들, 제가 5월을 대비하여 보내달라고 한 5,300불에 관한 3월 내역서입니다. 저는 5월분 7,800불을 이미 받았으므로 이 마지막 송금액을 6월분으로 챙기려고 합니다. 이 내역서 상에 M. C. 해리스 성공회 감독님을 위한 125불상당의 대변 항목이 있습니다. 저는 이 대변 항목이 일본 쪽 명세서 상에 있어야 한다는 생각입니다.

저는 당신이 우리의 1920년 책정액에 대한 청구 내역서를 보내주신 수고에 너무 감사드립니다. (뉴욕에 가게 되면) 제가 거래 내역 원장의 숫자들과 자료들을 가지고 가겠고, 당신 측의 자료도 보여주셨으면 합니다. 만약 위원회가 118,830.83달러 전액을 경상 예산으로 승인한다면 이 선교회에 대한 지불 잔액이 존재할 것이나 만약 당신이 말한 대로 경상과 비경상 책정액 전부가 122,000불 좀 넘는 수준이라면 우리는 균형을 벗어날 것입니다.

모스 씨의 10월 4일자 편지를 보면, "애초의 결정대로, 행정위원회는 한국의 예산을 재고하였고, 애초 항목인 118,830.83달러로 재승인 하였으며, 118,830.83달러 잔액을 가능한 조속하게 현장으로 보낼 것을 요구하였습니다. 자세한 사항을 가능한 빨리 보내겠습니다."라고 되어 있습니다. 그것은 우리가 경상 예산으로 118,830.83달러 전액을 받게 된다는 의미인 것으로 보입니다.

당신의 18일과 21일자 편지에 대해서는 제가 웰치 감독님을 만난 뒤에 답장을 드리겠습니다.

저는 올해 회계 분개를 하고 있으며 회계 내역서를 기재하고 있습니다. 데밍 박사님이 작년에 계좌 잔고 문제를 놓고 꽤 흥분해 있습니다. 당신이 그에게 1분기 보수를 지급했고, 그 후에 데밍 부인에게 집세 30불이 포함된 150불(당신이 보낸 1920년 2월 9일자 설명서 편지를 보세요)을 지급했습니다. 7월 이후에는 이 금액은 당신이 데밍부인에게 지급한 것에서 인출되어야 했습니다. 실수로 이것이 되지 않았고 저는 6월 이후에야 데밍 박사님에게 75불 대신에 45불을 지불할 수 있었습니다.

제가 데밍 부부가 받은 모든 금액이 표시된 데밍 씨의 계좌 내역서를 데 1월 11일 편지와 함께 당신에게 보냈습니다. 거기에는 12월 내역서에 있는 최근 70불 지급액은 표기되어 있지 않고, 그 때문에 데밍씨의 1920년 계좌에 충분한 잔고가 남아있지 않습니다. 그래서 실은 그가 선교회에 빚을 지고 있습니다. 제가 현재 상황에 대하여 아는 한은, 데밍 부인이 7월 이후에는 1 개월에 120불만 받았어야 합니다. 그들의 한 달 치 급여는 총 391엔 또는 195불이었습니다. - 데밍 박사님의 45불을 제외하고 데밍 부인이 150불을 받았습니다. 집세에 관해서는 그분들은 60달러만 책정되어 있으므로 그 계좌에 대한 입금액은 60달러여야 하나 오히려 재정위원회는 다른 잔액들을 이용하여 처리해 왔고 앞으로도 그럴 것입니다. 데밍 박사님은 당신이 그의 자녀들에 대하여 또다시 청구를 했다고 생각하는 것 같다만, 사실은 그렇지 않고 이것은 내역서에 분명하게 나타나 있습니다. 제 생각에는 데밍 부인의 기억이 잘못된 것 같습니다. 제 생각에는 데밍 부인은 당신이 웨스트 양에게 입금되지 않은 70불을 보냈다고 생각하는 것 같습니다. 해명을 하자면, 제 생각에는 그녀가 이 문제에 대하여 분명한 생각을 하고 있지 못하다는 것입니다. 유감스럽기 짝이 없습니다. 데밍 박사님도 아주 명확하지 않습니다. 저희 지급액과 당신의 내역서에 따르면 그분들은 그분들의 책정액 보다 더 많이 받았습니다.

이렇게 길게 편지를 써서 죄송합니다만, 데밍 박사님이 이 문제를 예산위원회에 보냈으며, 당신이 사실을 잘 알고 계셨으면 합니다.

평안을 빕니다.

1921년 5월 17일

벙커 부인 올림

Frank Mason North D.D
New York City
Dear Dr. North

Your communication of Sept. 21st containing a complete statement of Korea accounts for 1920 was received by me in San Francisco just before sailing. I appreciate your sending this statement very much. I have been home now a little over a month. I have very carefully gone over each item a number of times and Mr. Bunker has gone over them with me. We have carefully checked and compared the figures of each item on this statement with those sent out on the monthly statements during the year. There are certain items which differ and these I have noted on the enclosed sheet.

I wish very particularly to call your attention to certain items which are entered on Sheet-2 "Korea Appropriation Account"

	Disbursement	Sent Field	Paid in N.Y.
1919	Oct. 4th H.H.Cynn Outgoing ---	-----	$205.00
1920	March 4th Seoul Seminary	$3,500.00	
"	June 16th Oh Ki Sim Outgoing ---	----	$284.00
"	July 24th Deming Residence	$1,500.00	
"	Aug. 5th Kongju School	$5,000.00	
"	Oct 8th Alcock Gift Paichai	$5,000.00	
		$15,000.00	$489.00

These items are entered on our recurring items Budget for 1920 on Sheets -2-. The recurring Budget for 1920 does not contain any such credits. They should be a charge against the non-recurring Budger for 1920. The Finance Committee made no provision for these six items. in the recurring Budget.
The total of sheets-2- $128,492.84 plus the item
of sal &rent E.M.Cable 4th Qaurter 490.00= $128.982.84

Deducting from this total the above items 15,489
of non-recurring, we have a balance of -------------- 113,493.84
which represents the amounts rec"d on the field and paid at home
on the recurring Budget. Taking then the assurance of Secretaries
that our recurring Budget for 1920 is $118,830.83. (See Mr. Moss letter
dated Oct 4th which says-" In consonance with its original action, The Administrative
Committee has reconsidered the Korea budget and has reapproved it as for
the original item of $118,830.83 --etc) and deducting from it these
recurring items 113,493.84
paid at home and on the field, we have a balance due of -----------
-- 5,336.99

There is however a small credit due the Board which should be
deducted from this bal. On sheet -2- Feb. 25th there is a the B/E
2726 for 124.63. of this sum only $17.63 has been credited to the
Board. This 124.63 plus 393 were entered as sundries on sheet 4
in "Additional credits" But only the $393 and $17.63 were entered
on sheets -2-. Subtracting this then from the amount still due
the field reduces that mount by $104. and leaves us a balance of
$5,232.99 as due on recurring Budget.

> With cordial best wishes from Mr. Bunker and myself.
>> Mrs D. A. .Bunker

친애하는 노스 박사님

한국 계좌의 내역서 전부를 포함한 당신의 9월 21일자 서신은 샌프란
시스코에서 배를 타기 직전에 받았습니다. 내역서를 보내주신 것 진심
으로 감사하게 생각하고 있습니다. 현재 한 달 좀 넘게 집에 머물고 있
습니다. 저는 아주 주의 깊게 각 항목을 여러 번 살펴보고 있으며 제
남편 벙커씨는 저와 함께 검토하고 있습니다. 우리는 주의 깊게 확인하
고 내역서 상의 각 항목의 수자와 그해의 매월 내역서의 숫자를 비교
했습니다. 그런데 서로 상이한 몇몇 항목이 있어서 이것들을 동봉한
용지에 기재하였습니다.

저는 특히 Sheet-2 (조선 책정 계좌) 에 기재되어 있는 몇몇 항목들에 당

	지출	현장 송금	N.Y. 지급
1919	Oct. 4th H.H.Cynn 지출 ---	-----	$205.00
1920	March 4th Seoul Seminary	$3,500.00	
"	June 16th Oh Ki Sim 지출 ---	----	$284.00
"	July 24th Deming 주택	$1,500.00	
"	Aug. 5th Kongju 학교	$5,000.00	
"	Oct 8th 알곡 선물 배제	$5,000.00	
		$15,000.00	$489.00

이 항목들은 Sheet-2에 있는 1920 예산 경상 항목에 기재되어 있습니다. 1920년 경상 예산에는 그러한 채무들이 없습니다. 그것들은 1920년 비경상예산에 청구되어야 합니다. 재정위원회는 경상 예산에 이 6개의 항목들에 대해 어떠한 조항도 만들지 않았습니다.
Sheets-2의 총액 $128,492.84 + 4분기 급여와 집세 항목 (E.M.Cable) 490.00= $128,982.84 -
이 총액에서 위의 비경상 항목들을 차감 15,489
잔액 ------------- 113,493.84

이 잔액은 현장에서 받은 금액과 경상 예산에서 본국에서 지급된 금액을 나타냅니다. 1920년 우리의 경상 예산총액이 118,830.83달러라는 위원회 의장의 보증을 확실하게 믿고(모스씨의 10월 4일자 서신을 보시면 "원래의 정책과 일치하게 행정위원회는 조선사업 예산을 재검토하여 원래의 금액 118,830.84달러를 재승인하였다"라고 되어 있습니다) 거기서 본국과 현장에서 지급된 이 경상 항목들 113,493.84달러를 차감하면 5,336.99달러의 미불액이 남아 있습니다.

그럼에도 불구하고 이 잔액에서 차감되어야 할 이사회에 지급해야 할 적은 액수의 채무가 있습니다. Sheet-2- 2월 25일 2726번 환어음 124.63달러어치가 있습니다. 이 금액 중 17.63달러만이 이사회에 입금되었습니다. 이 123.63달러와 393달러를 더한 금액이 Sheet-4 "추가 채무"상의 잡다 계정에 기재되어 있습니다. 그러나 단지 393달러와 17.63달러만이 Sheet-2에 기재되어 있습니다. 그리고 이것을 현장에 지급해야 할 금액으로부터 차감하면 그 금액은 104달러만큼 줄어듭니다. 그러면 경상예산에서 우리가 받아야 할 잔액은 5,232.99달러입니다.

벙커 씨와 나로부터 진정으로 행복을 빌며

1921년 12월 8일
서울 조선에서 벙커 부인 올림

Seoul Korea, Jan. 11th 1921

Mr. Chas. E DeVesty
New York City
Dear Mr. DeVesty;

I am enclosing, as per your request of the 15th of March and the 11th of Oct., a report showing all (personal) monies paid out to the member of this mission during the year 1920.

In looking up these reports I could find no statement of rent paid Dr. Noble during the 3rd Qtr. Also, I think that he has not been paid all of his allowance for his children. The office paid Harold for a time but this was cr. back to the field all except the Jan. payment which Dr. Noble had paid before leaving the field. This being the case there is a bal of rent $ 90. and a bal $137.51 allowance. Will you not please look up these two items.

Then in making out Dr. Demings acct I find that Mr. Deming has paid $25 more than enough to cover the bill of F. Loeser's. This $25 with the bal $23.56 will not be enough to cover the Dec a allowance for the children.

I wish also to call your attention to the payment of the Board to Dr. Follwell's children of $444.40 since July 31st.

This office had to borrow money to partially pay the Contractor of Paichai at the end of the year. Also the remittance of $6,799. plus did not meet the demands for the monthly payments of Dec. arrangement for an overdraft at the bank were made. We are patiently waiting for relief.

With best wishes, Very Sincerely
Mrs. D. A. Bunker

친애하는 드베스트 씨

3월 15일과 10월 11일 당신의 요청에 따라 1920년 한 해 동안 본선교회의 일원들에게 지급된 모든(개인) 자금을 보여주는 보고서를 동봉합니다.

이 보고서들을 살펴보면서 저는 3분기에 노블 박사님에게 지급된 집세에 관한 내역서를 찾을 수가 없었습니다. 또한 저는 그의 자녀 수당이 전부 지급되지 않았다고 생각합니다. 본사가 해롤드의 비용을 임시로 지급했지만 이것은 1월 지급 분을 제외하고 노블 박사님이 현장을 떠나기 전에 지불했으며 모두 현장의 채무입니다. 경우가 이러므로 90달러의 집세와 137.51달러의 수당의 미지급 잔고가 남아 있습니다. 이 두 항목은 살펴보지 마시기 바랍니다.

그리고 데밍 박사님의 계좌를 살펴보면서 저는 데밍 박사님이 F. Loeser의 청구서 액수보다 25달러 더 많이 지급했다는 것을 알게 되었습니다.

또한 저는 이사회가 7월 31일 이후 폴웰 박사님의 자녀들에게 444.40달러를 지급한 것에 대해 환기해주시기를 원합니다.

본 사무소는 1920년 연말에 배제의 계약자들에게 일부 대금을 지불하기 위해 자금을 빌려야만 했습니다. 또한 6,799달러 좀 넘는 송금액은 은행 당좌차입 관련 협의된 12월 한 달 분 지불소요금액에 못 미칩니다. 우리는 인내심을 가지고 지원을 기다리고 있습니다

행복을 빌며

1921년 1월 11일
서울 조선에서 벙커 부인 올림

Mr. Chas E. DeVesty, Seoul, Korea Oct. 26th, 1921
New York City.

Dear Mr. DeVesty:-

Your credit item to this mission on the July statement, 1st page, of $355.52, account Follwell's children, brings up the whole matter of the allowance item. Dr. Follwell left the employ of our Mission on July 31st, 1920 and it seems most reasonable that the payment of the allowance should have stopt at that time-at least in so far as payments after that were a charge against our Mission. The fact that the allowance ran on thru the year should have no weight in the matter as it seems to me. Charges from July 31st on against our mission, withdrew from the field just that much money that was greatly needed to carry on our work. In all, up to the time payments were stopt at the end of May this year we were charged with $886.80 and on the July, 1921 statement we have a credit of $355.52 which leaves a balance against us of $533.28. In the interests of our work I make bold to say that I do not think we should stand this charge. The money- all our money- in a broad sense belong to the Board, but in a narrow sense, which falls in line with my view of the matter, the money allowed by the Board as Appropriation to our Field belong to the work here, and any sum drawn from the amount allowed us cripples our work to just that extent. By this I do not mean to argue that the Board can not use our appropriation just as it sees best; only it seems a bit hard to have our support weakened even in a small way by turning funds into channels that do not lead to the immediate building up of our work.

Just why we are credited with four months' allowance this year while we are charged with five months' I do not understand. Perhaps an error in reckoning may have crept in. Just as a matter of enlightenment to a far-off missionary please tell me why we are compelled to walk the floor for the 533.28 noted above. Really I do not understand. I am sure, had the Finance Committee been given the privilege of handling the matter, the money would have gone directly into our work.

Very truly yours,

Mrs. Bunker

친애하는 드베스트 씨
뉴욕시

7월 내역서 1페이지에 있는 355.52달러의 항목은 폴웰의 자녀들 계좌에 관한 것이며 본부가 본 선교회에 갚아야 할 것인데 수당관련 항목의 모든 문제를 야기하고 있습니다. 폴웰 박사님은 1920년 7월 31일 우리 선교회로부터 퇴직을 하셨으며 그 시점에서 수당의 지급은 정지되는 것이 가장 합리적으로 보입니다. 적어도 그 시점이후의 지불은 우리 선교회에게 하는 청구였습니다. 수당이 한 해 동안 계속 나갔다는 사실은 이 문제에 제게 그렇게 보이는 것만큼 중요하게 작용해서는 안됩니다. 7월 31일 이후 우리 선교회에게 한 청구는 우리의 사역을 수행하는데 절실하게 필요한 만큼의 돈을 빼갔습니다. 올 5월말 지불이 정지된 시점까지 모두 합쳐 우리는 886.80달러에 해당되는 금액을 청구받았고 1921년 7월 내역서상 우리는 355.52달러의 채무를 가지게 됨으로써 총 미지급금 잔고는 533.28달러가 되었습니다. 우리 사역을 위해서 저는 우리가 이 청구금액을 책임져서는 안 된다고 생각한다고 담대하게 말씀드립니다. 모든 우리의 자금은 넓게 보면 이사회에 속하는 것입니다. 그러나 좁게 보면 제 견해에 따라서 이사회가 승인해서 우리 현장에 책정해준 자금은 여기 사역에 속하는 것입니다. 따라서 그 금액으로부터 빠져나가는 어떤 액수도 우리 사역을 바로 그 정도로 심각하게 손상시킵니다. 이렇게 말함으로써 저는 이사회가 가장 적합하다고 판단하는 방식으로 우리의 책정액을 쓸 수 없다고 말하는 것은 아닙니다. 단지 우리 사역의 즉각적인 실행으로 연결되지 않는 통로로 자금이 전용됨으로써 우리의 지원이 약화 되서는 안 된다는 것입니다.
단지 우리는 5개월 치의 수당을 청구 받았는데 왜 우리에게 4개월 치만 입금이 되는지 그것을 이해하지 못합니다. 아마 계산 착오가 기어들어 왔는지 모릅니다. 원지 선교에 대한 계몽의 문제로서 부디 우리가 왜 위에 언급된 533.28달러를 걱정하며 마루를 왔다 갔다할 수 밖에 없는지 설명해주십시오. 정말로 저는 이해를 못하겠습니다. 저는 재정위원회가 이 문제를 대처할 수 있는 특권을 부여 받았다면 이 자금은 저희 사역에 직접 왔을 것이라고 확신합니다. 그럼 안녕히 계십시오

1921년 10월 26일
서울 조선에서 벙커 부인 올림

글
모
음

젊은 시절의 회상

애니 앨러스 벙커 부인

전도

1886년 어느 여름날 이른 아침, 나는 Peltong의 현관에 있었는데, 선교사 주거지 수위실의 열린 문 바로 안쪽 돌계단에 앉아있는 한 외국인이 토착인(한국인)들에게 둘러싸여 있는 것을 보았다. 그것이 묘해서 지켜보았는데, 그 외국인이 작은 책을 낭독하는 것을 보았다. ; 그 때 노래소리가 들렸고 관중들이 많아졌다. 한국인들은 노래에 대해 아는 것이 없었고 듣고 싶어 했다. 거리의 모퉁이나 온갖 장소의 샛길에서 초기 선교사들의 주변에는 그에게 관심을 보이고 신기하게 생각하는 사람들이 모여들었고, 선교사들은 그들에게 복음을 전파하며 믿음과 기쁨의 노래를 불러주었다. 이러한 선교와 노래는 1888년에 금지되었다. 그 이래로 길가의 여관에 앉아서, 시장판의 가장자리에서 또는 시골길을 따라서 종이나 책을 보고 크게 따라 읽는다던지 또는 가능하다면 그 생각을 언문으로 쓰려고 시도한다던지 하는 등의 어떤 행위라도 실패 없이 호기심을 불러일으켰다. 사람들은 당신이 쓴 것을 무의식적으로 따라 읽고 그럼으로써 앞이 보이지 않는 사람이라도 알 수 있게 될 것이다. 만약 그들이 흥미가 있다면, 당신이 읽으면 그것을 귀담아 듣고 ,당신이 말한 것을 다른 사람에게 말할 것이다. 흥미가 없다면 그들은 어깨를 한 번 으쓱 하고는 "예수 사람이나(예수의 사람)" 하고 갈 길을 갈 것이다. 관심 있는 사람들은 질문을 하고, 당신의 발음을 교정하고 감사하게도 소책자를 받아들일 것이다. 그들은 이것을 가져가서 기회 닿는 대로 앉아서 그것을 읽을 것이다. 그것을 큰 소리로 읽으면 청중이 모여들고 그러면 복음이 많은 작은 마을에 전파되고 많은 사람들이 많아질 것이다.

이러한 초기 신자들은 많은 박해를 받았다. 그들은 다른 사람들의 면전에서 비웃음과 조롱을 당했다. 악한 사람의 무서운 무기인 조소가 그들에게 퍼부어졌다. 그들은 변함없고 상황을 관찰했다. 어떤 이는 어디서든지 전파하고 권고하고 찬양할 것이고 다른 많은 이들은 그렇게 할 수 있을 만큼의 힘을 가지고 있다. ; 박해가 없다면 완전한 자유를 누릴 것이다. 우리의 입양된 고국인 이 나라 전역에 곳곳마다 신자들의 기쁨이 즐거움으로 가슴 벅차게 가득 찰 것이다. 신이 숭배 받고 그의 말씀이 전파되는 경배의 장소들. 우리 모두에게 진실로 기쁨과 평화와 위대한 감사를 주는 상태가 아닌가!

교육

그것은 무엇인가? "우리가 약을 만들기 위하여 작은 소녀의 심장과 눈을 도려내고 살아있는 아기들을 삶는다." 얼마나 무서운가! 우리가! 우리가 원하는 모든 것은 그들을 돕는 것인데 왜! 무슨 일이 있었던 건가? 우리는 기도해야 한다, 기도. 주님은 그 길을 열어놓으신 것이다. 무섭고 오싹한 이야기는 사라졌다. 그것들은 근거가 없는 것이었다. 조용히 지내면서 선의를 보여주고 가능한 곳에는 도움의 손길을 주는 것으로 생각의 형세가 일변했다. 거리에서 찌푸린 얼굴 대신에 미소가 우리를 맞기 시작했다. "외국 악마"의 집 근처에 관심과 호기심이 생겼고 그들에게 어떤 해도 보이지 않게 되자 다른 사람들은 멀리서도 보러 왔다. 관심이 돋우어졌다. ; 여기저기에서 조용한 언어, 약간의 찬양, 이야기, 소책자 그리고 몇 년 후에는 소녀들을 가르치는 것에 대한 모든 혐오들이 사라졌다. 많은 부모들이 관심이 없고 조소적이었으나 나머지 관심 있는 사람들도 있었고, 곧 소수의 사역자들이 잘 관리할 수 있는 것보다 더 많은 학생들을 가르쳐야 했다.

소년들 사이에서의 사역도 역시 번성했다. 소년소녀들 가운데서 교육의 진척을 보는 것보다 더 놀라운 일은 없었다. 1886년에 소년들을 위한 학교가 몇 있었다. 그리고 몇은 서구의 사고방식을 따르자면 높은 지위가 아니었다. 소녀들을 위한, 소녀들의 학교는? 고려되어지지 않았다. 소녀들은 밥 짓기, 바느질하기, 청소하기 그리고 가사일 돌보는 것을 배웠다. 지금은? 자, 야외 행사일에 소녀들을 위한 관립학교들 중 하나로 나가서 조선 소녀들이 하는 것을 보라! 선교 학교 어느 초등 여학교 또는 고등 여학교에 가서 거기서 행하는 것을 보라. 그리고 열렬하게 기도하는 것을 보고 이 사역의 가장 작은 부분조차도 돌보시는 주님께 감사하라. 만약 여성이 남성만큼 지식과 문화의 수준이 높지 않다면 최상의 명성을 얻을 또는 얻을 수 있는 나라나 민족은 없다. 아, 나는 더 높은 이라고 말하고자 한다! 그리스도 안에서의 삶이 항상 향상되는 만큼 이 나라가 높은 수준에까지 이르도록 할 존재가 바로 조선여성이다. 대개 알려지기 전에는 예술을 잃어버린 나라, 재능을 잃어버린 나라 조선은 빠르게 상승하고 향상되고 있어서 이웃 나라들에게 살아계신 구세주인 그리스도는 "모든 이의 그리스도"라고 설교하는 것과 가르치는 일에 리더가 될 것이다.

왕궁 기억들

민 왕비 폐하는 병중이셨다. 외국인 남자 의사는 심장박동을 진맥하도록 손목만 진찰했으나 그로부터 더 이상의 도움은 받지 못했다. 그는 왕비를 보지 못하고 살았다!

그렇기 때문에 그는 선교회에 여자 의사를 위하여 두 번이나 전신을 보냈다. 찾을 수가 없었다. 나는 다음 해에 여성병원의 책임을 맡은 의사로서 페르시아의 테헤란에 갈 약속 하에 있었다. 엘린우드 박사로부터 조선에 가도록 요청이 왔으나 거절했다. 두 번째 전화가 왔다. "여의사를 구하는 것이 불가능해요, 당신이 갈 수 없나요?" "그것에 대해 기해보는 것이 더 좋지 않을까요?"라는 말을 전했다. "당신이 조선으로 가는 것이 하나님의 뜻일지도 몰라요." 이 말들이 두 번째 거절을 막았다. 그리고 2주 후에 나는 오직 2년 동안만 있기로 하고 조선을 향하여 출항했다! 다른 의사가 일을 할 수 있으면 나는 돌아와서 페르시아로 갈 것이었다.

도착 후에, 국왕의 초대에 알렌 박사가 나를 궁으로 안내했다. 우리와 함께 민영익 왕자도 갔다. 왕자는 영어를 아주 조금 말할 수 있었는데 그는 해외로 다닌 경험이 있어서 내가 적절한 간호를 했다는 것을 알 수 있었다. 그는 예외적으로 멋진 사람이었다. 또한 The Hallifax School of Interpreter 학교 출신의 통역자가 참석했다. 나는 왕비 전에 나갈 때 3번 무릎을 굽혀 절을 해야 한다고 들었다. 지금 나는 그 때 어떻게 절하는지 알지 못했다. 그래서 나는 들어가면서 심장의 고동을 진정시켰고 긴 영접홀의 먼 쪽 끝에서 조선 여자들이 모여있는 곳에 낮게 구부렸다. 민왕자에 의해 동행한 이 여자들에게 다가감에 따라 나는 다시 구부려 절하고나서 서 있었다. 민왕자는 내게 의자를 주었고 소파에 앉아있는 숙녀를 몸짓으로 알려서 내가 앉게 했다. 나는 앉았다. 이 분이 왕비임에 틀림없다고 생각하자 곧 그녀는 통역자를 통해 내게 말씀하셨다. 그는 왕비 폐하를 그가 볼 수 없는 직립 기둥 뒤에 구부리고 서 있었다. 그녀는 내게 부모님에 대해 물으셨고, 나의 여행에 대해, 나의 가족에 대해, 그리고 나 자신에 대해 내가 몇 살인지, 내가 잘 지내는지, 조선을 좋아하는지에 대해 물으셨다. 이 후에 내가 그녀를 진찰하도록 몸짓으로 알려주셨다. 나는 그녀의 맥박과 체온을 측정했고 그녀의 혀를 관찰했고 그리고나서 몸을 진찰하기 시작했다. ; 내가 그렇게 함에 따라 그녀는 재빨리 손을 내게 내밀었다. 그녀의 몸짓이 그리

빨라서 나는 놀랐고 내가 그녀를 다치게 했는지 질문했다. 아니라고 대답하셨다. ; 허락이 없이 폐하를 만지고 산 사람은 없을 것이었다. 나오면서 내가 했던 것처럼 하는 사람은 참수를 당한다고 들었다.

왕비는 빈혈이 있었고 소화불량으로 고생하고 계셨다. 나는 매일 3번 우유를 마시라고 추천했다. 통역자는 그가 그렇게 말하면 목이 달아날 것이라고 말하면서 이 말을 통역하기를 거절했다. 소의 우유를 마시라는 것은 양반 가족 중 어떤 가족보다 아래 계층으로 내려가는 것이라는 것이다.

나는 자주 궁에 불려 들어갔다. 병이 아니라 즐거움과 행사를 위해서였다. 초가을에, 왕비폐하는 내게 북한(Puk Han)을 보냈다. 그 때까지 사람이 갈 수 있는 한 최대로 높은 설탕덩어리까지 여기 성직자들이 나를 산악 의자로 데려갔다.(?) 현악기 악단, 무희들과 음식이 우리들의 즐거움을 위해 올려 보내졌다. 지우지 않았다면 나의 이름 첫 글자들이 우리가 도달했던 바위의 가장 높은 조각 위에 아직 남아 있을 것이다.

며칠 후에 궁으로 초청받아가서, 내가 나의 산책을 얼마나 좋아했는지 물었을 때 나는 왕비께 감사드렸고 나는 내가 발견한 조선이 얼마나 아름다운지 그리고 여기 사는 것을 내가 얼마나 좋아하는지 말씀드렸다. 그녀는 매우 기뻐하셨고 내가 항상 궁에 와서 사는 것을 좋아하는지 물으셔서 많이 당황했다. 그녀는 매우 친절하셨고 사려 깊으셨고 나를 정중하게 대하셨다. 그녀는 좀 더 안락하게 궁에 오고 돌아갈 수 있도록 하기 위해 나에게 멋진 가마를 하사하셨다.

그 당시 가마에 타고 가는 것은 가장 좋은 수단이었다. 어떤 궁중 행사가 끝나고 어두운 후에 귀가하는 것은 두려운 일이었다. 거리는 아주 어두웠고 불빛도 없었고 불을 켠 창문도 없었다. 문을 연 상점도 없었고 모두가 닫혔고 거리는 여기 저기 몸종소녀들이 여주인을 모시고 가는 아주 작은 초롱을 제외하고는 고적한 상태였다. 저녁 시간은 집에 있는 여자들의 방문시간이었고 남자들은 10시

이후까지는 거리에서 찾아볼 수 없었다. 각 가마마다 한 두명의 기수가 함께 갔고 짧은 반경만큼만 어두운 거리를 밝혀주는 각 가마의 앞에 가는 인부가 가진 매우 아름다운 붉은 색과 푸른 색 얇은 비단으로 된 등불을 들고 따랐다. ; 획획 지나가는 그림자들을 보는 것과 기수의 호출을 듣는 것은 가마를 타고 있는 사람에게 비현실적 느낌을 갖게 했다. ; 일종의 매력에 그에 관한 모든 것처럼 느껴졌다. 종종 그러한 가마가 6-8개가 아주 긴 행렬을 이루는 때도 있었다. 공사관 가마는 앞 뒤 양쪽에 등불이 있었고 지나가는 대인(great person)을 호출하는 chusa가 있었다.(?) 나의 가마에는 앞에 6개 등불만 있었고 뒤에는 없었다. 나의 기수는 큰 사람이었고 그는 우렁찬 외침으로 등불들을 원하는 위치로 만들었다.

또 하나의 매우 재미있는 소풍은 왕실 거동이었다. 우리는 그러한 행렬을 1886년 가을에 목격했다. 국왕은 그의 조상의 묘 앞에서 참배를 드리고 있었다. 수많은 우리 외국인들은 커다란 동대문 거리에 있는 집들의 기와 지붕 위에 올라가는데 성공했다. 우리는 몇 시간이고 앉아서 기다렸다. 우리가 함성 소리를 들었고 행렬이 왔을 때 기다린 가치가 있었다. 온갖 색깔의 그리고 우리들은 알지 못하는 성격의 각종 깃발 뒤에 깃발이 수백까지 이어졌다. 걷고 있는 인부들이 수행하고 있는 말 위에 앉은 남자들, 걷고 있는 남자들, 가마를 탄 남자들, 그들 수천 명은 모두 호사스럽게 차려 입었고 그 다음에 장식이 호화로운 왕의 황금색 가마가 왔다. 뒤 쪽에 좀 거리를 두고 현란한 붉은색의 왕세자의 가마가 있었다. 두 왕가의 가마는 수 백명의 인부들 어깨에 얹혀 운반되고 있었다. 거리에 있는 그리고 여기 저기 유리한 자리에 있는 수많은 군중들은 왕께 경하를 외쳐댔고 충성스럽고 경건해 보였다. 전체 광경은 전혀 잊혀질 수 없는 것이었다.

나의 결혼 바로 전에 왕비는 나에게 보냈다. 정중한 일상의 질문 후에 그녀가 직접 나에게 붉은 비단 조각으로 묶여진 다채로운 작은 조선의 카드 상자를 건넸다. 그녀는 내 곁에 서 있었고 그 상자를 열어 보라고 몸짓으로 말했다. 나는 그렇게 했고 금으로 만든 팔찌가 들어 있었다. 그것은 단단한 고리였고 가볍게 무늬를 돋을새김한 것이었다. 왕비는 내가 그것을 끼기를 원했다. 나는 시도했다. ; 그래, 그것은 손으로 넘겨졌다. 내가 그것을 뺄 수 있었을까? 맞다, 나는 끼었다 뺄 수 있었다. 그녀는 어린 소녀처럼 기뻐했고 마실 차를 가져왔고 ; 그녀와 나는 행복한 반 시간을 함께 지냈다. 그녀는 내게 각종 물품들을 영어로 그녀에게 말하게 했고 그 단어들을 발음하기 위한 시도를 하면서 많은 즐거움을 발견했다.

나의 결혼식에 기다리고 있는 수많은 시녀들이 왕비폐하를 대신해서 보내왔다. 그들은 안에서 그들은 볼 수 있으나 밖에서는 그녀들을 볼 수 없는 곳에 있는 작은 골방에 들어가 있었다. 그들은 아름다운 선물들을 많이 가져왔다. - 비단 롤, 표범가죽, 많은 부채들과 은장식 담배상자들.

1889년 내가 아파서 미국에 몇 달 가 있었을 때, 왕비는 내게 나의 건강을 위해 인삼 2 상자와 500멕시칸 달러의 현금선물도 보내왔다.

1892년 왕이 벙커씨에게 그의 공로를 치하할 때, 나도 또한 훈장을 받았는데 여기서도 다시 왕비가 매우 원했던 것이었다. 그녀는 궁으로 들어오도록 내게 전달을 보냈고 훈장이 돋보이려면 내 머리가 까만 머리여야 한다고 웃으며 나에게 말하면서 직접 내 머리에 훈장을 얹었다.

왕비는 지적인 여성이었고 놀라운 위엄을 갖춘 여성이었으며 매우 밝고 총명한 분이셨다. 그녀의 백성들에게 자금(수단)을 주고, 안정과 평화, 행복을 줄 인생의 모든 길을 따라 전진하는 방법을 가르쳐주려는 그녀의 바램은 진보적인 것이었다. 그녀 자신 그리스도를 믿게 될 것이었는데 그것은 그녀가 관심이 있었기 때문이었다. 나는 그녀가 신약성경의 일부를 읽었다는 것을 알고 있다. 그녀의 가슴에 감동을 받아서 그녀가 조용한 신자가 되었다는 것이 가능하지 않겠는가? 나는 그렇게 되었다고 생각하고 싶다.

Early Personal Recollections

MRS. ANNIE ELLERS-BUNKER

Evangelistic

Early One summer morning in 1886, from the porch of my Peltong, I saw seated on the stone step just inside the open door of the gate house of a missionary residence, a foreigner surrounded by natives. Curious, I watched, and saw that the foreigner was reading from a small book; then I heard singing and the crowd increased. The Korean knew nothing of singing and was eager to hear. At street corners, in byways of all sorts of places, the early missionary gathered about him interested, curious ones and told them the gospel-story and sang songs of faith and joy. This teaching and singing was forbidden in 1888. Thereafter, seated at a wayside inn, at the edge of a market-place or alongside a country road, reading aloud from a paper, or a book or perhaps trying to write one's thoughts in eunmun,— doing any of these things brought, without fail, the curious who would unconsciously read aloud that which you wrote, so that those who could not see might know. If you were reading they would, if interested, listen and tell others what you said. If not interested they went on their way with a shrug and a "Jesus saram ena" (Jesus' man). The interested ones would ask questions correct your pronunciation and gratefully accept a tract. This they carried away with them and at first opportunity say down to read it. Reading it aloud gathered listeners and thus was the good news carried to many a distant hamlet and many believed.

These early believers had much persecution. They were scoffed at and derided in the presence of others. Ridicule, that terrible weapon of the evil one, was hurled at them. They remained constant and now look at conditions. One may preach and exhort and sing anywhere and as much as one has the strength to do; without persecution, one has entire freedom. All over this our adopted-home country there are places where the joy of the believer fills all hearts with gladness. Places of worship where the Most High is reverenced, where His word is taught. Is it not truly a condition giving joy and peace and great thankfulness to us all!

Educational

What was that? "We cut out the hearts and eyes of little girls for medicine, we boil babies alive." How dreadful! WE! Why all we wanted was to help them! What could be done? We must pray, pray. The Lord would open up the way. The dreadful shuddering stories died down. They had no foundation. Living quietly, showing goodwill and where possible giving a helping hand, turned the tide of thought. On the streets smiles instead of scowls began to greet us. Interest and curiosity brought some near the "foreign-devil's" house and when no harm came to them, others came too for a sight-see. Interest quickened; a quiet word here and there, a bit of singing, a story, a tract and in a few years much of all the aversion to the teaching of girls had passed. Many parents showed no interest and were scornful but there were others, interested ones, and presently there were more children to teach than the few workers could well handle.

Work among the boys also flourished. Nothing is more amazing than to see the advance of education among both boys in 1886 and the few were of not high standing according to Western ideas. For girls, schools for girls? Not to be thought of. She was to be taught to cook rice, to sew, to sweep and to care for the household. Now? Oh now go out on any field day of one of the Government schools for girls and see the Korean girl do things! Go to any missionary girls' primary or higher place of learning and see the work there, and devoutly thank the Lord for having had even the smallest part in this work. For no country, no nation can or will attain to its best standing if the women are not on as high a level of knowledge and culture as are the men. Aye, I want to say higher! The Korean woman it is who will bring this country up to the high standing to which the living in CHRIST always lifts. Korea the country of lost arts, of lost attainments, is fast climbing on and up and almost before it will be known, she will be the leader in the preaching to, and the teaching of the nearby countries that CHRIST the living Saviour is "THE CHRIST OF EVERY ROAD."

Her majesty, Queen Min was ill. The foreign male doctor was given her wrist to feel the beat of her heart but no further aid was given by him. He might not look on the Queen and live!

He, therefore, cabled his Board twice for a woman physician. None could be found. I was under appointment to go to Teheran Persia, the next year, as Doctor in charge of their Woman's Hospital then building. Asked by Dr. Ellingwood to go to Korea, I refused. A second wire. "Impossible to get woman physician, can you not go?" brought the words "Had you not better pray over it? It may be God's will that you go to Korea." These words restrained a second "no" and in two weeks I sailed for Korea for two years only! I was to hold the work for another physician and I was to return and still go to Persia.

After arrival, Dr. Allen at the command of the King conducted me to the palace. With us went Prince Min Young Ik. The Prince spoke quite a bit of English and having been abroad he was to see that I had the proper attention. He was an exceptionally fine man. There was also present an interpreter from The Hallifax School of Interpreters. I had been told that I must curtsy three times when going into the presence of the Queen. Now I did not know how to curtsy even once; so I stilled the beating of my heart as I entered and bowed low to the gathering of Korean women at the far end of the long reception hall. As I neared these women accompanied by Prince Min handed me a chair and a lady lying on a couch motioned me to be seated. I sat down. This must be the Queen I decided and soon she spoke to me through the interpreter. He was standing, doubled up, back of an upright beam where he could not see her Majesty. She asked me about my parents, about my voyage, about my family, and then about myself, how old was I, was I well, did I like Korea. After all this she motioned me to examine her. I took her pulse, and her temperature and looked at her tongue and then I started to examine her body; as I did so she quickly put her hands over mine. So quick was her motion that I was startled and asked had I hurt her? No. Came the answer; no one may touch her Majesty without permission and live. I was told on coming out that one may be decapitated for doing when I had done!

The Queen was anemic and suffering with indigestion. I recommended that she drink milk three times a day. This the interpreter refused to interpret, saying that his head would be cut off if he did so; to drink the milk of the cow was beneath the station of any one of good family.

I was frequently called to the palace, not because of illness but for pleasure and entertainment. In the early fall, her Majesty sent me up Buk Han. Here the priests carried me in a mountain chair as far up Sugar Loaf as one would go then. A band of stringed instruments, dancing girls and food were sent up for our enjoyment. My Initials, if not washed out, are still there on the highest bit of rock we reached.

On being called to the palace a few days later, when asked how I had liked my outing, I thanked the Queen and told her how very beautiful I found Korea and how much I liked living here. She was very much pleased and much to my confusion asked me if I would always like to come and live at the place. She was very kind and considerate, treating me with courtesy. She gave me a fine sedan chair so that I might be more comfortable in going to and returning from the palace.

Riding in a sedan-chair was at that time the best way of getting about. Coming home from some palace entertainment after dark, was a thrilling affair. The streets were all dark, no light and no lighted windows, no open shops, all closed and the streets forsaken with the exception of here and there a wee candle-lantern, carried for her mistress by a slave girl. The evening hours were the visiting hours of the women of the households and no man might be found out on the streets until after ten o'clock. A Kesoo or two went with each chair and the very beautiful red and blue silk gauze lanterns carried by coolies going in front of each chair lighted up the dark street for a short radius; looking out at the fleeting shadows and hearing the call of the kesoo, gave to the rider an unreal feeling; a sort of enchantment seemed to be all about one. There were often six or eight such chairs which made quite a long procession. The Legation chairs had lanterns both before and behind and a chusa to call out that the Tai-In (great person) was passing. My chair had only six lanterns in front and none behind. My kesoo was a big man and he made up for the want of lanterns by his loud shouting.

Another very interesting outing was the Royal Kerdung. We witnessed such an outing in the fall of 1886. The King was doing honor at the graves of his ancestors. A number of us foreigners succeeded in getting on the tiled roof of one of the houses on the big East Gate street. There we sat hours and hours, waiting, waiting. When the shouting was heard and the procession came it was worth the waiting. Banner after banner of all colors and with all sorts of unknown characters to us, by the hundreds. Men on horses, held on by walking coolies, men walking, men in chairs, thousands of them, all gaily attired, and then came the King's chair of royal yellow, gorgeous in its setting. Some distance in the rear was the chair of the Crown Prince in dazzling red. Both the royal chairs were carried on the shoulders of hundreds of coolies. The crowds of people on the side of the streets and on the vantage places here and there shouted greetings to the King and were seemingly loyal and reverent. The entire sight was one never to be forgotten.

Shortly before my wedding the Queen sent for me. After the usual questions of courtesy, she herself handed me a many-hued, small Korean pasteboard box, tied up in a piece of red silk. She stood near me and motioned to me to open the box. I did so and there lay a bracelet of gold. It was a solid ring and was lightly chased. The Queen was solicitous,—could I get in on? I tried; yes, it slipped over the hand. Could I take it off? Yes, trial showed I could and off it came. She was as pleased as a small girl and had tea brought; she and I had a happy half hour together. She had me tell her the English for various articles and found much amusement in trying to pronounce the words.

At the time of my wedding a number of the ladies in waiting were sent to represent her Majesty. They were put in a small alcove where they could see and not be seen. They brought many beautiful presents,—rolls of silk, a leopard skin, many fans and inlaid silver tobacco boxes.

When in 1889 I, being ill, was leaving for a few months in

America, the Queen sent me two boxes of ginseng, for my health, and a monetary gift of 500 Mexican dollars.

In 1892, when the King decorated Mr. Bunker for his work, I also was given a decoration and here again the Queen was solicitous. She sent for me to come to the palace and herself tried the decoration on my head, laughingly telling me my hair should be black, so that the decoration would show more.

The Queen was a woman of education, of wonderful poise, and very bright and clever. She was progressive in her desire that her people be given the means, and be taught the way to advance along all lines of life, which would give them comfort, peace and happiness. She herself may have believed in CHRIST, for she was interested. I know that she read some of the New Testament. Is it not possible that her heart was touched and that she was a silent believer? I like to think that this may have been so.

서울의 초기 기억들

애니 엘러스 벙커

기억 - 다시 보기 - 다시 듣기 ; 고통-기쁨, 후회-즐거움. 우리들의 이러한 멋진 사역하는 마음은 우리에게 믿음과 희망을 가져다준다. "조용한 아침의 나라" 조선은 더 이상 "은자의 나라"가 아니다. 내 기억을 회상하면서 그러한 예전의 조용한 고요의 이미지는 사라져 버렸다. 지금은 쨍그렁 소리, 전동차 소리, 시끄러운 트럭의 돌진, 택시들의 경음기 소리들이 어떠한 고요도 남기지 않고 날려버렸다. 행상인들의 무질서하고 시끄러운 외침, 조간 신문(아침신문) 배달부의 종소리와 외침소리가 차지했다. 다양한 식품들의 장사들(상인)이 지나가면서 외치는 행상인들의 고함소리, 당신이 거리 모퉁이에서 그를 스쳐감에 따라 들리는 고구마와 감자구워 파는 사람들의 외침과 학교로 무리지어 달려가면서 외치는 학생들의 인사소리가 들린다. 아니, 고요의 흔적도 남아있지 않다. 조선은 새롭고 생소하게 살아있고 수많은 그 땅의 아들, 딸들은 인생을 즐기기 위한 수단을 확보하기 위해 세계의 전진하는 행진의 대열 앞에 서 있다.

서울의 중심을 통과하여 멋있고 커다란 동대문으로부터 이어지는
아름다운 새 보도와 나무가 심긴 대로를 따라 타고 가면서, 나의
기억은 그 길을 따라 타고 가던 나의 첫 방문을 회상하게 되었다.
넓은 챙을 두른 모자들, 그의 주변이나 가까운 곳에서 일어나는 어
떤 일에도 주의를 기울이지 않음으로서 점잖고 긍지를 가진 모습으
로 활보를 하는 양반(신사)의 큰 소매 달린 코트들을 나는 다시 보
았다. 1887년에 알렌 의사선생님은 대양을 건너는 동안 내내 그리
고 샌프란시스코에서 조선 선교부에 있는 조선인들이 어떻게 새롭
거나 신기한 어떤 것에 대해서 결코 눈을 돌리지 않는지 워싱턴에
말했다. ; 커다란 짐마차의 말들이 한 번 보고서 놀라게 되는 때조
차도, 아니, 그들이 팰리스 호텔의 엘리베이커에 앉게 될 때까지, 그
리고 나서 그들이 위로 들려 올라가기 시작하자 한 사람이 "아이고
하늘로 가겠소(우리가 하늘로 올라가겠소.)"라고 말했다.

이 똑같은 거리의 한쪽을 따라 내가 처음 가마를 타고 가던 것은
민 왕자 폐하가 궁에서 나에게 보내준 술장식이 달린 가마(sedan
chair)를 통해 이루어졌다. 내가 가던 때는 이른 저녁이었다. 상점들
이 아직 열려있었다.; 거의 이 상점들은 팔기 위한 그들의 물건들
을 가게 앞에 전시해 놓았다. - 곡식류, 콩류 그리고 야채들이 커
다랗고 둥근 얕은 밀짚으로 된 가장자리가 말려 올라간 멍석에 놓
여져 있었다. 소금, 양념류, 갈아놓은 후추, 밀가루 등이 더 조그마
한 말려 올라간 멍석에 놓여 있었고 이것들은 밑에는 돌을 놓음으
로서 바닥에서 들어올려진 두꺼운 판자 위에 올려져 있었다. 철제
류, 양동이, 주방 도구들이 걸려 있었다. 팔기 위한 장작이 황소의
등에 놓여져 있었다. ; 그 황소주인은 때때로 하루 종일 살 사람을
기다리며 끈기 있게 황소와 함께 서 있었다. 구멍이 뚫린 구리 동전
은 환전의 매체였는데 한 줄에 250개였고 10줄이 시장으로 나올
때 그 돈을 운반하는 노무자가 필수불가결하게 필요한 1 묶음이었

다. 가마에 탄 사람은 일정한 반경만 볼 수 있었는데 그 반경은 대개 길의 한 편을 따라가는 것이었다. 모든 물은 근처에 있는 우물에서 가져왔기 때문에 종종 물운반자가 그들의 물동이를 어깨에 대나무 막대에 얹어 멜빵으로 메고 지나 다녔다. 그들의 부모와 똑같은 복장을 한 소년소녀들이 조용히 길을 따라 걸었다. 그러나 그들은 가마에 앉은 외국인을 보게 되자마자 소년들은 앞으로 뛰어 들었고 가마의 채를 잡으면서 들여다 보았고 그리고 나서 "나는 그를 봤다"고 외쳤다. 나는 보기 원했기 때문에 앞에 있는 커튼을 올려야 했다. 모든 것이 그렇게 새롭고, 그렇게 기이하고, 내가 여지껏 보았던 거리의 광경과 그렇게 모두 달랐다, 특이한 신발, 깜짝 놀랄만하게 재미있는 모자들을 쓴 남자들, 도망쳐 사라져버리는 여자들은 머리에는 바깥쪽으로 붉은 선을 두른 소매가 달린 초록색 가운을 덮어쓰고 있었다.

해가 지고 집에 돌아올 때, 거리에 불이 없었기 때문에 나의 가마꾼들을 안내하도록 나에게 6명의 등불잡이들을 보내주셨다. 이들 중 4명은 앞에, 2명은 뒤에 자리했다. 나는 또한 도착 직후부터 보호자로서 기수도 함께 있었다. ; 그의 의무는 내가 나갈 때엔 항상 나를 수행하는 것이었다. 왜냐하면 혼자 나가는 것은 위험했기 때문이었다. 그는 지금 나의 가마 앞에 걸었고 만약 많은 사람들이 길에 있으면 그가 길을 정돈하고 소리치면 그들은 재빨리 다른 쪽으로 비켰다. 우리가 지나감에 따라 나는 여기저기에서 작은 소녀들이 그들의 여주인들의 발걸음을 밝히고 있는 작은 초롱의 옅은 불빛을 볼 수 있었다. 그녀들은 밤의 이때에 거리에 대해 특권이 있었는데 이는 남자들은 모두 10시까지는 외출이 금지되었기 때문이었다. 거리는 기묘하게 보였고 나의 붉고 푸른 궁중 등불 4개의 희미한 광선들이 우리가 지나가는 길 위로 비침에 따라 귀신같은 형상들이 휙 지나가는 것처럼 보였다. 창문들에는 불빛이 없었고 문에도 거리 어느 곳에도 불빛이 없었다. - 상상속의 이상한 바로 그 짙은 어둠만이 가득 차 있었다. 어딘가에 피난처를 찾아야할 것 같은 느낌이 들게 하기에 충분했다. ; 그래서 나의 앞에 있는 커튼을 급히 내렸고 기억은 즐거운 것들에 대해 생각하게 되었다. 독자인 당신에게 어떻게 나처럼 볼 수 있게 할 것인가 - 어둡게 그림자가 드리워진 낮은 집들, 몸종을 데리고 있는 여인들 외의 모든 사람들은 집안에 있고, 개들은 자기 집으로 날째게 뛰어 들어가서는 날카롭게 짖어대는데 이는 불빛과 하인이 있는 가마가 그들에게는 일상적이지 않았기 때문이었다. 멋진 보행자길, 가로수가 심겨진 도로는 없었고 모두 밋밋하고 휑했다, 오, 없었다. ; 여기저기에 쓰레기 더미들이 있었고 길 건너편과 도로 옆에 있는 도랑에서는 악취가 진동했고 조용하고 깊은 심연과 그림자들이 널려 있었다. 인부들이 가마를 선교사 구역 안쪽에 내려놓았을 때에야 심호흡을 제대로 할 수 있었다.

이 거리를 내려가서 커다란 동대문을 통과하여 국왕의 왕족행렬(거동)로 갔다. 우리들 중 몇 몇 새로 온 이들은 국왕폐하의 행렬을 보기 위해 길 가 낮은 집의 지붕에 올라가 앉았다. 우리는 덮개와 쿠션을 갖고 있었고 경사가 적기 때문에 우리는 아주 편안했다. 시간이 흘러도 행렬은 없었고, 우리는 며칠 동안 우리가 경험했던 재미있고 신기한 일들에 대해서 그리고 세관 관리의 저녁 초대에 대해서 그리고 고기 굽고 이웃의 고기를 가져가서 놀랜 이웃주민 앞에 구운 로스트 고기가 놓던 것에 대해 이야기하면서 서로 잡담을 했다! 점심 정찬에서 친구의 테이블에 놓여있던 최상의 음료수 잔들을 보았던 것에 대해 ; 어린 조선인 방문자가 자기 근처 테이블에 놓여져 있던 케 을 전부 먹으려고 시도했던 것에 대해 ; 그가 갑자기 세게 당김으로 방에 깔려있던 깔개가 위로 들쳐 올려져서 큰 나무 일부를 가져가려했던 시도에 휘말려들었던 집 밖의 남자에 대해 ; 그의 머리를 자르지 말아달라는 탄원에 대해서! 거리를 노래부르며 가는 기쁨에 대해! 모든 하인들을 심부름 내보내고 잠겨진 문 뒤에서 세례의식을 거행했던 놀라운 사건에 대해! 소년들을 위한 학교를 개교한 것에 대해, 그러나 바로 여기서 행렬의 첫 모습이 보이기 시작했다. 아래의 넓은 도로는 거리 아래로 울려퍼지는 귀에 거슬리는 외침소리와 함께 이리저리 밀고, 당기고, 돌리는 잡다한 군중들로 꽉 들어찼다. 경찰이 가운데를 깨끗하게 정리하기 위해 노력한다. 아 ; 기를 든 선두주자들, 기 장식리본들, 거대한 우산들과 밤에 돌아가기 위한 등불들이 있다. 깃발들과 기 장식리본들에는 국왕의 일대기와 그의 영광스러운 업적들에 대해 모두 한자로 쓰여져 있다. ; 오 ; 오고 있는 것들이 무엇인지 보라 - 나무로 만든 커다란 동물들, 말들, 거세하지 않은 수양들, 양떼들 그리고 어떤 것들은 너무 생소해서 그것이 무엇인지 우리는 알지 못하는 것이다. 그것들은 많았고 롤러 위를 따라 잡아 끌고 어쩌면 밀려가는 것이다. 군중들은 한동안 왕을 기다렸다. 수 백개나 되는 더 많은 깃발들이 있고, 지금 환호갈채가 일어나고 왕을 가까이 보기 위한 군중들의 큰 소동이 일어난다.

왕! 왕이다! 모든 곳에서 소리쳤다. 정부 부처의 수장들인 궁중관리들은 가마를 타고 있거나 조랑말 등에 앉았는데 모두 가슴에 호화로운 비단흉배를 붙인 흐르는 듯한 코트를 입고 있다. 조랑말 등 위에 앉은 사람들은 말안장 위에 둥그렇게 구부리고 양 옆의 가신들에 의해 부축된다. 이 가신들은 또한 색색의 드레스를 입고 있는데 정수리의 관이 너무 작고 너무 얕아서 그들의 머리 위에 올려지기 어렵게 보인다. 관모는 검은 펠트로 되어 있고 왕관 둘레에 장식 끈이 있는데 붉은 비단 굵은 실로 된 2개의 무거운 장식술들이 붙어 있다. "왕이다!" "왕이다" 모든 곳에서 외침이 들렸고 여기 군중들은 더 빽빽하고 바로 중앙에는 얼굴들의 바다가 있는데 그 바로 옆에는 약 30명, 그 바로 뒤에는 약 50명인데 너무 가까워서 그들은 하나로 보였다. 이 사람들의 어깨위에는 긴 막대봉들이 놓여져 있는데 너무 가까이 매여 있어서 그 묶여진 막대봉 사이로 단지 머리들만 보일 정도의 공간 뿐이다. 수많은 얼굴들과 그 중앙에 크고 장식술이 달리고 매우 장식된 일인승 가마 안에 폐하가 타고 있다. 매

달려 늘어진 것들과 모든 커튼들은 엄숙한 노란색의 아름다운 무

늬를 넣어 짠 비단으로 되어 있다. 그 행렬이 지나가는 것을 우리는 얼마나 응시했던지, 그러나 깃발들과 기장식 리본들은 그렇게 많고 그렇게 가까워서 우리는 아주 조금 밖에 볼 수 없었다. 그러나 우리는 단번에 가마에 앉은 풍채를 알아보았다. 그는 앉아계셨고 그의 정교한 궁중 의복을 입고 계셨다. 그는 자비로운 얼굴이셨고 거의 즐거운 얼굴을 하고 계신 것으로 보였다. 그는 언제나 그렇게 즐겁고 그렇게 기뻐해서 다른 사람들에게 그를 잘 적응시킨다. 친절한 왕!

이제 더 많은 가신들, 더 많은 깃발들, 더 많은 큰 우산들이 다가온다. 매우 큰 외침이 있다. ; 행진하는 사람들과 구경꾼들의 거대한 주체하기 힘든 몸체들이 서서히 앞쪽으로 움직임에 따라 사람들은 서로 부르고 밀친다. 이 거동은 좀처럼 오지 않는 것이어서 그것이 올 때엔 도시에 있는 모든 사람들이 밖으로 나온다. - 그녀의 치마에 작은 아이가 매달려 있는 엄마, 구슬로 된 줄이 걸려있는 최상의 실크햇을 쓴 아버지, 모든 종류의 일군들, 나뭇단을 얹은 황소잡이 조차도 군중들 가장자리에 바싹 달라붙는다. 이 거리를 따라 있는 상점들은 문을 닫는다. ; 모든 계급의 그리고 모든 사회계층의 사람들이 밖으로 나와서 색채 찬란한 영광 속에서 그들 국왕의 장대한 행렬을 보기 위해 가장 좋은 자리를 지키려고 한다.

지금은 이 나라의 젊은이가 눈에 띄게 많고 조만간 우리는 그 이유를 보게 된다. ; 더 많은 깃발들, 더 많은 우산들, 더 많은 휘날리는 표지기들 그러나 지금 모든 것은 붉은 색이고 많은 인부들이 메고 있는 두 번 째 일인승 가마에는 12살 소년이 있다. - 왕세자이다. 이 왕세자는 도시의 소년들 중에 매우 중요한 분이고 그들은 그의 가마에 가까이 함으로서 그리고 그들의 외침으로서 이것을 나타내 보인다. 오합지졸, 즉 행렬을 이루기 위해 동원된 도보자들, 도중에 군중들이 사먹을 수 있는 맛있는 것들을 가지고 온 사람들, 나중에 이것들을 청소하는 것을 도울 사람들, 이 모두가 구경꾼들이 집으로 돌아가기 시작할 동안 움직인다. 더럽고 배고프고 지친 지붕위에 있던 우리들 역시 집으로 방향을 돌렸다. 그러나 실제로 동양의 광채를 보는 것은 모든 편안치 못함을 감수할 가치가 있는 것이었다. 그래서 우리들은 집을 기뻐하면서 한 번 더 온건하게 되기 위해 집으로 향했다.

집에 오는 길에 우리는 왕 앞에서 매년 그 나라의 학자들이 치루는 시험인 과거에 대해 들었다. 이 시험방법은 957년에 중국학자인 김성에 의해 도입된 것이다. 모든 지망자의 편에서는 대단한 흥분과 열성적인 노력의 시기이다. 이 대단한 행사를 위하여 모든 학자들은 나머지 가족들과 많은 다른 친척들과 함께 도시로 올라와서는 각자 자신의 장래에 최선을 다하여 전진한다. 자, 우리는 이 대단한 날은 2주 동안 행해진다고 듣는다 ; 그래서 우리 모두는 참석하기 위한 허가를 얻기 위해 노력할 생각이다. 이것은 북궁의 뒤에 있는 커다란 공원에서 행해진다. 자리는 제비로 뽑는다. 폐하가 앉아 계신 큰 천막의 가까운 앞 쪽에 자리를 확보하는 것을 행복하게 여긴다. 다른 많은 것들과 함께 이 큰 천막은 공원의 동쪽 편에 테라스 위에 놓여진다. 여기에 모든 관리들이 착석한다. 그 아래, 공간들이 구분되어지고, 각 참석자들은 그의 자리를 할당받고 햇빛을 가리기 위해 우산이나 면옷을 펼쳐 놓는다. 더 부유한 사람들은 깔개와 작은 테이블을 준비한다. 준비가 되면, 그들은 쓰기 시작한다. 주제들이 일찍 주어진다. 그리고 좀 더 운이 좋은 사람들 몇 명은 주제가 무엇이 출제될 지 때때로 사전에 미리 알았다는 소문이다. 그래서, 나에게는 이 나라는 고국에서와 아주 똑같은 것처럼 보인다. 중요한 시험에 있어서 언제 몇 몇은 문제를 알았었다고 말하지 않는가? 태양으로부터의 보호물 아래에서 하루 종일 이 학자들은 썼고, 썼고 그리고 또 썼고 곧 전체 공원은 버려진 종이들로 뒤덮였다. 모두가 시도하고 그리고 다시 또 시도하고 다시 또 ; 그들의 요구는 너무 커서 극도의 인내만이 궁극적인 희망으로 보였다. 완성된 답안지는 꼭 꼭 둥글게 말아서 관리들과 응시자들을 분리시키는 밧줄로 나아가서 응시자는 그 두루마리를 왕이 앉아계신 의자에 할 수 있는 데까지 가까이 던지게 된다. 이 과거 중 한 번은 벙커 씨가 밧줄 근처를 걷고 있었는데 나이 많은 학자 하나가 그에게 와서 그의 손에 두루마리를 넘겨주며 자기를 위해 그것을 벙커 씨가 던져 줄 것을 부탁했다. "나는 수년 동안 던져왔지만 결코 성공하지 못했습니다. 만약 대인(great man)이 나를 위해 그것을 던져주신다면 성공할 것입니다." 그의 요청에 기쁘게 동의했고 그 두루마기는 왕의 의자 밑 발 아래에 떨어졌다. 그 나이 많은 학자는 기쁨으로 환하게 웃었고 "자" 그는 말했다. "나는 성공할 것입니다." 각기 다른 지방에서 사람들이 그들의 운을 시험하기 위해 올라왔다. 이 시험을 통과한다는 것은 관직에 나아간다는 것을 의미했고 현금 봉급과 쌀 외에 사회적 지위를 얻는다는 것을 의미했다. 공부하고 각기 그들 학생들의 모자를 쓰고 긴 하얀 도포를 날리면서 현장에 와서 그의 백성들이 그에게 준비해 놓았던 자리로 가는 것을 보는 것은 대단한 광경이었다. 몇 몇 사람은 그리 잘 차려입지도 않았고 어떤 사람들은 서투르게 참석해서 열로부터 조그만 보호 밖에 받지 못하지만 그러나 거의 예외 없이 모두 전쟁에 참가하는 모양새였다. 한 두드러진 점이 흥미롭다 : 많은 종들을 거느린 사람들은 자신의 시험지와 필기도구들과 파이프를 가져오지 않았다. 이들은 종들에게 가져오게 했고 그를 위해 작은 테이블 위에 놓았다. 또한 그 사람이 상류계층이라면 양쪽에 하인들에 의해 그의 자리까지 도움을 받았다. 이 하인들은 그들 주인의 코트를 받아 올리고 그가 자리에 앉도록 도우며 근처에 대기하다가 답안지 작성이 끝나면 그것을 제출하는 것을 도울 수 있었다. 그러나 답안지를 던져 넣는 것은 하지 않았다 ; 그것은 응시자 본인이 해야 하는 일이었다. 모든 것 중에 가장 좋은 최고의 답안지를 작성하기 위해 애쓰면서 쓰고 쓰고 또 쓰는 많은 젊은 사람들이 있었다. 아, 실패한 많은 사람들. 그러나 희망은 영원히 샘솟아나면서 많은 사람들은 다시 또 시도했다. 단지 이번에는 꼭 얻어낼 것이다.

Early Memories of Seoul

ANNIE ELLERS BUNKER

MEMORY, SEEING again—hearing again; pain-pleasure, remorse-joy. This wonder working mind of ours gives us Faith and Hope. Chosen the "Land of the Morning Calm" is no longer a "hermit nation." The quiet calmness of those early days as my memory recalls it, has faded away. There is now the clang, clang of the electric car, the rush of the noisy truck, the honk of the taxi with its horn, blowing away any calm. There is the raucous cry of the huckster, the jingle of bells and the cry of the runner of the early sinbun (morning paper). There are the shouts of the venders of various kinds of food as the chansas (merchants) pass by, the sweet-potato and the "spud" roaster's cry as you pass him at the street corner and the helloes of the schoolboys rushing along in squads to school. No, there is little of calmness left. Chosen is alive to the new and strange, and many of her sons and daughters are in the front ranks of the onward march of the world for an increase of the where-with-all to enjoy life.

Riding along the beautiful new-sidewalk, tree-planted boulevard running from the fine, large East Gate through the center of the city of Seoul, my memory recalled one of my first rides along that street. Again I saw the wide-brimmed hats, the big-sleeved coats of the yangban (gentleman) as he strode calmly and proudly by, taking no notice of aught around or near him. Dr. H. N. Allen tells of how the Koreans in the Korea Mission to Washington in 1887 never batted an eye at anything new or strange, all the way across the ocean, and in San Francisco; not even the large dray horses caused a glance of any surprise, no, not till they were seated in the elevator of the Palace Hotel, then, when it started upward they all jumped and one said "Edgo hanale kagesso" (we are going up to the sky).

That first ride of mine along part of this same street was made in a fringe-bedecked sedan chair sent for me from the Palace by her Majesty Queen Min. When I went it was early evening. The shops were still open; mostly, these shops displayed their articles for sale out in front of the shop itself—grain, beans and vegetables lying in large, round, shallow straw mats with edges turned up. Salt, condiments, ground pepper, flour etc. were in smaller turned up mats and these were laid on planks which were raised from the ground by putting stones under them. Iron-ware, buckets, kitchen-utensils were hung up. Wood for sale was on the backs of bulls; these with their drivers stood patiently, sometimes all the day long, waiting for a buyer. Copper cash with holes was the medium of exchange and with 250 on a string and ten strings to a bundle which had to be carried when marketing, it was necessary to have a coolie carry your cash. The riding in a Sedan chair permits one to see things only within a certain radius, and that radius usually along one side of the road. As all water was drawn from near-by wells, water carriers with their water buckets slung from a bamboo rod over the shoulder, passed often. Boys and girls, replicas of their fathers and mothers in dress, walked quietly along the street but as soon as they sensed that a foreigner was in the chair, the boys ran up in front and catching hold of the poles of the chair would look in and then shout "I saw him." I had the curtain up in front as I wanted to see. Everything was so new, so strange, so altogether different from the street scenes I was used to, the peculiar foot gear, the astoundingly funny hats worn by men, the women running to get away with their covering of a green gown over their heads with the sleeves lined with red hanging outside.

Coming home after the sun had set, I had six lantern carriers sent with me to guide my chair-coolies, as there were no street lights. Four of these bearers went in front and two came behind. I had also a Keysoo as body guard sent me immediately on my arrival; his duty was to accompany me at all times when I went out, as it was dangerous to be out unaccompanied. He now walked in front of my chair and if a number of people were in the way he would call out to clear the way and they quickly stepped aside. As we went along I could see here and there in the dim light of small candle lanterns that little girls were lighting the footsteps of their mistresses, who at this time of the night had the privileges of the road, as the men were all forbidden to be out until ten o'clock. 412

The street looked weird, and ghostly shapes seemed to flit past as the faint beams of my four red and blue palace-lanterns lit up the road we were to travel. There were no lights in windows, no lights in doors or on the street anywhere, —just a dense darkness full of imagined strangeness. It was enough to make one feel like taking refuge somewhere; so, my front curtain was hastily dropped and memory set to work on pleasant things. How I wish you, reader, could see it as I do, —low dark shadowed houses, people all indoors except the women with their slave-girls, dogs dodging into their holes and then out with a sharp yap, for the chair with lights and the coolies was an unusual thing for them. No nicely side-walked, tree-planted street all smooth and clean, oh, no; there were piles of refuge here and there, ditches across the road and at the sides, odors many, quiet profound, and shadows abundant. What a breath was drawn when the coolies set the chair down inside the Mission compound.

Down this same street and on through the big East Gate went the royal procession (Kerdong) of the King. Some of us new-comers sat on the roof of a low house along the side to see His Majesty pass. We had rugs and pillows and as the slant was slight we were fairly comfortable. As time went and no procession, we chatted with each other, telling of the interesting and amusing things which we had experienced during our few days, of the inviting of a custom's official to dinner and of the roast burning and the then borrowing a neighbors' roast while the burned roast was placed before the astounded neighbor! Of seeing ones best drinking glasses on the table of a friend at luncheon; of the young Korean caller who attempted to eat the entire cake which was set on a table near him; of the outdoor man caught in an attempt to carry off a large piece of wood by the mat flapping up in the room as he tried to get the wood out by vigorous jerking, of his plea not to cut off his head! Of the delights of street-singing! Of the great event of the baptism behind closed doors with all servants sent away! Of the opening up of a school for boys, but just here the first signs of the procession were coming into view. The broad street below was full of a motely throng pushing, pulling, jibing this way and that, with strident calls echoing down the street. The police try to keep the center clear. Ah; here are the fore-runners with banners, streamers, huge umbrellas and lanterns for the return in the night. The banners and streamers are all written over with the Chinese characters telling of His Majesty' life history and of His glorious accomplishments. Oh; see what is coming, —large animals made of wood, horses, rams, sheep and some are so strange we do not know what they are. There are many and they are hauled along on rollers and pushed on as may be. The crowd meanwhile waits for the King. Here are more banners, hundreds of them, and now comes a cheering and a surge of the crowd which shows that the KING is near.

"The King! The King!" is shouted on all sides. Palace officials, heads of Government offices riding in chairs or on pony back are all dressed in their breast-plated gorgeous silk flowing coats. Those on pony back are on humped up saddles and they are held on by retainers on either side. These retainers also have on colorful robes and the queerest hats which they find difficult to keep on their heads, the crown is so small and so shallow. The hat is of black felt and has a cord around the crown to which is attached two heavy tassels of red silk heavy thread. "The King! The King!" is heard on all sides and here the crowd is denser and in the very center there is a sea of faces, one right beside the other, some thirty, one right back of the other, some fifty so close that they seem one. And on the shoulders of these men rest long poles so closely tied that there is room only for the men's heads to come up through the tied poles. Hundreds of faces and in the center a large, fringed, muchly bedecked palanquin in which His Majesty rides. The hangings and all curtains are of heavy yellow brocade. How we gaze as it passes by, but the streamers and banners are so many and so close that we can see but little. We do however catch a glance of the Presence in the chair. He is seated and has on his fine palace robes. He has a benign look and seen closely has a pleasing face. He is always so glad and so pleased to accommodate himself to others. A kindly KING! Now come more retainers, more banners, and more large umbrellas. There is much shouting; men call and jostle each other, as slowly the vast unwieldy body of processionists and lookers-on move forward. 414

This Kerdong comes seldom and when it does come every one in the city is out,—the mother with small children clinging to her skirts, the father in best top hat geld on by a string of beads, workmen of all sorts, even the bull driver of a load of wood hugs the edge of the crowd. Shops along this street are closed; people of all stages and of all classes of society are out and have secured the best places for seeing this grand parade of their King in all its colorful glory.

The youth of the country are now more in evidence and soon we see the reason; here are more banners, more umbrellas, more flying pennants but now all is red and a second panalquin with many bearers, carries the twelve year old son—the Crown Prince. This royal prince is of more importance to the boys of the city and they manifest this by their nearness to his chair and by their shouting. The rabble, all those afoot who mean to make the march, all those carrying delicacies for the crowd to buy on the route, all those who are to aid in clearing up of things at the end, all these move on while the sight seers turn to go home and we, on the house top—dirty, hungry, tired and oh, so cross, also turn to go home. But really it was worth all the discomfort, this sight of Oriental splendor. So, congratulating ourselves home we go to become sane once more.

On the way home we are told of the Kwaga, the yearly examination of the country's scholars before the King. This method of examining was introduced in 957 by the Chinese scholar, Seung Kim. It is a time of great excitement and of strenuous effort on the part of all the aspirants. All the scholars come up to the city, bringing with them other members of the family and many other relatives, for this is a great event and each one must put his best foot forward. Well, we hear that this great day is to be in two week's time; so, all of us are going to try to get permission to attend. It is held in the large park back of the North Palace. Places are drawn for by lot. It is considered lucky to secure a place near and in front of the pavilion with a number of others, is placed on a terrace at the east side of the park. Here all the officials are seated. Below, the space is marked off and as each participant gets his assignment of place, his umbrella or his cotton cloth for protection from the rays of the sun are put up. The more moneyed ones have mats and small tables. When they are ready, they begin the writing. The subjects have been given out early and it is whispered that some of the more fortunate ones knew what the subject was to be, sometime in advance. So, it seems to me that this country is much the same as in the home land. When was it not to be said in important exams that some knew the questions? All day long under their protections from the sun these scholars wrote and wrote and wrote, and soon the entire park was covered with discarded papers. All would try and then try again and again; their need was so great that extreme persistence only, seemed the ultimate hope. When finished the paper was tightly rolled and the writer advancing to the rope which separated the host from the officials, would throw the roll as near as he could to the chair in which the King sat. During one of these Kwagas when Mr. Bunker was walking near the rope, an elderly scholar came to him and handing him his roll asked Mr. Bunker to throw it in for him, "I have thrown it in for many years and have never succeeded; May be I will succeed if the Tain (great man) will throw it for me." Gladly was his request complied with and the roll fell at the foot of the chair of the King. This made the old scholar smile in delight. "Now," said he, "I will succeed." Men came from all the different provinces to try their luck. Passing this examination meant advancement in position and that meant advancement in social standing in addition to emoluments of cash and rice. It was a great sight to see these dignified men of learning, each wearing his student's cap and long flowing robe of white, come into the field and go to the place his people had gotten ready for him. Some were not so well clad and some were poorly attended and had but small protection from the heat but all with few exceptions had a look of going into battle. One feature was interesting: those with many servants did not carry their own paper, writing materials and pipe. These were carried by a servant and placed on the small table for him. Also, if the man was of high rank he was assisted to his place by a servant on either side. These servants would lift the coat of their master and help him to sit down and they remained near so that when the paper was finished they would help him get up. They did not however throw the paper in; that was done by the writer himself. There were many of the young men who wrote and wrote and wrote, striving to make the finest and best paper of all. Alas; for the many losers. There were many, but hope springing up eternally, they tried again and again. It just might be that this time they would win out.

* THE KOREA MISSION FIELD 1938.2.

젊은 시절에 대한 개인적 회상

애니 앨러스 벙커

1885년 가을, 휴가를 맞아 페르시아에서 고향으로 돌아온 한 선교사를 만났다. 그녀는 테헤란에서 여학교를 맡고 있었는데, 그녀로 인해 나는 페르시아로 가서 의료 선교 사역을 하는 것에 대하여 진지하게 생각해보게 되었다. 당시 그들은 '여성 병원'을 설립하고 있었고, 의사를 필요로 했다. 그래서 1886년 이른 봄에 나는 지원을 했고 그 다음해에 새로운 병원의 일을 맡아 나갈 수 있도록 허가받았다. 나는 깊은 흥미를 가지고 페르시아와 그 국민들에 대하여 내가 읽을 수 있는 모든 자료를 읽어보았다. 더 많은 자료들을 읽을수록 나의 관심은 깊어졌다. 나는 페르시아 여성들에게 도움이 될 사역을 할 기대로 가득 차 있었다. 나의 대학시절 급훈이 '(부양자, bread givers)'였는데 나는 그 급훈을 실천하며 살고 싶었다.

그 때 한국에서 두 통의 긴급한 전신이 도착했다. 그 곳으로 와달라는 요청이었다. 나는 거절했다. 왜냐하면 한국은 나에게 미지의 나라였기에. 페르시아가 손짓하며 불렀다. 게다가 나는 아직 그 어느 곳에도 갈 준비가 되어있지 않았다. "여성 내과의를 구할 수가 없습니다. (당신이) 와 주실 수 없겠습니까?"라고 토요일 밤에 전신이 날아왔다. 나의 입술은 두 번째 거절의 말을 담았다. 하지만 "기다리면서 기도해보는 것이 어떨까요. 그것이 하나님의 뜻일지도 모릅니다."라는 말이 나의 거절을 승락으로 바꾸었고, 그 다음 월요일 아침 나는 한국을 향해 떠났다. 단지 2년 만 약속하면서!

1886년 5월 22일 당시 미지의 땅이었던 한국으로 향하는 "City of Pekin"이라는 이름의 증기선을 타고 5명의 모험심 강한 사람들이 항해하고 있었다. "고요한 아침의 나라"는 이제 막 개방되고 있었다. 그곳은 더 이상 "은자의 왕국"이 아니었다. 국왕은 자신의 백성들이 다른 세계의 다른 나라 사람들 사이에서 확실한 입지를 확보하기를 원했다. 즉 교육을 시키고자 한 것이다. 이 모험심 강한 다섯명 중 세 남자 분들은 한국 귀족의 자제들을 위한 학교를 설립하려는 조선 국왕의 요청으로 미국 정부의 교육부에 의해 파견된 분들이었다. 그들이 학교에서 영어뿐만 아니라 외국인들의 생활습관, 예절, 관습 등을 배울 수 있도록 하기 위해서였다.

항해하면서 얼마나 들떴던지! 훌륭하고 멋진 업적에 대한 어떤 미래상, 동경, 희망, 기대로 가득 찬 지성과 이런 단순하면서도 예전엔 경험하지 못했던 것에 대한 모험으로 설레는 마음!

물은 얼마나 푸르고 대양은 얼마나 경이로운가. 경도 180도에 우편함이 달려있어서 집에 부칠 편지를 거기에 보관한다는 것이 사실일까? 중국 사람들은 얼마나 훌륭한 웨이터인가! 어느 날 밤 8시를 알리는 벨소리 후에 그들은 윗 갑판에서 무엇을 하고 있었을까? 구명보트 중 하나에는 한 중국인의 시신이 있었다! 그들의 시체는 언제나 매장을 위해 고향으로 돌려보내진다. 그렇지 않으면 그 영혼이 가족들에게 붙어 다니며 괴롭힐 것이다. 그 영혼은 낯선 땅에서 안식할 수 없는 것이다.

하루하루가 빠르게 지나갔다. 21일이 지난 날 아침, 요코하마가 보였다. 갑판 위의 모든 사람들이 굉장히 흥분했다! 우리가 항구를 통과할 때 아름다운 후지산이 나타났다. 한 번에 모든 각도를 볼 수 있는 파리와 같은 눈을 가지고 싶어 한 사람도 있었을지 모른다. 그 풍경이 얼마나 새롭고 기이하고 흥미로웠으며 멋졌는지! 당신도 이런 전율들을 느껴본 적이 있을 것이다. 그러나 인력거에 탔던 것만큼은 급격하게 진부하게 되어버렸다. 나는 처음으로 일본의 이 유모차를 타 본 일을 절대 잊지 못할 것이다. 한 갈색 피부의 남자가, 옷도 제대로 입지 않고 마차의 끌채 사이에 있었다. 그와 비슷한 또 다른 두 번째 남자는 요코하마의 부두를 따라 가는 우리의 뒤를 밀고 가는데, 내 콧구멍 속으로 동양의 기묘한 냄새가 났다. 그것은 나에겐 지나치게 많아서 나는 울 때까지 웃었고, 웃으면서도 울었다. 그런 기묘한 느낌은 이전에 한 번도 느껴본 적 없었다! 그것은 오싹할 정도의 전율이었다!

속력을 내어 임해지를 벗어나 절벽 쪽으로 돌아서던 중, 수로의 다리 위를 건너면서 나는 두 번째 전율을 느꼈다. 흰 수염을 길게 기른, 나이 지긋해 보이는 한 노신사가 나에게 다가오는 것이 보였다. 나는 곧 그가 나에게 도움을 청한 사람이라고 판단했다. 우산으로 뒤에서 달리고 있는 인력거꾼을 찔러서 멈추게 하고 이 노신사에게 관심을 옮겨 "헵턴 박사십니까?"라고 물었다. 그는 "그렇습니다."라고 대답한 후 "그리고 당신이 내가 만나고자 한 여성이시군요."라고 말했다. 인력거꾼에게 새로운 지시를 하자 곧 나는 사랑스런 가정에 도착했다. 정다운 손이 나의 손을 꼭 쥐었고 친절한 눈이 나의 눈을 들여다보았다. 나는 한국에서의 생활을 위해 두 주간의 축복받은 준비기간을 보냈다.

서울로의 여정

일행 중 넷은 헤어져 각자의 길을 갔다. 나가사키에서 우리 모두는 다시 만나 후세이 선장이 지휘하는 쓰루가마루 호에 승선했다. 7월 3일 아침 제물포로부터 3마일 떨어진 곳에서 닻을 내렸다. 그 거리에서는 여기저기에 작은 언덕과 같은 희미한 윤곽밖에 볼 수 없었고, 앞으로 살게 될 집은 우리가 보기에 진흙으로 된 방공호를 닮았다고 생각했다. 쌍안경으로는 조금 더 잘 보였다. 여기저기에 있는 나무들과 초가지붕들. 시야 가까이의 풍경은 더욱 흥미로웠다. 이상하게 생긴 작은 보트들이 나타나 우리에게 다가왔다. 보트에 타고 있는 일부 사나워 보이는 외모의 이상한 사람들은, 길게 땋은 검은 머리를 등 뒤에 늘어뜨렸으나 거의 옷은 입지 않고 있었다. 그들은 보트 뒤쪽에 서서 긴 막대기로 보트를 앞으로 나아가게 하고 있었다. 이 노를 특이한 방식으로 비틀어 돌림으로써 보트를 빠르게 나아가게 할 수 있었다. 남자들 중 일부는 머리 위에 이상한 매듭을 얹고 있었다. 그들 모두는 이야기하고, 움직이고, 부르고 있었다. 그들의 의복은 한때 흰 옷이었지만 그때는 더 이상 그렇지 않았다. 그들은 맨발이었고, 강하고 거칠어 보이는 남자들이었다. 일부 보트들은 배에 공급할 물자가 실려 있었고, 나머지들은 뭍으로 운반할 짐들을 싣고 있었다.

우리의 미래가 걸린 제비를 뽑을 이 사람들을 바라보며 오전 내내 지루함을 느낄 수 없었다. 정오, 점심을 먹으러 갔다가 놀랍게도 황갈색의 사과 몇 개가 테이블 위에 있는 것을 보았다. 오랜 기간 사과를 먹지 못했기에 얼마나 좋았는지. 하나를 깎았을 때 나는 내가 착각했다는 것과, 내가 배를 좋아하지 않는다는 것을 알았다. 지금은 좋아하지만. 점심식사 바로 후에 세 남성분들은 육지로 갈 준비를 했다. 그 중 한 명은 권총을 준비해 갔다.

우리는 보이지 않을 때까지 최대한 오래도록 그들을 눈으로 따라갔다. 그리고 그들이 돌아오는 것을 초조하게 기다렸다. 저녁 식사 무렵이 되어서 그들은 우리에게 해줄 많고 많은 이야기를 가지고 돌아왔다. 주요 내용은 토착민들이 친절한 기질을 가진 사람들이며 권총은 필요하지 않았다는 것이었다. 남자분들은 아침에 해변에서 한 영국인을 만났는데 그 분은 육로로 28마일 정도 떨어진 서울로 가고 있는 중이었는데 우리의 세 분들은 언젠가 만나러 가기로 했단다. 그래서 우리들도 같은 때에 가기로 결정했다. 두 대의 인력거를 예약하고, 조랑말 다섯 마리를 빌렸다. 그 중 세 마리는 남자들이 타고, 나머지 두 마리는 보트에서 가져온 무거운 짐을 실었다. 이 무거운 짐들은 장마철 동안 모래톱에 빠져 있었기 때문에 우리는 세 달간 그것들을 보지 못했다.

우리는 일찍 잠자리에 들어 7월 4일 아침 일찍 일어났다. 이른 시간인데도 태양은 뜨겁게 내리쬐고 있었다. 부르고 소리치고 더욱이 말다툼하는 한복판에서 우리는 배를 정박하고 해변으로 향했다. 가까이 갈수록 우리는 진흙으로 된 평지 같은 것을 볼 수 있었다. 육지에 도착하면서 보니 여기저기에 큰 돌들이 있었다. 우리가 이 돌 위에 발을 딛기도 전에 우리의 짐들은 가방에 먼저 다다르기 위해 몰려든 사람들의 손에 붙들렸다. 끌고 당기는 그 난리란! 가방이 온전히 남아있다는 것이 놀라울 따름이었다. 내가 결사적으로 붙들어 매달린 나의 손가방도 내가 잠깐 다른 곳에 정신이 팔린 사이 한 두 번쯤 거의 잃어버릴 뻔 했다.

안전하게 상륙한 우리는 E.D.Steward 호텔을 향해 언덕을 올라갔다. 그 곳에서 영국인 안내인을 만났고 그때부터 서울에 도달하기 위한 체험의 날이 시작되었다. 그 첫 번째로, 인력거꾼들이 자신의 직업에 익숙지 못했다. 그가 갑자기 손잡이를 놓치는 바람에 우리는 엉덩방아를 찧어버렸다! 밭고랑을 알아채지 못하여 느긋하게 가는데도 도랑에 갑자기 바퀴가 빠져버려서 결과적으로 타고 있던 우리가 부딪치기도 했다! 이런 많은 불유쾌한 사건들 후에 교환이 성사되어 짐들을 인력거에 실었고 숙녀들은 조랑말을 타게 되었다. 조랑말 위에 놓여진 길마는 무감각한 나무짐 같은 것들을 운반하기 위한 것이어서 예민한 인간들을 위한 것은 아니었다. 그래서 도착 후 우리 중 한 숙녀는 일주일 동안이나 침대에 누워 있었고 또 한 숙녀는 3일을 누워 있어야 했다! 그 이유에 대해서는 당신의 상상에 맡기겠다.

여행 내내 경치는 찬연했고 구릉과 계곡은 낮았고, 산기슭 작은 언덕에 있는 조그마한 마을들, 멋진 나무들과 소나무들, 버드나무와 오크들이 밝은 햇살 아래 우리들 눈을 쉬게 해 주었다; 커다란 소매가 달린 긴 코트를 입은 보행자들은 실제로 주머니에 무언가의 다발을 가득 넣고 있었다. 나는 닭을 보았는데 그 안에 살아있는 닭이 있었다! 기이한 모자, 빨대달린 병들, 이상한 신발, 이 외에도 많았다; 그들의 이상한 방식과 예절들, 모든 것들이 새롭고 이상해서 우리는 아주 다른 세계에 있는 듯 느껴질 정도였다. 반 정도 왔을 때 우리는 배에서 이미 미리 준비해 온 점심을 먹기 위해 한 집에 멈추었다. 그러나 아아, 우리에겐 물이 없었다. 커피도 차도 물론 없었다. 우리는 물을 마시지 말라는 경고를 받아오고 있었다.

우리는 무엇을 해야 할까? 신사 중 두 분이 정탐하러 갔다. 곧 빛나는 얼굴로 돌아와서 문제가 해결되었다고 선언했다. 그들은 샘을 발견했다. 물이 매우 차가웠고 버드나무가 매달려 있는 거대한 바위가 있는 경사면 기슭에서 아주 가까운 곳에 있었다. 감사의 말이 절로 나왔고 갈증은 해소되었다. 다시 세 번째 신사가 정탐을 하러 나갔고 굳은 얼굴로 돌아와서는 그 샘은 바위 밑에 놓여진 질그릇 항아리여서 언덕으로부터 스며 나온 것이 흘러넘친 것이라고 말하기 시작했다! 억제된 침묵의 분위기에서 말안장에 올랐고 그리고는 종일 우리의 관심을 끌었고 곧 다시 보게 될 그 곳을 향하여 발길을 돌렸다. 우리의 피로, 우리의 갈증, 우리의 굳은 윗입술과 우리의 열망하는 생각들은 말할 필요도 없었다.

발길질하며 울부짖는 조랑말을 태우고 나룻배를 타고 한강을 건너는 것과 부두의 중앙에 있는 인력거들은 더 이상 새로운 것이 아니다. 그러나 도시로의 우리의 입성은(우리 중 넷, 한 사람은 짐과 함께 남았고) 내가 지금 회상하면서조차 좀 전율이 느껴지는 경험이다. 우리는 말을 타고 성문을 통과해서 멈춰 섰다; 막 땅거미가 지고 있었다. 내 조랑말이 멈춰 서자 나는 뒤에 있는 거대한 성문을 보았다. 성문의 한 쪽을 닫고 있던 두 남자는 우리 일행이 건너편으로 갈 때에는 걸려있던 고리를 풀고 문을 당겨 닫았다. 그리고 나서 거대한 철제 걸쇠를 자물통 속으로 밀어 넣었고 성문들은 꽉 닫혀 잠겨버렸다. 갇힌 것이다! 갇혀버린 것이다! 나갈 수 있는 길이 없어졌고 우리와 언어가 소통이 되지 않는 이 백성들과 함께 감옥에 갇혀버린 것이었다. 지치고, 더럽고, 땀에 젖은 - 내 속에는 열정의 섬광은 남아있지 않았다.

내가 내 조랑말 위에 앉아 있을 때 내 귀는 바람의 울림소리와 울부짖는 소리가 들렸다. 여기저기를 둘러보다가 나는 어둠 속에서 바람이 부는 대로 앞뒤로 흔들리고 있는 뒤죽박죽으로 쌓여있는 형상들을 보았다. 그 물체는 무엇이던가! 도처에 있는 초가지붕과 기와지붕의 집들은 낮고 도로의 앞 쪽과 아래쪽으로는 고약한 냄새가 나는 하수도가 열려 있고 도로는 여기 저기 쓰레기 더미로 덮여 있었다. 우리가 어디에 있었는가? 이 모든 것이 나쁜 꿈을 꾸고 있는 것일까? 나는 일종의 마취상태로 느껴졌다. 이 좁은 도로 중 하나로 말을 타고 한 줄로 줄을 지어 내려가던 한 숙녀와 두 신사는 우리가 이루고 있는 광경에 호기심과 경이감으로 멈추었다. 의심할여지 없이 우리는 더러운 방랑자로 보였다. 나는 바람소리와 울음소리가 무엇인지 물었다. 돌아온 대답은 "콜레라, 콜레라는 마시는 물을 조심해야 해요"집에서 반쯤 되는 지점에서 질그릇 항아리에서 나온 물을 마신 것을 생각했다! 그래, 콜레라! 사람들은 매일 3-400명씩 죽어가고 있었다. 어느 길이 알렌의사와 언더우드 박사에게 있는 안락한 숙소까지 가장 빨리 도착할 수 있는 지에 대해

지도했다. 우리가 배운 첫한국어는 "물"; 두 번째는 "어름"; 세 번째는 "가져오너라"-"얼음물 가져오너라." 더워! 더 더워! 가장 더워! 나는 여지껏 내가 기념했던 중 가장 더운 독립기념일이었다고 생각했다.

궁궐 안팎에서

우리의 도착 7일 후에 나는 서울에서 영광스럽고 위대한 기쁨 속에 최초의 세례식에 참석다. 그 때 H.G.언더우드가 노 씨에게 세례를 베풀었다. 세례의식은 헤론의사의 집에서 거행되었다. 하인들은 모두 심부름을 내보냈다. 우리 선교사들은 조용히 모였고 문들은 닫혀지고 잠겨졌고 커튼은 드리워졌다. 신자는 그에게 댓가를 치루게 할 지도 모를 의식을 그의 머리에 행하고 있었다. 즉 선교사들이 비록 가르치고 설교하도록 허용되었다 하더라도 아직 우리에게 주어진 허용이 어느 정도인지에 대해 불안하고 불확실한 느낌이 있었다. 그리스도는 거기에 우리와 함께 계셨고 우리 모두의 전심이 노 씨의 믿음을 보면서 고양되었다.

그리고 나서 지금까지 우리 주위의 언덕들은 기쁨의 원천이 되었고 나는 그들을 좀 더 가까이 알기를 열망했다. 그래서 우리의 도착 후 얼마 되지 않아 나는 서쪽 언덕 넘어 산책을 갈 거라고 알렌의사에게 말했다. "오, 안됩니다."알렌은 말했다. "당신은 혼자 갈 수 없습니다. 기수를 곧 보낼게요. 박해에 대비해 경호원으로서 당신은 항상 그를 데리고 다녀야 합니다." 기수는 며칠 후에 나타났다. 그는 궁궐의 사자(使者)와 비슷한 차림이었기에, 그가 나를 수행하는 것이 꽤 중요하게 느껴졌다. 8년간 그는 나를 수행했다. 한번은 벙커 씨와 내가 한강에 가는 길에 그가 갑자기 한 남자에게 호통을 치고는 엄하게 꾸짖은 적이 있었다. "어째서입니까 기수, 왜 그런 겁니까?"라고 벙커 씨가 물으니, "만약 대인(영예로운 신사)께서 그 남자가 자기 부인(숙녀)에 대해 뭐라고 하는지 들으셨다면 당신도 역시 그를 꾸짖으셨을 겁니다."라고 기수가 대답하였다.

한국인들은 우리가 그들에 대해 궁금해 하는 것만큼이나 우리에 대해 호기심을 가지고 있었다. 왕과 왕비는 "양귀(洋鬼)"들이 얼음 위에서 걷고 미끄러질 수 있게 해주는 신발을 가지고 있다는 소문을 듣고는 그 미끄러지고 걷는 것을 실제로 보고 싶어 했다. 그래서 빙판타는 사람들이 궁궐에 초대되어 왔다. 그들은 이 신발을 가지고 와서는 여름 정자를 둘러싸고 있는 작은 호수의 빙판 위에서 정자를 둘러싸고 스케이트를 탔다. 그들이 가자 얼음은 멋있어졌고 그들 중 몇몇은 스케이트를 환상적으로 잘 탔다. 이 모든 것을 정자 안에 있는 왕족들이 지켜보았다. 우리는 그들이 웃으며 이야기하는 것을 들을 수 있었다. 그 날 저녁 우리는 궁에서 저녁 만찬을 함께 했는데 식사가 서양식으로 나온 데다 굉장히 훌륭했다! 벙커 씨의 안내로 함께 돌아가는 도중 궁정에서 길을 잃는 바람에 우리는 들어갔던 서문 대신 동문으로 나와 버렸다.

정부는 지난해에 알렌 박사가 의료사업을 위한 건물을 짓는 것을 승인했고, 왕은 유지비 전액을 그에게 주었다. 이 건물의 부속건물에 여성을 담당하는 곳이 있었고 나는 18개월간 그곳에 주치의로 있었다. 그곳에는 6개의 서양식 침대가 있었다. 한 여성은 작은 수술을 받은 후 붕대에 잘 싸이고 매듭지어져 이 침대들 중의 하나에 눕혀졌는데 그녀가 말하길 나가지 않고 계속 머무르고 싶다고 했다. 다음날 아침 방문해보니 그녀는 붕대를 풀고 방바닥에 누워있었다. 그녀는 멋지게 회복한 것이다!

진료소에서 일하기 시작한 초기 무렵, 한 여성이 강해진 두통을 호소하며 말하길 어제 처음 왔을 때보다 상태가 좋지 않다고 했다. 그녀에게 지시한 대로 약을 복용했는지 물으니 그녀가 말하길, "전부 한꺼번에 먹었어요. 한 번에 전부 먹으면 더 빨리 나을 거라고 생각했거든요."라고 하였다.

한 가정집에서 쌍둥이 중 첫째가 자궁 입구에 잘못 나타나 태어날 수 없는 상황이 있었다. 몇 시간의 진통 후 병원에 불러와 이 문제는 치료되었다. 쌍둥이 중 둘째가 태어났고 산모와 아이 모두 잘 해주었다. 담당 수술의의 옷은 마른 부분을 찾을 수 없이 흠뻑 젖어 있었다! 하나님은 당신의 영광을 위해 우리의 가장 작은 부분까지도 행사하실 수 있다.

벙커 씨의 활동들 중 그에게 큰 영광을 준 것은 감옥에서의 활동이었다. 잠시(임시로) 나도 세 명의 여 간수들과 이야기를 나누러 간 적이 있었다. 이들 중 둘은 글을 읽을 줄 알아서 우리는 함께 마가복음을 읽었다. 셋 모두가 관심을 보였고, "예수사람"이 되겠다는 그들의 의지를 밝혔다. 추수감사절 날 감옥에 갔을 때 교도관은 내가 여분의 음식을 반입하는 것을 승낙했다. 앉아서 그들과 함께 음식을 먹으려 할 때 나는 당연하게 기도를 올렸다. 그러자 그들 중 한 명이 그것-기도하는 것-이 통례적인 것이냐고 물었다. 그렇다고 대답하자 그녀가 말했다. "그렇다면 나도 그렇게 하겠어요." 나중에 들으니 이 여성은 자신의 남편을 죽인 죄를 가지고 있었다. 이를 듣고 나는 처음에 공포를 느꼈지만 그녀는 나름대로 침착하고 조용하며, 육체적이라기보다는 오히려 정숙했기에 그 남자가 매우 잔인한 사람임에 틀림없다고 생각했다. 이 여성들은 매우 외로웠기에 나의 주간 방문은 그들에게 기쁨을 주었고 나 역시 그것을 기대했다. 크리스마스 즈음 벙커 씨가 남자들을 위해 15벌의 솜옷을 가져왔다. 죄수들의 방에는 난방기가 없었고 몇 명인가는 얇은 여름옷밖에 가지고 있지 않았다! 한 남자는 우리가 새 옷을 가지고 가기 바로 전날 밤 동사했다. 벙커 씨는 남자들을 위한 도서관을 설립했고 또한 그들 중 일부에게 세례를 베푸는 기쁨도 얻었다.

궁궐 연회에서 황새춤을 보았다. 이것은 내가 지금까지 본 춤 중에서 가장 뛰어났다. 길이 약 12피트에 너비 8,9피트 정도 되는 낮은 테이블의 주위를 낮은 난간으로 둘러, 대(臺)로부터 약간 높게 두었다. 양쪽 끝 중앙에는 다소 큰 연꽃이 있었다. 자갈로 표시된 오솔

길과 작은 관목들, 식물들이 미니어처 정원처럼 보이는 에워싸인 공간을 만들었다. 궁중악사들은 신비로운 현으로 연주되는 하모니를 시작했다. 그 때 한 문에서 큰 황새 한 마리가 나왔다. 그는 음악에 맞추어 나아갔다 물러났다 했다. 나아가고 물러서고를 반복하면서도 결과적으로는 항상 조금씩 나아가고 있었다. 곧 먼 쪽에 있는 다른 문에서 두 번째 황새가 나왔다. 그는 너무 많이 나아오고 물러나곧 그들 둘 모두가 정원 안에 있게 되었다. 공연하면서 그들은 머리를 좌우로 돌리거나 위아래로 심하게 흔들기도 하고 때로는 긴 부리가 벌어지기도 했다. 매번 그들이 전진할 때마다 큰 연꽃에 점점 가까워졌다. 곧 첫 번째 황새가 그 쪽에 있는 꽃을 쪼기 시작했고 음악의 박자가 빨라졌다. 황새는 보다 빠른 전진을 했고, 더 심하게 쪼았다. 그러다 갑자기 꽃봉오리가 열렸고 한 번 더 쪼자 더 넓게 벌어지더니 또 한 번 쪼았을 때는 열린 꽃봉오리에서 선명한 붉은 옷을 입은 한국인 남자아이가 뛰어나왔다. 우리 모두 얼마나 박수를 쳤는지! 그리고 또 다른 황새가 더욱 격렬하게 쪼자 그의 꽃봉오리가 열리기 시작하더니 곧 밝은 빛깔의 치마를 입은 한국인 여자아이가 뛰어나왔다. 오, 세상에, 우리 모두는 너무나 흥분했다! 그 아이들이 너무도 귀여웠기에 그것은 굉장히 아름다운 광경이었다.

초기의 통화는 매우 불안정한 항목이어서 1달러가 엽전 2500~3500냥을 오르내렸다. 이 엽전은 구리로 만든 동전으로, 가운데에 구멍이 뚫려있고 짚으로 꼰 밧줄에 꿰여있었다. 벙커 씨의 한 달 봉급은 푸르릉거리며 저항하는 조랑말 다섯 마리의 등에 실려 왔다. 그것을 쌓아놓고 멕시코 달러로 환산했던 그 시간이란! 화폐 감정인에게 위조지폐를 골라내게 하는 것이 아니라 진짜 지폐가 얼마나 있는지를 알아내게 했다.

왕비전하는 능력 있는 여성이었다. 그녀는 정사를 결정했다. 품위 있고 인자한 왕은 그녀가 지도적 지위에 있도록 하는 것을 기뻐하고 좋아하는 것 같았다. 하루는 내가 있을 때 중국 사신이 알현해 온 적이 있었다. 그가 가져온 문서는 왕에게 건네졌다. 그는 그것을 정독하고는 말하기 시작했다. 그 때 왕비가 그의 팔을 가볍게 건드리며 말하길, "Come un tup seh tah(그만둡시다)"라고 하고는 그녀 스스로 지시를 내렸다. 왕은 웃으며 (마지못해) 묵인했다.

내가 결혼한 지 얼마 후에 왕비전하께서 웨딩드레스를 입고 입궐하라고 내게 사람을 보내셨다. 물론 나는 갔다. 도착해서 왕비의 개인실 중 한 곳으로 안내되었다. 여기에서 왕비는 내가 입은 의복을 자세하게 관찰했다. 심지어는 가장 깊은 부분까지도 속속들이. 일주일 후에 나는 또다시 궁에 불려갔고 다시 한 번 왕비의 개인실 중 한 곳으로 안내되었다. 그곳에는 왕비전하가 신부예복을 입은 왕세자비와 함께 있었다. 왕세자비는 내가 결혼하기 얼마 전에 결혼을 했다. 그곳에 그녀는 그녀의 혼인식 날 입었던 그대로 입고 서있었다. 눈을 감고 뺨과 이마에 연지곤지를 찍고 이마 위 머리카락은 바로 정면에서 끌어내어져 있었다. 나는 한국식 혼례복을 관찰하도록 명받았고 그에 따랐다. 심지어는 가장 깊은 부분까지도. 그러자 왕비가 얼마나 웃던지! 그녀는 일전에 내가 그랬듯이 내가 하는 모양을 매우 즐기고 있었다.

1887년 가을, 나는 언더우드 씨에게 고아 소녀들을 돌보는 일을 도와달라는 요청을 받았다. 그는 당시 소년들을 돌보고 있었다. 그의 넓은 마음은 소녀들 또한 돌보고 싶어 했고, 나는 나의 팔 안에 불쌍한 고아 소녀를 돌보는 기쁨을 누렸다. 그녀의 조모는 스스로도 먹고 살 식량이 여의치 못하여 우리에게 어린 손녀를 맡겨 주었다. 우리는 그녀를 데려와서 이로 가득 찬 헝클어진 머리카락을 잘라주고, 씻기고 깨끗한 옷을 입혔다. 우리는 단번에 그 소녀를 사랑스러워 했다. 그녀는 너무도 귀엽고 자발적이며 사랑스러웠다. 그녀의 이름은 정이(실제로는 정네)였다. 1888년 가을 헤이든 양이 왔을 때 정이와 다른 여섯 아이들이 모여 여학교를 이루었다. 정이는 독실한 크리스천(기독교인)으로 성장하여 빈튼 박사의 비서와 결혼하였는데 그 역시도 기독교인이었다. 그들은 서울의 첫 기독교인 가정이었다. 그들 둘 다 지금은 Better Home에서 산다. 초기에 소녀들을 돌보고 가르치던 때는 불안정했다. 하루는 네 명의 학생이 있는가 하면 다음 날은 아무도 없었다. 그러다 그들이 새로운 아이와 함께 돌아오면 형세가 더 밝아 보이곤 했다. 우리가 그들의 눈과 심장을 도려내 약에 쓴다는 말에 그들은 두려워했다. 처음으로 여자 아이들을 돕는 일을 시도하기까지 초조하게 여러 날들이 지나갔다. 불안의 정점에서 우리는 거리에 나가 찌푸린 얼굴과 어두운 안색이 우리를 맞이하는 것을 보았다. 하지만 나날이 지나고 아이들에게 아무런 해가 없자 찌푸린 얼굴들은 기쁜 얼굴로 바뀌어 웃으며 우리를 맞이했다. 이렇게 되기까지 다소 시간이 걸리긴 했지만. 그리고 이제 나는 한국 소녀들이 가진 강점을 본다. 그리고 내가 경이와 놀람 속에서 잃어버린 것을 그녀가 가지고 있다고 생각한다.

한국 사람들, 특히 내가 은혜를 입은 분들에 대한 감사의 말 몇 마디로 이야기를 마치고자 한다. 내가 이 나라에 올 때 이 곳 사람들은 나무와 돌에 절하고 숭배할 줄만 아는 이교도에, 무지한 존재들이라고 생각했다. 나는 그들의 고대 문명이나 그들의 광범위한 문화 수준, 다양한 예술 분야에 있어서의 재능과 같은 것에 대해 배운 적이 없었다. 그들의 섬세함이나 타고난 품위며 그들 스스로에 대한 존중과 겸손 그 어떤 것도 배운 적이 없었다. 사실은 그들과 그들의 나라를 깔본 나야말로 무례한 쪽이었다. 그들은 내가 생각했던 것과는 너무도 달랐다. 그래서 나는 내가 한때나마 그런 생각을 가지고 있었던 것이 부끄럽다. 때때로 한국 사람이 도발 받고도 자기 자신을 지배하고 스스로 절제하는 모습을 보일 때, 나 자신은 그러한 통제력이 부족한 것에 대해 부끄러움을 느낀다. 한국인은 삶의 여러 가지 중대한 측면에 있어 대단히 앞서있다. 한국인은 우리의 존경과 존중 그리고 경애를 받기에 부족함이 없다.
하나님의 뜻이 얼마나 위대하며 경이로운가!
우리는 진실로 다윗 왕과 같은 마음을 전할 수 있으리라: "여호와께서 우리를 생각하고 복을 주시되 대소 무론하고 여호와를 경외하는 자에게 복을 주시리로다"

Personal Recollections of Early Days

Annie Ellers Bunker

In the fall of 1885 I met a missionary from Persia then home on furlough. She was in charge of the girl's school in Teheran and led me to think seriously of going out to Persia in the Medical Mission work. They were just then building their Woman's hospital and needed a doctor. So in the early spring of 1886 I applied and was accepted to go out, in charge of the new hospital, the following year. I was deeply interested and read all I could of Persia and her people. The more I read the deeper grew my interest. I became wrapped up in the hope of being of service to the Persian women. My college class motto was bread givers. I wanted to live up to that motto.

Then came two urgent cables from Korea. I was asked to go there. I refused. Korea was unknown to me. Persia beckoned. Besides I was not yet ready to go to either place. "Impossible to get a lady physician. Will you not go?" came over the wires one Saturday night. With a second refusal on my lips the words "Hadn't you better wait and pray; it may be God's will" turned my no to yes and the following Monday morning I started for Korea — for two years only!

Sailing May 22nd, 1886 on board the Steam Ship "City of Pekin" were five venture some spirits bound for the then unknown land of Korea. The "Land of the Morning Calm" was just being opened up. It was a "Hermit Kingdom" no longer. The King wanted his people to take their place among the other peoples of the world, so he meant to educate them. Of these five venture someones, the three gentlemen had been sent out, by the Educational Department of the U.S. Government, at the request of the King of Korea, to openupaschool, for the sons of the nobility of Korea, where they should learn notonly the English language but the habits, the manners and the customs of the foreigner.

How exhilarating on board the steamer! What visions, what longings, what hopes and what anticipations of great wonderful deeds filled the minds and hearts of these simple, inexperienced venturing ones!

How blue the water – what wonders in the Deep – was it true – did a mail box hand on the 180th meridian, where one could deposit letters for home? What good waiters the Chinese made! What were they doing on the upper deckonenight after eight bells? A dead Chinamanin one of the life-boats! Always, their dead are taken home for burial, otherwise the spirit will haunt the family; it cannot restin stranges oil.

The days pass quickly. The morning of the twenty-first day out, Yokohama is sighted. Great excitement, everyone on deck! As we enter the harbor beautiful Fujiyama appears. One would like to have eyes like a fly to be able to see on all sides at once. Such new, such strange, such interesting, such wonderful sights as there were! You have all of you had these thrills. But the one of riding in a jinrickisha is fast becoming obsolete. I'll never forget my first ride in this baby carriage of Japan. One brown man, scantily clad between the thills; a second such man pushing and away we went along the water front in Yokohama, the peculiar scent of the Orient in my nostrils. It was too much for me – I laughed until I cried and I cried while laughing; such an odd sensation of going I'd not felt before! It was a thrilly, thrill!

On we sped leaving the ocean front and turning toward the bluff where, passing over a bridge of the canal, I had a second thrill, in seeing an elderly gentleman, with a long white beard, coming toward me. I immediately judged him to be the man to whose care I had been sent. Poking my runner in the back with my umbrella I stopped him and leaning toward this gentleman asked "Is this Dr. Hepburn?" "Yes" was the answer "and you are the lady I was to meet." New instructions to the runner and soon I was in a lovely home, friendly hands clasped mine and kind eyes looked into mine. I had two weeks of blessed preparation for life in Korea.

The Journey to Seoul

The other four of the party had gone their separate ways. In Nagasaki we all met again on board the Tsuruga Maru, Capt. Hussey in command. July 3rd in the morning we dropped anchor three miles out from Chemulpo. In the distance adim outline could be seen, with moundshereand there, which we thought resembled the muddug-outs of our visions of our future homes. Binoculars showed up little better– here and there a tree, and here and there some thatched roofs. The nearby sights were much more interesting. Queer looking small boats had come out and were all about us. They were manned by strange looking specimens of humanity, come fierce looking, with long braids of black hair down their backs and but little clothing on. They propelled their boats with a long stick in the back of the boat. A peculiar twist to this stick would send the boat forward with speed. Some of the men had queer knots tied on the top of their heads. All were talking, motioning and calling. Their clothing may have been white once, it was so no longer. They were barefoot and looked like strong, wild men. Some boats were loaded with supplies for the ship, others were loading goods to be taken ashore.

All morning we did not tire watching these people among whom our future lot was to be cast. At noon when the call to tiffin came I saw, to my surprise, some russet apples on the table – how nice – we had had no apples for a long time. As I cut one I learned my mistake and though I did not like my pear then – I like them now. Immediately after tiffin the three gentlemen prepared to go ashore. The preparation of one was a revolver.

We followed them as long as we would with our eyes and then anxiously awaited their return. They returned in time for dinner and had much, much to tell us. The main thing was that the natives were a kindly-disposed people and the revolver not needed. The gentlemen had met a Britisher on shore who was going up to Seoul, some twenty-eight miles inland, in the morning, and so our men arranged to go at the same time. Two rickshaws were engaged and five ponies, three ponies for the gentlemen and two for the hand luggage, the heavy luggage to come up by boat. We did not see these heavy boxes for three months, as they were stuck on a sand back during the rainy season!

We retired early and were up early on the morning of July 4th. Even thusearly the sun shone hot. Amid calling and shouting and with muchbickering we securedsampansandwereonourway toshore. As we came nearer, we could see miles of what seemed mudflats. Arrivingatthelandingwefoundsomelargestoneslaidhere andthere. Before we were allowed to use the sestonesour various pieces of handluggage were seized by men who had waded out to be the first to get a tourbags. Such a tugging and pulling! The only wonder is that the bags remained whole. My hand bag, Iheldon to like grim death, nearly losing it a time or two when my attention was attracted elsewhere.

Safely landed we walked up the hill to E. D. Steward's hotel. There we met our British guide and then we embarked on our day's experiences in reaching Seoul. First the rickshaw runners were new to their job. They would release the handle bar suddenly and we as suddenly were feet up! They would not notice a ditch and slow up, but plump into it went the wheels with a resultant bump for the rider! After a sufficient number of these unpleasantness an exchange was made, the baggage was put into the rickshaws and the ladies on the ponies. Now the pack-saddles on the ponies were made for carrying loads of unfeeling wood and not for sensitive humans! So after our arrival, one lady was in bed a week, the other three days! I leave to your imagination the reason why.

All along the way the scenery was glorious, the low lying hills, the valleys, the small villages on the foot hills, the fine trees, pine, willow and oak, giving one's eyes a rest from the bright sunshine; the long coats of the pedestrian with huge sleeves, in reality pockets, holding any kind of a bundle. I saw a chicken, a live chicken in one! The queer hats, the shallow pipe bowls, the strange foot-wear, all these and more; their strange ways and manners all, all were so new, so strange that one felt as though one were in a vastly different world. At the half way house we stopped to eat the lunch we had had provided on board, but alas we had no water no coffee, no tea. We had been warned not to drink the water.

What were we to do? Two of the gentlemen went prospecting. Returning soon with beaming faces they declared the problem solved. They had found a spring – the water so cold just back a short distance at the foot of a slope where there was a large rock with an overhanging willow tree. Thanks were uttered and our thirst quenched. Just before starting on again the third gentleman went prospecting and returning rather grim of face announced that the spring was an earthen ware jar so set under the rock, that it caught the seepage from the hill and overflowed! In a chastened quiet mood we mounted our pack saddles and fared on toward that place which for days had kept our interest up and which we were so soon to see. Of our fatigue, of our thirst, of our stiff upper lips and our anxious thoughts I need not speak.

Crossing the Han river in a ferry boat with the kicking, squealing ponies and the jinrickishas taking the center of the stage is not anything new to any of you, but our entrance into the city, (four of us, one man had staid with the hand luggage) that is an experience I even now shudder a bit to recall. We rode through the gates and halted; it was just dusk. As my pony stopped I looked back at the huge gates. Two men, were shutting one half, this done they went to the other side, undid the chain holding it and pulled it shut. Then the great iron hasp was pushed through into the lock and the gates were fastened, locked. Shut in! Shut in! No way to get out, imprisoned inside with a people to whom we could not speak. Tired, dirty, sweaty – there was not a spark of enthusiasm left in me.

As I sat there on my pony my ears caught a sound of moaning, of crying. Looking here and there I saw huddled forms in the dusk weaving back and forth as they wailed. What was the matter! Houses low, thatched and tiled all around, open evil-smelling gutters in front and all down the sides of the streets, the streets narrow and covered with piles of dirt here and there. Where were we? Was it all a bad dream? I seemed sort of stupefied.

A lady and two gentlemen riding single file down one of these narrow streets stopped in curiosity and astonishment at the sight we made, and no wonder, we looked like dirty vagabonds. I asked what the moaning and crying was. Back came the answer "Cholera, cholera be careful what you drink!" I thought of the drink out of the earthen jar at the rate of three and four hundred, daily. Directed as to which street to take we were soon in very comfortable quarters at Dr. Allen's and at Mr. Underwood's. Our first Korean word – Mul (water); our second – aurum(ice); our third –kajaonara(bring) – Aurum mul kajaonara. Hot, hotter! Hottest! I think that was the hottest Fourth I have ever celebrated!

In and Out of the Palace

Seven days after our arrival I had the honor and the great pleasure of being present at the first baptism in Seoul. Mr. H. G. Underwood baptized Mr. Noh at that time. The rite took place in the home of Dr. Heron. The servants were all sent out on errands. We missionaries gathered quietly and the doors were closed and locked, the curtains drawn. The believer was doing that which might cost him his head, – for though missionaries were allowed to teach and preach, yet there was a feeling of unrest and uncertainty as to how far that allowance might take us. Christ was there with us and all our hearts were uplifted in seeing the faith of Mr. Noh.

The hills around us were, then as now, a source of delight and I longed to have a closer knowledge of them. So shortly after our arrival I said to Dr. Allen that I was going for a walk over the west hills. "Oh no," said the doctor. "You cannot go alone. A keesoo will be sent soon and you must always take him with you as a body guard against molestation." The keesoo appeared in a few days. He was dressed as a palace runner and I felt quite important with him attending me. For eight years he was with me. Once when Mr. Bunker and I were on our way to the river Han, we saw him suddenly jump upon a man and belabor him smartly. "Why Keesoo," said Mr. Bunker, "Why did you do that?" "If the Taiin (Honorable gentleman) had heard what that man said about his puin (Lady) he too, would have jumped on him," was the keesoo's answer.

The Koreans were as curious about us as we were about them. The King and Queen hearing that the "foreign devils" had a shoes which permitted them to walk and glide on ice, wanted to see this walking and this gliding. So these ice-walkers were bidden to the palace. They were to bring these shows and perform on the ice of the small lake surrounding the summer pavilion. The ice walkers went and the ice being good some of their number did fancy skating. All of this was viewed by their Majesties who were inside the pavilion. We could hear them laughing and talking. That same evening we were entertained at the palace for supper, which was served in foreign style and a good meal it was too! Returning with Mr. Bunker as guide we lost ourselves in the grounds and came out of the east gate instead of the west by which we had entered.

The Government had the year before granted to Dr. Allen a building for Medical work, and the King had given him a sum of money for upkeep. One wing of this building was put aside for work among women. I was in charge of this work for eighteen months. We had six foreign beds. After a minor operation or a woman, she was nicely bandaged and tied and put in one of these beds where she was told to stay and not get out. The visit the next morning found her untied and unbandaged and lying on the floor. She made a splendid recovery!

Early in the dispensary work a woman complained of increased headache and said she was not feeling as well as she had felt yesterday when she first came. Asked if she had taken the medicine as ordered, she said, "I took it all at once. I thought I would get well quicker if I ate it all at one time."

In a private home the first of twins presented wrong could not be born. Called after hours of labor this was remedied. The second twin was born and mother and child did well. Operator had not a dry shred of clothing on her! God can use even the least of us for His glory.

One of the activities of Mr. Bunker which gave him much pleasure was the prison work. For a time I went also to talk with three women prisoners. Two of these could read and we read Mark together. All three were interested and affirmed their intention of becoming "Jesu saram." When Thanksgiving Day arrived, the jailer consented to my taking in some extra food. As I sat and ate with them I naturally asked the blessing. One of them asked if that was a usual custom. Told that it was she said, "Then I will do so too." This woman I learned later was guilty of killing her husband. My reaction to this was a feeling of horror, at first and then I thought, that man must have been a very cruel man for she was a calm, quiet, body, rather modest in her ways. These women were so lonely that my weekly visit gave them pleasure and I looked forward to it. At Christmas time Mr. Bunker had some fifteen suits of wadded clothes made for the men. They had no fire in their rooms and some had on only thin summer clothes! One man was frozen to death the night before we took in the new clothes! Mr. Bunker started a library for the men and he also had the joy of baptizing some of them.

At a palace entertainment The Stork Dance was given. This was the finest of its kind I have ever seen performed. A low table some twelve feet long by eight or nine wide with a low railing all around it was on the slightly raised platform. In the center on either end was a rather large lotus bud. Gravel marked paths and small shrubs and plants made the enclosed space look like a miniature garden. The court musicians began their weird stringed harmonies; then at one door there came in a large stork. He kept time to the music, advancing, receding; advancing, receding yet all the time advancing. Soon at the other door at the far side came out a second stork. He too advanced and receded until soon they both were in the garden. As they performed they turned heads this way and that way, threw them up and down, occasionally opening their long bills. Each came as they advanced, nearer and nearer the large lotus bud. Soon the first stork began to peck the bud on his side and now the tempo of the music increased. The stork made more rapid advances, harder pecks until suddenly the bud began to open – a peck more – wider open, another peck and lo, – out of the open bud jumped a little Korean boy, with a bright red coat on! How we all clapped! Then the other stork pecked more vigorously and his bud began to open and soon out jumped a little Korean girl in bright colored dress. My, oh my, we were all so excited! They were such pretty children, and it was a very beautiful sight.

Money was a very unstable article in the early years, a dollar fluctuating from twenty five hundred to thirty five hundred cash. This cash was a copper coin, with a hole in the center, strung on straw rope. A month's salary of Mr. Bunker's was brought into our compound on the backs of five squealing, kicking ponies. What a time we had stacking it and getting it changed into Mexican dollars! Then getting a Shroff to find out not how many bad dollars there might be, but how many good ones!

Her majesty, the Queen, was a woman of ability. She had decided opinions. The King, a gracious and kind man, seemed glad and pleased to have her at the helm. One day a messenger from China was admitted while I was present. The note be brought was handed to the King. He perused it and started to speak when the Queen, touching him lightly on the arm, said "Come un tup seh tah" and she herself gave the instructions. The King smiled and acquiesced.

Shortly after my marriage Her Majesty sent for me to come to the palace in my wedding dress. Of course I went and when I arrived I was conducted to one of the Queen's private apartments. Here the Queen minutely examined my wearing apparel even to the innermost. A week later I was again bidden to the palace, again conducted to one of the Queen's private rooms. There was her Majesty, with the Crown Princess in her wedding dress. The Princess had been married a short time before I had. There she stood all dressed as on her wedding day with eyes sealed, red spots on cheeks and forehead and the hair on her brow plucked just right. I was told to examine the Korean style of wedding dress and I did so, —even to the innermost,—and how the Queen laughed! She so enjoyed my doing as I did!

In the fall of 1887 I was asked by Mr. Underwood to help him in caring for some poor girls. He had started work among the boys. His big heart ached for the girls too, so I had the pleasure of taking into my arms a poor little orphan whose grandmother had not enough food for herself, so she gave to us the little lass. We took her in, cut off the mat of vermin-filled hair washed her, put clean clothes on her and loved her at once. She was such a dear, so willing and so loving. Chong-e was her name. When Miss Hayden came in the fall of 1888, Chong-e and six other little tots comprised the girl's school. Chong-e grew to be a fine Christian and married the Secretary of Dr. Vinton, also a Christian. They were the first Christian family in Seoul. They are both in the Better Home, now. The early days of caring for and teaching girls were unstable. One day one might have four girls, the next day none. Then they would return with a new girl and things would look brighter. It was said that we would cut out their eyes and hearts for medicine and they were afraid. Many anxious days were spent in the first attempts to help the girls. At the height of the unrest when we went out on the streets scowls and dark looks greeted us, but as days passed and no harm came to the girls the scowls changed and pleasant faces and smiles greeted us. This however took time. And now as I look at the advantages the Korean girl has and think what she had I am lost in wonder and amazement!

I wish to close with a few words of appreciation of the Korean people, especially of my indebtedness to them. I came to this country thinking that the people here were heathen, ignorant beings who knew no better than to bow down to wood and stone in worship. I had not been taught of their ancient civilization, of their large degree of culture, of their ability in the various arts. Nothing of their refinement, of their innate dignity, their respect for themselves and their modesty had been taught me. In fact I was the ignorant one, looking down on them and their state. They are so different from what I thought that I am ashamed I ever had the ideas I had. Often, when the Korean shows his power over his own self and controls himself under provocation, I am ashamed of my own lack of such control. He is far in advance in many very vital aspects of life. He is worthy of our respect, of our appreciation, and of our love.

How great and wonderful are the ways of God!

We can truly say with the Psalmist:

"The Lord hath been mindful of us.

He will bless them that fear the Lord, both small and great."

• 1934년 6월 조선감리회 선교50주년 기념 강연 자료

4. MY FIRST VISIT TO HER MAJESTY, THE QUEEN ──

MY FIRST VISIT TO HER MAJESTY, THE QUEEN

9월 14일에 나와 H.G.언더우드 여사가 왕비를 방문한 기간 동안 나는 황태후를 보았고 그녀는 우리 각각에게 멋진 금장식 주머니(지갑)를 하사했다. - 전하에 대한 우리의 방문은 내가 몇 년 전에 왕비를 알현하러 갔었던 곳과 같은 곳에서 이루어졌다. 그 이후 많은 변화가 있었고 왕비는 지금 궁정의 다른 한 편에 있는 아름답게 전기로 불이 밝혀진 새 건물에서 살고 있다.

내가 처음 왕의 궁중주치의인 알렌 박사와 동행하여 왕비폐하를 방문하도록 요청을 받은 것은 이번 가을로부터 바로 9년 전 일이었다. 그녀는 한동안 병중에 있었고 그들은 알렌 박사에게 약을 받으러 사람을 보냈다. 그녀의 상태에 향상이 없기 때문에 의사는 왕비폐하를 적절하게 치료하기 위해서는 그녀는 진찰을 받아야만 하고 그래서 서기가 요청되었다.

아름다운 가을날, 이른 오후에 우리는 가마에 타고 우리 앞서 달리면서 길을 깨끗하게 하는 기수(군인)와 함께 궁으로 출발했다. 나의 가슴은 격렬하게 쿵쿵거렸고 나는 거의 반쯤 겁나는 단련을 어떻게 받았는지 모를 정도였다.

우리가 성벽의 바깥 쪽 문 밖에 도착했을 때 우리는 가마에서 내려서 내 판단이 확실하다면 1/4 마일이나 되는 거리를 영빈관까지 걸어야 했다. 궁에 가까이 감에 따라 우리는 여행을 많이 다녀서 외국인의 관습을 어느 정도 알고 있는 민영익 왕자를 만났다.

그는 우리에게 궁정 정원의 아름다운 곳들을 보여주었다. 그리고 인공호수 주변을 산책한 후에 그는 우리를 대기실까지 안내했고 거기서 우리는 외국음식과 조선 과일 및 견과류를 대접받았다.

곧 궁중 복식을 차려입은 전령이 나에게 왔고 민 왕자는 나와 함께 알현실을 향해 출발했다. 우리는 먼저 넓게 열려있는 마당을 가로질러 건넜고 그 마당의 세 변으로는 거대한 화분에 심겨진 식물들이 있었고 어느 곳에도 자라고 있는 잔디의 모습은 보이지 않았다. 보도석을 한 걸음씩 올라가면서 좁은 베란다를 건넜고 높은 문턱을 넘어서 걸었고 마루바닥에 부드럽고 아름다운 조선깔개가 덮여진 넓고 긴 홀의 한 쪽 끝에 있다는 것을 발견했는데 그 깔개는 아주 멋진 작품이어서 구하기 어려운 것이었다. 나는 홀의 더 먼 쪽 끝에 있는 수많은 조선인 남자들, 여자들, 어린 소녀들을 보았다. 나는 나아가면서 세 번 절하고 그리고 나서 나는 무리들 중에 있는 자신을 발견했는데 그 중에서 나는 곧 왕비폐하를 구별할 수 있었고 그 방문의 나머지 시간 동안 그녀 외에 누구에게도 눈길이 가지 않았다. 후에 나는 환관들로부터 신사를 구별해내는 법을 배웠고 또한 특이한 머리장식과 얇은 비단으로 된 멋진 치마로서 시녀들을 구별해내는 법을 배웠다. 이 숙녀들이 머리에 장식한 거대한 쪽머리는 그 크기뿐 아니라 반짝이는 밴드와 함께 얼마나 정교하게 감겨지고 꼬여진 것이었는지 경이로운 것이었다. 어느 저녁에 궁에서 무희들에 의해 즐겁고 기이한 자세의 춤을 관람하는 동안 나는 그들 중 하나에게 만약 그녀의 쪽머리가 무겁지 않은가 물었다. - "오, 그녀는 이것은 매우 무겁고 두통까지 있다고 말했다." 이 머리 장식들은 모양이 다양하다; 때로는 가느다랗고 길며 다시 커다란 측면 고리가 있기도 했다.

칠흑같이 검은 머리타래에 진주 줄로 장식하고 있었고 키는 자그마했고 하얀 피부와 검은 눈동자, 검은 머릿결을 지닌 왕비는 얇은 비단 치마로 아름답게 차려 입고 있었고 나를 매우 친절하게 맞이했다. 그녀는 거대한 머리장식을 하지 않았을 뿐 아니라 빛나는 머리타래를 거의 매듭이 되도록 꼬지도 않고 목까지 드리워 놓았다. 그녀는 앞머리 위에 그녀의 신분을 나타내는 표지를 얹고 있었다. 귀족 숙녀 모두는 비슷한 장식을 얹고 있었으나 등급과 세공이 달랐다. 내게 대해서 왕비의 얼굴은 특히 그녀가 웃고 있을 때에는 기쁨으로 가득 차 있었다. 그녀는 특별한 여인이었고 그녀는 강한 의지와 매우 친절하면서도 위대한 힘이 있는 성격으로서 사람들에게 깊은 인상을 주었다. 나는 항상 그녀로부터 가장 친절한 말과 대우를 받았고 나는 그녀에 대해 매우 많이 감탄했고 커다란 존경심을 가지고 있다. 내가 잘 지내고 있는지 처음 질문한 후에 몇 살 인지, 부모님은 어떠신지, 만일 내가 형제와 자매가 있는지 그들은 어떤지 그들이 조선에 나의 도착에 대해 알렌 의사에게 들었던 것들을 내게 계속 말하도록 했다. : 그녀는 내가 온 것이 매우 기쁘고 내가 이 나라를 좋아하기를 희망한다고 말했다. 이러한 모든 대화는 문 뒤에 서서 볼 수는 없고 들을 수만 있는 허리가 두배로 굽은 통역자를 통해 이루어졌다.

곁에 서 있던 민 왕자는 가지고 있던 가마를 내게 주었고 나는 왕비폐하의 뒤에 외국인 소파가 있었다는 것을 깨달았다. 왕비는 내게 이 소파에 앉으라고 말하고 그리고 나서 진찰을 위한 대화를 시작했다.

나는 왕비가 앉아 있고 그리고 내가 떠나 나왔을 때 두 신사가 앉아 있었다는 것을 알고 있었다. 그들은 폐하를 모시고 일어났고 나의 절에 답했다.

민 왕자는 내게 대기실로 돌아가도록 지시했고 나는 거기서 국왕폐하를 알현하고 있는 알렌의사를 기다렸다. 그가 돌아왔을 때 나는 그로부터 나의 인터뷰 내내 참석했던 분이 왕과 왕자라는 것을 알게 되었다. 나는 내가 그 두 신사분들이 누구인지 알지 못했던 것을 매우 기뻐했다. 왜냐하면 그러한 상황이었다면 나는 침착함을 유지하기에 두려움 두려움을 느꼈을 것이기 때문이다. 좀 더 많은 음식과 과일을 대접받은 후에 우리 각자가 집으로 돌아가는데 수행하도록 군인들 몇 명을 배정받았고 어두워졌기 때문에 랜턴을 든 수행원 역시 배정받았다. 바깥쪽은 붉은 색과 초록색 얇은 비단으로 싸여진 조선 랜턴의 광경은 매우 아름답고 우리가 지나감에 따라 모두가 그 모든 것이 무엇을 의미하는지 알아보기 위해 열린 문과 창문을 통하여 희미한 머리 그림자들이 엿보며 내다보았다. 양쪽 편으로 검고 낮은 집들이 늘어선 텅 비고 깜깜한 도로들, 권총을 지니고 있는 군인들을 수행한 의사와 나의 가마 앞에 등불잡이들이 즉시 흥미를 끌고 진기한 광경을 이루었다. 최근의 방문에서 거대한 정문을 통과하여 궁정 뜰로 들어가서 대기실 문에까지 타고 가는 것이 허용되었다. 여기에 도착하면 차, 커피, 과일들을 대접받고 그리고 나서 우리는 더 작은 개인적 아파트 중 하나에서 우리를 맞이하는 왕비폐하께로 부름을 받았다. 국왕과 왕자는 항상 함께 계셨다. 인터뷰 후에 우리는 즉시 집으로 가도록 허락되었다.

애니 엘러스 벙커

MY FIRST VISIT TO HER MAJESTY, THE QUEEN

During the visit of Mrs. H. G. Underwood and myself to Her Majesty on the 14th of September we saw the Queen Dowager and she gave useacha handsome gold-embroidered Chumoney or purse—Our visit to Her Royal Highness was in the same place where some years ago I went to see the Queen. Many changes have come since then and the Queen now lives in a new building, beautifully lighted with electricity, in another part of the grounds. It is just nine years ago this fall since I was first, in company with Dr. H. N. Allen the King's physician, called to visit, Her Majesty, the Queen. She had been ill for some time and they had sent to

Dr. Allen for medicines. As there was no improvement in her condition the Doctor assured them, that, in order to treat Her Majesty properly, she must be examined, and so the writer was called.

It was a lovely autumn day, when in the early afternoon, we started for the Palace in our sedan chairs, with our keysos (soldiers) running ahead and clearing the way. My heart was thumping vigorously and I wondered how I would be received, half fearing the ordeal.

On our arrival at the outer side-gate of the palace wall, we had to get out of our chairs and walk quite a distance, about a quarter of a mile, I should judge, to the Reception Hall. As we neared the place we were met by Prince Min Young Ik whom I had met, and who, having travelled much, knew something of the customs of foreigners.

He showed us some of the beauties of the palace grounds and after our walk around the artificial lake, he escorted us to the waiting-room and there had us served with foreign food, Korean fruit and nuts.

Soon a messenger dressed in court costume came for me and, Prince Min accompanying me, we started for the Audience Hall. We first crossed a large open court, which I noticed had large potted plants around three sides of it but not a spear of grass growing in it anywhere. Ascending a flight of broad stone steps, crossing the narrow verandah and stepping over a high door sill, I found that we were at one end of a long, wide hall, the floors of which were covered with the soft, beautiful, figured Korean matting which is such a fine article and so hard to obtain. At the farther end of the hall I saw a large number of Koreans, men, women and young girls. I made my three bows as I advanced and then found myself in front of the company among whom I soon singled out Her Majesty and for the rest of that visit I had eyes for no one but her. In later visits I learned to distinguish the gentlemen from the eunuchs, and also the ladies-in-waiting by their peculiar head-gear and their fine skirts of silk gauze. The immense chignons worn by these ladies are objects of wonder not only as to size but also as to how the intricate windings and braiding of the glossy strands in accomplished. One evening while witnessing some of the delightful and peculiar posture-dancing done by the dancing girls at the palace. I asked one of them if her chignon was not heavy—"Oh, said she, it is very heavy and makes my head ache." These head dressings vary in shape; sometimes they are long and narrow and then again they have large lateral loops.

The Queen, beautifully dressed in silk gauze skirts, with strings of pearls in her raven locks, a lady, short of stature, with white skin black eyes and black hair, greeted me most pleasantly. She had on no enormous head dress but only her own glistening locks twisted in a most becoming knot low down on her neck. She wears on the top of her forehead her Korean insignia of rank. All the ladies of the nobility wear a similar decoration but of inferior quality and workmanship. To me the face of the Queen especially when she smiles, is full of beauty. She is a superior woman and she impressed one as having a strong will and great force of character, with much kindliness of heart. I have always received the kindest words and treatment from her and I have much admiration and great respect for her. After first asking if I were well, how old I was, how my parents were, if I had brothers and sisters and how they were, she proceeded to tell me that they had been told by Dr. Allen of my arrival in Korea: that she was much pleased at my coming and hoped I would like the country. All of this conversation was carried on through an interpreter who stood, with his body bent double, back of a door where he could hear but not see.

Prince Min, who had been standing by, now had a chair brought for me and I noticed that back of Her Majesty there was a foreign couch. The Queen telling me to be seated sat down on this couch and then the medical part of the interview began.

I had noticed that two gentlemen had seated themselves when the Queen sat and when I got up to leave, they with Her Majesty rose and turned my bows.

Prince Min conducted me back to the waiting room and there I waited for Dr. Allen who was having an audience with His Majesty. When he returned I learned from him that both the

King and Crown Prince had been present during my interview. I was very glad that I had not known who the two gentlemen were, for I fear my composure would not have been even such as it was. After being served with more food and fruit we were each given a certain number of soldiers to accompany us home and also, as it was dark, lantern bearers. The sight of the Korean lantern with its outer covering of red and green silk gaüze is very picturesque and as we passed, many a dusky head peeped out through opened doors and windows to see what it all meant. The empty dark streets with the dark low houses on either side, the lantern bearers of the Doctor's chair and of mine with the attendant soldiers, carrying their rifles made a picture at once interesting and unique. In recent visits we are permitted to go through the large front gate into the grounds and right up to the waiting room door. Upon arriving here tea, coffee and fruit are served and then we are called in to Her Majesty, who receives us in one of the smaller private apartments. The King and Crown Prince are always present. After the interview we are permitted to proceed home immediately.

Annie Ellers Bunker

* THE KOREAN REPPOSITORY vol.2, 1895

To start a work - the foundations of protestant
mission in Korea(1884-1919) Presbyterian Church of
Korea

Martha Huntley

2장. 첫 인상

엘러스와 교사들

추천할만한 것은 아니지만 조선에서의 개신교 선교의 가장 초창기
시절의 면에서는 경쟁이 의미 깊은 것이었다. 이들 중 몇 몇은 기대
되는 것이었다. 각 그룹은 자연적으로 약간 다른 신학적 방향을 선
호하였고 각각은 그 사역을 성사시키는데 있어서 어떤 이득을 위해
열심을 다했다. 감리교도들과 장로교도들은 서로를 "자매"선교부라
고 일컬었고 어디서든지 형제자매처럼 다투는 경향이 있었다.

언더우드는 그 곳이 건강한 경쟁을 위한 장소라고 생각했고--경쟁
은 속도가 붙었고 그렇게 되었다. 알렌에 대해서는, 경쟁적인 요소

가 더 개인적이었다.

다른 장로교인들조차 알렌과 감리교도들사이의 긴장관계에 의해 당황케 되었다. 1885년 7월 20일에 서울에서 있었던 장로회 선교부의 두 번째 회합의 순간들은 전체에 있어서 짧은 만큼 깜짝 놀랄 순간이었다. : "회의는 그에 관한 언더우드의 몇 가지 소견들을 고려하기 위해 의장 알렌에 의해 소집되었는데 그것은 알렌과 인접하여 이 선교부의 집들 중 하나에 살고 있는 감리교 선교사들의 취급에 관련된 것이었습니다. 실제로, 언더우드는 알렌이 그들을 기독교 정신으로 대하지 않았다고 고발했습니다. 알렌은 그가 이것을 증명하던지 철회하기를 요청했고 이것이 행해진 양쪽이 설명을 하고 난 후에 회합은 휴회되었습니다."

위원회 총무가 신임 선교사들에게 한 충고는 교파의 경쟁을 악화시켰습니다. 1885년 5월 25일에 엘린우드는 알렌과 언더우드에게 편지를 썼습니다: "나는 감리교도들이 조선으로 와서 일들을 위태롭게 만들까 염려가 됩니다. 그들이 단지 현명하게 될 것이라면 환영입니다... 만약 그들이 선교지에서 거주에 있어서 앞서간다면 그들은 그것을 기쁘게 감수해야 할 것입니다." 8월 21일의 편지에 그는 장로교도들에게 "그들 위원회의 대표부와 함께 모든 동료관계를 명확하게 유지하고... 다른 모든 사람들에게 정중하고 친절하고 그러나 모든 것을 아주 친밀하게 유지하고 당신 손으로 그것을 확실하게 붙잡을" 것을 명령했다.

감리교도들은 장로교도들의 유리한 위치를 예민하게 깨닫고 있었다. 아펜젤러는 총무 레이드에게 1886년 4월에 다음과 같이 썼다."우리가 자매 사회의 훌륭한 성공에 기뻐하고 그들의 사역에 있어서 성공을 비는 동안 그들과 비교하여 우리는 큰 불이익을 가지고 그럼에도 불구하고 사역하고 있습니다. 왕과 왕비를 치료하는 알렌은 고위 관리들과 직접적인 관계를 갖고 있으며 그가 보고 들은 것을 조심스럽게 비중을 평가하여 시기의 징조를 정확하게 분별하고 솜씨 좋게 조선인들이 보고 즉시 따르는 제안을 합니다." 알렌은 잘못되어 가는 것에 죄가 없다고 서둘러 덧붙였다. "그는 해야 할 선교사역을 더 부지런히 하는 것 외에 아무 것도 하지 않습니다."
그러나 그것이 장로교인들에게 내면적인 통로를 준 것은 확실합니다.
두 선교부 사이의 경쟁은 1886년 여의사를 얻는 경쟁에서 정점에
달했다. 감리교도들은 민비와 그녀의 조정을 위한 여의사를 확보할
수 있다면 그들 팀이 매우 강화될 것이라고 느꼈다. "상류층 여인들
은 '병과 고통'에서 제외되지 않는다. 그리고 그들은 그들의 집에 그
들과 동성인 여자를 환영할 것이다. 이것이 왜 여자가 가능한 한 처
음으로 여의사를 확보해야 하는 지의 모든 이유이다."
똑같은 기회를 자각하고 있는 장로교도들 역시 조선으로 여의사를
데려오기 위해 그들의 위원회에 촉구하고 있었다. 언더우드는 1886
년 2월 17일 편지에 다음과 같이 썼다. " 알렌이 언젠가 당신에게
이 곳에 올 여의사에 관하여 썼다고 생각합니다. 만약 위원회에서
한 사람을 보내려고 한다면 그들은 즉시 그렇게 하는 것이 더 좋습
니다. 그렇지 않으면 그들은 매 편지마다 이 곳에 약속된 한 사람의
소식을 듣기를 기대하고 있는 자매 선교부인 감리교도들에게 선두
를 빼앗길 것입니다. 나는 약간의 경쟁은 장소를 벗어나는 것이 아
니고 생각합니다. 그리고 나는 우리 선교부가 선두를 유지하기를 원
합니다."
3월에 알렌은 감리교도들이 여의사를 위한 그들의 탐색에 끝을 내
도록 이리저리 조종했다. 그는 엘린우드에게 털어놓았다. "감리교도
들은 그들이 한 명을 확보했고 오고 있는 중이라고 보고했습니다.
그것은 우리를 패배시키려는 계획이 될 것이라고 생각하는 것은...
나는 스크렌튼 여사를 초청했고 여의사를 확보하는 관점에서 서울
에서 그녀를 보면 내가 매우 행복할 것이라고 말하면서 그녀를 축
하했습니다.(나는 교파를 언급하지 않았습니다.) 그리고 나서 나는 그녀에
게 의학교에 다닐 때 내가 알았던 아주 훌륭하게 자격을 갖춘 여의
사라고 말했는데 그녀는 감리교도였습니다.(나는 그녀가 지금 죽었다고
말한 것은 아닙니다) 그 나이 든 숙녀는 일단 응했고 그들은 여의사 한
명을 골라내지 못했고 1년 내에 어디서 찾아낼지 알지 못했다고 말
하면서 그녀의 주소를 요청했습니다. 만약 지금 당신이 동작이 빠르

다면 우리가 조선의 사악한 왕비를 개종시킬 수 있을 것이나 그렇지 않으면 감리교도들이 그 영예를 갖게 될 것입니다."

진심으로 동의하면서 장로회 위원회는 여의사를 파송하는 첫 우선권을 주었다. 사실, 그들은 보스턴 의학교로부터 졸업을 한 학기 남겨두고 있던 훈련된 간호사인 애니 엘러스를 밀어 내보냈다. 페르시아로 파송되기를 원하면서 의료선교사로서 지원했던 그녀는 위원회로부터 대신 조선으로 가라는 요청을 받고 놀랐었다. 그리곤 곧 출발했다. "나는 거절했습니다. 조선은 내가 모르던 나라였습니다. 페르시아가 손짓하며 불렀습니다. 그 외에 나는 아직 어느 곳으로도 떠날 준비가 되어 있지 못했습니다. '여의사를 찾는 것이 불가능합니다. 가지 않을래요?' 토요일 밤에 전화가 왔습니다. 내 입술로 두 번째 거절하면서 '더 기다리고 기도하는 편이 낫지 않을까? ; 그것은 어쩌면 신의 뜻인지도 몰라.' 나의 거절이 승인으로 변했고 다음 월요일 아침 나는 조선으로 출발했습니다."

애니 엘러스는 서울에서 단지 "진짜"여의사가 파송되어 올 때까지만 봉사하는 데 동의했다. ; 그리고 나서 그녀는 미국으로 돌아가서 그녀의 학위를 얻고 페르시아로 가서 계속 봉사하기로 계획했다. 그녀는 엘린우드에게 그녀는 조선으로 항해하는 것이 "앞서는 성급함과 조선에 대해 전적으로 무지하면서 어디로 항해하는지" 매우 유감으로 여겼다고 썼다.

애니 엘러스가 조선을 향하여 그렇게 성급하게 출발한 한 이유는 오래 기다리고 있던 정부 교사들이 이미 방향을 잡은 작은 그룹을 따라잡고 함께 가기 위함이었다. 이 세 사람들은 1884년 이래 처음엔 푸트와 그 다음 폴크를 통해 계속적으로 조선 왕으로부터 요청을 받아왔었다. 기독교인이어야한다고 요청한 장로회 외국 선교위원회에 의한 요청에 반응한 미국의 교육위원회에 의해 선택되었고 그들은 모두 유니언 신학교의 학생들이었다. 길모어와 그의 부인, 벙커, 헐버트 그리고 애니 엘러스는 1886년 5월 22일에 항해길에 올랐다.

그들의 배는 7월 3일에 제물포에 있는 항구에 정박했고 다음 날 서울로 가는 여행을 위하여 재정비하기 위해 남자들은 냄새나는 오래된 거룻배를 타고 본토를 탐색했다. 그들 중 하나는 그의 주머니에 권총 한 자루를 밀어넣었다. 그러나 배로 돌아오기 전에 그는 한 주머니 가득한 샌드위치가 더 많이 충당되어야 한다고 깨달았다.

숙녀 두 사람을 위해 "올가미와 망상"이 되리라고 알았던 인력거 두 대를 빌려서 그 작은 일행은 다음 날 아침 5시에 다시 배를 떠났다. 이것이 제물포에서 서울로 가는 더러운 길을 인력거를 타고 가는 첨음이었고 마지막이 된 시간이었다.? 벙커는 다음과 같이 썼다. "모두가 도랑이 있는 길을 가로질러 뛰었고 인력거는 신음소리를 내며 내려가고 앉아있던 사람들로부터 튀어 올랐다." 애니 엘러스는 덧붙이기를 숙련되지 못한 인력거를 달리며 끄는 사람들은 갑자기 핸들을 놓쳤고 "우리는 갑자기 뛰어올랐다." 또한 달리던 사람들은 속도를 줄이지 않고 도랑들을 통과하여 달렸다. 어쨌든, 길모어 부인과 앨러스 양은 곧 까다로운 조랑말들과 나무로 된 말안장 위에 앉혀진 서로의 인력거를 교환했다. 그들은 도착한 후에 브라우스를 입었던 숙녀는 일주일을, 또 한 사람은 3일을 누워있어야 했다.

무거운 짐은 보트로 서울로 가기 위해 뒤에 남겨두었다. ; 보트는 모래톱 위에 빠졌고 짐들은 3달 후에나 받았다. 그동안, 새로온 사람들은 일년 중에서 가장 더운 날에 서울을 향해 26마일을 여행했다. 벙커는 추억하기를 "일행은 모두 뼈대 있는 말안장 위에 올라탔는데 그것은 돌이나 쌀가마, 나무 등과 같은 종류의 짐을 운반하는데 쓰이던 것이었다. 조랑말 기수들은 그들이 안락하게 이 고문기구를 탈 수 있다고 원문그대로 callused 말했었다." 물건에 사용되는 것과 같은 것 외에 아무 것도 아니었다.

"25마일의 조랑말 길이 우리 앞에 있었다. 태양이 떠올랐고 올라가서 온도계는 100도를 넘었다. 1마일이 넘어가면 말안장들이 의식되기 시작했다?... 보행이 하루의 의식이 되었다."

애니 앨러스는 그 여행을 다음과 같이 기억했다. "모두가 길을 따라 갔고 낮게 놓여진 언덕들, 계곡들, 산기슭의 작은 언덕들, 멋진 나무들, 소나무, 버드나무와 잣나무 풍경은 밝은 태양빛과 어떤 종류의 묶음을 유지하고 있는 실제로는 주머니인 거대한 소매가 달린 보행자들의 긴 코트로부터 우리 눈을 쉬게 해주면서 장관을 이루었다. 나는 닭을 보았는데 그것은 살아있는 것이었다. 커다란 모자, 그들의 긴 목 위에 있는 얇은 파이프보울, 이상한 발싸개, 이 모든 것들.. 비록 매우 다른 세상에 있다고 할지라도 우리는 모두 너무 새롭고 너무 이상하다고 느꼈다.?

서울로 가는 중간 쯤에 있는 마을에서 그들은 약한 조랑말들과 여행자들이 쉬고 먹기 위해 멈추도록 했다. 벙커에 따르면 "우리는 커다란 흥미를 가지고 도시를 둘러 보았습니다. 그러나 그 도시에 대한 관심은 약 1/1000 비율 정도였습니다. 태어난 지 9일 된 새끼 고양이를 제외하고 살아있는 모든 것들은 우리를 보기 위해 바깥 쪽을 향하는 것으로 보였습니다."

외관상으로는 끝없이 펼쳐진 한강 서쪽 모래 사장을 가로 놓였고 강에 있는 페리보트에는소리 지르며 싸우는 조랑말들로 가득한데 강은 보트와 고함치는 남자들, 여자들, 어린아이들, 황소 등등을 물에 잠기게 하려 했다. 그들은 성문이 어둠 속에 닫히기 전에 가야할 3마일을 남겨놓고 태양이 수평선으로 막 떨어질 때 서울로 가는 강의 건너편 쪽에 정식으로 짐을 풀었다.

"우리의 작고 조그마한 말들은 마지막 단거리 경주를 하고 있었다. 오래된 남대문이 보이기 시작했고 남자들이 밤을 위하여 두 개의 정문을 닫을 준비를 하고 있었다. 우리의 마부와 다른 이들로부터 외침이 울렸다. 거대한 정문들을 들어올리기 위한 어깨는 잠시 멈추었고 우리는 성벽도시 안으로 들어갔다."

"서대문의 종탑의 밴드는 저녁 경종을 내보냈다. 남산 위의 3개 신호 봉화는 잠시 타올랐다. 종로의 거대한 종은 그의 조용히 울리는 소리를 내보냈고 성문들은 닫혀졌고 서울은 무덤 속 같은 고요 속에 잠겼다."

그것은 새로운 생활로 들어가는 기념할 만한 입성이었다. 애니 엘러스는 그녀의 느낌을 다음과 같이 기록했다. "우리는 성문들을 말을 타고 들어가서 멈춰섰다. 바로 황혼이었다. 내 말이 멈춰섬에 따라 나는 거대한 성문들을 보았다. 두 남자들은 하나를 반쯤 닫고 그렇게 했고 그들은 반대편으로 가서 그것을 묶고 있는 사슬을 풀고 그것을 밀어 닫았다. 그리고 나서 거대한 철 빗장을 자물쇠 속으로 밀어넣었고 대문들은 조여졌고 잠겼다. 안으로 잠겼다! 안으로 잠겼다! 밖으로 나갈 수 없다! 우리는 그들에게 말할 수 없는데 그 사람들과 함께 안에서 갇힌 것이다. 피곤하고 더럽고 땀에 젖은--- 내 안에 열정의 불씨도 남아있지 않았다."

"거리의 양편 아래로는 낮고 초가지붕이나 기와지붕의 집들이 주변에 널려있고, 앞에는 고약한 냄새가 나는 하수도가 열려있는데 그 거리는 좁고 여기저기 쓰레기 더미로 덮여있었다... 모든 곳이 신음소리과 울부짖는 소리로 둘려있고. 나는 무엇 때문인지 물었다. 돌아온 대답은 '콜레라, 콜레라' 그래 콜레라! 사람들은 하루에 3-400명씩 죽어가고 있었다."

애니 엘러스는 일하기 위해 열심을 다했다. 그녀의 처음 두 환자는 중국인 목사 유안 시게의 부인과 민비였다. 헤론은 아직 학위가 없는데 엘러스를 의사로서 소개하는 것에 대해 걱정을 했다. 그러나 그와 알렌은 그녀의 능력을 보고 완전히 만족했다. 알렌은 10월 2일에 썼다. "우리는 여의사에 대해 그녀보다 더 좋은 어떤 것을 요청할 수 있다고 생각지 않는다. 그녀의 신학적 지식은 우리 나머지 만큼 훌륭하며 그녀는 우리에게 확신을 줄만큼 그녀의 분야에서 아주 많은 실제 경험을 가지고 있었다."

왕비가 훌륭하게 회복된 후 10월 28일에 알렌은 썼다. "여의사 엘러스와 나는 본국의 의사가 포기했던 왕비의 치료를 위해 전체 왕국의 칭찬을 받고 있습니다."

애니 엘러스는 그녀의 왕실 환자들에게 그녀의 인사를 결코 잊지 않았다. 그녀와 알렌은 개인 군인인 기사가 길을 깨끗이 하며 달리면서 수행하는 가마를 타고 왕궁으로 출발했다. 왕궁 벽의 바깥 쪽에 그들이 도착했을 때 그들은 그들의 가마에서 내려 1/4 마일을 걸어서 영빈관에 들어갔다. 왕자 민영익이 그들을 맞이했고 그들에게 왕궁을 구경시켜 주었다. 그리고나서 그들을 호위해서 대기실로 갔는데 거기에서 외국 음식들과 조선 과일, 견과류 등을 대접받았다. 궁정에서 전령이 그들에게 왔는데 왕자 민영익이 잔디가 깔린 한 면을 제외한 세 면에는 나무들이 심겨져 있는 커다란 열린 뜰을 가로질러 그들을 거느리고 왔다. 넓은 돌 계단층을 올라가면서 그들은 모든 조선 가정의 특징인 좁은 베란다 또는 마루를 가로질러 건넜고 높은 문턱을 넘어 갔다. 엘러스는 부드러운 매트가 깔린 마루를 갖춘 길고 넓은 홀의 한 끝에 서 있는 자신을 발견했다. 그 홀의 더 먼 끝에는 남자들, 여자들, 그리고 어린 소녀들 무리가 대기하고 있었고 그녀들은 그녀가 전진한만큼 그녀들이 배운 대로 3번 절을 했다.

"나중에 방문했을 때 나는 내시와 신사를 구별하는 것을 배웠습니다. 그리고 또한 그들의 독특한 머리가체와 얇은 비단천의 훌륭한 치마로 대기 시녀를 구별하는 것을 배웠습니다. 이 숙녀들의 훌륭한 쪽머리는 크기 뿐 아니라 어떻게 윤이 나는 끈 모양으로 기묘하게 돌리고 땋았는지의 방법들이 경이의 대상입니다.

"얇은 비단 천의 치마들을 아름답게 입고 검고 윤이 나는 머리타래에 진주로 엮은 줄을 장식한 숙녀인 왕비는 키는 작고 하얀 피부와 검은 눈동자와 검은 머리카락을 지녔는데 왕비는 아주 친절하게 인사를 했습니다. 그녀는 거대한 머리 가체를 하지 않았고 그녀의 진짜 반짝이는 머리타래를 목까지 늘어지는 매듭이 되도록 비틀어 꼬은 머리를 하고 있었습니다."

"그녀는 이마 꼭대기에 그녀의 조선인 계급표식을 달고 있었습니다. 귀족 숙녀들 모두는 비슷한 치장을 하고 있었으나 질과 세공 기술은 구별되었습니다.? 내가 왕비를 대면했을 때 특히 그녀가 웃고 있을 때에는 아름다움으로 가득했습니다. 그녀는 뛰어난 여성이고 강한 의지와 진심으로부터의 많은 친절함을 가진 성격의 강인함이 인상적이었습니다."

"첫 번 째 질문 후에 만약 내가 괜찮다면 내가 몇 살인지, 부모님은 어떠신지, 만약 형제자매들이 있다면 그들은 몇 살인지 조선에 내가 도착했다는 말을 알렌에게서 들었다고 나에게 계속하여 말했습니다. 내가 온 것이 매우 기쁘다고 말씀하시고 내가 조선을 좋아하기를 바란다고 하셨습니다. 이 모든 대화는 들을 수는 있으나 볼 수는 없는 문 뒤에서 수행하고 서 있던 허리가 두 배로 굽은 통역관을 통해 이루어졌습니다."

"곁에 서 있던 왕자 민영익은 나에게 의자를 갖다 주었습니다. 왕비가 내게 앉으라고 말씀하셨고, 의자에 앉았고, 그리고 나서 의료적인 면에서의 대화를 시작했습니다."

왕비가 그녀의 병에서 곧 회복되었을지라도 외국인 여성에게 흥미가 생긴 왕실 가족은 애니 엘러스와 알렌을 거의 매일 궁으로 불러들였다. 이것은 선교사들에게는 혼합된 기쁨이었는데 하나는 더위 때문에 거의 견딜 수 없다는 것을 알게 된 정식 예복을 입어야 하는 것이었다. 또한 한 번 방문하면 하루의 반이 소비된다는 것이었다. 아직 알렌은 엘러스가 왕비와 친함을 기뻐했다. "왕비는 엘러스 의사에게 아주 호의를 갖고 있으며 그녀를 곁에 오래 두고 싶어합니다. 왕비는 그녀에게 멋진 가마를 주었고 그녀는 그것을 타고 궁궐 뜰을 지나오고 많은 다른 이들의 부러움을 받습니다." 10월 28일 그는 다음과 같이 보고했다. "왕비는 정말 엘러스의 무리를 좋아하는 것으로 보입니다... 다른 외국인들은 서 있어야 했을 때 엘러스에게는 앉아 있도록 허락되는 방식이 단지 놀랍습니다. 그리고 왕실 가족들은 그녀 주위에 쿠션 달린 발판에 둘러 앉아 그녀가 그들에게 영어를 가르치는 동안 그녀에게 조선어를 가르치려 노력하고 나는 다른 방에서 기다립니다." 이 때 엘러스는 이 나라에서 두 번째로 높은 2품인 민영익의 부인과 같은 계급이 주어졌습니다.

엘러스 양은 11월 8일에 개원한 병원에서 부인과에 일할 책임이 주어졌습니다. 그들이 그들을 만날 수 없을 때에는 의학교에서 알렌과 헤론의 강의들을 들었으며 언더우드의 고아원에서 가르쳤고 왕비를 포함한 왕궁의 모든 여자들을 잘 진료하는 만큼 조선어도 잘 배웠습니다. 그녀는 위원회에 다시 다짐하여 말했습니다. "나는 간호사의 자격으로 여기 있다는 인상을 받습니다. .. 이것은 아닙니다." 그녀는 의사로서 일하고 있었고 그녀의 의학공부를 마치기 위해 2년 후에는 떠날 의지를 갖고 있었다. 11월에 알렌은 썼다. "모든 사람들이 엘러스를 좋아합니다... 왕비는 거의 그녀를 사랑한다고 나는 확신합니다... 나는 그녀의 활기찬 진료 방식을 좋아하고 우리 병원에서 그녀가 완전히 자유롭게 진료할 수 있게 해줍니다."

알렌은 엘러스가 언더우드와 결혼하기를 희망했었지만 그렇게 되지는 않았다. 대신에 애니 엘러스는 위원회에 1월 25일에 발표했다. "한 사람 보다 두 사람이 생각하는 것이 낫고 적어도 마음을 알기 때문에 나는 벙커 박사에게 부인이 되기로 약속했습니다. 그는 조합교회주의자입니다. 정부 교사들 중 하나이고 선교 사역을 위해 조선에 남기로 했습니다. 그에게 길을 열어 준다면 그는 (장로회)선교부에 함께 할 것입니다." 3월에 그녀는 왕과 왕비가 구녀의 약혼을 매우 기뻐했다고 보고했습니다. " 여기 이 나라에서는 결혼하지 않는 것은 그들 눈에는 불명예로 보입니다. 나는 신께서 나에게 사랑하는 사람을 주셨다고 느낍니다. 증기선에서의 사건도 아니고 여기 도착한 후 한동안 실제로 그렇게 될 가능성이 있었던 것도 아닙니다. 벙커씨는 나의 훌륭한 기독교 신앙이 그에게 최고 매력이었다고 영예롭게 말했습니다.- 매우 좋은 매력이 아닌가요?"

조선에서 1년 1일이 지난 후 1887년 7월 5일에 그들은 알렌의 집에서 결혼했다. 애니는 위원회에 썼다. "나는 선교사역에 있어 나의 일을 떠날 생각은 없습니다. 그러나 또다른 동역자를 우리에게 보내주시기를 바랍니다." 그러나 벙커는 장로회 선교부에 결코 합류하지 않았다. 애니는 말했다. "완전히 솔직하게 말하면 우리 선교부의 문제가 그에게 우리 호의에 손상을 준 것은 아닙니다." 대신에 그는 1894년까지 관립학교에 근무했다. 1895년에 벙커는 감리교 선교부에 들어갔고 40년을 봉직하고 1926년에 은퇴했다. 그들은 헤론(1890), 알렌(1890), 스크랜튼(1907), 언더우드(1916)보다 가장 오래 봉직한 선교사들이었다. 그래서 결국 애니 엘러스는 학위를 결코 얻지 못했고, 여의사에 대한 경주에서 감리교도들이 이긴 것이었다.

3장. 분쟁(Strife)

애니 엘러스는 서울에 도착한 후 장로회 총무 엘린우드에게 다음과 같이 썼다. "일본에서의 짧은 체류는 선교사에 관한 많은 것에 대해 내 눈을 열어주었고 우리는 모두 천사가 아니라는 것입니다." 그리고 한 달 후에 "나는 이미 어떤 문제에 대해서도 편을 들지 말고 따라가려고 하지 말라는 당신의 충고가 중요하다는 것을 압니다." 일본에서 보고 들었던 많은 것들로부터 나는 이미 선교사는 천사가 아니고 나 역시 그렇게 될 수 없다는 결론을 얻었습니다. 조선에서 몇 달 지낸 후에 그녀는 아마도 선교사들은 더 이상 천사 같은 존재가 아니고 악마 같다고 믿게 되었던 것 같다. 인간의 속기 쉬운 (신학적 관점에서는 타락한) 인간의 본성이, 1886년과 1887년에 장로회 선교부가 분열되고 거의 파괴되었던 분쟁에서보다 더 분명하게 드러난 적은 없었다.

조선 선교지에서 모든 선교사들의 이러한 고통스러운 불화는 불유쾌한 이야기이다. 그러나 실망스럽게도 알렌과 헤론의 갈등은 이미 거의 끝났지만 여러 가지 이유에서 조선 선교에 매우 중요하다. 1886년에 사역지에 있는 모든 장로회 선교사들이 사임했을 때, 조선에 널리 퍼져있던 개신교 종파가 되었던 장로회 사역은 위험하게도 시작부터 꺼져가게 되었다.

1886-87년의 반목의 결과들은 선교사의 인간성과 유대관계가 사역의 진행에 있어서 중요하다는 것을 지적한다. 또한 언쟁은 때때로 위원회 총무들의 중대한 역할을 나타낸다. 이 사람들은 그들의 본교회에 대한 선교사들의 탯줄과 같은 역할을 하며 여러 해 동안 봉사해 왔다. 그들의 결정과 편지들은 사역에 대한 조건들을 좋게 하거나 나쁘게 하는 영향을 끼칠 수 있고 또한 그래 왔다.

알렌과 헤론의 반목은 초기부터 있었던 선교사역을 어떻게 지휘할지에 대하여 다른 사상들을 보여주었다. 이러한 견해들은 다음 수년 동안의 선교정책에 영향을 주었다. 그것에 대한 완전한 이해도 없이, 1886년과 1887년 그들의 가열된 행동과 반응들 속에서 장로회 선교사들은 선교정책을 토론 중이었다. 결과로 나온 많은 학교들과 병원의 시작인 몇 몇 기관들은 그리 많은 생각의 결과도 아니었고 싸울 것도 아니었다.

1884년 실패로 끝난 쿠데타에서 왕족 민영익의 생명을 구해준 것으로서 알렌은 일찍이 조선왕과 조정의 후원을 받게 되었다. 그가 요구했던 병원에 대한 정부의 후원을 약속받았고 "문명의 도구"로 받아들여지는 병원을 설립하고 세웠다. 그는 기독교신앙은 위에서부터 시작되어 정부가 지원하는 것보다 더 확장되어 아래로 전파되어야 한다고 느꼈다. 카톨릭 순교 시절이 말해주고 있었다. 조선에서의 카톨릭 교회가 권력의 반대편이었기 때문에 거의 말살되어왔다. 바로 20년 전에 있었던 마지막 대박해가 생생하게 기억되고 있었다. 알렌의 견해는 영향력 있는 관료계급의 적대감 내지 무관심에 의해 선교사역이 꺾이게 되었던 그의 중국에서의 경험에 영향을 받은 것이었다.

한편 언더우드는 "문명화"의 고양된 영향력을 생각지 않았다. 그는 기본적으로 선교사역을 "복음을 전파하는"것 뿐 아니라 가난하고 무식하고 병든 불쌍한 곤경을 덜어주는 어떤 것을 행하는 선포라고 보았다. 언제나 낙관론자들은 기독교신앙에 대한 조선정부의 반대는 근거 없고 약하고 일시적이고 관리들은 선교사들의 선행에 의해 설득당할 것이라고 느끼게 된다. 언더우드는 조선사회의 모든 계층과 접촉하기 시작했다. 그는 한동안 조선인과 조선말로 자유롭게 말할 수 있는 최초의 유일한 선교사였고 그래서 보통사람들의 관심사에 대해 많이 알았다.

존과 해리어트 헤론은 왕족 민영익의 심한 부상에 대한 알렌의 훌륭한 치료에 대해 그리고 조선 선교에 대한 그의 영웅적인 출발에 대해 들었고 그와 합류하는 것이 "자랑스럽고 희망적"이라고 기대했다. 일본에서 그들은 알렌으로부터 친절한 편지를 받았고 서울에 도착해서 따뜻한 환영을 받았다. 헤론은 알렌이 그보다 어리고 의사로서도 덜 숙련된 것을 알고 약간 놀랐다. "나는 그가 아버지 같은 상담자로 기대했었습니다." 그러나 그는 "협조적이고 따뜻한 친구, 동료"를 기대하며 스스로 위로했다. 그가 얼마나 실망했던지!
"당신의 사역에 당신을 도와줄" 헤론의 임명에 대해 알렌에게 통지
한 1885년 2월 28일 편지에서 총무 엘린우드는 심각한 실수를 범
했다. 불행히도 알렌은 헤론을 그의 조수로 생각했다. 헤론은 항상
"똑같이 관련된 일에서 동등한 권리"를 위해 투쟁해야 했다고 1887
년 초에 엘린우드에게 썼다. "뉴욕을 떠날 때 내가 알렌 의사의 조
수가 될 거라고 당신이 내게 말했다면 나는 내 위치를 이해하겠지
만 나는 여기에 올 때 알렌의 파트너라고 생각했었습니다."

두 의사 사이의 불화에 대한 최초의 언급은 헤론의 도착 후 겨우 2
달 후인 1885년 9월 1일 알렌의 일기 첫 부분에 나온다. 알렌은 묄
렌도르프로부터 1년에 720불을 받고 그의 사역과 함께 진료를 하
는 제안을 받았었다. 외견상으로 알렌은 이 합의를 주장했고 헤론
은 분개했다. 이것은 알렌이 "선교로부터 사임할 의도를 선언"함으
로 끝났다. 헤론부인은 그것을 문제 삼아 나에게 선교사로서 적합
지 않다고 하며 단지 사임할 구실로 이것을 이용했고 돈을 위해 일
한다고 비난했다. 이것이 진정 당연하게 나를 화나게 했다. 그리고
오랫동안 여자 친구를 갈망하다가 헤론 부인을 사랑하게 되었던 알
렌 부인, 헤론의사와 나 사이의 어떤 불화도 신경 쓰지 않던 알렌
부인을 지치게 만들었다.

알렌은 이 사건과 다른 일 등에서 기묘한 자기기만을 보였다. 그는
헤론이 조선에 오기 전에조차 그는 선교사역을 그만두기를 원한다
고 여러 번 썼고 그의 편지와 일기가 그가 더 나은 봉급을 받을 자
리를 찾고 있었다는 것을 증명했다. 어쨌든, 원인으로 "헤론의 직업
적인 시기심"을 언급하면서 1885년 9월 2일에 위원회에 첫 사직서
를 보냈었다. 그는 부산으로 보내주거나 또는 고국으로 가서 "좀 떨
어진 곳에서 선교사 품격을 연마하기를 요청했다. 엘린우드는 진정
시키는 답을 보냈고 사직서는 반려되었다. 한동안.

12월 20일에 알렌은 한 번 더 노발대발했다. "헤론과 나는 다시 사
이가 나빠졌습니다. 그는 질투에 빠져 있습니다. 나는 교체되어 병
휴가로 본국에 보내달라고 썼습니다. 내가 그것을 보내리라고 생각

지 마십시오."

크고 작은 에피소드에서, 헤론과 알렌 관계의 많이 있는 불친절함과 좌절은 종종 언더우드를 포함하기도 한다. 다른 물은 매우 불편한 곳에 위치하고 마시기에 위험할지라도 알렌은 헤론과 언더우드가 알렌의 영역에 위치한 우물에서 물을 길어가는 것을 허락지 않았다. 말에 대해서도 마굿간을 누가 사용할 지와 마굿간 수리비용 때문에 논쟁이 있었다. 알렌이 관립병원과 외국인 환자들을 위한 모든 약을 주문했고 그는 그 약들을 그의 사무실에 잠궈 놓았다. 병원에서 재정적 권한이 없던 헤론은 알렌의 사무실에 몰래 숨어 들어가서 은밀히 고객들을 진찰했다.

헤론은 알렌이 관리들에 대한 선물과 자신의 와인과 맥주 그리고 자신의 고객들의 진료를 위한 소비에 대해 청구한 것을 알고 분개했다. 이 자금은 세관 임원들과 다른 외국인들 사이에서의 의료행위로부터 나온 것이었기 때문에 알렌은 완전히 그 단독으로 판단하여 사용해야 한다고 생각했다. 헤론은 "물론 거의 대부분 그가 가져온 자금이므로 고유권한이라고 고 말할 수도 있습니다. 그러나 그가 다른 외국인들을 상대할 동안 그에게 시간을 주기 위하여 내가 한 모든 일 또는 거의 모든 조선인 진료와 매우 빈번히 병원에서 그의 업무를 대신 해 준 것 때문에 나도 부분적으로 이 돈을 벌었다고 느낍니다"고 썼다. 알렌은 헤론이 그의 고객들을 기웃거리는 것을 알고 노했다. 한편 헤론은 자신은 의료 고객을 진료할 수 없는 굴욕과 그 돈이 쓰여지는 방식으로 인한 불쾌함으로 화가 났다.

알렌은 병원 문제에 대해 새 건물을 위한 계획과 같은 주요한 것에 대한 것조차도 헤론과 의논하지 않았다. 헤론이 때때로 궁에서의 진료요청을 받도록 허락해달라고 요청했을 때 알렌은 자신이 왕의 주치의라고 통명스럽게 대답했다. 궁중진료가 병원 근무가 겹칠 때에는 헤론이 그의 자리를 지켜주기를 기대했었음에도. 몇 번 그런 일이 있은 후에, 헤론은 알렌을 화나게 하면서 그런 일을 거절했다. 헤론은 알렌이 그를 궁중의 사회적 임무와 관립병원의 의사로부터 얻은 영예로부터 헤론을 부당하게 배제시키려 한다고 의심했다.

선교 분야에서 알렌의 높은 수완은 그의 작업으로 1886년 1월에 왕궁병원과 연결된 의학교를 개교하게 된 것에 의해 증명되었다. 호레스 언더우드는 그 학교는 "영어로 하는 관립학교를 내가 관리하도록 제의한 한 조선인에 의해 내가 제출한 제의로부터 발전된 것이라"말했다. 알렌에게 말하면서 나는 그러한 것이 영어로 가르치는 단순한 경우보다 더 많은 가지를 만들 수 있는 좋은 계기가 될 수 있을 것이라고 말했다. 이것에 대해 알렌의사는 동의했고 몇몇 조선인에게 제안서를 작성했다. 그러나 전체 제안은 미국인 교사의 내방 때문에 실행될 수 없었고 그것을 병원과 연결된 의학교로 변경시켰다. 알렌의사는 학생 수, 교칙, 교사건물 등과 관련된 모든 규정을 만들었고 그가 다음 월요일에 가르치기 시작할 수 있는지 여부를 묻는 노트를 우리에게 보낸 날까지 우리는 그것에 대해 아무 것도 듣지 못했었다.

바쁜 일정과 자신만의 생각을 가진 고도로 훈련된 성인인 언더우드와 헤론은 알렌에 의해 정해진 과목과 시간에 학생을 가르치라는 거의 명령 같은 그러한 짧은 통지를 받고 놀랬다.

언더우드의 말에 의하면 그들은 알렌에게 선교 회합을 소집하도록 했다. "알렌 의사는 우리가 무엇을 알기 원하는 지 또한 그가 읽었던 편지와 설명된 문건들 등등 현재까지 진행 되어진 모든 것을 우리에게 알게 하도록 그에게 요청하는 해결책을 강요하는 것에 대해 이해하지 못하는 것처럼 보였습니다." 우리가 서로에 대해 굳은 감정으로 휴회를 했을 때 누군가에 의해 그 회의를 기도로 마치자고 제안되었다. 그대로 이루어졌고 우리는 외견상만의 친구들로 갈라졌다.

그 일에 대한 알렌의 설명은 좀 달랐다. 그는 1886년 1월 22일 일기에 이렇게 썼다. "왕궁병원의 새로운 의학과 과학강의는 오늘 언더우드와 헤론 박사와 내가 교수로서 공포되었습니다. 계획은 내가 시작했고 내가 추진해왔습니다. 내 동역자들의 반대를 설득했습니다. 이 신사분들이 나를 들어 사용하기를 원했고 우리는 회의를 가졌습니다. 그러나 그것은 그들에게 내가 언더우드는 위선적이고 수다

장이며 헤론은 질투가 많고 잘 삐지는 사람이라 말할 기회를 주었습니다. 그들은 놀랐고 나의 특별 고소를 부인할 수 없었습니다. 우리는 기도로 회의를 마쳤고 지난 달 동안 아주 유쾌했습니다."

헤론과 언더우드는 왕립병원의학교에서 날마다 1-2 시간 강의를 계속해왔지만 불만의 앙금은 남아있었다. 8월에 알렌은 그의 일기와 엘린우드에게 보낸 편지에 이렇게 불평했다. "헤론과 언더우드는 학교에서 가르치는 것에 대해 너무 완고했기 때문에 나는 모든 것이 감리교도들에게 넘어갈 위험을 느껴야 했습니다."

헤론이 다른 외국인으로부터 새로운 병원건물에 관하여 처음 들었던 험악한 장면이후 다음 달에 문제는 극한 상황에 도달했다. 확실한 대결에서 두 의사는 거의 절교하게 되었다. 알렌에 의하면 각각 서로를 고집쟁이 바보로 불렀다. "헤론은 나에게 시기심이 많은 것이 아니라 내 얼굴에 주먹을 휘둘렀습니다. 그는 맥주와 담배가 내가 가질 수 있었던 유일한 권한이었음에도 그는 나를 배교한 자라고 비난했습니다. 여름에 나는 맥주를 마셨고 이 계절에 아주 많은 좋은 일이 있었습니다. 나는 언제나 담배를 아주 조금 핍니다. 내가 '헤론, 우리는 분리되어야 해.' 말했다. 그는 '그래, 우리는 곧 그래야 해.'하고 말했다." 알렌은 헤론을 해고했다. 그리고 그들은 한 동안 서로 말을 하지 않았다.

헤론과 언더우드 둘 다 9월 중순에 사직서를 제출했다. 아마도 한 달 전에 "관립병원에 감리교도들에게 넘어갈 거라는"알렌의 위협에 영향을 받았을 것이고 그들은 그 선교부에서 떠날 것을 요청했다.

9월 17일에 언더우드가 이렇게 썼다. "내 사임의 이유는 사역지에 내가 남아있어야 한다는 것이 옳다고 생각지 않는 것 때문이다. 내가 어떤 동료선교사와 사이좋게 지내는 유일한 길은 그와 아무 것도 함께 갖지 않는 것 뿐 아니라 그와 연결되어 있는 아무 일도 함께 하지 않는 것이며 그것이 알렌의사와 사이좋게 지내는 유일한 길이기 때문이다." 그가 "우리가 그에게 양보할 수 없는 권력과 권리를 스스로 가로챈 알렌으로부터 거의 다 분리되었다고 쓰면서 언더우드는 가장 간략하게 그 고통을 요약했다.

헤론은 9월 14일에 다음과 같이 썼다. "사역지에서 알렌의 지휘아래 어떤 선교사역을 한다는 것은 우리에게 불가능합니다." 그는 덧붙이기를 "나는 단지 그 자신의 과장을 위해서 그의 성공을 이용하는 사람의 손 아래에서 고통 받는 단순한 기계입니다."

알렌은 엘린우드에게 10월 2일에 다음과 같이 썼다. "나는 수술칼을 놓아야 하고 놓을 것입니다. 나는 선교사역에 실망했습니다... 만약 당신이 좋다고 하시면 잠시라도 물러나 있겠습니다." 아펜젤라에게서 그 소식을 들은 폴크 중위로부터 동료의 사임소식을 안 후 그는 다음과 같이 썼다. "이는 당신이 나와 함께 무언가를 해야만 한다는 것을 피할 수 없게 만듭니다. 이 사람들에 대한 나의 개인적인 견해가 무엇이던지 간에 나는 실제적인 구령사업에 그들이 내가 할 수 있는 것보다 더 많은 것을 할 것이라고 믿습니다. 따라서 나는 선교를 위해서 나를 내보내는 것이 더 좋다고 생각합니다." 진심에서 알렌은 그가 선교도구가 아니라는 것을 알았다.

애니 엘러스는 그 싸움에 끼어들어 도울 수 없었다. 그녀는 1886년 9월 11일에 엘린우드에게 이렇게 썼다. :"당신이 제게 어느 편도 들지 말라고 말했던 것이었네요. 나는 그 말들을 완전히 이해하지 못했습니다. 그러나 지금은 알겠습니다. 나는 어느 편에도 서지 않습니다. 그러나 여기에서의 지위는 선교사역에 대해서 비참할 뿐 아니라 불명예스럽습니다."

"나는 두 신사들을 모두 좋아합니다." 그녀는 계속 말했다. "나에게는 그들이 극도로 친절하고 정중합니다. 그들의 본성은 조화롭지 않아서 그들은 일치할 수 없고 다투며 더군다나 동의하는 것은 더욱 안됩니다." 계속되는 신랄함이 조선을 가능한 한 빨리 떠나고 싶게 만든 효과가 있었다. "나는 나의 짐들을 가지고 다른 사역지를 찾아 떠나고 싶습니다."

그녀는 몇 주 후에 다시 이렇게 썼다. "헤론과 언더우드의사는 그들의 사직서를 보내는 것에 대해 내게 알리고 그들이 감리교도에 합류할 의향 - 그리고 나서 여기 장로회 선교부에 남을 기회는 아주 적다고 알려주었습니다. 그 경우 알렌의사는 정부관직을 받아들일 것이고 나는 여기 홀로 남을 것입니다. 나는 원래 겁쟁이는 아니지만 그러한 위치는 선교부 밖으로 내몰리는 두려움입니다." 그녀는 제안했다. "만약 알렌의사가 1년 동안 본국으로 소환된다면 고통은 사라지고 그의 귀환은 모든 것을 좋게 할 것입니다."

헤론과 언더우드의 사직서와 함께 알렌의 습관적인 사직서, 그리고 애니엘러스의 조건부 사직서와 함께 공은 위원회로 넘겨졌다. 그들은 알렌 의사를 잃기를 원치 않는다는 것을 분명히 했다. 언더우드에게 보낸 엘린우드의 첫 번 답장은 늦은 시월 그리고 헤론에게는 이른 십일월에 그들의 사직서를 받아들이지도 않고 그들의 불만을 다루지도 않았다. 알렌은 그의 일기에 이렇게 썼다. "위원회로부터의 편지는 내 행동을 완전히 인정해 주었고 다른 이들을 비난했다. 그들이 여기를 떠나던 머물던 그들의 선택대로 허락되었다."

질투심이 많은 사람이라는 헤론에 대한 알렌의 성격묘사를 엘린우드가 받아들인 것으로 보였다. 그에게 조언하기를 "당신의 위치는 명백히 알렌 의사를 존경하도록 노력해야 하는 것입니다. 그는 그의 대성공의 결과로 정부로부터 많은 영예를 얻었습니다. 이 때 당신이 도울 수 없었습니다. 아마 때때로 그는 그런 이유로 과도하게 높여진 것입니다." 이후 헤론은 왕이나 정부로부터 영예 부족이나 냉대에 대한 느낌에 대해 전혀 언급하지 않았고 그는 내포된 자격문제에 대한 엘린우드의 생각으로 쉽게 짐작할 수 있었습니다.

사역지에 보낸 엘린우드의 편지는 알렌의 길고 솔직하고 재미있는 자주 신랄한 편지로부터 받은 견해를 거의 메아리처럼 반영하는 경향이 있었다. 예를 들면, "위태롭게 할 문제들"이 될 감리교도들에 대한 두려움, "관복"을 벗어버리라고 언더우드에게 준 주의 등은 이미 알렌이 그에게 언급했던 명백한 표현들이었다. 그 때까지 알렌의 관심사로 물들었던 엘린우드의 충고는 그것이 항상 적절하거나 도움이 되거나 감사할만하지 못할지라도 사역지에서 받아들여졌다.

엘린우드는 헤론과 언더우드가 감리교에 합류할 것을 고려하는 것을 두려워했다. "사역지를 떠나 감리교로 건너간다는 당신의 생각은 위대하고 희생적인 신뢰에 대한 배신으로 평가되고 나는 당신이 매우 위험한 한 발자국을 내딛기 전에 신의 관점에서 비통한 죄가 아닌지 만약 당신이 종속적이고 말할 수 없다면, 당신 자신에게 완전히 개인적인 하찮은 고려를 하는 관심사는 아닌지 매우 조용하게 고려하기를 바랍니다." 엘린우드는 다음과 같이 요약정리를 했다. "내 믿음은 당신이 오직 한 가지만 생각한다는 것입니다. 즉 알렌의 사로부터 떨어지려는 것."

그는 헤론에게 언어를 부지런히 공부하라고 충고했다. 왜냐하면 "당신이 언어에 대한 지식을 가능한 많이 얻는다면 당신은 알렌을 능가할 수 있는 기회가 생길 것이기 때문입니다."

그리고 "황급히 행동하지 마세요. 시간이 가야 합니다. 하나님이 당신을 서로 더 잘 이해할 수 있는 은혜를 주시기를 그리고 하늘나라에 가기 전에 개인적인 불화에 의해 형성된 선교지를 분열시켰던 것보다 더 좋은 예를 만들어 주시기를 위해 기도하세요."

드라마에서 다음 행동은 알렌에 의해 이루어졌다. 1886년 12월 13일에 선교회의에 알렌은 편지를 제출했다. "나는 다음 시월에 미국으로 떠나기 위한 이주계획을 지금 발표합니다. 나는 두 가지 이유로 날짜를 좀 두었습니다. 하나는 우리 아기가 그 때가 되기 전에 조선인간호사로부터 젖을 뗄 수 없기 때문이고 두 번 째는 내 후임자인 헤론에게 가능한 한 병원, 학교, 왕궁과 외국인 사역을 인계함에 의해 나의 좋은 믿음을 증명하고 싶기 때문입니다. 이 행동은 선구자적으로 받아들여졌고 같은 동기로 의학 선교를 위한 사역을 준비 중인 학교에 6년 동안 헌신봉사하리라고 나를 소개한 것에 대해서이기도 합니다. 나는 위원회로부터 내 자리에 머물 것을 강하게 촉구 받았지만 나는 그 지위가 그들보다 내 자신에 의해 더 잘 이해되리라고 느낍니다. 그리고 나는 내가 남는다면 더 많은 충돌이 생길 것이라는 것을 지난 경험으로부터 확실히 느낍니다." 위원회 보다 그의 동역자들에게 보내진 이 편지는 알렌의 필체도 아니고 그의 스타일도 아니어서 아마도 그의 부인에 의해 쓰여진 것이라고 생각된다.

놀랍게도 다른 장로교인들은 "그러한 문제는 성급히 결정될 수 없으니 테이블에 놓여져 본국으로(위원회에) 보내지는 통신에 이야기하자고" 투표했다.

알렌은 선교위원회보다 상황을 더 잘 알았고 그의 평가는 정확했다. 또한 그는 다음 시월까지 아주 확실하게 이루어질 좋은 자리에 교섭이 되었다. "아담 슈펠트, 데니 판사와 폴크 중위가 나를 여기 공사관의 총무로 미국국무성에 추천했습니다." 그는 12월 13일에 선교지 사직서 편지와 함께 엘린우드에게 보낸 편지에서 털어놓았다. 지금까지 조선에 있는 모든 외국인들은 장로회 선교부의 분쟁을 알았다. 두 사람이 12월에 위원회에 진심어린 편지를 보냈다.

조지 폴크는 알렌이 "그의 견해로는 용감하고 활기차고 기교가 많고 관대하며 완전히 이타적이며 그러한 방식으로 여기서 지휘해 왔고 그를 아는 사람은 거의 예외 없이 존경과 애정을 보냅니다... 알렌 의사는 조선에서 진정한 선구자가 된 유일한 선교사입니다... 다른 사람들과 마찬가지로 알렌 의사도 실수를 저지르는 것은 충분히 자연스럽고, 예리한 지성과 엄청난 에너지와 가장 효과적인 일을 만들어가는 바로 그 추진력을 가진 사람으로서는 특히 그러합니다."

폴크는 그가 "전통 있는 장로회 신학교 학생"이었다고 설명하고, "정부는 그의 나라에서 기독교 문명화를 위하여 그가 효과적으로 할 수 있는 모든 일을 하도록 모든 선교사역에 참여시켜야 하고 가장 높은 존경을 받는 사람들 가운데에 인정받도록 선교사들의 도움을 받아야 한다고 희망했습니다. 내 생각은 실패로 돌아갔습니다." 그가 슬프게 결론 내렸다. "나는 비록 감리교와 장로교도 사이의 차이를 알지 못하지만 (나의 구세주이기도 한) 점잖은 구세주의 면전에서 직접적으로 불건전한 다툼과 분쟁 때문입니다."

폴크는 장로교의 분열된 선교사역에 접근하면서 철학적 차이를 느꼈다. "알렌과 헤론과 언더우드 사이의 차이는 여기서 사역하는 방법에 대한 것이며 다음으로 설명될 수 있다. - 알렌은 왕과 귀족 같은 관리계급에 대한 영향력을 목적으로 한다. 고위직 조선인 사이에 알렌이 행했던 것과 같은 지위를 가질 수 없어도 모두 이타적이지는 않지만 강력한 야심에 의해 영향을 받았던 헤론과 언더우드는 그의 행동라인으로부터 떨어져 나왔다. 그리고 그들의 사역은 올바르지 못한 조선인의 시각과 하류계층의 사람들에게로 향하는 경향이었다. 왜냐하면 관리들은 그들의 의지에 따르게 하기 위해 그들의 권력을 유지하고 사용하려 하기 때문이다."

정부 교사 중 한 사람인 조지 길모어는 크리스마스 이브에 머리가 좋고 사려깊은 알렌의 사직은 "재난"이라는 자신의 의견을 썼다. 비록 헤론의사가 아주 고상한 사람이라는 것을 확인했을지라도 극히 자기희생적인 알렌의사는 여기서 신뢰를 얻었다. 폴크처럼 그는 선교사역에 대한 알렌의 접근이 성공적이라고 했다. "나는 헤론의사와 언더우드는 조선인들은 특히 위에서 아래로 전환해야 한다는 기초에서 여기 사역의 성격을 전체적으로 잘못 이해하고 있다고 생각합니다."

1887년 언더우드는 모두가 동의했던 장로회 선교사들 가운데 몇몇 어려움을 해결하기 위한 계획을 제출했다. 그의 계획은 선교부 안에서 부서별 정기 모임을 말했다. 관립병원에 근무하고 있는 세 의사들은 똑같은 권력을 가진 자문위원회가 될 거라고 투표했다. 약처방은 그의 승인에 따르는 것이다. 요점은 "둘 이상의 선교의 모든 사역에서 계약이 되고 동일한 일을 하고 동일한 권력을 나누는 것"인 표준화된 장로교 선교활동을 유지하는 계획이다.

그 계획 아래, 몇 달 동안 선교사들 간의 관계는 부드러워졌다. 특히 알렌이 "반대의 모든 원인들을 제거하기 위하여 그의 모든 권력을 소멸하기 시작했던" 1887년이 시작된 후 더욱 그랬다.

한동안, 장로교위원회는 중재하기 위해서 일본으로부터 사랑받고 존경 받던 헵번을 포함하여 2-3명의 선교사들을 파송할 것을 고려하고 있었다. 사역지로부터의 관계가 2월까지는 더 향상된 것 같아 보였고 그 여행이 불필요하다고 결정되어 그들은 가지 않았다. 그러나 헵번 박사는 통찰력 있는 편지를 엘린우드에게 썼다.

"모든 갈등에 대해서는 당신이 가진 동일한 견해를 가졌습니다. 한 편에서는 오래 거주한 사람들, 획득된 명성과 기독교인 신사의 좋은 본성이 아마도 바라는 것이었던 사회적인 위치에 의해 자연적으로 길러진 권력에 대한 무의식적인 수용이 있었습니다. 형제, 동년배에 기인한 것이 무엇이었는지에 대한 건망증뿐 아니라 내가 감히 말할 수 있나 모르겠지만 의료 교육과 일반교양에서의 최고는 예민함과 기독교 원리에 높은 기풍을 풍기는 경향이 있습니다. 헤론과 그의 부인은 때때로 여행 중에 나와 함께 머물렀습니다..나는 그들에 대해 존경하는 높은 견해를 형성하게 되었고 유용한 경력을 기대하게 되었습니다... 나는 의사와 언더우드에게 그리스도의 종이었던 그들을 기억하고 그들의 사직서를 철회하고 인내심을 가지라고...언어를 공부하고... 자신들을 위하여 높은 것을 추구하지 말고... 어떤 경시하는 마음도 갖지 말고 스스로를 존경하라고... 매사에 너무 세세하게 보지도 말고 알렌의 태도에 너무 마음 쓰지도 말라고 충고했습니다. 만약 그가 돈을 벌었다면 그가 가장 좋다고 생각하는 곳에 쓰도록 내어버려두라고 했습니다. 만약 그가 테이블에서 와인을 마셨다면 고상하고 관대하게 교제하고 그가 번 돈으로 말 두 마리를 가진다면 그가 그렇게 하도록 두라고 했습니다. 나는 헤론에게 만약 그가 알렌 밑에서의 관립병원 근무가 편치 않은 위치로 발견되면 그는 스스로 아주 독립적이고 선교사적 성품을 더 가지도록 마음을 열어야 한다고 충고했습니다... 선교의 독인 시기심이 우리 형제들의 마음으로 들어오기 시작했다는 것을 의심하지 않습니다. 사탄은 그의 사역의 성공에 대해 자축하였을 것입니다. 그러나 나는 주님이 그를 물리치리라고 믿습니다."

헤론은 헵번의 충고에 다음과 같이 답장을 썼다. "당신이 맞고 나는 아주 틀렸습니다. 아마도 나는 당신이 내게 한 말을 성령이 당신에게 가르쳐 주었다고 말할 수 있습니다. 나는 아주 잘못되었다는 것을 느낍니다... 나는 신의 손이 아니고 사람의 손이라고 느꼈었기 때문에 나의 탓으로 돌리고 견디기를 즐겨하지 않았었습니다."

헵번 박사는 엘린우드에게도 썼다. "나는 알렌에게 유감스럽게 느낍니다. 그의 기독교 교리는 아주 불안하게 시도되고 있습니다. 세상과 사탄은 그들이 뉴욕시에서 있었던 것처럼 조선이란 가난하고 불쌍한 왕국에서 강력하고 바쁘게 역사하고 있습니다."

그는 불쌍하게 여기며 "포도원으로 보내진 일군들의 약함과 병이 심함을 그들이 보았을 때 그들을 붙들어 줄 수 있도록 우리 위원회의 총무에게 주 안에서 강한 믿음과 신앙이 요구됩니다." 하고 끝맺었다.

이 편지를 받을 때까지 위원회는 또 다른 중요한 실수를 저질렀다. 1887년 3월 7일에 선교에서 알렌을 유지시키기를 여전히 희망하면서 그들은 "일시적으로라도 알렌이 선교부에서 물러나려는 의도를 철회하도록 진심으로 알렌에게 요청하였다. 비록 그들이 모든 중요한 일에 그의 보조 의사와 의논해야 하고 정중하고 조화로운 행동을 해야 한다고 충고하면서도 알렌에게 병원의 최고직 원장 의사로 고려되고 있다고 말했다."

언더우드의 "동등 권력"계획이 채택되었던 1월 이후 명랑한 톤으로 특징지어지는 조선으로부터의 편지는 갑자기 중단되었고 새로운 상처들이 쏟아지고 격분된 반응이 시작되었다. 헤론과 언더우드는 다시 사임했다. 알렌은 "완강하게 침묵하거나 노골적으로 모욕하는 헤론과 함께 어떤 일도 할 수 없습니다"고 썼다... 그러나 "그가 없이 지낼 수 없고... 그는 여기서 최고의 조선 학자이고 일단 그가 조용히 남는다면 귀한 선교사가 될"언더우드는 남아있도록 촉구했다. 감리교도인 스크랜튼은 헤론에게 그의 선교지에 자리를 제안하는 호의적인 편지를 썼다.

알렌이 "재난"이 될 거라고 그를 놓으라고 엘린우드에게 12월에 편지를 썼던 길모어는 지금 엘린우드가 알렌에 대한 호감이 "극도로 편파적"이어서 선교부에 분쟁이 "또다시 대두될" 것이라고 생각했다고 썼다. 그는 "최근 받은 편지는 알렌에게 절대적인 재량권을 주었습니다."라고 썼다. 그리고 다음과 같이 말하면서 알렌을 인용했다. "당신은 내가 지금 기뻐하는 대로 내가 할 수 있다고 아십니다." 길모어는 위원회에 그들의 행동을 취소하도록 촉구했고 다음과 같이 결론을 맺었다. "알렌과 헤론에게 동등한 권리를 부여하면 모든 어려움이 해결될 것입니다."

미국으로 보내는 조선의 사절단의 총무로 수행해 달라는 고종의 초청을 알렌이 받아들임으로써 언쟁은 마침내 조용해졌다. 그는 1887년 8월 2일에 그 제안에 대해 엘린우드에게 썼다. 그리고 "위원회가 'Allen Korea No.'라고 전보를 치지 않는다면 그가 받아들인다고 말했다. 전보는 보내지지 않았다.

8월 20일 서울 장로회 선교 회합에서 애니 엘러스 벙커의 보좌를 받으며 알렌은 1월에 제출된 언더우드의 사역계획을 본래대로 회복시키자고 제안했다. "동등권"계획에 대한 투표는 만장일치로 가결되었다.

알렌이 조선 사절단--어린 아기 둘과 돌봐야 할 어리석은 많은 조선인들을 데리고 간다는 것은 동의하기 어려운 것이었다. 여기 있는 동안 왕에 관한 영향력을 생각하는 한에서는 나는 의심할 여지없이 이 나라에서 가장 강한 외국인이다--을 수행하는 것에 대해 얼마간의 염려가 있음에도 불구하고 그는 떠날 준비를 하기 시작했다. 헤론은 9월 초까지 알렌의 계획을 알지 못했다. 그리고나서 그는 일을 빼앗길 수 없을 거라고 말하면서 그에게 머물도록 격려했다. 헤론은 처음 사직서를 제출한 지 거의 1년이 지난 1887년 9월 4일 사직서를 철회했다.

그러나 언더우드는 여전히 사직하려고 했다. 언더우드가 꾀병을 부리거나 구혼의 목적으로 했던 여행이라고 시사하는 편지를 알렌이 보냈기 때문에 위원회에서는 1887년 3월의 일본여행에 대한 경비 지원을 승인하지 않았다. 언더우드는 계속 건강이 좋지 않았고 세 장로교 의사들이 휴식과 회복의 기간을 위하여 일본으로 갔다 올 것을 제안하고 촉구했던 것이었다. 거기서 그의 건강은 좋아졌고 마태복음을 그와 아펜젤러가 개정번역한 것을 출판했다. 놀기 위한 여행을 가서 경비를 유용했다는 위원회의 추측은 "관대하지 못하고 정당하지 못하고 기독교인적이지 못하다"고 그는 말했다. 알렌은 언더우드와 평화롭게 지내도록 엘린우드에게 조언했다. "우리 선교부의 밝은 전망에 대해 내가 축하받은 것처럼, 언더우드의 일본여행과 관련된 비난을 철회하지 않는다면 그가 사직서를 철회하지 않을 것이라는 것을 알았습니다. 그는 아프지 않았고 그러나 그가 떠나도록 선교부에서 너그럽게 승인하도록 했던 충분한 다른 이유들이 있었습니다... 어쨌든 여행은 선교회의 인가가 있었고 취소될 수 없습니다... 당신이 현재 언더우드를 멀리하는 것은 불행한 일입니다. 그는 감리교인이 아닌 장로교인처럼 보이고 조선에서 언어를 그만큼 아는 사람이 없는 매우 귀중한 사람입니다. 그에게 약간 양보하는 것이 현명할 것입니다. 감리교도들은 활동적입니다. 그러나 만약 우리가 조화로운 행동만 할 수 있다면 우리는 더 많은 것을 가진 것입니다."

언더우드는 마침내 9월 30일 그의 사직서를 철회했다. 그리고 미국으로 떠나기 전날 밤인 10월 25일에 알렌은 "나는 선교위원회의 후원 하에 조선으로 다시 돌아올 것을 기대합니다."라고 덧붙였다.

1887년 말까지 헤론은 다른 선교사들에 대해 불평하면서 보강을 요청하면서 엘린우드에게 궁궐과 관립 병원과 학교 그리고 외국인들 사이에서의 그의 업무에 대해 쓰고 있다. 그의 편지는 몇 몇 동일한 문제들을 해결하려고 고심하기 시작했던 알렌과 같은 말로 시작했다.

*1884년부터 1919년 삼일운동까지 한국 초기 교회역사에서 발췌

애니 엘러스 벙커 1860-1938

H. H. 언더우드

벙커부인(애니 엘러스)은 미시간 주 버오크에서 1860년에 태어났다. 그
녀의 아버지는 장로교회의 목사였다. 대부분의 성직자 가족들과 같
이 가족은 대가족이었고 벙커부인은 8형제의 하나로 자라났다. 그
녀는 일리노이주 록포드에 있는 록포드 칼리지에 다녔고 1881년에
졸업을 했다; 그녀의 학급은 벙커부인 자신 뿐아니라 후일 시카고에
있는 Hull House의 제인 아담스도 그 구성원으로 유명한 학교이다.
벙커부인은 페르시아의 의료혜택을 보지 못하는 여성에게로 갈 기
대를 가지고 록포드에서 보스톤에 있는 의과대학에 진학했다.

그녀는 그녀의 학업을 거의 마쳤고 졸업까지 한 학기 만을 남겨놓
고 있었다. 그 때 알렌 박사로부터 장로회 해외선교위원회를 통하
여 매우 다급한 요청을 해왔는데 그것은 조선의 왕비를 위하여 궁
정의사로서 조선에 즉시 가 달라는 요청이었다. 그녀는 공식적인 학
위를 잃어버린다는 것 그리고 그녀의 모든 계획에 전면적인 변화를

의미하는 그 걸음에 당연히 주저했다. 그러나, 그 요청은 다급했고 많은 기도와 숙고 후에 그녀는 그녀 자신의 계획을 희생하고 그 요청에 응답하는 것이 그녀의 의무라고 결정했다. 그녀는 거의 곧바로 출발했고 벙커, 헐버트, 길모어 씨와 함께 같은 증기선을 타고 대양을 가로 건너 1886년 7월에 조선에 도착했는데 그 분들은 새로이 설립되는 왕립대학에 교수로서 조선에 가는 젊은 신사들이었다.

대양에서 시작되었던 로맨스는 1887년 벙커씨와 그녀의 결혼으로 이어졌다. 그녀는 의료와 다른 사역을 결혼 후에조차 최선을 다해 지속했으나 1888년 조선에 들어온 호튼의사에게 왕비의 의사 직위를 인계했다. 벙커부인은 최초의 장로회 여학교의 설립자로서의 영예를 지녔다고 말할 수 있다. 감리회 선교 50주년 기념으로 그녀가 쓴 논문에서 그녀는 언더우드 박사가 그녀에게 와서 그러한 사역을 시작할 시도를 하기위해 그녀에게 어떻게 요청했는지 말하고 있다. 더하여 그녀는 그녀들의 보호 아래로 들어온 첫 여아의 감동적인 작은 모습과 이 학교의 초기단계에서의 변천에 대해 매우 선명하게 그려지듯 말하고 있다. 한 아이로 시작해서 후에 두 세 명의 소녀들이 된 이 첫 시작은 실제로 장로회 선교본부에 의해 현재까지 경영되어오고 있는 지금 서울에 있는 정신여학교의 시작이었다.

벙커부인의 긴 결혼생활 전체를 통하여 그녀는 그가 속한 다양한 위치에서 벙커씨를 위한 능력 있는 내조자였다; 특히 벙커씨가 선교본부의 회계원으로서 봉사했던 시절동안 실제적인 많은 일들은 이 계통을 따라 특별한 재능이 많았던 벙커부인에 의해 이루어졌다. 그녀는 또한 여성과 소녀들을 가운데서 가능한 한 많은 선교사역을 수행했다. 그녀의 생애 후반기에 그녀는 후에 그녀가 5000불을 기부한 조선 Y.W.C.A.의 활동에 매우 관심이 많았다. 그러나 기부금보다 더 많은 상담과 조언 그리고 해외로부터 Y.W.C.A.를 위한 확실한 도움을 얻기 위해 그리고 알려진 그 사역을 이루기 위해 더 많은 노력을 기울였다.

벙커씨와 벙커부인은 그들의 긴 사역 생애 동안 다양한 휴가로 널리 여행했고 그들이 가는 곳 어디서든지 선교를 위하여 선교사로서 봉사했다. 그리고 공식적인 선교모임에 전혀 참석치 않았던 수천의 사람들에게 그들이 했던 선교사로서의 새로운 생각과 유형과 그 사역의 가치를 전달했다.

벙커부인의 생애와 서울에서 서양사회의 구성원으로서의 존재의 가치를 적절하게 묘사하거나 적합하게 평가하기는 어렵다. 얼마나 많이 원색적인 신경전을 진정시켜야 했는지, 얼마나 많은 "들썩이는 대소동"이 끓어 넘칠 위협을 다른 누구도 말할 수 없는 그녀의 언어와 미소로 진정시켰는지. 그녀는 모두의 친구였고 모두에게 사랑받았다. 그녀의 지나온 날들에 대해서 말하자면, 앞에 말한 일, 즉 서울에 오기 전에 형성된 상담 및 외교적 친구와의 우정이 계속됨에 따라 기이한 우표가 붙은 그녀의 우편물이 세계 각지에서 왔다. 장로회 선교부에서의 그녀의 경력이 시작되면서 정부에서 하는 대학의 학교 교사와 결혼했는데 그는 나중에 감리회 선교부에 합류했으며 학교 교장, 목사, 선교출판사의 매니저 등을 역임했고 짧은 기간동안 광산에 관여했는데 벙커부인의 교제 뿐 아니라 호의는 모든 선교와 모든 학급에서 함께 해왔다.

벙커씨와 벙커부인은 조선에 도착한 후 40년이 되는 1926년 감리회 선교부에서 은퇴했다. 그들은 한동안 여행을 했고 그리고 나서 캘리포니아에 정착하기로 결정했는데 거기서 살다가 1932년 벙커씨가 갑자기 소천했다. 그의 뼈가루를 한국에 가지고 와서 서울에 있는 외국인 묘지에 있는 그의 평생 오랜 친구들 사이에 묻었다. 또한 벙커부인은 그녀가 그렇게 많은 세월동안 그리고 그렇게 많은 일들을 행했던 나라로부터 떠날 수가 없었다. 그렇기 때문에 그녀는 1937년 가을에 돌아왔고 공동체에서의 생활에서 활동적인 부분을 한번 더 감당했다.

그녀는 소래해변에서 보냈던 여름 내내 아주 건강해 보였다. 실제로 그녀는 모두에게 표본이 되었다. 그리고 아침 식사 전에 매일 골프 한 라운드를 하기 위해 일찍 일어나는 것을 보면서 그녀의 에너지와 용기에 우리 모두는 놀라움을 금치 못했다. 도시로의 그녀의 귀환 후에 그녀는 소천하기 전 잠시 동안은 여전히 건강해 보였고 잠

476

시 병중에 있다가 10월 8일 토요일에 조선에 처음 온 후로부터 52
년 동안 그녀가 살았던 곳에 매우 가까운 서울에 있는 그레이 하우
스에서 소천했다.

그녀의 공헌과 봉사는 사건들의 연대적 정리표에 다 적을 수 없는
"보이지 않는 것들"이 매우 많았다. 그녀는 입양한 딸 뿐 아니라 두
형제와 한 자매를 남겼다. 그러나 그녀가 남긴 매우 많은 혈연와 또
는 입양의 연결을 주장하는 사람들 외에도 그녀는 한국에 온 2세
대, 3세대에게조차 그리고 영감 이상의 영감을 그녀로부터 받은 이
들에게 매우 많은 것을 남겼다. 그것은 모든 것 중에서 중심이 되는
'사랑'이었다.

* THE KOREA MISSION FIELD 1938.12

閔妃와 西醫

이왕전하의 빈천하신 말씀은 들을수록 슬픈 일이올시다. 나는 일개 외국여자의 몸으로 파란 많은 이왕가와는 매우 깊은 인연을 맺고 있습니다. 특히 이조 500년 사상에 일대 괴변으로 사기의 한 페이지를 떨게 한 당대 여걸 명성황후는 나의 일생을 통하여 가장 잊지 못할 사람 중에 첫손가락을 꼽을 어른이겠습니다. 나는 8년간의 긴 세월을 명성황후를 모시는 직임을 맡았던 까닭이올시다.

서력 1886년 7월 4일, 허혼의 애인 벙커 씨를 따라 수륙 만리를 격한 조선제물포두부(인천)에 내릴 때는 나도 24세의 꽃 같은 처녀였습니다. 그런 것이 조선의 고르지 못한 풍운을 따라 이제는 파파노파가 되었습니다. 생각하면 여름 구름같이 솟아오르는 감개는 그야말로 무량합니다.

나는 1888년 3월부터 여관의 직임을 띠고 나의 본직은 의사로서 황후의 옥체를 시술하게 된 것은 그 때나 지금이나 나로서는 무한한 영광으로 생각할 수밖에 없습니다. 명성황후께서는 남자를 능가하실만치 기개가 ○○하시어 그야말로 여걸이셨습니다. 그런 반면에

478

는 백장미 같으신 고결하시고 아랫사람을 대하여는 부드럽기 짝이 없으시기 때문에 황송하나마 친어머니를 대하는 듯한 카인드리한 태도로 모시게 되었습니다. 몹시 인정이 많으셔서 나를 대할 때마다 나의 몸을 어루만지시며 말씀을 하셨습니다. 그리고 며칠만 입시를 아니하여도 보시고 싶으시다고 어사를 보내실 때 참으로 감사히 생각하였습니다. 우리 부처가 결혼할 때는 나에게는 순금 완환을 친히 주셨습니다. 내가 40년간 한시도 내 몸에서 떠나지 않은 내 왼팔뚝에 끼워있는 것은 즉 하사된 그것입니다. 나는 죽을 때에도 그것만은 끼고 죽으려합니다.

민비께서는 황공하오나 그야말로 조선여성으로의 모든 미를 구비하신 미인이셨습니다. 크지도 작지도 않으신 키, 가느다란 허리시며 희고 갸름하신 얼굴 총명과 자애의 상징인 흑진주 같으신 눈, 칠같이 검으신 구름 같으신 머리, 이 모든 영자가 아직도 내 눈에서 사라지지 않은 듯싶습니다. 그리고 취미에 부하심은 우리 미국여성을 엿볼 수 있었습니다. 어착의며 어화장, 어오락 등 가지가지로 취미 다양하셨습니다. 여가만 계시면 가무음곡을 어전에 연주케 하고 흠연히 구경하시는 것을 보았습니다. 얼마 후에 나는 세부란스 병원사로 근시의 임을 못하게 되어 사퇴하려 하였으나 명성황후는 간곡히 만류하심으로 부득이 최후까지 모시게 되었습니다.

30여년을 지낸 지금에 추억하여도 눈물을 막을 수 없는 땅이 꺼지는 듯한 895년 10월 8일의 대변은 그 때 나의 가슴을 몹시 아프게 하였습니다. 바로 대변이 있기 2주전일 9월 25일 나는 입시하여 배알하였으나 좀 분망하신 일이 있으시다 하여 오래 모시지 못하고 어전을 물러나올 때 민비께서는 긴장하시던 옥안을 놓치고 흠연히 손을 내어 내 손을 힘껏 쥐시며 수일 간 또 들어오라고 소안으로 나를 보내실 때 나는 그것이 민비를 뵙는 최후의 순간이었음을 꿈에나 생각하였겠습니까? 아아 슬퍼요 끝없이 슬퍼요. 2주일 후 믿으려 해도 믿어지지 않는 천추의 대변을 기별로 들은 것은 지금 생각만 하여도 온 몸이 떨립니다. 대변 후 나는 마지막 봉사로 황후 빈전을 지키게 되었습니다. 그리고 인산 당일에도 참례하여 영구가 대지에 안장되는 것까지 보았습니다. 국장에 참례한 사람으로는 내외백관이며 외국사절도 많았으나 여자로서 참례한 것은 나의 친구 원두우 목사 부인과 나 두 사람뿐이었습니다.

이같이 이왕가와 인연이 깊은 나로서 이제 민비의 가장 사랑하시던 아드님이신 이왕전하의 인산을 당하니 무량한 회고지심과 아울러 눈물이 흐릅니다. 내가 처음으로 입궐할 때에 이왕전하는 ( )산 십이삼세의 소년이었습니다. 나로서 이왕전하를 생각하자면 내가 입궐할 때마다 옥수를 내밀어 악수를 청하시던 매우 착하신 어소년 왕자님을 추모하게 됩니다. _ 1926년 4월 25일 순종인산일 즈음. 애니 엘러스.

엮은이

이희천

경북대학교, 서울대학교 대학원 과학교육과 졸업
전 정신여자고등학교 교장

엮고 지은 책들

정절과 신앙의 정신 120년(2007)
애니 엘러스, 한국에 온 첫 여의료선교사(2009)
경일교회 50년(2014)
신문으로 보는 김마리아(2014)
장로회 최초의 여학교 선교 편지(2014)
강원사대부고 50년(2017)
정신 130년사 상권(2017)

김혜경

서울대학교 가정대학 식품영양학과 졸업
전 정신여자고등학교 부장교사

엮고 지은 책들

정절과 신앙의 정신 120년(2007)
애니 엘러스, 한국에 온 첫 여의료선교사(2009)
신문으로 보는 김마리아(2014)
장로회 최초의 여학교 선교 편지(2014)
정신 130년사 상권(2017)

한국에 온 첫 여의료 선교사

애니 엘러스

엮은이 김혜경·이희천
펴낸곳 주식회사 홍성사
펴낸이 정애주
국효숙 김기민 김서현 김의연 김준표 김진원 송승호 오민택 오형탁
윤진숙 임승철 임진아 임영주 정성혜 차길환 최선경 허은

2019. 1. 10 초판 1쇄 인쇄 2019. 1. 21. 초판 1쇄 발행

등록번호 제1-499호 1977. 8. 1
주소 (04084) 서울시 마포구 양화진4길 3 **전화** 02) 333-5161 **팩스** 02) 333-5165
홈페이지 hongsungsa.com **이메일** hsbooks@hsbooks.com **페이스북** facebook.com/hongsungsa
양화진책방 02) 333-5163

• 잘못된 책은 바꿔 드립니다. • 책값은 뒷표지에 있습니다.
• 이 도서의 국립중앙도서관 출판예정도서목록(CIP)은 서지정보유통지원시스템 홈페이지(http://seoji.nl.go.kr)와
  국가자료공동목록시스템(http://www.nl.go.kr/kolisnet)에서 이용하실 수 있습니다.(CIP제어번호:CIP2019000702)

ISBN 978-89-365-1335-1 (03230)